新思

新一代人的思想

观念的跃升

Out of Our Minds

20万年人类思想史

What We Think and How We Came to Think It

Felipe Fernández-Armesto
[英] 菲利普·费尔南多-阿梅斯托 著
赵竞欧 译

中信出版集团 | 北京

图书在版编目（CIP）数据

观念的跃升 /（英）菲利普·费尔南多-阿梅斯托著；赵竞欧译 . -- 北京：中信出版社，2023.1
书名原文：Out of Our Minds: What We Think and How We Came to Think It
ISBN 978-7-5217-4749-2

Ⅰ.①观… Ⅱ.①菲…②赵… Ⅲ.①思想史－世界 Ⅳ.①B1

中国版本图书馆 CIP 数据核字（2022）第 167947 号

Out of Our Minds: What We Think and How We Came to Think It
Copyright © Felipe Fernández-Armesto, 2020
Simplified Chinese translation copyright © 2023 by CITIC Press Corporation
ALL RIGHTS RESERVED
本书仅限中国大陆地区发行销售

观念的跃升
著者：　　［英］菲利普·费尔南多-阿梅斯托
译者：　　赵竞欧
出版发行：中信出版集团股份有限公司
　　　　　（北京市朝阳区惠新东街甲 4 号富盛大厦 2 座　邮编　100029）
承印者：　北京诚信伟业印刷有限公司

开本：880mm×1230mm 1/32　　印张：17.75　　字数：380 千字
版次：2023 年 1 月第 1 版　　　　印次：2023 年 1 月第 1 次印刷
京权图字：01-2019-7859　　　　　书号：ISBN 978-7-5217-4749-2
定价：88.00 元

版权所有·侵权必究
如有印刷、装订问题，本公司负责调换。
服务热线：400-600-8099
投稿邮箱：author@citicpub.com

> 思想是不可摧毁的，即使思想者已经离开了这个世界，其印记仍然留在自然界中，所以生者的思想或许有能力唤醒和恢复死者的思想，比如生活中的那些想法……
>
> ——爱德华·鲍沃尔-李敦
> 《智斗怨灵》(The Haunted and the Haunters)

> 精神是什么？没有物质。
> 物质是什么？从无精神。[*]
>
> ——《笨拙周报》(Punch, 1863)

---

[*] 此处原文为 What is Mind? No matter. What is Matter? Never mind，属于双关语，另一层含义为：精神是什么？不重要。物质是什么？无所谓。——编者注

CONTENTS 目录

前言　　　VII

第一章　　I

物质产生思想：
观念从何而来？

Mind Out of Matter:
The Mainspring of Ideas

脑袋大，思想多？	8
宇宙视角下的人类	10
想象力：人类真正卓越之处	13
不佳的记忆力	15
良好的预判力	24
语言：用舌头思考	31
文化的产生	33
思想的力量	37

第二章　　41

收集思想：
农业时代之前的思索

Gathering Thoughts:
Thinking Before Agriculture

最早的观念：同类相食开启的思想冒险	43
略知来世：尼安德特人的葬礼	46
找寻道德初现的痕迹	48
识别智人的早期思想	50
符号的碰撞：重新想象眼中所见	51
"摩登"石器时代：认知考古学和比较人类学的探寻	55

严寒激发想象：大冰期时代的思想	57
怀疑感官：动摇原始自发的唯物主义	61
构想精神：无处不在的无形存在	65
魔法和巫术：操控自然的努力	70
人对置身自然的思考：玛那、上帝和图腾	74
想象秩序：大冰期时代的政治思想	77
时间和禁忌：宇宙秩序与社会管理	81
作为仪式的贸易：最初的政治经济学	87

第三章 91

安顿的心灵：
"文明化"的思想

Settled Minds:
'Civilized' Thinking

大冰期之后：狩猎与献祭	95
思考土地：农业的发明	97
农耕的政治：战争和工作伦理	101
建造城市：对自然的挑战	105
酋邦成为国家，酋长成为国王	107
世界的图景：一元论对二元论的挑战	108
神谕和国王：权力的新理论	112
普天之下：神圣的王和帝国的观念	113
文字和法典：早期的知识分子和立法者	116
平等、女性和婚姻：新的社会思想	120
休闲的果实：对命运、不朽和永恒的思考	126
解读神的梦：宇宙起源论与科学	131

第四章	135	圣贤时代概述	139
		文明之弧：欧亚大陆上的联系	140
伟大的圣哲： 第一批著名思想家		古老的魔法，抑或新的宗教？	144
		"无"和"神"：最具挑战性的思想	149
The Great Sages: The First Named Thinkers		与神同在：时间之箭、上帝之爱与万物之灵	154
		彼拉多的笑问：寻求真理的世俗方式	160
		实在主义、相对主义与"万物皆数"	161
		超越感官的世界：理性主义与逻辑	166
		背弃理念世界：科学、怀疑主义和唯物主义	170
		善恶之分：道德与政治	179
		悲观主义与哲人王	181
		乐观主义与国家的敌人	183
		奴隶制	186

第五章	189	基督教，伊斯兰教，佛教：面对检验	192
		重新定义神：基督教神学的演变	197
思想信仰： 宗教时代的观念		宗教归属：基督教和伊斯兰教仪式	202
		道德问题：宗教伦理思想的发展与分歧	204
Thinking Faiths: Ideas in a Religious Age		基督教和伊斯兰教思想家的美学思考	212
		调和与交锋：宗教理论对世俗学说的回应	214
		宗教体验：神秘主义的领悟	223

		信仰与政治：教会与国家的权力关系	226
		宗教与战争：骑士精神、"圣战"和贵族身份的重塑	233
		精神征服：宗教的扩张与传播	239

第六章	243	回到过去：文艺复兴	248
		世界很小：第一次全球性的思想运动	256
回到未来：		科学革命：现代科学的诞生	259
历经瘟疫和寒潮的思想		新的政治思想：主权国家和国际秩序	270
Return to the Future:		重新定义人类	284
Thinking Through Plague and Cold			

第七章	289	启蒙时代概述	293
		欧洲中心主义思想："欧洲"概念的复兴	295
全球的启蒙：		理性的崇拜：《百科全书》与启蒙思想家	297
联合世界中的思想联合		更好的未来：对进步的信心	300
Global Enlightenments:		经济思想：从重商主义到自由经济	304
Joined-Up Thinking in a Joined-Up World		政治哲学：国家的起源	309
		"开明专制"和"东方专制"：	
		中国的影响与西方的自证	311

从"高贵的野蛮人"到"普通人":人生而平等		313
普遍权利:人权与女权		319
走向民主:欧洲的反对与美国的探索		322
感官的证据:经验主义与科学		325
"温暖的心":宗教和浪漫主义的回应		329

第八章　335

进步的转变:
19世纪的确定性

The Climacteric of Progress:
Nineteenth-Century Certainties

19世纪的时代概述	338
人口的力量:人口学与马尔萨斯式的焦虑	340
社会秩序与个人自由: 　保守主义、功利主义与自由主义	344
阶级的激流:被忽视的女性、儿童,以及社会主义	348
"绝对"的意识:国家的胜利和英雄的崇拜	354
反对国家:无政府主义和"公民不服从"	362
"第三条道路":基督教政治	368
浪漫的渴望:民族主义及其美国变体	371
西方以外的世界:中国、日本、印度和伊斯兰世界	381
奋斗与生存:社会达尔文主义及其灾难后果	385
进步的平衡:寻找一种新信仰	397

第九章	403	确定性的瓦解：相对论及其产生的大环境	407
		流沙之上：从相对论到相对主义	414
混乱的报复：		潜意识的暴政：颠覆对自我的理解	420
给确定性拆线		动荡的世界与现代主义艺术	424
The Revenge of Chaos: Unstitching Certainty		暴力的秩序：未来主义与法西斯主义	426

第十章	433	不确定的世界：二战前后	438
		思想的避难所：从存在主义到后现代主义	444
不确定的时代：		科学危机：科学主义的冲击与幻灭	451
20世纪的踌躇		对科学自满的回应：环保主义、混沌理论和东方智慧	453
The Age of Uncertainty: Twentieth-Century Hesitancies		增长与繁荣：后意识形态的政治经济思想	459
		处在转折点上的科学：	
		机器智能、遗传密码与语言结构	465
		历史的教训：教条主义与多元主义的较量	475

展望　观念的终结？　　485

注释　　489

前言

FOREWORD

我们头脑中产生的想法可以让我们就像没有头脑那样疯狂。

我们的某些强大观念超越了理性、公认的智慧，还有常识。这些想法潜藏在冥冥之中，然后从科学无法解释、理性无法理解的深处冒出来。不愉快的回忆会扭曲它们，偏颇的认知、疯狂的经历、神奇的幻想和纯粹的妄念也会如此。人类观念的历史长路补缀着荒唐的铺地石。是否存在一条直通大道——只要一条故事线，便能穿起所有紧张和矛盾，但又合情合理？

努力找到这条路是值得的，因为观念是历史中其他一切的起点。观念塑造我们栖居的世界。我们无力掌控限制人类能力的非人力因素：进化、气候、遗传、无序、微生物的随机突变以及强烈的地震。但是这些因素无法阻止我们重新构想这个世界并努力实现心中所愿。观念强于自然中的一切。思想者们可以被抨击、被焚烧、被埋葬，但他们的思想永存。

为了认识当下和揭示可能的未来，我们需要一份真实的记述，呈现人类的所思所想、思考的方式和思考的原因，展示引发重新想象（我们称其为观念）的认知过程，传播观念的个体、学校、传统和网络，支配、制约和调整观念的来自文化和自然的外部影响等。本书尝试提供这样的记述，无意包罗万象，旨在梳理历史上存在并流传至今的观念，这些观念形成并塑造了这个世界，造就之，亦误导之。笔者所指的"观念"一词，是想象力的产物——超越经验并胜于预判。与普通的想法不同，观念不仅是全新的，而且是见所未见，闻所未闻。本书涵盖的观念也许会以"洞察"（vision）或"灵感"（inspiration）的方式出现，但它们不同于"精神之旅"——零零散散的心醉或狂喜——或者"精神乐章"（除非词语有所特指），因为观念构成了改变世界的模型。本书的副标题——其中一部分是"我们的所思所想"[*]——是严肃认真的。有些历史学家可能会称之为"以今释古"（presentism）并对此表示谴责，但我使用这种说法只是作为一种选择的原则，无意视之为一个透镜，用它折射过去的光以适应当下。为避免歧义，笔者不得不指明，"我们的所思所想"一说，并不指我们称之为思想的所有精神存在或历程——而特指我们今日依然在思索的、来自过去的观念，它们是我们继承而来并借以面对新老问题的精神武器库。我所说的"我们"，并不是指所有人。我使用这个词的意思，是想提起那些吸引力超越其起

---

[*] 中文书名与英文版有出入。——编者注

源地，并为全世界所有文化或几乎所有文化所采用的思想。它们有反对者也有追随者，但是你不可能对一个你没有思考过的想法提出反对。许多人——或者大多数人——对大部分挑选出来的思想几乎一无所知，也完全不感兴趣。然而，这些思想是人们共享的智慧或愚蠢的一部分背景，就连那些对此漠不关心的人也生活在这种背景中。

我的叙述相较于过去任何作家阐述观念历史的尝试，主要有以下三个方面的不同：首先，我探讨了一个尚欠探究的问题，即我们究竟如何以及为何产生观念——和其他相似的动物相比，为何我们的想象力充满新奇，为何我们的探索会远远超过经验层面，为何我们会描绘如此众多的关于现实的不同版本。我试图采用认知科学的发现来解释让我们人类超越相似物种，拥有如此活跃思维的能力。对理论准备工作不感兴趣的读者，可跃至第二章阅读。

其次，我并未按照只参考书面记录的惯例，而是从深层次的证据开始，重建旧石器时代祖先的思想，甚至，在资源允许的有限程度下，我探寻了与人族和人科同源或先于其的物种所发展出的观念。在这些发现中，我希望能够让大多数读者吃惊的是，我们所依仗的大部分观念工具有多么古老，早期智人的思考是多么微妙和深刻，以及我们对从远古继承而来的观念的进一步贡献是多么微乎其微。

最后，我背离了书写观念历史的传统，并未大幅陈述一位位思想家的观念。我不能不提及孔子、耶稣、爱因斯坦、伊壁鸠鲁、达尔文和第欧根尼，但在本书中，无形的观念有利有弊。我试图追寻观念是如何在那些产生和接受它们的心智里进出的。我认为观念不是自主产生的。恰恰相反，它们不会——因为它们不能——在思维外运作。但如若我们承认天才是激发观念的系统的一分子，承认环境、文化背景和环境局限，还有人，都在这个过程中发挥作用，此时，观念就变得容易理解了。我还对观念的传播非常感兴趣，各种媒介有时会污染和扭曲观念，犹如在它们的产生过程中那样，绝非完美无瑕。

不存在一种方法可以跨越时间和文化来追寻观念，因为观念变迁的步伐、方向和方式是如此多样。有时它们像污渍浸染，越远越浅且越模糊；有时它们像虱子爬动，通过激怒宿主吸引注意力；有时它们好似无风日子里的落叶，无声地腐烂，最后化为新生命；有时它们会飞到空中，快速随机聚合到一处，降于不可预知的所在，或者它们将自己交至风中，随风飘舞；有时它们表现得像粒子，在相距遥远的地方同时出现，无视正常的运动定律。

这种说法符合一般的历史模型，因为观念和文化一样，繁衍分化、成长消亡、交换重组，从未以一种持久的方式发展、演变、进化、简化、复杂化或符合任何公式。

在历史的早期阶段，我们所知的所有观念似乎都是人类共同拥有的，从单一文化起源，随着时光流逝，跨越迁徙者不断变化的环境，被承载，被牢记。然而，出于某些原因，某些地区和文化越来越表现出特殊的创造性——而这些原因正是我试图探索的。因此，本书的讨论首先聚焦于欧亚大陆得天独厚的土地，之后再缩小到传统意义上被我们称为"西方"的部分。本书的最后，会讨论世界版图中作为观念受体的其他地区，其中大部分观念来自欧洲和北美。我希望读者不会将此误会为狭隘或有偏见，这只是反映了事实而已。同样，前几章所讨论的全球视野和焦点转移，不是政治正确、文化相对主义或反欧洲中心主义的结果，而是这个世界朝不同方向发展的文化交流的现实。我希望读者们注意到并认可这样一个事实：在整本书中，我探讨了西方以外的地区对观念和思想运动的贡献，而它们通常或完全被认为是源于西方的。我这样做不是为了政治正确，而是为了尊重事实。即使是在聚焦西方的长篇大论中，这本书也不是主要讲西方思想，而是讲那些无论起源于何处都已广泛传播，因而成为人类知识遗产一部分的思想，无论好坏。同样，很明显，我提到的大多数思想家是男性，因为在人类努力开拓的众多领域中，男性占不成比例的优势，而这本书所涉及的就是这样一种领域。我希望并期望研究 21 世纪观念的历史学家在带着后见之明的好处讨论这个话题时，能够恰当地提到许多女性。

在每一章，我都尝试区分那些被广泛认可的类别，将政治思想和道德思想，认识论和科学，宗教和超理性或次理性观念分开讨论。在大部分情况下，这些区别至多只有部分成立。尊重这些区别是出于方便起见，我试图在每个阶段都让换位、重叠和模糊的边界变得明显。

压缩和筛选是不得已而为之的弊端。筛选总是会让某些读者愤怒，因为作者忽略了那些对他们来说重要，而对作者来说则没那么重要的东西。这一点还请读者谅解。我所确认和选择的观念，至少从范围来说，不同于其他历史学家想写进这样一本书里的内容。我在此行使了作家所拥有的特权——不用为其他作家写书。压缩从某种意义上来说是作茧自缚，因为书的行文节奏越快，读者消化理解的时间就越久。但让读者的时间消耗于简洁，总好过浪费于冗长。我还应该进一步明确筛选原则：本书是关于观念的，而观念要被理解为仅仅是精神事件（或者大脑事件——尽管出于后面会说明的理由，我尽量不采用该术语并希望能够保留心智和大脑的区别，至少是暂时保留）。虽然我试图说明为什么每一种观念都很重要，但是那些主要对观念催生的技术、观念启发的运动感兴趣的读者，恐怕需要另寻他处。

接下来的内容凝聚了我多年来零零散散的工作：我撰写的多本著作，载于各大期刊的多篇文章或合著作品，以及在各学术场合发表的大量论文和演讲。由于我过去一直关注环境历史和物质文化历史，我看起来好像已经转换了一条轨道，转向以心智为路径。但是心智产生了我们拥有的几乎一切关于人类过去的证据，或者在其间起到衔接作用。心理行为决定了我们的生理行动。文化始于心智，而当心智相遇时，文化在使其跨代传递的学习过程与事例中逐渐成形。我一直认为观念是根本性的东西，有时我会特别强调它们，尤其是在《真相：历史解惑》（Truth: A History，1997）一书中，我曾尝试解读不同文化曾经用以分辨真伪的技巧；《改变世界的观念》（Ideas，2003）一书收录了我非常简短的一批文章，每篇只有三五百个单词，在其中我试图分离出一些重要的概念——其中182项（几乎是全部）在本书中以不同的方式重新出现。在《一只脚踏入河中》（A Foot in the River，2015）一书中，我比较了文化变迁的生物学解释和文化解释。在《文明》（Civilizations，2001）一书中，我以生物群落，而非国家、社群、宗教或文明作为研究单位来解读全球历史。尽管《文明》以及《世界：一部历史》（The World: A History，2007）的某些读者说我是一个唯物主义者，观念还是在这些书里徘徊翻滚，搅动混合，制造事件。笔者在本书中将所知的观念历史以前无古人的方式集于一处，将一条条历史主线编织为全球性叙事，并在其间穿插笔者此前从未涉及过的精神事件。出版商的编辑们——萨姆·卡特、乔纳森·本特利-史密斯和凯瑟琳·麦卡利——为本书贡献良多，还有学界的四位匿名读者也是如此。在每个阶段，我都获得诸多宝贵意见和有益反馈，人数太多，不胜枚举——尤其是过去几年在圣母大学选修我所讲授的"人类观念大历史"课程的本科生们，他们一直孜孜不倦地助我正道直行。在综合各种成果的路上，我从威尔·墨菲的建议中获益匪浅。"我想请你，"他说，"写一部关于人类想象力的历史。"对我来说，这至今依然是广阔到无法想象的想象力。如果这样一部历史是可能的，接下来的内容或者说部分内容便是对它的小小贡献。

菲利普·费尔南多-阿梅斯托

印第安纳州圣母大学，2017年万圣节

CHAPTER ONE

Mind Out of Matter:
The Mainspring of Ideas

第一章

物质产生思想:
观念从何而来?

我心有愧疚，因为我从未能说服自己喜欢他，现在他人已逝去。埃德加是我的一位资深同事，我年轻时不得不听从他。他成为教授之时，大学正无节制地扩张，教职增长的速度过快导致聘用人员水准下滑：无须优秀，够格就好，职业使命感更是无人顾及。埃德加用沾沾自喜和扬扬自得掩盖住自身能力的不足。他对学生专横跋扈，对同事颐指气使。他最喜欢惹恼我的一件事是贬损我心爱的狗。"想想，"他会说，"那豌豆大小的脑子里有什么啊，不会思考，只会对一些恶心的小刺激进行条件反射，比如腐烂垃圾的味道，或者其他狗的尿臊气。"

"你看看它多笨啊。"埃德加还会补充说，每当狗不听他的指令，不按照他的意愿行事时。

而我却私下默默地怀疑，埃德加之所以用和狗比较来安抚自己，只是因为以其他任何标准来看，他才是头脑不够用的。然而渐渐地，我意识到他的态度正反映了我们人类思考的共同偏见和谬误。我们人类总是将自己归类为最具智慧的物种，尽管所谓智慧有诸多不同的层面，任何形式的对比都几乎毫无意义：对于狗来说，浪费时间设计一个算法并不比通过嗅觉为人类寻找配偶更有智能。我们总是错误地将和我们想当然的状况不同或我们无法理解的行为定义为愚蠢。我让狗去捡东西，狗却无动于衷，我由此而产生的失望，对狗来说，恐怕就像我对剩骨头毫无兴趣或无法凭气味跟踪动物的痕迹那样难以理解。当动物们按照我们的指令做事时，我们说它们聪明，而遇到听从指挥的同类时，我们却会鄙夷地将这种行为视为缺乏主动性或没有批判思维的证据。

这个问题无从证明，但从我一直以来对家里的狗的观察来看，我确信它可以通过理性的利益计算对指令进行区分。巴甫洛夫认为犬类的行为是条件性的（和某些罕见的人类行为一样），有时确实如此；但当狗想要解决狗自身的问题，而不是人类设计的谜题，即只有人类感兴趣却需要它们参与的问题，这时它们就会违反人类的预期行事。比如我曾经观察到，我的狗在经历无数失败的尝试后，发明出一种全新的抓松鼠的策略，即站在路当中，和路两边的两棵树呈等腰直角三角形的位置。这个策略并没有让它真正抓到松鼠，但从任何标准来看，这都是聪明绝顶的想法。它用自己的方式，以期达到自己的目的，如两位致力于研究犬类智能的科学家所说："你的狗是天才狗。"[1] 笛卡儿认为自己的狗和机器一样没有感情（并且由此得出结论，认为他可以惩罚狗而不受任何良心的谴责）；[2] 我却认为，相反，他的狗会将主人笛卡儿看作一个饱含感情又热爱推理的同伴。如果是这样，两者中的哪一个表现出了更多的健全判断力或实践智慧？

和判断智能的方法一样，大部分试图衡量人类和其他动物所共有的能力高下的方法都注定失败。有人声称思维是人类的独有属性，但这一说法并未得到证明，因为并没有令人满意的方法能让我们了解其他物种的头脑深处。若想知道是否只有人类是敏感和富有同理心的，是否只有人类能够凭直觉意识到自己的存在，是否只有人类有时间意识，是否只有人类被上帝或大自然赐予了特殊的能力（比如"语言获取设备"）[3]，是否只有人类有抽象的审美、道德意识、辨别是非的能力、永恒而可救赎的理性灵魂、元心智层面的关于思考的思考、窥一斑而知全豹的无双的归纳本领，或任何其他人类自视处于垄断地位的所谓特性，我们需要问问其他物种的动物同类的意见，或者进行迄今为止我们并未认真对待过的客观测试。

到目前为止，所有的观察和实验都证明，在人类与其他动物共享的创造性和想象性精神特质中，人类的天赋明显、清楚、惊人地巨大。无论是否怀疑质量上的差异，一个人都应该问问为何以及如何会产生数量上的差异。

本书讨论了笔者认为最为显著的那种差异。据我们目前所知，相比于狗或所有其他动物，人类在一种能力上表现得更为卓越，这种能力非常特殊，并且让我们激动与收获颇丰：理解（对某些异常有天分的人来说，还可以创造）想象中的行为（或此种行为的产物）。我们称之为观念。人类和其他动物在创造性方面的差距远远大于其他方面，比如使用工具、自我意识、思维理论或交流有效性等。只有人——我的肺腑之言——才能够想象出一只巴赫式的

第一章 物质产生思想：观念从何而来？

狗，一只爱伦·坡式的猴，一只"字面意义上的"柏拉图式爬行动物，或一头陀思妥耶夫斯基式的、坚持2乘2可以是5的鲸。[4]我不能完全肯定地这么说，因为一头黑猩猩、一条狗或一种细菌或许也秘密地怀有这样的想象；但即便如此，它对此无动于衷、毫无行动，而人类则可以将自己的幻想表达出来并展示给全世界，有时更会带来革命性的影响。凭借独特的频率和强度，我们可以想象出一个和看起来的或和自身感官体认的完全不同的世界。当这种情况发生时，我们便有了一个我所理解的观念。

这种能力带来的结果是惊人的，因为我们总是用自己想象的任何方式来改造世界。因此，和其他所有物种相比，我们拥有更多创新，我们设计出更多的生活方式、更多样的文化、更多的工具和技术、更多的艺术品和手工艺品，以及更彻底的谎言。人类可以听到一个音然后谱写出交响曲；可以看到一根树枝，然后在心里把它想象成导弹；可以研究一片地，设想一座城；可以品尝面包和美酒，感受上帝的存在；可以倒数然后跃入无限和永恒；可以忍受挫败，构思完美；可以看着手中的枷锁，想象自由的世界。从其他动物也许拥有的想象中，我们没有看到类似的结果。

如果有人想要将"智慧"或"理性"和产生观念的能力联系起来，尽可如此做。但是最好的用词显然应该是"想象力"或是"创造性"。据我们现在所知，和我们传统认为优于其他动物的余下方面相比，人类独特的创造性程度，是非常高的。[5]因此研究观念史的时候，我们首先面临的问题是："这些活跃的、强大的、丰富的想象力从何而来？"以及"为什么人类是特别富有想象力的动物？"

奇怪的是，这两个问题一直被忽略了，也许部分原因在于一个不太令人满意的假设：想象力只是强化的思维的积累产物，因此不需要特别解释（见本章"想象力：人类真正卓越之处"）。在现有文献中，与描述想象力起源的进化理论最接近的一种说法是将其归因于性选择（sexual selection）：根据该理论，想象行为是一种要引起注意的出风头行为，很可能是为了吸引配偶——相当于孔雀开屏。[6]该理论顶多将想象力归类为一种进化能力，却没有给出进一步解释：如果想象力是性选择的产物，那么和肉体吸引以及实际考量相比，它的地位相当低微。要是"精神肌肉"比六块腹肌更性感，要是一个诗人比一个水管工更适合作为配偶选择，该有多好！我想起一个故事，据说当亨利·基辛格的情人被质疑其择偶品味时，她如此回答："如果能拥有一个可以阻止战争的大脑，谁还要一个挡得住坦克的躯壳？"对于她的判断、她的坦诚或她的代表意义，我不予置评。

神经科学家们喜欢像孔雀开屏一样展示脑部扫描结果，试图将每一种思想都和神经活动联系起来，他们目前还没能发现一种生物具有特别富于想象力的思考。无论什么情况，脑部扫描的解释能力都很有限：大脑中的电学和化学变化表明正在发生精神活动，但这些更可能是果而非因。[7]我无意轻视神经科学证据：它们可以帮助我们了解一些事情，比如记忆何时是活跃的，并帮我们追踪正在运转的想象力的要素或成分。然而就目前而言，还没有科学叙述足以令人信服地详细解释人类是如何变得富有想象力的。

如果我们想要了解人类是如何产生观念的（本书的主题），一个好的入手角度是将我们的相关资源与其他动物的进行比较：这只能是一个起点，因为人类和其他所有动物都不同，好比每一个非人类物种也都和其他物种不同。但是，在没有天使和外星生物的条件下，我们所讨论的目标是和我们共享一个地球的生物。我们通常的关于人类具有相对优越性的假想并不完全错误，但如我们即将看到的那样，对比之下，人类的优势比我们平时认为的要小。出于目前的需要，我主要专注于大脑，这并不是因为我觉得心智和大脑是等同或相似的，而是因为大脑是我们的身体用来记录思想的器官。观念也许存在于物质世界之外，但我们必须要在大脑中寻找证据，证明我们拥有之。当我们研究这些证据时，一个悖论会出现：脑力的一些相对缺陷会让我们非常有想象力，也因此让我们产生丰富的观念。

究其背景，进化是不可回避的部分。就我们目前所知，观念应该是精神上的，而不是器质的或纯物质的。除了那些相信"模因"（meme，文化的基本单位，创造该词的理查德·道金斯设想其像基因一样运作）[8]的人，对我们其他人来说，观念自身不遵循进化规律。但观念会和我们的身体合作：我们的大脑处理并管理它们，我们的肢体、手指、肌肉和语言器官让它们发挥作用并传递它们。我们用思想所做的一切，更不用说用观念所做的一切（观念是思想的一种特殊形式或情况），都必然要使用进化赐予我们的武器。

在接下来的部分，我旨在论证，进化赋予我们丰富的预判力以及相对微弱的记忆力，还要论证想象力就是从这两种能力的碰撞中产生的，论证我们产生观念的能力是一种结果，并且，我们的观念反过来成为我们作为一种生物多变的、多样的历史的源泉。[9]

脑袋大，思想多？

同事埃德加最让人津津乐道的谬误就是他坚信，脑袋越大，思维就越好。[10] 我曾经读到过，屠格涅夫有一个大得出奇的脑袋，而阿纳托尔·法朗士的脑袋则异常地小。我已不记得这个说法出自何处，也无从验证，但不论真伪，大家的共识都是：这两位作家都是天才。平均来看，相对于体型大小，女性大脑比男性大，尼安德特人的大脑比智人更大，旧石器时代的人在大脑的尺寸上超过了现代人。会有人断言这些大脑尺寸差异对应着思维能力的差异吗？几年前，在印度尼西亚的弗洛勒斯岛上，考古学家发现了一种生物遗骸，它们的大脑比黑猩猩小，但它们使用的工具足以和我们从四万年前的祖先遗址里所发现的人类工具相媲美，而那时人类的大脑平均比现在大。

脑袋大并不一定意味着思想丰富：[11]一个微芯片足以完成大部分人大脑所能完成的大部分工作。人类大脑的累赘性和其方便性可谓不分伯仲：要想模仿芯片，大脑需要比维持正常运作更多的营养，处理更多血液并消耗更多能量。就我们目前所知，大多数脑细胞大部分时间处于休眠状态。神经科学家已经推测过大脑中惰性星形胶质细胞的功能，这种细胞的数量远超可测量的功能性神经元——但在讨论大部分脑容量是做什么的或者有没有用时，科学家们未能达成共识。[12]

因此，人类大脑的大小不是以人类方式思维的必要条件，而很可能是进化术语所说的"拱肩现象"*——我们的思考能力在进化时产生的副产品。[13]说得直白一点，人类大脑的绝大部分，都可能是没有用处的垃圾，好比扁桃体和阑尾。有人反驳说要是没有用就不会出现，只是我们不知道其用处而已。这种说法显然是一

---

* "拱肩"（spandrel）在建筑学上是拱顶两旁之间的空间，中间不可能不留下三角形的空间。进化上表示一种完全不可避免的顺带产物。——译者注

种谬误，或者是一种对进化效率过度信任的表达。[14] 而实际上，达尔文本人也承认，也许进化在某一个不经意的时刻会像风一样没有固定的方向。[15]

不难想象，假设存在一个有认知、有能力的大脑设计师，他本可以把人类大脑设计得更大一点。饮食结构影响大脑发育：对于觅食者来说，水果比树叶更有营养，采摘难度更高，肉类又更胜水果。作为饮食最杂的猿类，我们人类的祖先需要最大的大脑，也培养出了这样的大脑。[16] 我们的祖先也可能是发育出了更多的脑细胞，以便在比大多数其他生物规模更大的群体中生活。群体越大，需要处理的信息越多；大自然并没有重新设计一个大脑来满足这个需求，而是发展人类已经拥有的大脑，在颅骨中填充皮质，增加褶皱，挤压小叶。也许这就是为什么猿类动物（而非范围更广的灵长类动物）的大脑大小和群体大小基本成比例。[17] 这就是优势积累，因此，相比于其他物种，我们的脑中有更多的神经元进行相互作用；但对大脑进行更为有效的压缩也许会达到同样的效果。按照其他动物的标准，我们的大脑有更多的思考空间；但是我们能够定位的所有能力——比如通过考察人类大脑中的某些部分失效或被切除时，人会失去哪种能力——都是不同物种共同拥有的能力。简而言之，大脑大小有助于解释为什么我们比其他猿类思考得更多，但无法解释为什么我们会以不同的方式思考。

宇宙视角下的人类

因此，我们与其自得于硕大的大脑，或者自满于人类智慧的优越感，还不如专注于研究精确的大脑功能或智能行为的实例更有帮助,这些实例让我们这个物种显得尤其得天独厚或技巧高超。

我们必须马上面对一个难题:大部分人不怎么思考。"哦!"他们会默默吟诵济慈的诗句,"生命在于感觉,而不在于思考!"通常,人类大脑处于严重使用不足的状态。我们中的大多数让别人替自己思考,并且脑子里只有别人灌输给我们的想法:这就是广告和煽动成功的原因。模仿、重复和追随领导者,按照某些标准,可能会被归类于聪明的行为。服从给我们饭吃的暴君,何乐不为呢?效仿那些显然比你更聪明能干的人,何乐不为呢?对于某些有限的目的,比如在恶劣环境中求生存,或在较舒适环境中求平静,这些可能是更好的选择策略。但人类驯化的动物也显示出大量类似的智力——摇尾乞怜的猎犬,低眉顺眼的绵羊。若要识别出独特的人类思维,我们必须要关注那些做出很多思考的人:那些让我们和其他生物之间产生巨大而显著差异的人。

要了解这些差异是什么,我们需要改变角度。寻找差异几乎完全是角度问题。比如,如果问圣母大学选修我的课的一个班的学生,让他们说出同学间的差异,他们会指出一些往往微不足道的细节:莫拉脸上的雀斑比伊丽莎白多;比利总穿长袖T恤,而阿曼德总穿短袖T恤;晓星比所有同学都小一岁。而如果让一个局外人来观察,则会带着一定局内人不具有的客观性,他们会看到大局,并从客观入手,寻找可分类的差异。"40%是男同学,"这个局外人会说,"剩下的都是女同学。你的学生大部分是白人,但有三名同学看起来像东亚人,两名同学看起来好像有南亚血统,两名同学是黑人。花名册上好像有大量爱尔兰血统的名字,颇令人意外。"诸如此类。这两个角度都产生真实的观察,但就目前而言,我们需要的是局外者更容易观察到的数据。为了发现人类思考和其他动物相比的巨大特殊性，我们必须尝试得到类似程度的客观性。

一项思想实验会有所帮助。如果尝试在脑中想象一个最客观的视角，我会想到一个类似宇宙鸟瞰的视角，旁观者可以从上帝视角俯视整个地球，以及看到栖居其上的所有物种的完整历史。只需一瞥，从无垠的空间和时间的长河中，如同博尔赫斯在小说《阿莱夫》(*The Aleph*)里所描写的一样，这个旁观者就可以同时认识到所有生物过去发生的一切。这样一位非凡的观察者将如何评价我们和其他动物的差异？我想，这位宇宙观察者会如是说："基本上众生相同——不过都是低效而短寿的细胞排列组合。但我注意到你们人类的一些奇怪之处。你们做其他大部分物种也会做的事，但你们做得更深入。就我看来，你们有更多想法，处理更多任务，扩散到更多地方，摄取更多食物，并设计出更多政治和社会形式，更阶层化，更专业化，而且会做更有利可图的行为。你们发展出更多的生活方式，更多的仪式，更多的技术，更多的建筑，更多的审美喜好，更多的环境改造，更多的消费和生产，更多的艺术和手工艺品，更多的沟通方式；你们设计出更多的文化，而且简言之，比我能看到的任何其他生物更快速和更多样化地思考更多的观念。就我看来，你们比其他动物投入更多的时间和精力进行自我思考、价值辨别以及概括或分析的尝试；你们投入了大量的精神资源来讲述前人未曾讲述的故事，描绘前人未曾看见的图画，创作前人闻所未闻的音乐。和大部分竞争物种相比，你们笨拙而弱小，你们没有尾巴，本领低微，拥有低配置的尖牙和利爪（还好你们会投掷，双手灵活）。然而，尽管你们身体的条件和天赋不佳，你们却有能力应对问题，超越最低解决方案并重新思考未来，这给予你们在地球上惊人的掌控能力。"

这些观察不会让宇宙观察者欣赏我们。该宇宙观察者会注意到每个物种的独特性，可能并不认为我们优于其他物种。但是，尽管我们在创新和创造性方面并不独一无二（这个人类抱有优越感的认知不符合事实），从广度、深度和丰富性来讲，我们在创新和创造方面的能力依然是卓然而立的。人类和人类以外的物种之间在这些方面的差异，让我们超越许多物种也能达到的文化层面（后文会探讨），进行独特的人类实践——我们称之为文明，我们借此重塑世界以满足自己的要求。[18]

想象力：人类真正卓越之处

我们的大脑是如何帮助我们实现这一看似绝无可能而又无与伦比的目标的？和所有进化而来的器官一样，大脑之所以是现在这个样子，是因为环境条件有利于某些基因突变的存活和传递。大脑的功能在于回应外部世界——解决外部世界出现的实际问题，满足自身迫切需要，应对落入的陷阱和限制。本书所涵括的关于思考的一切，都是另一种形式，是不同的情况。它们构成了意大利语中被迷人地称为"fantasia"的那种创造力，以及超越真实的幻想带来的共鸣。这些观念创造的世界和我们所栖居的世界大相径庭：那些世界在我们的观念之外无法验证，在现存的经验中未曾实现（如全新的未来和虚拟的过去），凭我们通过经验或观察得知自己掌握的资源无法实现（如永恒、天堂或地狱）。勇敢地追寻人类和其他猿类之间差异的神经科学家 V.S. 拉马钱德兰这样说道："一份三磅[*]重

---

[*] 1 磅约为 0.454 千克。——编者注

的胶状物……如何能想象天使,思考无限的意义,甚至追问自己在宇宙中的地位?"[19]

有两种传统答案:一种常见于科学传统,另一种常见于形而上学。严格科学的答案是,当超过临界阈值时,量变会产生质变——根据这种思路,人类的大脑比其他猿类的大脑要大得多,因此会出现种类差异。大脑没必要具备产生创造力或观念的专门功能,它们是由于大脑中较为普通的思维过于充分而产生的。

另一方面,形而上学的答案是,创造力是一种无形的能力所发挥的功能,这种无形能力通常被称为心智或理性的灵魂,它为人类所独有,或者人类拥有其中独特的一种。

两种答案都有可能为真,但不会两者皆真,而且二者都无法让所有人心悦诚服。若要接受第一种解释,我们需要能够找到那个让大脑从反应跃至创造的阈值。若要接受第二种解释,我们得具有形而上学的倾向。根据怀疑论者的说法,心智只是一个构想出来的词,用以表示现阶段的神经科学知识尚不足以解释清楚的大脑功能。

那么我们该如何改进传统回答呢?我建议重新设计这个问题,使其不那么模糊,聚焦于我们想要解释的思想生成功能。最能代表人类思维特征的词可能是"想象力"——它包括幻想、创新、创造力、重新构思旧思想、获取新思想,以及灵感和狂喜的所有成果。想象力是一个令人生畏的"大词",但它对应着一个容易理解的现实:看到不存在的东西的力量。

例如,像我一样的历史学家必须在想象中重新构造一个消失的过去。发明宗教的卓识者必须在脑中看到一个未曾被看到的世界。故事讲述者必须超越经验来叙述从未发生过的事情。正如莎士比亚所说，画家和雕塑家必须"超越生活"，甚至摄影师也必须能够捕捉到他人未曾瞥见的角度，或者说如果他们要创作艺术而不是记录，就必须重新安排现实景象。分析师必须抽象出数据本身不会显现的结论。发明家和企业家必须先一步想出超越现有世界且他们可以重塑的世界。政治家和改革者必须重新思考可能的未来，设法实现更好的未来并阻止恶化的未来。每个值得一提的想法的核心都是想象——摆脱或超越体验，重新处理现实，以产生某种并非只是快照或回声的产物。

是什么让人类如此充满想象力呢？我认为，想象力由三种能力组成。其中两种是明确无误的进化产物，而第三种尚不明确。

首先是记忆力——它是一种心智能力，每当要创造和开始做某事之时，每当带着有关过去所思所为的记忆思考或实践新事物之时，我们都会用到它。我们大多数人都希望记忆是好的，希望它是准确的，忠实于真实的过去，值得信赖，可作为未来的基础。但令人惊讶的是，也许，糟糕的记忆力最有助于创造想象力。

不佳的记忆力

不出所料，在人类与其他动物比较思维能力的大多数测试中，人类得分很高：毕竟，是我们设计的测试。人类相对善于同时思考多件事，推测其他生物可能正在思考的东西，掌握人为选择出来的大量符号集合。[20] 不过，记忆也是一种思维方式，而即使按照人类的标准，其他动物也可以在记忆方面与我们不相上下甚至超越我们。记住相关类型的信息是人类以外的动物最引人注目的能力之一。我的狗波波让我甘拜下风（从隐喻角度来说如此，而不是笛卡儿所设想的角度），我是说在记忆人和路线方面。它不经指引就能把走过的任何路重走一遍。我有一位它6年未见的老友来访，波波立即认出了她，并冲过去向她展示前一次她送给它的玩具。波波让我愿意相信荷马的那个故事：当漂流四方的奥德修斯归来时，只有他的狗认出了他。波波可以准确无误地取回玩具或骨头，而我在寻找放错位置的文档和不知放哪里去的老花镜时，则要浪费大把的时间。

任何拥有宠物或人类以外的动物工作伙伴的人都可以讲出类似的故事，显示出动物令人嫉妒的记忆力。然而，大多数人仍然记得罗伯特·彭斯满怀怜悯地写给"瘦小而狡猾，胆小而畏缩"的老鼠的诗歌，彭斯认为它"只知晓当下"，仿佛那小动物被定格于时间中，阻绝于往昔和未来之间。[21] 但是，这种对野兽和人类记忆的区分可能是人类另一个毫无来由便沾沾自喜的例子。我们不必再赘述别的毛茸茸小狗的奇闻趣事。对照研究证实，在某些方面，我们的记忆用其他动物的标准来看是不值一提的。

比如，灌丛鸦知道自己藏了什么食物，并记得何时藏的以及藏于何处。即使没有食物诱导，老鼠也可以在复杂的迷宫中回溯来路，而我在最简单的公园小道上都会迷路。老鼠们可以记得闻到味道的顺序。因此，很显然，老鼠们能通过专家称之为情景记忆的测试，而我们却以为这种按顺序记忆经历进而回顾过去的能力属于人类的特权。[22] 克莱夫·温坚定地相信人类以外的动物也有心智，他因能逼真地想象成为一只蝙蝠而声名大噪。温总结了一些相关的实验。他指出，鸽子可以保留数月的鲜活记忆，可以记得数百种与食物相关的任意视觉模式，能在离巢许久后找回自己的窝。蜜蜂可以记得食物的位置，以及如何在一个复杂环境中找到食物。黑猩猩可以重新找到以前随便选的地点中砸坚果用的石头。在实验室里,黑猩猩为了获得奖励,能够记住在电脑屏幕或键盘上按键的顺序。而"吸血蝙蝠可以记住哪个同伴给它分过血,并使用这些信息来决定是否答应把一点血分给某个求助者"。[23]

那些贬低非人动物记忆力的人会坚持认为,它们的反应不比巴甫洛夫实验里的狗表现出的谄媚和畏缩更能证明它们有思维。19世纪90年代,巴甫洛夫实验中的狗看到饲养员即开始分泌唾液,根据后来以"行为主义"之名广为人知的理论,该现象不是因为狗能记得饲养员的样子,而只是因为视觉引发了精神联想。老鼠、蝙蝠、鸽子和猿类明显的记忆特征——任何尚存的行为主义者都可能如此声称——都更像是条件反射或对刺激的反应,而不是从持久的储存中找到回忆。若非偏见,我们没有足够的理由做如此区分。我在其他大多数方面尊敬圣奥古斯丁,他是思维清晰的模范,但他也算是行为主义的先驱者。他认为马在沿路行走时可以找到要走的路,因为每一步都引领着下一步,但回到马厩里就想不起路了。但即便是这位圣人,也无法确定这一点。没有实验可以验证这一设想。奥古斯丁提出该设想的唯一依据来自宗教信仰:上帝绝不会屈尊赐予马和他本尊亲自挑选的物种类似的心智。而今日同样教条的后人依然在犯同样的错误。大多数心理学家已经不再相信可以通过条件来控制人类的行为,为什么尝试了解其他动物时还要保留这个已被驳倒的信念?要想获得可以直接同人类经验相比的证据,我们可以对黑猩猩和大猩猩进行实验。在一些重要方面,它们和我们是类似的。我们可以理解它们对自身行为的解释,可以在共同兴趣允许的有限范围内用人类设计的语言与它们交谈。它们的嘴巴和喉咙无法让它们拥有使人类得以产生口语的音域,但猿类非常擅长学习使用其他类型的符号系统（即语言）。通过遵循示范和仔细听从指导，猿类可以像人类学习者那样，或者说像好学生应有的样子，学会非常多的手语，以及使用代表意义的字母或图像。

比如佐治亚州立大学的一头名叫潘兹（Panzee）的母猩猩，它展现出了非常灵巧的符号认知能力。它可以通过挥舞卡片以及用键盘打出特定符号来和饲养员交流。在一个典型的实验里，研究者们当着潘兹的面藏起了数十种不同的物品，包括水果、玩具蛇、气球和不同形状的纸片。研究者们按顺序向潘兹展示了每一个物品的符号，除此之外没有给它任何提示，潘兹在这种情况下能记得这些小宝藏的位置，并引导研究者找到。即使经过相对较长的时间（长达16小时），它依然能找对90%的隐藏地点。该结果绝无任何"作弊"。潘兹以前从未必须通过指向围栏之外的地方来获取食物，它的饲养员也无法提供有意或无意的帮助，因为饲养员们事先不知道任何关于隐藏地点的信息。因此，潘兹的实验不仅表明，黑猩猩有一种在野外寻找食物的本能，该实验结果还清楚地证明黑猩猩（或者至少是潘兹）能够记住独特的事件。除了展示出我们可能称之为追溯性能力的本领之外，它还展示出一种前瞻性技能，将它的记忆用于预测未来，推断食物所在之处。[24] 在另一个有趣的实验中，它使用键盘指导饲养员找到了隐藏物品的下落——它不仅找到了自己爱吃的花生，还找到了它并不太感兴趣的非食用物品。它的实验室负责人查尔斯·门泽尔说："动物记忆系统一直被低估，其上限不得而知。"[25]

在记忆力方面可与潘兹相比的黑猩猩中有一个名为"步"（Ayumu），是日本京都一家研究机构的机智黑猩猩。它于2008年成为电视节目明星，在电脑记忆游戏中击败人类选手。参与者只有几分之一秒的时间记住屏幕上出现的数字。"步"的准确率达到80%。它的 9 个人类竞争对手得分均为 0。[26] 通过练习,人类可以接近"步"的水平。[27] 然而,对黑猩猩有利的证据在继续累积。把不能代表普遍水平的天才排除在外,普通人类可以记住 7 位数字的顺序,猿类则能记住更多位数字,并且学习速度更快。《猿类记忆》(*Ape Memory*)是一款电子游戏,专门为我们这个物种中想要达到与猿类相匹敌的卓越记忆水平的成员而设计。"王"(King)是一头住在佛罗里达州迈阿密"猴子丛林"动物园的大猩猩,它是另一款游戏《大猩猩记忆》(*Gorilla Memory*)的灵感来源。"王"擅长数数。它通过挥动和指向印在卡片上的图标与人交流。当灵长类动物学家选择它进行记忆测试时,它已经 30 岁了。人们可能会认为,这个年纪已经不太容易学会新技巧。但它从长期经验中了解到人类的特点。它表明它可以按时间想起过去的事件,并依序排列。它可以遵照指令记住自己吃下的三种水果的正反顺序,其优异的表现绝不可能是幸运所致。[28] 它可以将食物和喂食者联系起来,即使连饲养员都忘记了是谁给了它哪顿饭,这就如同我的狗可以在记忆中将玩具和给玩具的恩人联系在一起。这些结果表明,"王"和波波在指认犯罪嫌疑人的现场会成为比大部分人更出色的做证者。一个团队用"王"没见过的行为来测试它,包括"比手画脚"游戏——假装偷电话或者弹"吉他"。当他们询问"王"谁表演了什么动作时,它的回答正确率达到 60%。得分可能看起来不高——但不妨让人类试试看。[29]

黑猩猩可以找到特定时间的记忆并将其按顺序排列,进而利用这些记忆做出预测。许多人通过实验挑战了只有人类具备这种能力的说法,莱比锡动物园的杰玛-马丁-奥尔达斯所做的实验便很引

第一章 物质产生思想:观念从何而来?   19

人关注。2009 年，8 只黑猩猩和 4 只红毛猩猩看着她用一根长棍子够香蕉。然后她把这根棍子藏到一个地方，又把一根无法够到香蕉的短棍藏到另一个地方，让猩猩们找到。3 年后，在中间没有任何提示的情况下，当两根棍子回到原来所藏的位置，一根香蕉也放在相应的地方，猩猩们是否能拿到香蕉？除了一只红毛猩猩外，其余参与者都毫不费力地找到了正确棍子的位置。而没有参加 3 年前那次实验的猿类则无法找到。因此，获取记忆并将其存储以供将来使用，是人类与其他猿类共享的认知能力的一部分。[30]

由心理学家科林·卡默勒（Colin Camerer）和灵长类动物学家松泽哲郎设计的一项更复杂的实验测试了黑猩猩和人类根据记忆中的事件预测未来的能力。来自两个物种的受试者玩了一个游戏，在游戏中他们会观察另一方在触摸屏上的移动，然后预测其下一步的选择，猜对有奖。平均而言，黑猩猩在探索行为模式方面比其人类对手表现得更优秀，这似乎是因为黑猩猩们能够记住更长的动作序列。这个游戏测试了高级记忆能力和战略能力，考验的是玩家记忆对手选择的能力，在决策时发现规律的能力，以及独自做出准确预测的能力。结果表明，至少一些黑猩猩在这些技能方面优于某些人。[31]

因此，从目前的情况来看，埃德加贬低非人动物的智力是错误的。我并不是说人类的记忆无法获得巨大的成就。传道者、演员和考生经常会展示倒背如流的能力。戏剧表演会把成串的事实摆在观众面前，就像希区柯克的《三十九级台阶》中的"记忆先生"那样。有些低能天才*可以背诵整本电话簿的内容。然而，在一些可

---

* 低能天才（idiot-savant）指智力上有障碍但在特定领域天赋异禀的人。——编者注

以比较的功能方面，但凡涉及记忆，非人动物就远远超过我们。听到有人说人类并不拥有地球上最出众的记忆力时，大多数人会皱起眉头，但停下来思考这一违反直觉的说法是值得的。人类几乎总是认为，任何能将我们和其他动物区分开的能力一定是我们的优势能力。但也许我们应该看看自身的劣势能力，至少是某些方面的劣势能力。与其他动物相比，记忆在各方面都不是人类最闪耀的本领。我们缺乏记忆力，而且我们的记忆力不可靠，有缺陷，会扭曲事实，这对它造成了很大影响。我们可能不愿意承认这一事实，因为放下自尊是很难的一件事。我们颂扬自己的记忆并为它感到自豪，因为记忆对我们的自我意识似乎非常宝贵，而我们才刚开始承认别的动物也有自我意识。

各类文献——心理学、法医学还有虚构的作品——里充满了证据，表明大多数人的回忆是不堪一击的。也许让人意识到我们记忆力有多糟糕的最有效方式是看萨尔瓦多·达利最著名的画作之一——一片荒凉之地，散落着令人不安的畸形物体。他称这幅画为《记忆的永恒》，但这体现了达利典型的反讽特点：真正的主题是记忆如何消退和变形。画面的背景是一片夕阳西下的天空，光线渐渐消失于模糊不清的海面上，一切形体似乎都正在溶解。然后是一座摇摇欲坠的悬崖，如记忆一样，像是被消逝的时间侵蚀了。还有一块空白的石板，上面的每一丝印象都已被抹去。一棵被截断的死树，上面所有的生命都已枯萎，一条枝杈伸向画面的中间地带，下方的海岸一片阒寂。巨大的时钟们，停止在不同的时刻，下垂着，凋谢着，好像在宣告时间施加的无常和它解开的矛盾。左前景的钟匣似乎被虫子吞噬殆尽，而画面正中给人不祥之感的怪异形状似乎来自博斯*的一些邪恶幻想。记忆的确会变为猛兽。时间的确会颠覆回想。往事也的确会腐烂。

人类记忆的低效率弥合了记忆与想象之间的差异。而这种差异,在任何情况下,都不是很大。记忆就像想象一样,是一种能力,能让我们看到当下并未呈现给我们的东西。如果说想象力如前所述,能让我们看到的是并不真正在场的东西,那么记忆使我们能够看到的则是不复存在的东西:从某种意义上说,它是一种特殊的想象形式。记忆通过形成对事实和事件的再现来起作用,想象力亦然。

西塞罗在罗马法院和元老院发表演讲时使用过记忆术,它为演讲者想要表达的每一个观点都配上一幅生动的图像——这图像可能不是一个自然的暗示符号。一只血腥的手可能代表一种单调的行为,一朵可爱的玫瑰或一个甜美的水果则可能表示论敌的恶习。[32] 关于大脑工作机制的研究结果证实,记忆和想象是相邻的:据我们所知,两者"发生"在重叠的区域。当想象力和记忆力发挥作用时,大脑内部会发生几乎完全相同的电学和化学活动。

记忆和想象有重叠部分,但某些哲学家不愿意承认这一事实。[33] 我觉得应该怪在亚里士多德头上。亚里士多德带着他平日的常识坚称,记忆必然指的是过去——而过去,他指出,与想象的事件从根本上讲是不同的,因为过去的事确实发生过。然而,有时候,生活会违背常识。在实际情况里,记忆和想象融于一处。

---

* 博斯(Hieronymus Bosch,1450—1516),尼德兰画家,作品中充满离奇而怪异的想象,极具象征性和隐喻色彩,被认为启发了20世纪的超现实主义,代表作有《尘世乐园》《干草车》等。——编者注

记忆出错时，离想象最近。记忆的创造力在于扭曲往事。错误的记忆将现实改写为幻想，将体验重塑为猜测。每一次我们错误地回忆陈年旧事，我们都在想象新情景。我们在往事中混入了其并不存在的特征。否则生命将不可承受。哈佛大学的认知科学家丹尼尔·沙克特曾监测当记忆被调用和检索时大脑中会发生什么。他指出，进化给了我们糟糕的记忆能力，使我们不必承受过多混乱思绪积累的负担。我们必须在杂物室腾出一块地方，扔掉相对不重要的数据，以专注于我们真正的需要。[34]

能够如实地回想起生产时疼痛的女人不会情愿再来一次。社会名流和社交人士必须过滤掉他们不需要之人的姓名和面孔。士兵永远不会回到战壕，除非他们能压制或浪漫化战争的恐怖。老人们记得他们的壮举——根据莎士比亚的说法——"带着优越感"。我们出于自己的需要而修改了记忆，往回忆中添加了彻头彻尾的错误。我们把经过想象改造的记忆误认为是所回忆事件的真实面目。我们以为在催眠或心理治疗中"恢复"了记忆，但这所谓的记忆可能完全是幻想或扭曲的，而它们具有改变人生的力量，无论好坏。

我们可以忍受个体记忆中无常的错漏和偏差，但当我们以持久的方式分享和记录它们时，会产生一种社会型记忆：它会成为公认的历史，可追溯至亲历者均已作古的久远年代。同样的人性弱点也会将记忆扭曲：自我利益至上，歪曲事实，以及传播不实信息。宣传将虚假的信息刻为基石，印于课本，贴至公告栏，渗入习俗。因此，社会型记忆往往无法反映事实，也经不住历史的修订。如果说心理学家可以在个体中发现虚假记忆综合征，那么历史学家同样可以在整个社会中发现这一痼疾。

法律工作者可能想要提出异议。记忆和想象的相似性颠覆了法律证据的价值。对于法院来说，若能把想象的版本和真实的供词分开，工作负担会大大减轻。然而，我们知道，现实生活的证词很难忠于事实。这方面被引用最广泛的文本是虚构的，其意义却是真实的：日本作家芥川龙之介创作于1922年的小说《竹林中》，启发黑泽明拍摄了伟大的电影作品《罗生门》。一场谋杀案的证人们各执一词，彼此矛盾；受害武士的灵魂也借灵媒之口给出证词。但是读者或者电影观众依然困惑不已。每一次审讯，每一次比较证词，都证实了记忆的不可靠性。"你一身金色。"音乐剧《金粉世界》中日渐苍老的情人在回忆往事时如此吟唱。琪琪纠正他："我当时一身蓝色。""是金色没错，"他反驳道，"我记得可清楚呢。"我们的记忆全都错得离谱，出错的方式也五花八门。

功能不佳的记忆力有助于人类获得出众的想象力。每一个错误的记忆中都闪烁着可能出现的崭新未来，而如果我们愿意，我们可以尝试为自己打造这样的未来。

良好的预判力

记忆的扭曲扩大了想象力，但不是想象力的唯一成因。我们还需要生物医学研究人员罗伯特·阿普所谓的"情景可视化"（scenario visualization）——这是对可能更通俗的"实践想象力"（practical imagination）的一种别致叫法。阿普将"情景可视化"与一种心理适应性变化联系在一起，这种变化可能出现于远古人类制造长矛等复杂工具的过程中。[35] 在幸存至今的物种中，没有任何其他生物具有足够强大的想象力来将棍子变成标枪，然后通过想象力的进一步飞跃，将其变成投掷长矛。

问题是这样表述可能不够公平：其他动物也会发掘长棍的作用。例如，黑猩猩能够用长棍捕获白蚁，让漂浮的物体移向河岸，击打坚果，或用于挥舞，以增加攻击的气势。如果说它们未曾将棍子视为潜在的长矛，那可能是因为没有其他动物像人类一样擅长投掷。[36]那些相对较少做出投掷动作、几乎不用投掷发挥作用的猿类动物发现了棍子的其他实际用途，这需要用到一些"情景可视化"，或者说通过想象力预见解决方案的能力。许多动物，特别是进化史上曾经是捕食者或被捕食者的物种，在解决问题时都会发挥想象。如果一只老鼠能够找到迷宫的出口，我们就有理由认为这个生物知道自己要去哪里。经过几周的反复试验，我家年轻的狗发展出了自己的捕捉松鼠的巧妙策略（虽然最终未能发挥作用，见本章开篇部分），它以一种小小的方式展示了富有想象力的远见。

狗也会做梦，猫也一样。你可以看到猫和狗在睡梦中抽搐，用爪子搔痒，发出兴奋或焦虑的声音，这些声音和它们醒着的时候一模一样。它们的眼睛在睡梦中会旋转，与人类做梦时的快速眼动相似。[37]在梦中，宠物可能会再次享受玩耍的乐趣，重温或预演捕获猎物或食物的冒险。这并不意味着它们清醒时可以像人类的心智允许的那样畅想现实以外的情景：睡眠是一种特殊的、非典型的意识形式，这种意识形式不受任何规则约束。但是在梦中，非人类物种也会拥有人类思维的幻想特质。

它们还有助于我们设想自己的祖先获得想象力的环境。像阿普提到的工具制造者一样，我的狗也会狩猎：事实上，狗和人类有着悠久的共同狩猎历史。一名犬类进化心理学家（如果有这种职业的话）会发现即使是最乖巧的小狗，也有很多行为是狩猎的产物：比如掏空一个蓬松的玩具，玩耍时假装打架，在地毯上某个有气味的地方刨个不停，好像想要挖出一个兔子窝或者狐狸洞。我不想用"男性狩猎者"（Man the Hunter）这个概念，这种说法早已遭到女权主义者的谴责（虽然 man 一词对我来说是一个不带性别的词，不特指任何性别）。由于狩猎是一种觅食形式，也许"人类觅食者"（The Human Forager）是更合适的称呼。然而，在捕食和被捕食的物种中，从长远来看，狩猎真正刺激了想象力的发展。我认为这种现象的原因在于，狩猎和被猎杀的生物需要进化出一项过渡的能力，我称之为预判力。

如果说想象力能让我们看到并不在场的东西，记忆使我们能够看到不复存在的东西，那么预判也是类似的能力：这种能力可以让我们看到尚未存在的东西，预想下一道弯或下一棵树背后的危险或机会，预测可能出现食物或可能有陷阱的地方。因此，就像记忆力一样，预判力是一种站在想象力门槛前的能力——蓄势待发地准备跨进去，就像一名咄咄逼人的推销员或一个纠缠不休的访客。和记忆力一样，预判力也和想象力在大脑的重叠区域紧挨着。这三种能力都能构想不在场的场景。糟糕的记忆力加上良好的预判力，其结果就是想象力。

预判力可能是进化的产物，是为生存而被选择并编码到遗传基因中的能力。大约四分之一世纪以前，人们发现了"镜像神经元"——某些物种（包括我们人类）大脑中的粒子，在我们观察某种动作或做出该动作时，它们会做出相似的反应——这让我们期待无比，希望可以借此找出生物共情力或模仿力的根源；更奇特的是，科学家在研究猕猴脑中的这些"脑沟"（sulcus）的活动时发现了预判力：在 2005 年的实验中，一些猴子只看到人假装抓食物的动作，其他猴子则目睹了人真正抓食物的完整行动。两组猴子的脑反应别无二致。[38]

文化可以促进预判力发展，但前提是进化为之提供了原材料。捕食者和被捕食者都需要这种能力，因为都需要预判对方的动作。

人类特别会预判，因为我们特别需要预判。我们比竞争对手物种需要更多的预判力，因为其他所有重要的东西我们几乎一无所有。我们无论是躲避捕食，还是抓捕猎物，抑或是和对手赛跑争抢食物时，都动作缓慢。因为我们攀爬时很笨拙，很多食物实际上是我们无法获取的，很多可避难的场所也将我们拒之门外。和绝大部分竞争对手动物相比，我们的视力也并不敏锐。我们靠嗅觉发现猎物或危险的能力，或听到远处声音的能力，很可能从进化为人科时起就已经下降了，但是即便不下降，也绝无可能与犬科动物或猫科动物相匹敌。我们的牙齿和爪子弱得可怜。虽然拥有优秀天赋的其他物种占据了生态环境的主导地位，但我们的祖先仍不得不努力捕猎：人族的消化系统，从颌骨到内脏，均不足以应对大部分植物，因此肉食是我们的必然之选，也许三四百万年之前就已如此。人类最初靠食腐为生，然后逐渐成为狩猎者，在我们所处的进化线上，人类祖先不得不寻找获取肉食的方法。

进化不曾赋予我们身体优势来弥补我们的不足。双足行走让双手解放，让头部立起，但我们整体的敏捷性依然落后，我们下肢的两个终端最后也只变成双脚，没有让我们再多一双好用的手。对我们有利的最大适应性进化是，任何物种都无法挑战我们的投掷本领，以及我们打造投掷物体和投掷工具的本领；因此，我们可以部署武器，对付我们无法捕获的猎物和可以猎杀我们的捕食者。然而，为了瞄准移动物体，我们需要敏锐的预判力，以便预测目标可能如何变化。预判力这种进化出来的技能，可以最大限度地减少我们的缺陷并最大限度地发挥我们的潜力。许多有助于解释人类预判力的论据也适用于其他灵长类动物。事实上，所有灵长类动物似乎都拥有相同的能力。某些灵长类动物甚至表现出至少可以像人类那样拥有想象力的潜力。有些会绘画，如黑猩猩"刚果"（Congo），其画作在拍卖会上可拍出几千美元；有些会创造新词语，比如耶基斯研究所的"华秀"（Washoe），它是一只非常有语言天分的母猿，会用美式手语称巴西坚果为"石莓"，它还是第一只为饲养员并未标识的物品起名字的猿，发明出"水鸟"一词来代表天鹅，即使当时天鹅在岸上。其他猿会发明技术，引入文化实践，还会改变自己的外形，用多变的审美感来打扮自己——虽然它们从来没有将其发展到人类那样的程度。

那么，到底是什么使我们成为最具想象力的灵长类动物？一方面，毫无疑问，我们在黑猩猩和大猩猩中观察到的有选择性的优越记忆力为这样的差异提供了解释：正如我们所见，拥有糟糕的记忆力才能获得最大的想象力。另一方面，我们也可以指出身体素质的差异：在灵长类动物中，我们需要最多的预判力，因为我们最欠缺力量和敏捷性。进化心理学（这个学科引发了分歧，蔑视者和信奉者产生了对立）可以提供其余的答案。

独特的是，在现存的灵长类动物中，只有我们人类拥有悠久的捕食历史。我们对猎食的依赖达到了极致。黑猩猩也会捕猎，倭黑猩猩（曾经被归类为"矮小的黑猩猩"）亦然，只是程度稍轻。但相比于我们，捕猎对它们来说意义要小很多。它们非常擅长跟踪猎物和埋伏，但直到20世纪60年代才有人观察到它们捕猎——这个证据可能说明不了太多问题：人类不断侵犯其生存区域，在此前或在那时给它们带来了环境压力,这可能迫使它们去寻找新的食物来源。不管是哪种情况,狩猎对黑猩猩来说都是一种边缘行为,而在智人存在的 90% 的时间里,狩猎是人类社会得以延续至今的基础。通常情况下,黑猩猩从猎物中获得的热量占其总饮食热量的 3%;而一项关于热带环境中十种典型狩猎民族的研究显示,虽然他们身处的环境与黑猩猩所喜爱的类似,但肉食占其总饮食热量的百分比高得多。平均而言,这些群体有近 60% 的热量来自猎物提供的肉食。[39]

此外,绝大多数黑猩猩猎杀的物种并不多,包括野猪和小羚羊。它们的主要猎物是疣猴,至少在人类对黑猩猩猎杀行为记录次数最多的坦桑尼亚贡贝是如此。相比之下,每个人类群体的猎物都丰富得多。这主要可能是因为黑猩猩捕猎并不频繁,年轻黑猩猩鲜有学习的机会,需要长达 20 年的训练才可成为狩猎高手,能够拦下逃跑的疣猴,或挡住疣猴的路线并围捕之;新手一开始的职责,像人类猎手中的助猎者(beater)一样,是将猎物赶进圈套。相比之下,人类青年在经历了一些探险之后就有可能变得精通狩猎。[40]然而可以明显看出,黑猩猩即使捕猎经验很有限,也从中培养出一种预判力,它们会估算猎物最有可能选择的路线,规划和协调自身所有努力,带着美式橄榄球后卫紧跟持球进攻者或接球手的姿态来追踪和阻挡猎物。每一种狩猎的生物都会磨炼其预判力。但是,与其他类似的生物相比,智人拥有更加发达的预判力(哪怕与我们关系最密切的现存物种也比不上)并不奇怪。

高度发达的预判力可能先于丰富的想象力出现。当我们做出预判时,我们会想象下一个障碍背后的猎物或天敌。我们会事先猜测威胁或机会将怎样跳出来。但想象力不仅仅是预判。在某种意义上,想象力是预判力过剩的结果,因为一旦人们可以在天敌、猎物或问题出现之前便设想其样子,那么,理论上讲,人们也可以想象不太可能出现的对象,直至构想出从未体验过、不可见、形而上甚至毫无可能存在的事物——比如全新的物种、从未品尝过的食物、闻所未闻的音乐、妙不可言的故事、新颜色、怪兽、精灵或大于无限的一个数字,又或者,神。我们甚至可以想到"无"——这也许是想象所做出的最大胆的飞跃,因为"无"的观念,从定义来看,是经验中不可体验、现实中难以理解的。预判的力量就是这样引导我们通过想象力形成观念的。

想象力超出了预判和记忆的范围;与正常的进化产物不同,它超越了生存的需求,没有竞争优势。文化刺激想象力,一部分通过鼓励,一部分通过强化:我们赞美吟游诗人,付钱给吹笛者,惧怕萨满,听从祭司,尊敬艺术家。我们用舞蹈、鼓点、音乐、酒精、兴奋剂和麻醉剂来解放想象力。然而,我希望读者愿意将想象力视为两种进化能力的结合:其一是我们糟糕的记忆力,它疯狂地扭曲人的经历,使人富有创造力;其二是我们过度发展的预判力,它使我们的头脑中充满了超出实际所需的图景。

仍然不相信想象力由记忆力和预判力组成的读者可以尝试一个思想实验:请试着想象没有记忆和预判的生活是什么模样。若无法回顾记忆产生的影响,也无法展望没有回忆可言的未来,我们想象不出生活是什么模样。最好的方法是参考(还是要调用记忆)一个两种能力都没有的虚拟角色。在《远离尘嚣》中的特洛伊中士看来,"记忆是阻碍,预判是多余"。结果,他的精神生活和情感生活贫乏至极,他对他人没有真正的同情,自己也没有可敬的成就。

语言：用舌头思考

除了记忆力和预判力，语言是想象力的最后一个要素。"语言"是一种符号系统：一种议定的模式或手势和话语的代码，与所指的东西没有明显的相似之处。如果你给我看一张猪的图片，我会想到你要表达的意思，因为图片是再现，而非象征。但如果你对我说"猪"这个字，除非我了解这个代码的含义，不然我不知道你的意思，因为词语是符号。语言在这个程度上有助于想象：我们需要它将想象（可能采取图像或声音的形式）转化为可传达的意思。

有些人认定或声称认定，在没有相应词语的情况下人们无法想象任何事。雅各布·布罗诺夫斯基就是其中之一。他是最后的伟大博学者之一，坚信想象力是人类独有的天赋。1974年他去世前不久曾经这样说："能够设想没有直接感知到的东西对人类的发展至关重要。而这种能力需要在脑中某个地方存在一个符号，来代表不在场的东西。"[41] 某些思维确实依赖于语言。比如，母语为英语或荷兰语的人在理解不同性别之间的关系时，会和那些说西班牙语或法语的人不一样。在西班牙语或法语中，几乎没有通性词，因此，人们会用阴性词描述男性，反之亦然。这在某种程度上导致西班牙的女权主义者创造出阴性词来特指女性律师或女性大臣等，同时保留阳性词，而英语圈的女权主义者宣布放弃这些阴性词，不再使用诸如"女演员"（actress）、"女作家"（authoress）等说法。

然而，学者们过去常常夸大我们的语言在多大程度上影响我们理解这个世界。[42] 根据现有证据，更常见的情况似乎是我们发明词汇来表达思想，而不是相反。例如，实验表明，婴儿在说出由语言符号组成的话语之前就能做出系统的选择。[43] 如果没有语言，我们可能无法说出思想如何产生，但我们至少有可能先设想出一个东西，然后为其发明一个词语或其他符号。意大利小说家翁贝托·艾柯曾这样总结但丁："天使是不说话的，它们通过某种即时的读心来理解彼此，它们知道所有被允许知道的一切……不是通过任何语言，而是通过观察神心。"[44]说语言是想象力的结果，和说语言是想象力的必要前提，是同样有道理的。

符号类似于工具，而语言是符号组成的系统，在这种系统中话语或其他符号代表着所指。如果说到目前为止我所说的都站得住脚，那么符号和工具都产生自设计出它们的生物的一个特定属性，这个特殊的属性便是看到不在场的事物的能力——填补视觉空白，重构一件事，宛如其是另一件事。棍子就是这样变成义肢，玻璃片也是这样变为眼镜的。同样，在语言中，声音代表情感或物体，让人想到缺席的实体。我的妻子和狗，在我写下这些文字之时正身处千里之外，但我可以通过提及她们来象征性地召唤她们。我已经喝完一杯咖啡，但因为满杯咖啡热气腾腾的画面还徘徊在我脑海中，我可以在写作时想象其残留的幻影。当然，一旦我们拥有一连串符号集合，想象力就会得到解放和充实；符号越丰富，结果越丰盛。语言（或任何符号系统）和想象力相互滋养，但它们也可能产生自不同的来源。

据推测，语言是人们发明的第一个符号系统。但这发生在多久之前？我们对语言的几乎所有思考都以错误的推论（或者至少是无根据的假设）为基础。关于颌骨和腭的构造的歧见主导了关于语言起源年代的争议，但发声器官其实并不要紧：发声可能会影响使用的语言类型，但不影响使用语言的可能性。无论如何，我们倾向于认为语言是用于沟通和社会化的，它创造了相互理解和促进合作的纽带：相当于猴子互相抓虱子或狗互相嗅和舔。但是，语言可能一开始仅仅是自我表达,用于表达一个人的痛苦、喜悦、沮丧或满足。我们的祖先最初发出声音大概是身体自发的动作产生的物理影响,如打喷嚏、咳嗽、打哈欠、咳痰、呼气和放屁等。最先发出的具有意义的声音可能是表示满足的轻柔声音、咂嘴或沉思的低语。人们开始有意识地使用声音和手势来表达意思时,当然既有可能是出于敌意,即通过咆哮、尖叫或展现英勇来警告掠夺者或敌人,也有可能是尝试建立一种不仅仅出于性本能的伙伴关系。

此外,如果语言的目的是交流,那么这一点它做得并不好。没有符号与它所代表的事物完全匹配。即使是特意与所指对象形似的符号,通常也是模棱两可并带有歧义的。有一次,我和朋友在一家自我标榜的餐厅共进晚餐,我留意了他寻找洗手间的过程。他在两扇门中间踌躇了一会儿,一扇门上标示着草莓,另一扇门上是一个香蕉,然后他才豁然开朗。我也常常盯着设计师们设置在我电脑屏幕各处的图标不知所措。我曾经在报纸上读过一则很可能是编出来的故事,关于一个作家想要买一个十字架吊坠作为洗礼礼物。店员问:"您想要一个带小人的吗?"由于语言中使用的大部分符号是任意选择的,和所指的事物毫无相似之处,所以产生歧义的可能性更大。

我们通常认为误解是破坏和平、瓦解婚姻、阻碍教育和降低效率的罪魁祸首,但它可能是富有成效的:它可以使观念倍增。很多新观念都是误解后的老观念。语言促进了观念的形成和创意的流动,这既可以通过扭曲和失效的交流,也可以由成功的交流造成。

文化的产生

记忆力和预判力,也许还有语言的些许帮助,是想象力的工厂。观念，如果到目前为止我的论证成立，正是整个过程的最终产物。所以又怎样呢？观念对真实的世界做出了何种改变？世界难道不是由气候和疾病、进化和环境、经济规律以及历史决定因素等巨大力量塑造的吗？人力不是无法改变必然发生之事吗？你的思维无法超越宇宙设好的发条，还是说有超越的可能？人类可以从齿轮下逃脱而不被碾碎吗？

我认为创造世界的是观念，而不是"非人力量"（impersonal force）；我们所做的几乎所有事情都始于我们的心智，我们会重新想象世界，并尝试在现实中将其构建出来。我们经常失败，但即使我们失败也会对事件产生影响，并将它们变成新模式、新路线。

如果我们再次将自己与其他动物进行比较，那么我们的经历的奇怪之处就显而易见了。许多其他物种拥有社会：它们以不同的复杂程度群居，如牧群、蜂群或蚁丘等，但是不同的物种和不同的栖息地统一的模式标志着它们的生活方式。据我们所知，是本能调节着它们彼此的关系和预示着其行为。有些物种具有文化——只要生物通过经验习得行为并通过实例、教学、学习和传统将其传递给后代，我便会将其与非文化（non-cultural）及前文化（pre-cultural）类型的社会化区分开来。

人类关于其他动物文化最初的发现是 1953 年在日本获得的，当时灵长类动物学家观察的一只名为"妹"（Imo）的年轻雌性猕猴表现出了前所未有的行为。过去，"妹"的部落成员在吃红薯之前会刮去表面的灰尘。"妹"发现可以在泉水或海里清洗红薯。"妹"的猕猴同伴分不开食物颗粒和沾在上面的沙子，而"妹"发现，将食物浸在水中，可以很容易地分开沙子，因为较重的沙子会沉下去，这样可食用的部分就能挖出来了。"妹"不仅是一个天才，它还是一个老师。它的母亲和兄弟姐妹学着模仿它的技巧,部落的其他成员也逐渐开始向它学习。时至今日,猴子们还在沿用"妹"的做法。它们已经形成了一种明确意义上的文化:它们会为了保留传统而按惯例行事,而非为了实际的用途这样做。猴子们仍然会把红薯浸在海里,即使它们拿到的是已经洗好的红薯。[45]

在过去的近70年中,科学已经揭示越来越多的人类物种之外的文化现象,首先是灵长类动物,随后是海豚和鲸、乌鸦和鸣禽、大象和老鼠等。一位研究人员甚至提出,发展文化的能力是普遍的,在细菌中也可以检测到,因此,任何物种都可能在适当的时间和适当的环境压力或机会下发展出文化。[46]然而,根据目前的证据,似乎还没有动物能像人类一样在文化的发展道路上走得这么远,甚至连接近人类的也没有。文化是这样朝不同方向发展的:变体越多,文化的变化就越大。但只有人类在这方面展示出很多素材可供研究。鲸无论在哪里活动都会有基本相同的社会关系。其余的社会性物种也是如此。黑猩猩的行为是有区别的。例如:在有些地方,它们会用石头砸开坚果;而在另一些地方,它们会用细棍掏白蚁。但人类的差异让这些例子相形见绌。狒狒的交配习性很有意思,既包含一夫一妻制,也包含后宫式一夫多妻制以及连续享有多配偶的情况,但它们依然无法与人类的各种配偶关系相比。

其他物种的文化并非停滞不前——但和我们相比,它们似乎就是在原地踏步。现在有一整个子学科专门研究黑猩猩考古学。卡尔加里大学的胡利奥·梅卡德尔(Julio Mercader)及其同事和学生挖掘了黑猩猩数千年来经常聚集的地点;到目前为止,虽然他们在黑猩猩选择和使用工具方面找到了显著的延续性,但自从这种动物用石头砸开坚果之后，并无太多其他创新证据。黑猩猩的政治也是一个多产的研究领域。耶基斯研究所的弗朗斯·德瓦尔专门研究其称之为"黑猩猩马基雅弗利主义"（Chimpanzee Machiavellianism）的课题。[47]当然，黑猩猩社会也会经历政治变革，其形式为领导者的竞争，这通常会导致某一头雄黑猩猩的命运逆转，围绕在其四周并支持其成为首领的强硬后盾黑猩猩群的命运也会逆转。

偶尔，我们得以一瞥黑猩猩发生革命性变化的潜力，比如一头聪明的黑猩猩篡权成为头领时。一个经典案例是黑猩猩迈克的故事。迈克是一头体形较小、力量较弱却非常聪明的贡贝黑猩猩，1964年，他夺取了部落的最高权力。他通过敲打从动物学家营地偷来的大罐子助长声势，吓住了原来的首领，使其屈服并成功控制部落长达6年。[48]迈克是我们所知道的第一个黑猩猩革命者，它不仅篡夺了领导权，而且改变了领导者的产生方式。因此，我们可以想象，类似的革命可能在人类祖先遥远的历史上也发生过。但即便是迈克，也没有聪明到设计出一种方式，在没有另一个夺权者发动政变的情况下传递权力。[49]

1986年，某个狒狒部落发生了一场巨大的政治文化变革，部落中的整个统治阶层都消失了，也许是因为吃了人类厨余的有毒垃圾，也许是因为结核病。没有新的雄性首领掌权，相反，一个广泛分享权力的体系出现了，雌性在其中扮演着重要的角色。[50]有些时候，当年轻的雄性脱离集体，希望在群体外面找到配偶时，黑猩猩部落会出现分裂。离群者与群体的捍卫者之间的战争往往会随之而来，但这些波折发生在一种延续性几乎不会被扰乱的整体模式中，黑猩猩社会的结构几乎没有改变。与人类政治制度的快速变动和惊人的多样性相比，其他灵长类动物的政治变化微不足道。

思想的力量

因此，历史学家需要解决的问题是："为什么历史会发生？"为什么人类的故事如此富于变化，如此充满事件，而其他社会性和文化性动物的生命轨迹在不同的时间和地点最多只有些许变化？

有两种理论摆在眼前：第一种，一切与物质相关；第二种，一切与精神相关。过去人们认为精神和物质非常不同。本书题词中《笨拙周报》的双关笑话诠释了这对概念完美的互斥性——精神没有物质，物质从无精神。物质和精神的区别似乎不再可靠。学者和科学家拒绝他们所谓的"心物二元论"。我们现在知道，当我们产生观念时，或者在更普通的情况下，当我们脑海中出现念头时，大脑中会出现相应的物理过程和化学过程。此外，我们的思维方式被困在物质世界中。我们无法摆脱环境的限制以及来自外部的压力和阻力，它们妨碍了我们思考的自由。我们是进化的囚徒，受限于大自然赋予我们的能力。物质驱动力（如饥饿、欲望、恐惧）对我们的新陈代谢产生重大的影响，并侵入和扭曲我们的思想。

但是，我不认为只根据对物质层面的迫切需求的反应就能解释人类行为。第一，生命的物理结构产生的压力也会影响其他动物，因此不能用来解释人类的特殊性；第二，进化和环境变化的节奏往往相对缓慢或时断时续，而人类新行为的更新换代速度令人眼花缭乱。

我建议转而重视精神（我只是指其产生观念的属性）的作用，

第一章 物质产生思想：观念从何而来？

或者说把精神层面也考虑进去，将其视为产生改变的主要原因，把它看成人类多样性的起点。在这个意义上，精神与大脑不同，也不是嵌入其中的部分或粒子。它可能更像是大脑功能之间相互作用的过程——当记忆和预判被激活并相互刮擦时，你看到和听到的创造性火花和灵感的碰撞。我们创造了自己的世界这一说法对于担心自由带来重任的人来说甚是可怕。迷信将我们的观念归因于小妖怪或天使、恶魔或神灵的暗示，或将我们的祖先的创新归因于外太空的低语者和操纵者。对于马克思主义者和其他历史主义者来说，我们的心智是"非人力量"的玩物，由历史进程注定和指引，我们不得不同意之，因为我们无法限制或扭转它。对于社会生物学家来说，我们只能思考自身基因允许我们思考的东西。对于模因论者而言，观念是自主的，会根据自己的动态进化，如病毒侵入我们的身体般侵入我们的大脑。在我看来，所有这些遁词都没有直面我们对观念的真实体验。我们拥有观念是因为我们把它构想出来了，无须感激除了我们自身之外的任何力量。积累和对比信息可能是我们拥有的一种本能，用于尝试理解信息中的含义。然而，之后会到达某一点，我们对知识的"理解"会超越经验中的一切，或者其给予我们的精神愉悦超越了物质需求。那时，一个观念便诞生了。

人类的生活方式会为了适应观念而改变，因此是不稳定的。与其他生物相比，我们这个物种最非凡的能力，是我们产生的观念如此强大和持久，促使我们寻求应用方法，改变我们的环境，并产生进一步的变化。让我们来如此理解：我们重新构想了世界，想象出了比大自然提供的更有效的庇护所、比我们的手臂更强大的武器、更巨大的财富，或想象出了一座城市、一位不同的伴侣、一个死敌或一种来生。当我们得到这些想法时，如果它们看起来很令人向往，我们会努力实现之，如果它们令人沮丧，或者它们带给我们恐惧，我们就破坏之。无论哪条道路，我们都引发了改变。这就是观念如此重要的原因：它们是大多数其他改变的源泉，而正是那些改变，让人类独树一帜。

CHAPTER TWO

Gathering Thoughts:
Thinking Before Agriculture

第二章

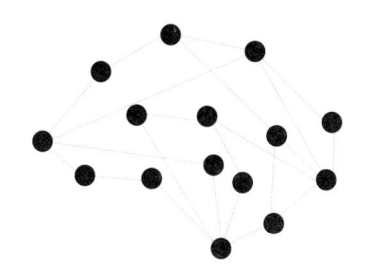

收集思想：
农业时代之前的思索

如果到目前为止我所说的是正确的,那么合乎逻辑的结论是,思想史应该将非人类生物也涵括其中。然而,即使是对于和我们互动最密切的其他动物,我们也很少想过这样做,甚至根本没有如此想过。然而,人科始祖或人族祖先中已灭绝的物种留下了引人遐想的迹象,证明他们拥有观念。[1]

最早的观念:同类相食开启的思想冒险

我所了解的最早例子来自约 80 万年前的食人族盛宴的残渣遗址,发现于西班牙阿塔普尔卡(Atapuerca)的一个洞穴中。专家们一直在讨论该如何对这些欢宴者进行分类,他们应该属于远远早于我们的某个祖先物种,比智人早出现大约60万年,因此他们和我们有任何共通点都会令人惊讶不已。他们会掰开同族的骨头,吮吸其中的骨髓。但这种盛宴并非仅仅代表了饥饿或暴食。这些食人族是会思考的。我们接受的教育使我们听到同类相食就皱眉,将其视为对我们这个物种的背叛,认为这属于人类所不齿的野蛮行为。然而,证据表明结果相反:同类相食是典型的(几乎可以说是特有的,甚至标志性的)人类行为和文化行为。每一种文明的基石下面,都躺满被砸碎的、被吸吮干净的森森人骨。如今,我们中的大多数人,就像黑猩猩看到偶尔出现的同类相食的异常现象那样,会对此感到无法理解。但是在大多数人类社会中,在过去的大部分时间里,我们应该是欣然接受同类相食的——它包含在社会运作方式中。没有其他哺乳动物像我们这样有规律地或大规模地同类相食:事实上,除非是极端情况,否则所有其他物种都倾向于避免自相残杀——这表明我们的祖先不是"自然地"开始同类相食的,他们必须得思考它。

这符合我们对同类相食之本质的几乎一切认识。我们猜想阿塔普尔卡的食人族是在举行一场精心安排的仪式,这种行为建基于一种观念之上:试图实现某种想象中的效果,增强食人者的力量,或重塑他们的本性。食人族有时会靠吃人度过食不果腹的日子,或补充极度缺乏蛋白质的饮食。[2] 然而,绝大多数情况下,促使他们这样做的是与思考更为有关的目的,是道德的或心理的目的,是审美的或社会性的目的:自我改造、占有权力、食人者与被食者关系的仪式化、复仇或伦理的胜利等。通常情况下,同类相食发生在战争中,以这种行为来象征对战败者的统治。也可能他们认为人肉是众神之食，同类相食则成为一种与神交融的神圣形式。

在1870年的法国多尔多涅，由于一个疯狂的谣言误称某人是"普鲁士"入侵者或者间谍，狂热的奥特费村民生吞了他们的一个邻居，因为没有什么比同类相食更能发泄他们所感受到的愤怒。[3] 对于巴布亚的奥罗凯瓦人来说，食人这一习俗一直保留至20世纪60年代岛上当局发布禁令，食人是他们在战士阵亡后"获取精神"的方法。新几内亚胡亚人食用尸体，以保存他们认为在自然界中不可再生的重要液体。在同一高地，吉米人妇女会通过食用死去男人的方法来保证自己恢复生育能力。"我们不会让一个人腐烂！"是他们传统的口号。"我们怜惜他！来我这里，这样你就不会腐烂于土；让你的肉体融于我身！"[4] 他们无意中响应了婆罗门的观念。在古希腊作家希罗多德笔下的一个故事里，婆罗门为同类相食辩护，依据是其他处理死者的方式都是不敬的。[5] 在20世纪60年代的"绥靖"政策之前，亚马孙流域的瓦里人（Huari）会为了复仇而食用被屠杀的敌人，同时也会出于"共情"而食用至亲——让他们免于腐烂的羞辱。阿兹特克的战士们会一口口吞下战俘的尸体，以获得美德和勇武。[6] 阿塔普尔卡的人科物种发起了一场思想的冒险。[7]

他们的观念是最早的可复现的观念——刻在认知地层的深处：思想者可改变自己，侵占不属于自己的品质，成为不同的自己。所有随后的想法都仿佛是阿塔普尔卡洞壁的回声：我们仍在努力改造自己，重塑世界。

大约30万年前——仍在智人出现之前很久——一场山体滑坡封住了阿塔普尔卡的洞口，将其变成密封的时光胶囊。那时的当地居民已在将死者的骨头以一种可识别的模式堆积起来。仪式的目的不得而知，但它是一种仪式。它有含义。它至少表现出另一种观念——对生死有别的认识，可能还表现出某种宗教感，认为死者值得受到生者的尊敬，或者值得生者为其付出时间和精力。

略知来世：尼安德特人的葬礼

在大约4万年前的墓葬中有类似但更容易解释的证据。这些证据年代很近，与智人的存在时期相重合，但实际上属于一个独立的物种，我们称之为尼安德特人。理论上讲，我们没有充分的理由认为尼安德特人比我们这个人类物种缺乏想象力或缺乏产生观念的能力。根据2018年新近用于古人类学的铀钍测年法重新定年的结果，西班牙北部的一些岩画（如前文所述的那些）的年代可追溯到公元前7万年；这些岩画包括动物草图、手印以及之前认为出自三四万年前的智人之手的几何图形。[8] 相同的测年法测出，一些由贝壳和天然色素制成的手工品是11.5万年前的产物。[9] 如果这些更新的年代认定有效，创造这些岩画的艺术家所处的年代，应该远远早于该地区有证据可依的智人最早存在的年代，他们活跃于尼安德特人已经在该地安家的时期。如果在尼安德特人的墓穴中发现证据，表明他们拥有活跃的想象力和强大的思考能力，我们不应该对此感到惊讶。

比如，在法国的拉费拉西（La Ferrassie）墓穴遗址，两个不同性别的成年人以胎儿姿势蜷缩着，躺在一个典型的尼安德特人墓穴中。三个三至五岁的孩子和一个刚出生的婴儿的遗骸躺在旁边，周围是燧石工具和动物骨头碎片。两个胎儿的遗骸也被同样庄重地埋葬。另一些死去的尼安德特人下葬时还带有更多有价值的陪葬品：一对北山羊角是一个年轻死者的陪葬品，另一个年轻死者被赭石装饰起来。在现伊拉克的沙尼达尔洞穴，有一位老者在失去一只手臂、双脚严重瘫痪并一只眼睛失明的情况下，在部落的照料下幸存多年，在他的遗骸上可以找到花和草药的痕迹。持怀疑态度的学者面对这些情况以及许多其他看上去像葬礼的例子时，试图将其解释为意外或人为造假的结果，但是有太多的墓穴遗址证据让人们得到共识，承认它们是真实的。而另一种极端情况是，有信口开河的理论赋予尼安德特人广泛的人性观念、社会福利系统、灵魂不朽的信念以及由哲人王主导的政治制度。[10]

然而，葬礼确实表明尼安德特人会努力思考，他们这样做不仅是为了保护死者不被食腐动物分食，或是为了掩盖腐尸，还是为了区分生和死。这种区分比人们通常认为的更微妙。除了怀孕的时刻，没有哪个时间点可以定义生命的开始（也有人不同意这种说法）。难以理解的昏迷则让我们至今都很难定义生命的终结。但是三四万年前，尼安德特人做出了与我们相同的概念区分，这体现在其区分生死的仪式上。庆祝死亡使生命变得神圣。埋葬仪式并非仅仅是出于本能的对生命的珍视。那些举办葬礼的人表明他们相信生命值得尊敬，而这是所有人类道德行为的基础。

将葬礼视为人们相信来世的证据，似乎是理所当然的事。但它可能只不过是一种纪念行为或表达尊重的标志。放置陪葬品可能是想在这个世界获得魔力的加持。另一方面，3.5万到4万年前，完整的生存工具包——食物、衣服、可流通交换的贵重物品以及个人工具——会在墓穴中与死者永远相伴，似乎要让死者做好在墓穴内或其他地方永居的准备。至少在墓穴内部，社会阶层极为普通的死者尸体会用赭石装饰；那些更高阶层的死者会拥有工具和其他装饰物品，应该与其社会地位是相匹配的。

第二章　收集思想：农业时代之前的思索

死者可以继续存在，这种观念对于最初想到它的人来说可能是自然而然地产生的。我们在自己身上观察到的不断变化似乎从来不会损害我们的个体身份。我们熬过青春期、更年期以及创伤，但不会因此就不再是我们自己了。死亡只不过是其中的一种变化，尽管是最彻底的变化。为什么要认为它标志着我们的灭亡？从他们选择的陪葬品来看，哀悼者大概认为来世和今生是差不多的。真正重要的是状态的存在，而不是灵魂的存在。直到公元一千纪，这一原则才在世界上的某些地区发生可以察觉的变化。[11]

然而，随后发展的观念改变了对来世的认识：认为在下一个世界里会获得奖赏或惩罚，或者想象有机会在地球上轮回或重生。于是，关于来世的威胁或承诺开始可以成为对今世产生道德影响的来源，并在某些人手中成为改造世界的方法。比如，倘若可以认为沙尼达尔墓穴证明瘸腿的半盲老人会在尼安德特人同类的照顾下幸存多年，证明他生活在一个会扶持老弱的社会，那么，这要么意味着今日社会民主党所倡导的代价高昂的道德准则早已存在，要么意味着当时老人的照料者试图获取其智慧或深奥的知识。

找寻道德初现的痕迹

任何时候的任何人都可以为自己的行为找到实际的理由，但为什么我们会有强大到足以超越实际考量的顾虑？道德准则的概念——区分善与恶的规则系统——来自何处？这种概念如此常见，很可能可以追溯到远古时代。在大多数社会的起源神话中，道德区分都是人类最早的发现或启示之一。在《创世记》中，这是继获得语言和建立社会之后亚当的第三大成就，"知道善恶"是他迈出的最重要的一步，支配了之后的所有故事。

在试着找到道德初现的蛛丝马迹时，我们可以在考古记录中搜寻明显无私行为的证据。而考古记录中没有揭示的无私行为或许已经浮出水面了。比如，由于没有信息表明沙尼达尔洞穴中老人的照顾者得到了报酬，所以我们应该向尼安德特人的利他行为致敬。此外，许多非人动物也表现出无私的行为，而据我们所知，它们并没有伦理准则（尽管如果自己的付出没有收获，它们有时会感到沮丧。有一个可信的故事说，地震救灾犬在长时间未救出人后，会显得情绪很低落，它们的主人不得不聘请演员扮演幸存者）。利他行为可能会错误地将我们引到伦理层面上：它可能只是一种生存机制，促使我们互相帮助，以便得到补偿或合作。道德（morals）可能是一种自利的形式，而"品德"（morality）则是一个看似高尚的词语，掩盖了暗中的利益考量。或许，我们表现良好，不是因为我们为自己想出了品德这种概念，而是因为进化决定因素迫使我们这样做。也许是"自私的基因"让我们无私地保护我们的基因库。史前材料中从来没有明确的证据表明当时存在超出实用层面的对错之分。

我们至今仍然不确定对错之分。根据强大的哲学传统，对与错是我们定义快乐和痛苦之间特定比例所用的语言。在怀疑主义传统里，善与恶是难以捉摸的概念，两者都可以从追求自身利益方面来定义。即便是真心奉道德为圭臬的哲学家们有时也承认，道德是弱点的来源，会阻止人们最大限度地发挥其力量。然而，更有可能的是，善良和所有伟大的目标一样：很少达成，但有助于奋斗、纪律和自我改善。[12] 好处则出于偶然：社会中充满极为忠诚而富于自我牺牲精神的人民。如果我们探寻那些（至少是那些保留完好的）来自17万年前集中出现的证据,我们会进一步了解可以识别出来的关于善恶的最早想法,以及关于其他几乎一切的最早想法。按照阿塔普尔卡的标准来看,17万年似乎已经离我们很近了,但此前从未有哪本观念史敢于探索至如此久远的年代。

识别智人的早期思想

观念存在的时间越久,改变世界的时间就越长。因此,要识别最有影响力的观念,我们必须从可重建或可想象的最早的过去入手。很难从远古时代追寻观念,一部分原因在于证据已消逝,另一部分原因在于观念和本能很容易混淆。观念源于头脑。本能则"早已存在",它是天生的,应该是进化赋予的;根据某些理论,本能最初是对环境条件或偶然事件的反应——英国散文家查尔斯·兰姆就认为,烹饪是因为一头猪不小心被家里的火烧熟而偶然诞生的。达尔文以同样的方式描绘了农业的起源:一个"聪明的老野人"注意到种子从垃圾中萌芽(见第三章"思考土地:农业的发明")。

在这些例子里,和所有其他关于观念产生的早期例子一样,我们做出的判断注定是不完全可靠的。比如,我们会交谈和写作,是否因为某位祖先或某些祖先产生了语言的观念,想到可以用系统的符号来代表超出其自身的含义?或者是因为我们天生就会用符号来表达自己?或者因为符号是人类集体"潜意识"的产物?[13]或者因为语言是出于打手势和做鬼脸的自然倾向而演变出来的?[14]我们大多数人穿衣并佩戴饰品,是不是因为祖先想象出一个穿衣和佩戴饰品的世界?或者是因为动物的欲望驱使我们寻求温暖和庇护,恰好产生艺术这一副产品？我们某些持久的概念可能是"自然地"产生的，而非人类的发明。

因此，本章接下来的任务是设置各种方法来评估证据，所用的方式包括：为最早显示出思考痕迹的记录测定年代，确定文物的用途并以其为线索来探寻思考的迹象，确定人类学家最近对觅食者的观察的适用性。然后我们就可以列举那些如冰柱般形成于最近一个大冰期最寒冷阶段的观念了。

符号的碰撞：重新想象眼中所见

我们可以从如此遥远的年代开始探究，这种说法可能令人吃惊，因为很多人都认为观念史的明确起点不会早于公元前一千纪的古希腊。

毫无疑问，前8世纪左右至前3世纪左右的古希腊人发挥了以人数来说他们所能发挥的最大影响力。像不同时期的犹太人、英国人、西班牙人，也许还有15世纪的佛罗伦萨人，或者19世纪的曼彻斯特人以及20世纪的芝加哥人那样，任何一位历史学家为影响力最惊人的世界各民族开列的名单中，古希腊人都应该榜上有名。但古希腊人的贡献出现在人类故事的后期。在古希腊人出现之前，智人已经存在了近20万年，当然已经有过很多思考。世界上一些最优秀的想法出现于成千上万年前。

如果我们要找到可靠的记录，也许应该从文字的起源入手。这么做有三个理由。三个理由都很糟糕。

首先，人们认为只有书面证据才能展现观念。但对大多数社会而言，在过去的大部分时间里，口口相传的传统比文字更受人赞美。观念以文字以外的方式被人记住。考古学家在零散的发现中筛找它们。心理学家可能会将观念从潜意识地层的深处挖掘出来——它们完好地埋藏在现代思想深处。有时候人类学家会让观念从传统社会长期保留的实践中显现出来。如果我们有明确记录的证据,那当然最好不过,但大部分历史没有文字记录。如果就此将这些历史一笔勾销,这将是不可挽回的损失。至少我们可以一点一点地,仔细利用现有的材料,将模糊的史前思考慢慢厘清。

其次,存在一个鲁莽的假设——以前在西方几乎每个人都如此认为——以为那些"原始人"或"野蛮人"都被神话故事所蛊惑,几乎没什么观念值得了解。[15]"前逻辑"(prelogical)思维或"迷信"让那些人变得愚笨,阻碍了他们的发展。1910年,法国现代人类学的奠基人之一吕西安·莱维-布吕尔称:"对于原始的头脑来说,一切都是奇迹,或者说没有奇迹;因此,一切都是可信的,没有什么是不可能的或荒谬的。"[16]但是没有思想是真正原始的:任何人类社群都拥有同样的精神装备,在同样长的时间内积累;他们思考不同的东西,但原则上大家都有可能清楚地思考、察觉真相或犯错误。[17]野蛮不是古代的属性——只是某些头脑的缺陷,无视集体的当务之急或无视他人的需求和感受。

最后,进步这个概念可能会有误导性。即便是不受我们对远古祖先轻蔑偏见影响的研究,似乎也会屈服于一种定见:最好的想法来自最近,如最新的小发明或药物;或者至少认为,只要是最新最闪亮的,就是最好的。然而,就算正在进步,这也不能证明过去的一切都是错误的。可以肯定的是,知识不断积累,能够积攒到一定高度,足以打破前人所尊敬的天花板,产生此前不可触及的新思想。正如我们会在本书中反复所见的那样,当人们交换观点和经验时，观念会成倍地增加，因此在某个时期的某些地点——如古代雅典、文艺复兴时期的佛罗伦萨、分离派时期的维也纳，或其他任何文化十字路口，创造力会格外充裕。但是，如果就此认为思想随着时代的发展越来越先进，或其总是面向未来，那就大错特错了。时尚会复古。革命和复兴会回顾过去。传统会复苏。遭到遗忘的过去被人重新发现时带来的新鲜感，比真正的创新带来的新奇感更令人惊喜。如果认为有哪个时代毫无值得回忆的事物，那么这与现实经验是相悖的。

不管怎样，尽管没有任何我们可轻松判断为文字的东西自大冰期流传至今，但是具有表意功能的符号清晰无误地出现在两三万年前的艺术品中：人类特定的手势和姿势反复出现，我们可以肯定它们在当时意味着什么——从某种意义上来说，至少可以引起观察者一致的反应。[18]当时的艺术品也经常展示出很像注释的东西，包括使人想起数字的点和凹槽，以及虽然令人费解但无可否认成体系的约定俗成式标记。比如，在法国洛尔泰发现的一块骨头碎片上，有一个精致的浮雕，刻着一头跨越浅滩的驯鹿，上面还雕有整齐的菱形，当今人类无法理解其中含义。但也许创作者和其观赏者都清楚这些标志的意义。在"洞穴艺术"中经常出现的一条类似"P"的曲线吸引了许多人前来破译其含义，他们注意到艺术家们勾勒的近似环状的曲线，会让人想起女性身体的形状。也许将"P"形图案理解为"女性"是一种想象，但将之视为一种符号是无可辩驳的。

一样东西可以表示另一样东西，这种观念似乎是奇怪的（尽管对已经习以为常的我们来说，这种奇怪之处难以理解，我们需要一点时间来想象自己置身于一个没有符号的世界，在那个世界，所见即所得，别无其他，好像一个文盲面对一个图书馆，或者废物场满是路标，却无道路）。据推测，符号的观念是从关联（association）中发展而来的——发现某些事件会让人想起另一些事件，或者某些物品显得与其他物品相似。精神关联是思想的产物，是一连串观念碰撞的噪声。当符号表征的观念首次出现时，符号设计者获得了一种传递信息并使之用于批判检验的方法：它使人类比竞争物种更具优势，并最终成为扩大交流和延长某些形式的记忆的手段。

标志的存在引发了其是否可靠的问题，也就是说，它是否和所代表的事实相一致。当我们注意到一个事件或想发出警报时，比如有一头乳齿象或剑齿虎接近，或有火灾或冰川开裂等，我们认为心中所想是真实的。我们用词语（或者手势、咕噜声、鬼脸，或在世界的任何表面刻下的印记——也许是在一片沙堆上，也许是在树皮或岩石表面上）来体现它是真实的。我们为其"命名"，就像诸多创世神话中最初的人在探索自己的方向时所做的那样。根据《创世记》中的说法，上帝在创造了光、暗、天和海之后，第一件事就是为它们命名。然后上帝把为所有生物命名的使命交付给亚当。发出叫声或摆出姿势的动物不用有意为之，就可以传达出信号以表示有危险或是有机会。这样的信号可以在一种感知、噪声或一阵痛苦中被理解。在许多物种中，个体之间的危险意识通过本能就能传达。

然而，当一种生物有意识地想要将危险、疼痛或欢愉的现实传达给另一方时，它便开始了一场对真相的探寻，即探寻表达事实的方法。我们不妨如现代最伟大的哲学思想家那样，就最初的人类提出这样一个问题："他们是如何区分真伪的？他们如何判断话语何时为真以及是否为真？"

"摩登"石器时代：认知考古学和比较人类学的探寻

如果我们无法对古代觅食者留下的标志进行解释，还有什么能帮助我们探寻他们的思想？首先，出土文物可以提供一些解释，技术专家称之为"认知考古学"。现代人类学观察可以提供进一步的指导。

在以戏谑方式表达的真实中，《摩登原始人》拥有最有趣的桥段。20 世纪 60 年代早期，汉纳-巴伯拉制片公司打造的"现代石器家族"在全世界的电视屏幕上熠熠生辉，故事主线是在洞穴中重温现代中产阶级美国人的日常冒险经历。构思非常精彩，情节却很幼稚。但是这个系列喜剧获得了成功，部分原因在于"洞穴野人"真的和我们很相似：拥有同类的心智和许多同样的思想。

因此，原则上讲，没有理由认为狩猎时代的人们不会拥有如我们一样的观念。他们的大脑至少和我们的同样大，尽管我们也看到，大脑的大小和能力的关系微不足道。在我们人类物种的整个历史上，不知是祸是福，尚无证据能说明人类的思考能力有任何明显的变化。也许在智人出现很久以前，曾有过那么一个时代，生命"贫穷、肮脏、野蛮和短暂"，原始人类忙于觅食，没有推理思考的闲暇；但在之后的几十万年，据我们所知，我们的祖先是相对悠闲的觅食者，而不再是匆忙仓促的食腐者。[19] 他们的人工制品留下了创造性思维的线索。从大约 7 万年前起，艺术品中开始展示出一系列符号，表现出大冰期的人类如何重新想象眼中所见，而且这样的艺术品从大约 3 万年前起变得更丰富了。[20] 艺术品便是记录。如果想知道过去的人类的想法，只需观察他们留下的艺术，甚至可以先不看他们留下的文字，因为那些艺术栩栩如生地为我们展现了他们所体验的世界。

和艺术一样，还有很多发现也提供了物质线索，帮助我们了解当时的人脑中所想。一个简单的测试就足以确定有哪些可能性：今天，只需观察某人在吃什么，如何穿着打扮，如何布置家居，就能可靠地推断出其宗教信仰、伦理观或对社会、政治以及自然的看法等等。他们是不是把狩猎的战利品挂满墙？壁炉前的地毯是不是都由动物毛皮制成？他们是喜欢棉麻制品，挂毯或橡木，还是瓷砖和塑料贴面？他们开的车是林肯还是拉达？旧石器时代的品味也会带来相似的线索。比如，2万年前，在如今俄罗斯南部的大冰期大草原上，猎杀猛犸致其灭绝的人们，曾用猛犸的长牙建造出圆顶形住宅。在直径通常为3.6米至4.5米的圆形平面上建造的骨屋似乎代表着人类想象力的崇高胜利。建造者捕捉到了猛犸的本质并对其进行重建，以人类的角度重新想象，也许是想获取巨兽的力量或是想得到可以驯服它们的神奇魔法。看到一头猛犸，然后想象其骨头转变成住宅，需要投入无比的创造力，和后来诸时代任何创新所需要的创造力一样令人惊叹。人类在骨骼搭建的房屋框架下睡觉、饮食并过着常规的家庭生活。但是，任何住宅都不是纯粹出于实用目的。房子反映了居住者对自我在世界所属位置的看法。

除了艺术和认知考古学，比较人类学也可以提供线索。通过为我们提供一种衡量观念久远程度的手段，人类学家可以帮助我们理解艺术品和其他物质遗存的证据。严格来说，正如没有原始的观念一样，也没有所谓原始的人类：我们在地球上存在的时长相同，我们所有的祖先都是在同样久远的岁月以前进化成定义中的人类的。话虽如此，但在某种意义上讲，有些人具有比其他人更原始的思想——未必是更愚蠢、更简单或更肤浅的想法，也不是更残忍、更低级或更抽象的想法：只不过是先出现的想法而已。在坚定保守的社会里，人们抵制变革，严守最早的传统，因此这种社会最有可能保留住其最古老的思想。为了验证或解释考古学发现的证据，我们可以利用今日世界最为坚守过往、最成功保守的社会形态，也就是那些依然保留狩猎-采集模式的社会当中的实践和信念。

当然，今日的狩猎-采集者拥有的某些观念不意味着在几万或几十万年前，相同文化下的人类已经预知了这些观念。但它提出了这种可能性，有助于考古学变得更容易理解。广义来说，观念传播得越远，就越易持久，因为来自别处的人类进行贸易或迁移时也会交流和传播之。这条规则并非绝对可靠，因为，如我们从当今时代熊熊燃烧的全球化烈火中所见，最新的观念可以如传染般传播，随着汉堡包从圣路易斯"跃"至北京，或随着IT（信息技术）的先进举措从硅谷去往巽他海峡。环绕全球的科技在世界范围内传播文化，该过程让我们对近代史上思想是如何传播的甚为了解。我们可以把爵士乐、牛仔裤、足球或咖啡在全球的流行视为相对晚近的事件的结果。但是，当我们面对文化中比文字记录更早的共通特征时，我们可以相当肯定这些特征起源于智人离开非洲之前，并且是在大约1.5万年前至大约10万年前由世界大部分地区流动的移民进行传播的。

严寒激发想象：大冰期时代的思想

我们这里提到的大迁徙大约发生在最后一次大冰期——这一时期有足够的符号标记和物质线索幸存，得以让现代人充分开展人类学观察研究，尝试重建诸多思想，甚至有时能重建出惊人的细节。

我们需要知道的是，什么有助于创造力的产生，以及为什么寒冷的气候似乎更能激发精神活动。我们可以将智人的出现与大约15万年前到大约20万年前的冰冻时期联系起来。从大约10万年前开始，智人在地球上分布之广达到前所未有的程度，并且时间上与北半球的冰川作用相重合，该冰川作用的影响南至现密苏里河与俄亥俄河下游以及不列颠群岛的深处。斯堪的纳维亚半岛也冰雪皑皑。大约2万年前，欧洲其他大部分地区都是苔原或针叶林。在欧亚大陆中部，苔原几乎扩展至目前黑海的纬度。地中海沿岸皆为草原。在北美大陆，苔原和针叶林一直延伸到今天的弗吉尼亚州。

当世界被冰雪覆盖，来自东非人类"摇篮"的移民带来的艺术品，让我们可以将之与我们自己的想法和感觉联系起来：用贝壳制成的珠宝，刻着图案的赭石板，等等。在南非的布隆伯斯洞窟，当时来自东非的移民定居的地方，有用于混合颜料的贝壳坩埚和刮刀的残留物。[21] 同一时期的艺术品过于精致以至于没有太大的实际用途：精心雕刻的鸵鸟蛋壳碎片，带有精美的几何图案，发现自开普敦向北180千米的迪普克鲁夫岩棚（Diepkloof rock shelter）。大约同一时间，在博茨瓦纳的措迪洛丘陵的犀牛洞，长矛头的装饰物上有研磨的颜料以及数百千米以外收集而来的彩色石头。制作这些物品的人拥有一种"思维理论"——对自我意识的意识——这个观点很难反驳，因为有如此多的证据表明他们的想象力富于创造性和建设性。他们已经拥有必要的精神装备，能够重新构想自我。[22] 否则，他们会和大多数其他幸存的类人猿物种一样，留在祖先进化而来的环境中，或留在互相挨着且大致相似的生物群系中，或留在相邻的空间里，在环境的压力下（如产生冲突、遭遇掠夺或气候变化）被迫适应。而来到布隆伯斯洞窟的人类更具创造性：他们克服了陌生的环境，并似乎能够预见环境的变化。他们看到了前面的新世界，并朝着它迈进。

他们所忍受的严寒似乎不太可能使人产生闲暇——如今提到严寒我们会想到手脚麻木、缺少能量和更多劳动——但我们必须得重新思考脑中对大冰期的印象，并且体认到，对于那些经历过如此严寒的人来说，这是一段生产力旺盛的时期，能够让专门的精英进行大量创造性思考和工作。[23] 严寒真的适合某些人。对于覆盖着广袤苔原的欧亚大陆上的狩猎者来说，冰川边缘是最佳的生活地点：他们可以靠屠宰大型哺乳动物来生活，这些大型哺乳动物能够有效储存脂肪以适应环境。虽然现在膳食脂肪的名声不佳，但在大部分历史上，脂肪是人类迫切寻求的物质。动物脂肪是世界上最能产生能量的食物来源。脂肪平均每单位体积产生的热量是其他摄入物质的三倍。在苔原的部分地区有人类可以利用的小动物：例如易落入陷阱的北极野兔，或者很容易用出现自约2万年前的弓箭射杀的生物。然而更常见的景象是，大冰期的狩猎者喜欢体形庞大、脂肪丰富的猎物，这类猎物能在长时间内养活很多口人，而当时的寒冷的天气也足以让死肉保持新鲜。冰川时代的大型动物，诸如猛犸、北极驼鹿、牛和驯鹿，特别容易猎捕。狩猎者会将这些动物推下悬崖，或将其赶入沼泽或湖里来实行大规模猎杀。[24] 对于这些猎杀者来说，这样做以相对较小的劳力付出，使大量脂肪的宝藏得以长期保存。

平均而言，这群人比之后的大部分人获得的营养更丰富。在某些大冰期的社群里，人们每天吃约两千克的食物。他们通过食用较多水果和植物根茎，获得了五倍于今日美国公民的维生素 C 平均摄入量。他们除了不忽视能够获取的淀粉谷物之外，还通过食用动物器官和血液来获取大量抗坏血酸。当时的高营养水平和长时间闲暇，是后来的大多数社会无法匹敌的，这意味着人们有时间观察自然并思考眼中所见。

美学的、情感的和思想的选择反映了食物的偏好。在大冰期，肥胖代表着美。近3万年前的雕塑"维伦多夫的维纳斯"是世界上最古老的艺术品：一个小小的、胖胖的女性躯体雕塑，以其在德国的发现地命名。观点不一的分类者曾经称呼她为女神或女统治者，或者因为她看上去正在怀孕，称其为求子神器。然而有一个和她几乎一模一样的作品，即年代稍晚、可能雕刻于2.5万年前的法国岩壁浮雕"洛塞尔的维纳斯"，她变胖的原因显然和我们大多数人一样：过于享受，迷恋荣华。她从岩壁向外望去，举着一只角——真正意义上的丰饶角，大概装满了食物或水。

在大冰期最寒冷的阶段，一种机智的生活方式开始成形。两三万年前，洞穴画家爬过崎岖的通道，在洞穴深处火炬的微光下秘密工作。他们在艰苦搭建的脚手架上辛劳工作，让自己的作品适合岩石的轮廓。他们的调色板上只有三四种泥和染料。他们的画刷由树枝、细绳、骨头和头发组成。然而，他们作画时自由而坚定，敏锐地观察他们描绘的对象，敏感地捕捉它们，使动物的外观和轻盈的姿态在其脑海中不断闪现。这些图案是在一个成熟的传统之下由熟练而专业的双手画出来的。在毕加索和其他敏感而博学的现代观赏者看来，此时的艺术品是任何后来的年代都无法超越的。[25] 同一时期的雕刻艺术——包括现实主义手法的立体牙雕——也达到了同样的艺术高度。例如，在德国南部的福格尔赫德（Vogelherd），3万岁的牙雕小马优雅地弓着脖子。法国布拉森普伊（Brassempouy）出土的5 000年后的美丽少女半身像，梳着整齐的发辫，凤眼、尖鼻、下巴的浅窝都清晰可见。在同一时期，人们的猎物被雕刻在岩壁上或雕刻在工具上。捷克共和国维斯托尼斯（Věstonice）出土的烧窑古迹里，有熊、狗和女人的黏土模型。其他地方无疑也曾有过艺术作品，只是绘于岩石表面的已然模糊，涂于尸体或外皮上的随着其腐烂而消失，刻于尘土中的则随风逝去。

大冰期艺术的功能是一个争论不断的问题，我们也许永远找不到答案。但它无疑讲述了故事、伴随着仪式并展露了魔力。在一些岩画中，动物的图像被反复雕刻或扎孔，似乎是一种象征性的祭奠。有些看上去似乎是狩猎者的记事本：艺术家的画中包含了动物蹄子的形状、野兽的脚印、它们的季节性习惯和喜爱的食物。脚印和手印、凹陷的沙子和泥土可能是灵感的最初来源，因为在大冰期，模印和手印的图案已经十分常见。手印星星点点地刻在洞壁上，好像要触摸藏在岩石下的魔法。现在，在澳大利亚肯尼夫（Kenniff）的一块岩石上，两万年前留下的人类手印和工具的模印图案正在逐渐模糊。然而，跨时代的美学意义超越了其实际功能。这也许不是为艺术而艺术的艺术，但它的确是艺术：那是一种全新的力量，从那时起，它就一直能唤醒精神、捕捉想象、激发行动、再现思想、反映或挑战社会。[26]

怀疑感官：动摇原始自发的唯物主义

艺术家为我们打开了两扇思维之窗：宗教和政治。先来谈谈宗教。从当代感情出发可能会感到惊讶的是，宗教始于怀疑——对物质独一无二真实性的怀疑，或者用今天的语汇来说，怀疑是否所见即所得。所以我们应该从早期的怀疑主义开始讨论，然后在本章的其余部分转向接下来关于灵魂、魔法、巫术、图腾、超自然力量、神灵和上帝的观念。

世界上最早的怀疑者在怀疑什么？显然，答案是当时盛行的正统。不太明显的是，当时盛行的正统观念可能是唯物主义，而挑战它的思想者们是第一批考虑超自然主义可能性的人。如今，我们倾向于蔑称这种猜测为幼稚或迷信（好像只有疯疯癫癫的大脑中才有童话幻想），尤其当这种猜测以流传自远古的宗教思想的形式出现时。支持这种观点的强人们庆幸自己逃入了科学界，尤其是改变信仰的无神论者、批判对"意识"的传统理解的哲学批评家、痴迷于大脑中化学活动和电活动的神经科学家（其中某些人误以为这些活动是思考），以及"人工智能"的爱好者，他们痴迷于研究"心智即机器"（mind-as-machine）模型，这种理念是18世纪以及19世纪早期的唯物主义者推广的。[27]下面这样的说法很聪明，或者用某些科学语汇来讲，很"睿智"[28]，即思维和大脑是一体的，思想是电化学放电，情感是神经效应，而爱，如18世纪法国启蒙思想家德尼·狄德罗所说，是一种"肠道刺激"。[29]

简言之，我们中的某些人认为唯物主义是晚近的产物。然而是这样吗？唯物主义更有可能是一种看待世界的最古老的方式——用所有注意力来进行感官的探知。我们人类的祖先必然是唯物主义者。他们所知的一切都是物质上的。通过视网膜获得的观感就是他们最初的思想。他们的情感始于四肢的颤抖和五脏的蠕动。对于想象力有限的生物来说，自发唯物主义是一种常识。和那些拒绝形而上学的科学主义者一样，他们依赖于自己的感官，不相信还有其他探求真实的方式，也不认为存在一种真实，是我们无法看到、碰到、听到、尝到或闻到的。

然而，外表很少显示内在。正如公元前5世纪出生于古希腊阿布德拉的德谟克里特所说，"真理在深处"。[30] 我们不可能知道从何时开始有人怀疑感官带来的是错觉，但这种怀疑出现的年代很有可能和智人出现的年代那般久远：某种生物如果特别注意比较体验，并且会从经验中得出结论，就很可能会注意到，感官会彼此矛盾，感觉是通过不断试错积累的感受，并且我们永远无法认定已经到达表象的终点。[31] 一块巨大的软木令人惊讶地轻，一小片水银无法拾起。折射会让人误判光的角度。从远处看我们会误认形状。我们会相信海市蜃楼。变形的影子会吸引我们，也会吓坏我们。毒药如蜜甜，良药却苦口。在极端情况下，唯物主义无法令人信服：自爱因斯坦以来，我们已经很难严格地将非物质力量，比如能量和反物质，从我们对宇宙的描绘中剔除。因此从这个角度来看，第一批万物有灵论者可能比现代唯物主义者更接近当前。也许他们更好地预见了当今世界的思想。

要超越感官的感知，并猜想世界上或世界以外一定有更多的东西，是我们看不见、摸不着、闻不到、尝不出的，这需要极为大胆的猜测。我们不必只依赖自己的感官，这本身就是一个大师级的观念，是一把打开精神世界的万能钥匙。它开辟了思辨的无限全景——那些随后被宗教和哲学占领的思想领域。

思想者们最初是如何获得比自发唯物主义更微妙的理论的，这是个非常吸引人的问题。是梦的启示吗？是迷幻剂——例如野生唐菖蒲球茎、"神圣的蘑菇"、仙人球毒碱和牵牛花——的作用吗？对所罗门群岛的蒂科皮亚人来说，梦是"与精神的交合"。在刚果民主共和国的开赛河边的莱勒人中，梦是占卜的方式。[32] 失望让人类陷于想象，而想象则带我们超越了物质的限制：比如一个猎人在

第二章　收集思想：农业时代之前的思索

想象中成功狩猎，也许会回忆起真实体验中的胜利感，就像在一个庞然大物还未现身时就瞥见其影子那样。而失手的猎人则清楚自己头脑中的想象不会成真了。他开始留意纯粹的精神性活动的可能性。大冰期的作画者，如我们所见，会想象与观察及回忆中的事情相矛盾的事件，他们一定拥有过这些体验。

一旦不可见世界的发现者开始颠覆自己通过感知得出的假设，并开始怀疑感知的证据皆为虚幻，他们就成了哲学家。他们提出了两个至高无上的问题，自那时起一直困扰哲学至今：如何辨真伪？如何辨是非？将自己与大冰期的艺术家们欣赏的动物相比，也许有所帮助，这样可以让人更好地认识到，人类的感知能力相对较弱。与我们竞争的大多数动物都拥有强大得多的嗅觉，很多动物比我们看得更远、更清晰。很多动物的听觉范围也远超我们。如我们在第一章中所见，我们需要用想象的方式弥补肉体的先天不足。因此，也许我们的祖先发现头脑会比感官带领自己走得更远。不信任感知，而更依赖于自己的想象天赋，这一做法十分危险却充满诱惑。它招致灾难却也带来了伟大的成就。

从其普遍性判断，这一飞跃很久以前就已发生。人类学家总是在不太可能的地方偶然发现那些全然拒绝自发唯物主义从而认为全世界都是错觉的人。例如，传统的毛利人认为物质世界是一种反映神灵真实世界的镜子。在基督教对北美平原的思想产生影响之前，达科他人的祭司认为真正的天空是看不到的，我们看到的只是其蓝色的投影。显然，他们对于天空的思考比科学教科书的作者更为透彻，后者告诉我，蓝色的光洒满四方，是因为它很容易发生折射。达科他人坚称，当我们注视土地和岩石，我们看到的只是其"tonwampi"，通常被译为"神圣的表象"。[33] 这一洞察与柏拉图关于同一主题的思考不谋而合，它并不一定正确，但比起只满足于从表面思索同样的土地与岩石的自发唯物主义者来说，更具有反思性也更为深刻。

构想精神：无处不在的无形存在

有关幻觉的观念解放了人类的头脑，使人类可以发现或揣测那些（因为非物质而）不可见、不可闻、不可感的实体，人类靠感官不可接近它们，但通过其他方式却是可以的。接下来的另一种可能性是：无形的存在赋予世界生命，或者寄生在感知的事物上使其变得鲜活。[34] 尽管有一些肤浅的诋毁，称精神信仰只是原始头脑的胡扯，但精神信仰是早期观念史上颇具洞察力的一步。人们一旦开始拒绝感官世界，就会开始猜想存在一些生命力，让风速加快、水仙起舞、火苗闪烁、潮汐变换、落叶褪色。从比喻角度来说，我们依然采用拟人化的方式谈及宇宙——这是早期思想者留给我们的伟大财富——我们这般讨论它，好像它拥有生命。大地呻吟，烈焰跳跃，小溪低语，石头见证。

把这些明显的活动都归因于精神，这恐怕是谬误，但并不低级或"迷信"，相反，它是一种对世界的推断，尽管无从证实。某种活跃的属性会让人相信它是让火、风和浪永不止息，让石恒久不变，让树茁壮成长的原因。古希腊米利都的贤者泰勒斯拥有的科学知识足以让他成功预言公元前585年的日食。他将磁力解释为有灵魂的磁铁激发了吸力和斥力。他如此说道："一切，都充满着神灵。"[35] 思想，如观察一样，代表着精神的无处不在。如果人类的一些特质是非物质的——比如精神，或者灵魂、人格或任何成就我

第二章 收集思想：农业时代之前的思索

们的东西——我们永远无法确定还有谁或者什么也拥有这些特质：其他个体，显然是有的；我们在自己群体之外承认同类的人，或许也有的；甚至，在进一步排除不可能的情况后，还有动物、植物和岩石。正如《印度之行》一书中婆罗门所说："［那么］橘子、仙人掌、水晶和泥土呢？"超越自发唯物主义之后，整个世界都生机勃勃。

科学从我们称之为"非生命"（inanimate）的物质中剥夺了精神："非生命"的字面意思是"非精神"（non-spirited）。然而，与此同时，无实体的灵体或"精灵"的概念却广为传播，在西方思想中体现为大家熟悉的仙子和恶魔，或者不太熟悉的女妖和水怪。即使在崇尚科学的所谓复杂成熟的社会，它们仍然漫游在人们的精神世界里。"精神"最初在被人们觉知时，是以难以察觉和令人意外的方式被构想的。对于那些可以想象精神世界的人来说，精神代表了生活视野的突破。以前在物质世界里生活受到种种约束的生物，现在可以在有着无穷变化、无穷变数的未来中畅享自由。一个鲜活的生存环境比自发唯物主义者居住的单调宇宙更令人兴奋。它唤起诗意，引人敬畏。它抵抗灭绝，幻想不朽。火可熄，浪可破，木可伐，石可碎，但精神永存。精神信仰让人们在要干预大自然时徘徊犹豫：万物有灵论者会在连根拔起一棵树或杀死一个生物之前，请求其灵魂离开。

大冰期的思想者知道，或者自以为知道，他们描绘和雕刻生物时，无法用感官感知到这些生物是真实的。我们可以再次用人类学家的资料作为证据来证实这一点。与后来时期在岩石及洞壁上作画的人所做的对比，帮助我们认识到大冰期的艺术是一种进入超越此间的世界、感知超越物质的精神的方法。它描绘了一个想象出来的国度，可在神秘的恍惚中进入，那里居住着人们需要的和敬畏的动物之灵。[36] 在穴壁上，我们看到了一些人的雕塑，他们和群体的其他成员被区别开来。动物面具——鹿角或狮面——会改变佩戴者。通常情况下，据历史记载，蒙面的萨满巫师会与死者或神交流。在自我改造的精神痛苦中，或在被舞蹈或鼓点改变的意识里，他们会进行一场超越身体的精神之旅。当萨满们将自己伪装成动物，他们希望自己能得到某个外来物种的速度、力量或其他，来与图腾的"祖先"形成某种关联。在任何情况下，非人类的动物似乎都比人类更接近神灵：也许这要归功于它们高超的本领、敏捷或感知天分。在极度升华的状态下，萨满成为灵体与这个世界交流的媒介。诗人维吉尔在《埃涅阿斯纪》第六卷里生动地描绘了库迈女先知西比尔的附体，展现了这种仪式："看上去有些肿，听起来很奇诡，总之不再像人类，似乎神在她体内呼吸……突然她咆哮的语调发生改变——她的面庞、肤色、梳得整整齐齐的头发都变了。她的胸部波涛汹涌般起伏，里面跳动着她狂野的心。"[37] 时至今日，萨满表演仍作为相同的传统在继续——在欧亚大陆的草原上、日本的寺庙中，还有北方的苔原之上（在那里，西伯利亚北部的楚克奇人在更冷的气候下，用与大冰期艺术家一样的生活方式过活）。在很多类似的社会，萨满们依然用想象之旅体验着幻觉。

通过结合诸如此类的线索，我们可以为世界最初记录下来的宗教绘制一幅图画：穴壁上翩翩起舞的萨满们，随着时光的流逝依然毫不疲倦，他们的使命就是与那些留在岩石深处的神和祖先保持联系。灵魂就从那里出现，在穴壁上留下痕迹，画家们画下它们的轮廓，并捕捉它们的能量。来访者将染成赭色的手印在旁边，也许因为用于装饰墓穴的赭石被视为"鬼魂祭血"（如奥德修斯在冥府大门前献给死者鬼魂的血）。有些线索来自大冰期的雕塑，引向宗教可能拥有的另一面。这些立身雕像是风格化的，特点为丰乳肥臀，如"维伦多夫的维纳斯"以及"洛塞尔的维纳斯"：万千年来，在分布广泛、东至西伯利亚的各个地点，雕塑家们不断模仿着这些腹部圆滚、臀部丰满的雕塑。在大冰期的精神宇宙的某些地方，一定有掌权的女性，或者可能是女神崇拜，体现在肥臀的雕塑中。

更进一步的证据，带我们超越了严格意义上的宗教，进入我们称之为早期哲学的领域，这些证据来自人类学的实地考察，考察目的在于了解传统民族如何解释事物的本质和属性。"是什么让感知对象成为真实的？"这一问题听上去似乎是哲学考试中的陷阱题。相关的问题还有，如何在自我改造的同时保持自我？或者一个对象如何变化但仍维持其特征？或者如何探讨事件的本质，而不破坏其所发生环境的延续性？但早期人类已经提出了这些问题，并深入研究了某样东西是什么和其属性是什么这两者之间的差异，并已经发现它"是"什么——其本质或用哲学术语来说的"实体"（substance）——和其"词形变化"或"像"什么是不同的。要探讨这两者之间的关系，需要坚持不懈的思考。西班牙语中的一个语法区分可以很好地解释这个问题：系动词"ser"表示其所指内容的本质，而"estar"，也被翻译为"在"（to be），仅指某对象的可变状态或瞬间特征。然而，即使是讲西班牙语的人，也很少能理解这种区别的重要性，它们本应让人意识到，比如，人的美（ser）可以比漂亮的外表（estar）更为持久，也可以和丑陋共存。同理，原则上来说，思想或可与大脑分离，尽管两者共存在身体上。

因此产生了两个问题：是什么让一个事物是其所是？又是什么

让它像其所像？对于早期万物有灵论的发明者来说，"精神"可以是两者的答案。如果精神存在，那么它将无处不在——但无处不在和普遍存在尚有区别。精神通常是其所栖居的对象所特有的，但在人类学文献中广泛记载的，至少同样古老的一个观念是，某种不可见的存在注满一切。

这个概念是由一些问题合理引出的：比如，天空为什么是蓝色的？水为什么潮湿？蓝色似乎不是天空的本质，天空即使改变颜色也依然是天空。但是水的潮湿呢？这似乎有所不同了——潮湿是一种本质，因为干涸的水就不再是水。也许有一种实质，作为所有属性的基础，可以解决外在的矛盾。当人做出一根长矛或钓竿，人知道其用处所在。但如果继续追问为什么会有这个用处，就成了一个关于事物本质的深刻哲学问题。如果人类学证据可以作为依据的话，最早的答案之一是：同样的一种无形的、普遍的力量，决定了一切事物的本质并让所有的行为合理。为了称呼这个概念，人类学家借用了南太平洋语言中的一个词"玛那"*。[38] 渔网的玛那使其抓到鱼，鱼的玛那让其可被抓；剑的玛那造成伤口，草药的玛那可以疗愈。世界其他地区也有类似或相同的概念，出现在传说和仪式里，被冠以各种名字，比如澳大利亚某些原住民口中的阿龙基尔塔（arungquiltha），或者美洲印第安人信仰的瓦坎（wakan）、奥伦达（orenda）以及玛尼托（manitou）。

如果从传播范围来推断其久远程度是正确的，玛那的观念应该是很古老的。然而，要想确定其初现的时间，恐怕只能靠猜测了。考古学家无从探究：只有晚近的时期才被记录下来的传统可以确认

---

* "玛那"（Mana），意为超自然神秘力量。——译者注

起始时间。由于各学派之间关于是精神还是玛那的观念更早出现的争论过于激烈，所有辩论都被扭曲了。如果玛那更早出现，万物有灵论似乎就是一种相对"先进"的对待世界的态度，而且似乎并非仅仅是"原始的"：比魔法观念出现得晚，因此更为成熟。这些问题可以先搁置一旁：精神和玛那的观念哪个先出现都是有可能的，同时出现也是有可能的。

魔法和巫术：操控自然的努力

一个常见但实际上无法作答的问题是：人是否可以调整、影响或命令玛那？玛那是不是魔法的起点？魔法是否就是为了欺哄和控制玛那而产生的？世界上第一个社会人类学讲座教授布罗尼斯拉夫·马林诺夫斯基认为确实如此。一百多年前，他写道："科学基于自然力的概念，魔法则源于一种神秘的、非人力量……一些美拉尼西亚人称之为玛那……但凡魔法盛行之地，这一观念都可谓普遍。"[39] 早期人类如此亲密地理解自然，他们能够看到一切如何相互联系。任何事物只要是系统性的，就可以通过控制其任意部分来对其进行改变。在试图操控自然的努力中，魔法是人类发明的最古老也是最持久的方法。根据20世纪早期人类学的两位领军人物的说法，"最早期的科学家都是魔法师……魔法来自神秘生活的万千缝隙……它更为具体，而宗教则倾向于抽象。魔法本质上是一种做事的艺术"。[40] 亨利·于贝尔和马塞尔·莫斯是对的：魔法和科学属于一个统一体。这两者都旨在从智力上征服自然，以使其被人类控制。[41]

魔法的观念包含两个截然不同的思想。第一，结果可以来自感官无法感知但精神可以想象的原因；第二，精神可以调用并应用这些原因。人们可以通过接触不可见来获取力量掌控可见。魔法的力量对于人类是真正强大的，但对于自然的其他存在并非如此。这一点在每一个社会都反复重现。无论有多少人失望，也无法改变这一点。魔法不起作用，至少目前还是如此。尽管魔法师一次一次地失败，但他们仍然激发希望、引起恐惧并得到尊重和奖励。

有关魔法的观念在史前出现的时间应该早于证明其存在的早期证据，在观察和想象彼此滋养的缓慢过程中产生，诞生于人科的遥远历史中。当我们寻找证据时，我们必须关注魔法师所追求的目标：将一种物质转变为另一种物质。意外可能会引发看似魔法的改变。比如，坚硬的、显然不可食用的物品，在良性细菌的影响下，变得可以食用。火可以给食物上色，让其拥有焦糖般的口感并发脆。湿黏土加热会变硬。人可能会不自觉地抓住一根棍子或骨头，将其变成一种工具或武器。出于意外的转变可以被仿效。然而，有一些其他的例子，只有彻底放飞想象力才能够开启行动。比如编织，简直是奇迹般的技术，将多条纤维组合起来，达到单股线无法匹敌的坚韧度和宽度。黑猩猩也可做到这一点，只不过用的是一种最基本的方式。它们会把树枝和茎秆编在一起，组合搭建成巢——这表明编织是一个长期积累的过程，历史极其久远，可追溯至人类起源之前。类似的例子中，临时的用于满足物质需求的实际措施，可能会让人想到魔法：比如，大冰期草原上的庞大猛犸屋就像是用魔法建造的，因为它们将动物的骨头转变为如寺庙一般大的建筑。尽管魔法的观念产生的时代和背景已无从追溯，遥不可及，但大冰期的证据充满了魔法的迹象。红赭石，(似乎是)最早在仪式中发挥作用的物质，从布隆伯斯洞窟中超过7万年历史的、装饰有十字

第二章　收集思想：农业时代之前的思索

刻痕的发现物来看，或许也是最早的魔法师的道具。红赭石鲜艳的颜色，与血迹相似，陪伴着死者，它也许是来自生者的祭品，目的可能是想重新给予死者生命。

原则上，魔法可"白"——好的或不涉及道德的——亦可黑。但是对于那些相信因果有无形的关联，并可以用魔法操纵的人来说，或许可以推论出另一个观念：邪恶的魔法会产生毁灭和破坏。人们如果可以驾驭和改变自然，那么就可以利用自然来做坏事。也就是说，他们可以成为或试着成为巫师。巫术是世界上流传最广的观念之一。在某些文化中，每个人都会把巫术当作每种疾病的首选解释。[42] 20世纪20年代，人类学家E.E.埃文思-普里查德开创性地开展田野调查，致力于研究苏丹的阿赞德人的巫术。阿赞德人关于巫术的实践和信仰非比寻常。[43] 对于他们来说，巫术是一种遗传的身体条件：具体而言，肠道里有一个毛球，这就是巫术的来源，而非仅仅是巫术的标志。巫师不需要有意地唤醒这些力量：它就在那里。尸检揭示了它的存在。"毒药神谕"解释了整个过程：当一个受害者或第三方谴责巫师犯有某种恶行时，该指控的真假将由毒药进行检验，毒药将被强行灌入一只鸡的喉咙。如果鸡能活下来，那么被控巫师就会被赦免（反之亦然）。在另一些文化中，识别巫师的通常做法包括观察其身体独有的特征或畸形——罗尔德·达尔笔下没有脚趾的女巫们都在影射这种传统——或者丑陋，有些人将女巫的丑陋视为其邪恶习性的源头。

关于巫术的新观念在各个时代都有浮现。[44] 世界上最早的富有想象力的文献来自公元前二千纪的美索不达米亚，其中制约巫术的咒语往往提及神灵、火焰或有魔力的化学物质，如盐和汞；只有人类和动物才能成为巫师的受害者，大地和天空可以免于遭殃。[45] 古罗马的女巫们，根据现存文献的描述，精通于挫败和阉割男性。[46]在15世纪的欧洲，人们笃信是魔鬼的契约为女巫提供了所谓法力。当代学术将注意力从解释巫术转向解释为什么人类会相信巫术：有理论认为这是异教信仰的残留，还有理论认为这是社会控制的一种手段，[47]抑或只是一种精神妄想。[48]第一种理论几乎可以肯定是错误的：虽然过去对巫术和异教信仰的迫害都声称两者是"魔鬼崇拜"，但没有任何证据显示这两者有所联系或重叠。第二种理论的提出者是16世纪富有创造力且为人自负的瑞士医生帕拉塞尔苏斯（Paracelsus）。在16世纪六七十年代，荷兰医生约翰·韦尔（Johann Weyer）发表了自认为是女巫的精神异常患者的病史。1610年，宗教法庭的法官萨拉萨尔证实了这一理论：调查了巴斯克地区的数名被指控为女巫的人之后，他发现她们都是自我幻想的受害者。他开始怀疑巫术是否真正存在。[49]然而，在17世纪的欧洲和美洲，极为狂热的迫害者们依然将很多出于疯狂、歇斯底里或过度刺激而产生幻觉的情况误认为是巫术。

最近，历史学家们经过仔细研究，有时会认可这样一种理论：巫术是一种社会机制，是边缘群体在司法不公或求法无门时自我赋权的一种方法。由于认识到巫术是一种妄想，有学者更致力于研究被指控为女巫的人遭受的迫害，认为这是一种消除社会中不受欢迎的个体的手段——这又一次说明当时缺乏有力的法庭和法律来解决邻里间的所有纠纷。现代西方早期巫术的迫害在各地的分布情况支持了这样一种解释：在新教地区迫害非常强烈，但在西班牙则相对较少。在西班牙，当穷人或自利的控诉者想对其厌恶的邻居、主人、亲戚或对手进行无理取闹式控诉，而正当法庭不予受理时，宗教裁判所为他们提供了另一种廉价的解决方式。在司法机构不足以解决社会紧张局势的地方，对巫术的迫害确实剧增。然而，从起源来看，将巫术解释为魔法观念完美而合理的产物是完全没有问题的。

巫术是古时候的事吗？在美国有据称 100 万信徒和奉行者，声称现在已经恢复了行善的异教信仰"威卡教"（Wicca）。根据一位当代作家在威卡教的冒险经历，她仰慕一个盗尸者，去过女子城（Lesbianville），认为女巫们都"认知失调"，和具有特定生活方式的教友一起开派对，包括"用动物骨头精巧地制成发卡，长发及腰，胡长至胸"。一个不断重复的笑话减轻了些许可悲陈述中的枯燥之感：每一个女巫似乎都有一份与其身份极不协调的滑稽的日常职业，包括文身艺术家、肚皮舞者以及烘焙师傅。女巫似乎不再有什么特征，除了裸体主义（因为"有信念认为全裸的身体可散发最原始的力量"），信仰"奉献"性行为，以及荒谬地声称威卡教自青铜时代以来就不间断地保留其传统至今。[50]

巫术的各种变体似乎仍在增加。但是，从最普遍的层面来理解，巫术作为一个人通过超自然手段造成伤害的能力，在所有社会中都可以找到人们相信其存在的证据——这一事实说明其源头很可能远在历史深处。

人对置身自然的思考：玛那、上帝和图腾

对于相信玛那的人来说，玛那就是让感知的世界变得真实的力量。更进一步、更深层次的问题是："它可信吗？"问题并非"玛那这一观念是不是理解自然的最佳方法"，而是"它是不是聪明的头脑合理地构想出来以解释事实的方式"。用解释相同事实的现代范式来与玛那做比较，也许会有所帮助。虽然我们将有机物质和

无机物质严格区分开，但我们依然认为所有物质都有一个共同特征——粒子间基本类似的关系。量子电荷由于其动态和形成性特点，和玛那的相似之处在于，它们都是某种"力量"的源泉（当然量子不带有目的性，这点和大部分信仰中的玛那不同）。根据本章到目前为止的内容，在任何情况下，都完全可以将玛那描述为一个思想上令人惊艳的概念。

进一步的问题产生了：如果说对玛那的思考有助于我们理解一个终将面对的观念（因为这属于全世界最引人入胜并且似乎最具说服力的观念），即独一无二的、遍布四海的上帝这个观念是如何起源的，那么它对此究竟有何作用呢？19世纪北美和波利尼西亚的传教士认为上帝就是玛那。认为上帝的观念就是从玛那的观念（可能还有其他观念）中发展出来的，这种说法至少很吸引人。然而，与之更接近的是一些奇怪或神秘的信念，这些信念似乎仍然无法从当代人的头脑中抹去：比如另类健康学中的所谓"光环"（aura）；或难以捉摸的"有机宇宙能量"，受东亚思想影响的"新物理学"支持者认为这种能量在所有物质中都可探测到；[51] 抑或是生命哲学，凭直觉将生命视为生物固有的性质。

大多数人会将这些思想界定为广义的宗教，而这些思想几乎可以肯定是错误的，但它们同时也具有一定的科学性，因为它们源于对事物本质的真实观察和可靠了解。比较人类学则从一个略有不同的意义上，揭示了其他同样或几乎同样古老的、我们可以界定为科学的观念，因为这些观念开始关心人类和自然界的关系。比如图腾崇拜认为，与动植物的亲密关系（通常的表现方式为拥有共同祖先，有时表现为化身的形式）决定了人类个体在自然界的地位。这个观念显然非常科学。毕竟，进化论说的也差不多：我们都来自其他生物群。人们一般会用图腾崇拜来代表任何一种可以将人类和自然界对象（尤其是动物）紧密联系起来的思想；此处探讨的图腾崇拜最强大的形式，是一种重新构想人类社会关系的方式。有共同图腾信仰的人会形成组织，受共同身份和相互义务的约束，并与其所属社会的其他人群有所区分。拥有共同祖先的人，无论真伪，都可以保持联系。图腾产生共同的仪式。成员们有特殊的禁忌，特别是不得食用图腾代表的自然物。他们可能只被允许与自己组织里的人通婚，因此图腾崇拜也可用于确定未来结婚对象的范围。图腾崇拜还可以让无血缘关系的人像亲人一般对待彼此：一个人可以加入某个图腾"宗派"，无论他的出身如何。在大多数图腾社会，梦境会揭示（并会重复出现以确认）做梦者的图腾，但是其中的联系如何产生，以及选择图腾对象意味着什么，仍然是学术界无从确定的争论主题。所有的理论都有一个共同的常识性特征：图腾崇拜跨越了两大类早期思想之间的差异，即图腾动植物所代表的"自然"与将群体成员联系起来的"文化"。简言之，图腾崇拜是锻造社会的早期有力理念。[52]

尽管存在万物有灵论、图腾崇拜、玛那以及所有人们在实际生活中想象的有用资源，不信任感官认知依然危险重重。它诱使人们从信仰转向洞察的源泉，诸如愿景、想象和对疯狂及狂喜的妄想，这些东西由于无从验证，反而显得令人信服。它们常常引人误入歧途，但也总是鼓舞人心。它们开辟超越体验的种种可能，尽管看似矛盾重重，却把进步变为可能。即使是幻想也能带来好处。它们有助于激发观念，而这些观念鼓励人们进行超越性的探索，并且投身于魔法、宗教和科学等领域。它们滋养艺术。它们有助于让那些无法凭感知获得的观念——比如永恒、无限和不朽——变得可以体会。

想象秩序：大冰期时代的政治思想

愿景也会塑造政治。大冰期时代的政治思想几乎已无法追溯，但可以转而谈一下领导力、广义的秩序观念以及我们可称之为大冰期政治经济的情况。

显然，人科、人族以及早期智人的社会都有领导者。从其他类人猿类推，占统治地位的男性可能会通过恐吓和暴力强行统治（见第一章"文化的产生"）。但政治革命使得分配权力和选择首领的方式大大增加。大冰期的绘画和雕刻揭示了新的政治思想——出现了新的领导形式，在这种领导形式中，远见赋予有远见者权力，欣赏魅力而非蛮力，精神的强大胜过身体的壮硕。

我们不妨从法国南部的三兄弟洞窟（Les Trois Frères）壁画开始探究相关的证据。祭司样的人物装扮成神或动物，进行奇妙的旅行，或者作为狩猎者展现威严，这些都证明了一群掌控者的崛起。他们拥有前所未有的力量，可以触及灵魂、众神和逝者——那些力量塑造了世界的面貌。在造就我们所处的世界的另一个世界中，萨满拥有的特权使他们可以得知正在发生什么和将要发生什么。萨满甚至可以影响神灵，让其改变计划，诱使他们重新安排世界，以适应人类的需求：下雨、防洪，或阳光普照、五谷丰登。

洞壁上的萨满们表现出巨大的社会影响力。为了让萨满帮忙接触灵魂，人们会赠送礼品、毕恭毕敬、提供服务和俯首帖耳。萨满的这种能力可以变成惊人的权力来源，使其地位比男性统治者或者元老阶层还要高。当我们扫视这些洞窟时，我们看到一个把通灵的天赋作为武器的知识阶级，和一个勇武的阶层同时出现，并以先知和圣人挑战或取代当权的强者。对通灵天赋的推崇，使早期人们在屈服于武力胜过一切道德力量的利维坦之外,有了另一种选择,这可能还是最早的另一种选择。

因此,与神灵或逝者特别的接触成为强大持久的政治合法性的重要组成部分:先知们曾借此宣称拥有权力。教堂在同样的基础上,自称拥有俗世至高的地位。国王们也用同样的方法冒充神圣。在公元前二千纪的美索不达米亚,众神是其居住的城市名义上的统治者。各个城市的神灵会向其人类的管家吐露心愿,其中传达着命令:发动战争、建立神殿或颁布法律。最具代表性的例子(尽管年代有些晚)出现在公元7世纪到9世纪现危地马拉及附近地区玛雅文化的艺术和铭文中。公元8世纪,现墨西哥南部的亚斯奇兰的统治者们,如我们依然能从洞窟浮雕中所见的那样,会从浸满药物的碗里吸入作用于精神的烟雾,或者会燃烧树皮纸,纸上有他们收集的用布满尖刺的皮带从舌头上扎得的血(如果是女王的话),或者是用贝壳制成的刀或仙人掌的刺从性器官上扎得的血。仪式中感知的来自祖先圣灵的指示往往来自一条蛇的嘴巴,要求发动战争。[53]

认知考古学发现,在大冰期的最后一千年左右,另一种新的领导方式出现了:继承。所有人类社会都面临着同样的问题:如何在不激起冲突的情况下交接权力、财富和地位。如何能让每一次权力竞逐不用付出鲜血和内战的代价?更宽泛地讲,如何在不引发阶级冲突或增加出于个人怨恨的暴力行为的情况下,管理社会各阶层的不平等?如果对继承这一制度可以达成共识,那么该制度就能作为一种手段来避免或限制权力交接时的争端。但是除了迪士尼的动画片,动物世界是没有类似制度的;父母的卓越不能保证下一代的智慧,而在竞争中产生领导者才是客观合理的。而对绝大多数人类社会和绝大多数历史时期来说——事实上,直到进入20世纪都是如此——

继承都是通往高层的常规途径。它是如何产生的？何时产生的？

尽管我们无法确定大冰期世袭的权力阶级的性质，但我们知道它存在，因为那时人们被埋葬的方式存在明显的不平等。在莫斯科附近大约有2.8万年历史的松吉尔（Sunghir）墓地遗址，一位下葬的老人有众多贵重的陪葬品：用狐狸的牙齿缝制的帽子、事先缝在衣服上的成千上万的象牙珠子，以及大约20个象牙手镯——也许是光辉一生的奖赏。然而，老人身边有一名男童和一名女童，分别约为8岁和12岁，其骸骨旁是更为壮观的装饰品：动物雕刻品和精美锻造的武器，包括用猛犸牙制成的长矛（每一支都超过180厘米长），以及象牙手镯、项链和狐狸牙齿制成的纽扣。两名陪葬儿童身上撒着约3 500颗精心打磨的象牙珠子。这般财富几乎无法凭一己之力获得：坟墓的主人太过年轻，不可能积累这么多财富；而且其中至少有一人的下肢患有轻微残疾，应该会影响到她的行动效率，或影响到她从生理上所能得到的尊重。[54] 这正说明一个社会分配财富的标准完全和客观价值无关；在这个系统里，领导阶层至少从童年开始就被认为是伟大的。

因此，世袭制似乎已经在选择高阶层个体方面发挥了作用。现如今，遗传学理论已经为一个常见的现象提供了细致的解释：许多精神和生理特征都可以继承，也许包括那些优秀统治者需要的品质。如此看来，对白手起家的领导者的子女更为有利的制度是合理的。养育的本能也有一定作用：那些想要将自己的财产，包括身份、地位、职位等转移给后代的父母，往往更支持世袭制度。专业分工在不同阶级之间制造了闲暇上的差异，让扮演专门角色的父母有余力训练后代来接替自己。最重要的是，在政治背景下，世袭原则阻止竞争，从而促进了和平。精英阶层不必在角斗场厮杀，也免

第二章　收集思想：农业时代之前的思索

于陷入腐败的竞选。由于存在这些优势，一些国家依然保留着世袭制的国家元首（并且，以英国为例，依然保留着部分世袭制立法机构）。如果我们必须拥有领导者，那么从实际标准来看，世袭制不失为一个选择领袖的好方法。[55]

在试着理解大冰期社会的权力分配时，最后一点证据来自富人餐桌上的残渣。尽管当觅食者偶然发现大批腐肉，或者猎人们成功进行了一次大规模猎杀后，自然会举办众人分享的盛宴，但通常情况下宴会在政治场合举办，领导者通过彰显慷慨来调节权力和吸引效忠者。由于盛宴需要花费大量精力和钱财，因此需要一个名目：在某个层面上是象征性的或魔法式的，而在另一个层面则是为了实际需要。最早的明确证据来自安纳托利亚的哈兰赛米山（Hallan Çemi Tepesi）遗址中人类餐桌上留下的动植物遗迹，年代约为1万年前或1.1万年前，那时人们开始生产食物，而不是完全依靠狩猎和采集。但是在西班牙北部，相似的证据表明，这一做法可以追溯至比哈兰赛米山遗址还要久远一倍的时间。例如，在阿尔塔米拉，考古学家发现了大规模烹饪的灰烬，以及可能久至2.3万年前的钙化食物碎屑，刻在计数棒上的记录或许是其费用。通过与现代狩猎民族的对比可以发现，这种场合可能是用来庆祝社群之间的结盟。这种联盟不只限于在男性之间拉近关系；如果只限于男性，盛宴会在远离住所的地方展开，以和妇女及孩子保持距离。与之形成对比的是，在早期的农业社会和游牧社会，首领们会利用盛宴来监督社群内部剩余产品的分配，并以此加强盛宴主人的权力、地位或彼此的联系，抑或是在赴宴者之间建立一种互惠关系，或者是将劳动力集中到盛宴主人想要的地方。在后来阶段的某些情况下，会举办只有特权人士能够参与的特别盛宴，为这些精英阶层提供彼此建立关系的机会。[56]

时间和禁忌：宇宙秩序与社会管理

经过专业分工的特权精英阶层在世袭制的保证下享受权力的延续，也因此有时间投入思考。我们能够发现他们会产生一些想法，这些想法是他们为收集工作所需的资料而仰望天空时出现的。在书籍还没有出现时，天空为早期人类提供了无法抗拒的阅读介质。在某些人眼中，星星是天空幕布的一个个小孔，透过星星可以一瞥那来自无法企及的天堂的光亮。在早期探究者的发现中，有一个关于时间的革命性观念。

时间是人类观念史上最伟大的突破之一。圣奥古斯丁对于无法定义时间的绝望，绝大多数人都感同身受。（他说，他本知道时间是什么，直到有人问他时间是什么。）理解时间的最好方法就是思考变化。没有变化，就没有时间。当你开始计算彼此联系着的变化过程可能带来的影响，你就会接近或反思时间感——比如，当人们加速逃离追捕者或捕获猎物时，抑或是人们注意到浆果比块茎的成熟时间更早时。你在比较变化时，实际上就是在比较各自的速率。因此我们可以将时间定义为一系列变化相对于另一系列变化的发生速率。并不需要一个普遍的测量原则。可以依照时钟的移动来测量雨滴沿窗滑落所花的时间——但也可以用云的移动或某个生物的爬行来定义时钟。我们在后面会见到（见第四章"与神同在：时间之箭、上帝之爱与万物之灵"），努埃尔人根据牛的生长速度计算时间的流逝，而另一些文化会采用各种不规律的方法来计算时间，包括改朝换代或统治者的更替，或者用"居里扭作叙利亚巡抚的时候"[*]这种

---

[*] 此处出自《路加福音》2:2。——译者注

方式。北美大陆的拉科塔人的传统是用每年第一场降雪的时间来开始一个新的"长计数"。[57]

尽管如此，想要一个永恒不变的测量标准时，你只有仰望上天。天空和其他自然规律——尤其是我们自己的身体和所属的生态系统的规律——周期的一致性，让第一个放之四海而皆准的计时系统成为可能。柏拉图说："日夜月年，景象变迁，创造了数字，也给予了我们关于时间的概念。"[58] 例如，太阳的东升西落与我们对睡眠和清醒的需求相吻合。而月亮则匹配女性生理周期的间隔。母牛应季增肥，而季节取决于太阳。天体运行如此规律，可以用于计算其他一切的时间。星辰的周期，例如金星584天的会合周期，在很多采用长期记录和大进位历法的文化中都很受重视。有些社会，比如我们所在的社会，会煞费苦心地试着让太阳和月亮的周期相互协调，而另一些社会则让这两组周期保持不完美的步调。就我们目前所知，所有民族都在用太阳计算日和年，而用月亮记录月份。

用天体的运动作为衡量时间的通用标准这一观念初次出现时，彻底改变了人们的生活。当今人类拥有一种独特的方式，来组织记忆、预期未来、确定任务优先级以及协调合作时的努力。从那时起，人类就将它作为组织所有行动和记录所有经验的基础。它一直是计时的基础，也因此是所有合作方协调的基础，直至今天我们用铯原子计时取代天体观测。当然，这种方法来自观察：我们意识到某些变化——特别是天体相对位置的变化——是有规律的、周期性的，因此是可预测的。天体的这种现象可以作为衡量其他此类变化的标准，这种认识仅凭观察不足以让人获得，而是一种司空见惯的天才表现，在很久以前就已出现在所有人类社会中，具有讽刺意味的是，久远到我们无法确定其出现的时间。

已知最早的类似日历的文物位于多尔多涅，它是一块大约3万年前的扁平骨头，上面刻着半月和圆形的图案，让人想到月相。中石器时代遗址中经常出现带有规律性切口的物体，但它们也许只是某种涂鸦，或者是游戏、仪式或临时计数的遗迹。随后出现了历法计算的进一步证据：公元前五千纪的巨石之间留下了水平标记的装置，那时的人们开始将石头竖起，阳光照在上面，投射出手指般的阴影，或在它们之间发亮，指向奇特的圣所。通过在天人之间充当中介，统治者们成为时间的记录者。政治思想不仅和领导者的品质与能力有关，也和他们如何管理其追随者的生活有关。在这个意义上，政治思想的出现可以追溯到多久之前？早期人科的集体生活可能类似于普通灵长类动物的群居，受血缘关系、武力和必要性的约束。最先将其变成以观念管理的新型社会的是什么法则？

一个可行的假设是，一种宇宙秩序感激发了早期关于如何组织社会的思想。在自然界的明显混乱之中或之下，只需一丝想象便可以看出其背后的秩序。也许不需要太多思考就可以注意到它。就算是昆虫，或野牛——那些不会被视为聪明的生物——都可以看到那些对它们很重要的事实之间的联系：比如死亡的猎物可以食用，有些地方可以防雨防寒。

拥有更强记忆力的生物可以比昆虫和野牛更进一步。人类将在自然界注意到的零星规律联系起来，比如生命周期、人体新陈代谢、四季交替以及天体旋转等。早期思想者建立有序宇宙的观念所需要的脚手架就是由这些观察组成的。但是，认识到有序的关系是一回事，推断出这种秩序具有普遍性是另一回事，需要巨大的智力飞跃。在大部分时间里，世界看上去一片混乱。大部分事件似乎都是随机发生的。因此想象力在发现秩序的过程里发挥了作用。我们的思想要充满活力才能认识到——据说是爱因斯坦所言——"上帝不掷骰子"。

秩序观念出现得太早以至于无从考证时间，但它一出现，就让整个宇宙变得可以想象。它让头脑努力想象一个系统中所有事物的完整性。留存下来的关于宇宙的最早图画——无论是艺术品，还是用于宗教或魔法的——把思考的结果展现了出来。例如，在印度中央邦的焦拉，一幅岩画展示了画家眼中的世界：分为七个地区，环绕着水和空气。一个有4 000年历史的埃及的碗则显示了另一个画面：一个弯弯曲曲的世界，好似日出和日落之间的两座金字塔。

澳大利亚原住民的"开天辟地时期"（全宇宙的不可分离的组织都在旋转），与早期的描述遥相呼应。世界各地的壁画或人体艺术也是如此：比如巴拉圭谷地的卡杜维奥人认为世界由四个不同但平等的地区构成，因此他们把脸画成四个部分。西非马里的多贡牧羊人也在岩石上画下过一分为四的世界。刚果的陶工在作品中为仪式做准备时，会把对宇宙的想象绘制在陶土容器上。如果人们之前没有宇宙秩序的概念，没有认为宇宙排列在一个可预知因此也许可以操纵的因果序列中，很难想象魔法和玄妙的占卜会如何发展。[59]

在政治中，秩序可能对不同的人意味着不同的东西。但是至少我们在所有管理社会的努力，也就是让人们的行为符合某种模式或标准的努力中都可以发现秩序。我们也有可能识别出远古时期的社会规范，这些规范十分普遍，甚至很可能比人类更早出现。从人类学的证据来看，有两种最早的社会规范：饮食禁忌以及乱伦禁忌。

首先来看饮食禁忌。毫无疑问，饮食禁忌属于观念领域：人们不太可能出于本能对食物有所挑剔。放弃营养显然是违背自然规律的行为。但是所有社会都对食物有所禁忌。

博茨瓦纳的游牧民族巴特洛夸人提供了最具指导性的例子，可以帮助我们理解其缘由。该游牧民族有着相当广泛和多种多样的食物禁忌。巴特洛夸人禁止食用土豚（亦称"非洲食蚁兽"）肉和猪肉。本地种植的橘子也被禁止食用，但是贸易所得的橘子可以。另一些食物会按照食用者的年龄和性别来进行限制。只有老人才能吃蜂蜜、乌龟和珍珠鸡。孕妇不能享用牛的某些内脏。有些禁忌只适用于特定季节，有些禁忌只适用于特殊情况，比如生病的孩子在场的时候。在田野调查的访谈中，巴特洛夸人给了人类学家不系统的解释，将原因归结于健康、卫生、口味忌讳等，虽然极端复杂，却能代表全世界的食物禁忌范围。[60]为这些食物禁忌做出合理化解释的努力都失败了。

有个经典的例子是对极著名的古代希伯来经文里少量的食物禁忌做出解读。它们是无法分析的。禁忌名单上的食物没有任何共性（它们唯一的共性在于，正如人类学家玛丽·道格拉斯指出的，在一些分类法，可能包括古希伯来人的分类法看来，它们都属于例外情况，这似乎是悖谬的）。其他所有类似的情况也因为禁忌看上去并无特殊的意义而无从深入分析。最著名的理论也失败了：从经济和卫生的角度对大多数已知情况的分析——比如禁忌的存在是为了保存珍贵的食源或者防止有害物质侵害人体等——根本说不通。[61]理性和物质角度的解释均告失败，是因为饮食禁忌从本质上来说是超理性的。食物被赋予的意义，如所有意义一样，是一种约定俗成的用法。饮食禁忌将尊重它的人团结起来，对打破它的人加以谴责。规则本身并不具备任何意义。如果规则具有意义，外来者就会遵循——但规则就是为了排除外来者和保持团体的一致而存在的。允许的食物提供认同，排除的食物则有助于界定认同。[62]

在寻找最先出现的社会规范的过程里，乱伦禁忌是除饮食禁忌外的第二大禁忌。每一个已知的人类社会都拥有这种禁忌，它以像巴特洛夸人的饮食禁忌一样令人震惊的各种形式出现：某些文化中，兄弟姐妹可以通婚，堂亲或表亲则不可以。有些文化允许堂表亲之间通婚，但只能是跨代通婚。甚至在没有血缘关系的情况下，禁忌有时也是适用的，比如在姻亲之间，这种关系在教规中仅仅是形式上的。

如果要了解乱伦禁忌是如何产生的，那么我们就必须考虑到它们的普遍性及多样性。因此，仅仅出于反感——即便人类对乱伦的感觉是共通的——不足以构成充分的解释。"什么事都应该尝试一次，"作曲家阿诺德·巴克斯如此建议，"除了乱伦和民族舞。"然而，这两者并不是人人都憎恶的。同样不能令人信服的说法是，控制性冲动是一种进化本能，以阻止近亲繁殖可能带来的恶性影响：在大部分已知证据里，这种恶性影响并不存在。乱伦的家族通常生育健康的孩子。而早期优生学的想法也不能为此负责：大多数社会的大多数人在大多数时间里，对异族通婚可能带来的基因优势一无所知也毫不关心。有些社会也会禁止远亲通婚，那些远亲不可能对血统有不好的影响。另一方面，有些社会允许关系非常近的近亲通婚，这产生不幸遗传影响的可能性更高。例如，埃及皇室的兄弟姐妹之间；或者罗得的两个女儿，她们的职责就是"与父亲同寝"*。在美国的 26 个州，同一代堂表亲可以缔结合法婚姻，其他形式的乱伦则被禁止。和其他基督徒不同，阿米什人鼓励堂表亲通婚。在一些传统的阿拉伯社会中，叔叔有权娶自己的侄女为妻。

---

* 引文出自《创世记》第 19 章。——译者注

20世纪40年代，法国人类学家克洛德·列维-斯特劳斯提出了关于乱伦规则普遍性和复杂性的最著名及合理的解释。他说，他的茅塞顿开发生在一家拥挤的小餐馆里，他观察到法国人在共享一张餐桌时如何克服社交尴尬。他们交换了各自手中相同的酒杯，酒杯中盛满酒馆自酿的酒。在任何实际意义上来看，双方均未从这一似乎滑稽的交换中获取利益，但是，如所有看上去无关利益的交换礼物一样，这种相互的姿态在双方之间创造了一种关系。从小餐馆的这一观察里，克洛德·列维-斯特劳斯提出关于乱伦的论点：社会迫使组成它的家庭交换女人。这样可以使潜在竞争的血统相连并可能让其合作。因此，拥有许多家庭的社会获得了凝聚力和实力。女人被视为有价值的商品（不幸的是，大多数社会中的大多数人都是商品，被剥削者剥削和交换），女人的身体也充满魔力，能与天体的运动相呼应，还能够生产婴儿。除非出于被迫而交换女人，否则她们的男人会试图独占自己的女人。如饮食禁忌一样，性禁忌的存在也不是因为其本身具有意义，而是因为有助于建立群体。通过对乱伦的管理，社会变得更有协作性、更团结、更大和更强。乱伦禁忌具有普遍性的原因可能就是如此简单：没有该禁忌，社会就没有足够的生存条件。[63]

作为仪式的贸易：最初的政治经济学

如果人们关于管理社会的最初想法导致了对食物和性的禁忌，那么对社会之间关系的管理呢？贸易显然是首先需要关注的背景。

经济学家普遍认为商业是一个经过精心计算的减少剩余产量的系统。但当贸易出现时，和限制乱伦、交换礼物一样，它更多与仪式需求相关，而不是与物质便利或纯粹利益有关。从考古证据或人类学推论来看，社群之间最早的物品交换似乎包含火种——也许由于仪式规矩，有些人从未有机会点火，只能从团体之外获取火种——以及赭石，这种最广为使用的大冰期祭祀者的"必需品"。过去的考古学家将具有某种特殊图案的斧头或经过特别锤打的燧石视为当地有人生产这些物品的证据，但现在他们认识到，即使在可追溯的最古老年代，这种手工艺品也可能是商品，[64]但也许是沃尔玛超市和维多加油站所无法理解的那种商品：早期贸易的商品交换只出于仪式目的。正如关于资本主义的杰出评论家卡尔·波兰尼在1944年所写的：

>近代历史学和人类学的杰出发现表明，一个人的经济情况通常隐含在其社会关系中。其行为不是为了保护自己拥有物质产品的个人利益，而是为了保护其社会地位、社会主张以及社会资产。只有当物质产品服务于这些目的时，人才会珍惜这些产品的价值。[65]

不仅仪式用品是发展完善的贸易网络的一部分，而且在世界大部分地区，商业本身也被视为一种仪式。

20世纪20年代，人类学家发现并公开了其在新几内亚东部所罗门海发现的证据，并将之视为标准范例：当地居民遵循着传统的神圣路线，花大力气将抛光打磨过的贝壳装饰物和器皿从一座岛带到另一座岛。[66]传统也对支付条款有所规定。这些物品存在的唯一目的就是交换。各地的生产过程在形式上和实质上几乎完全一致。客观意义上说，这些物品的价值也毫无差别，只有古老的物品有一点额外的价值。然而，对于每一个物品，系统都指定了特殊的符号和价格,度量标准也似乎是任意决定的,但是得到了普遍的认可。这个名为"库拉"(Kula)的体系表明,既不稀有也没有用的物品是可以成为交换对象的。人类学家玛丽·W.赫尔姆斯在全球范围内开展的研究表明,运输距离越远物品价值越高这一现象,在各种文化环境里都十分普遍,因为这些物品象征性地联系着神界或圣洁的朝圣:希腊神话中赫尔墨斯保护匠人、音乐家以及运动员,也进而掌管信使、商人以及"专职的跨界者"。[67]现代商业以某种微弱的方式保留了一些原始的光环。在我住的地方拐角处的杂货店,本土生产的帕尔马干酪价格是意大利进口的三分之一。当帕尔马干酪被磨成粉撒在意大利面上,我敢说任何美食家都分不出其区别——但顾客很愿意为增加一些不可衡量的异国情调而多花点钱。亚当·斯密写道:"每个人都在某种程度上成为一个商人。"[68]尽管我们认为贸易增加商品的价值并可以获得利润是理所当然的,但这一想法并不是一开始就被所有人接受的。这一观念曾经是令人惊讶的创新。

尽管本章提到的很多材料年代久远,意义不明,但我们学到的一课非常明确:在大冰期结束之前,世界上一些最优秀的观念已经涌现并改变了世界——用符号进行的交流、对生死的区分、物质宇宙之外的其他存在、其他世界的可及性、神灵、玛那,甚至上帝。政治思想已经产生了各种选择领导者的方式——包括靠个人魅力和世袭制,以及非凡的实力——还产生了一系列规范社会的手段,包括饮食和性相关的禁忌,以及仪式化的商品交换。但是当冰雪消融,人类珍视的环境消失之后又发生了什么?10万年前至20万年前,当全球断断续续地重新变暖,威胁着人类熟悉的舒适传统生活方式时,人类是如何应对的?面对不断变化的环境,在或回应或忽视的过程里,又产生了哪些新观念?

第二章 收集思想:农业时代之前的思索

CHAPTER THREE

Settled Minds:
'Civilized' Thinking

第三章

安顿的心灵：
"文明化"的思想

她们感到有一阵凉风从崩塌的岩石中传来。埃利埃特·德尚（Eliette Deschamps）足够苗条，她钻进那个小洞，而她的洞穴探险家同事们正努力加宽这个洞。她看到前方有一个隧道，于是呼唤同事让-玛丽·肖维（Jean-Marie Chauvet）和克里斯蒂安·伊莱尔（Christian Hillaire）一起来看。她们齐声对着一片黑暗呼喊，因为可以根据回声估测洞穴的大小。广袤的空无吞噬了她们的声音。

就这样误打误撞地，她们在法国南部的阿尔代什发现了迄今为止最大的洞穴。在那里，石灰岩像蜂窝一般布满岩洞和走道。而在其紧邻的岩洞里，更为震惊的景象正在等待着她们。一头用红赭石绘出的后腿站立的熊，不知被保存了几千年。[1]

第三章 安顿的心灵："文明化"的思想

这就是1994年被三位洞穴探险家发现的肖维岩洞，它是世界上最早、保存最完好和数量最多的大冰期艺术品发现地之一。一些权威估计其壁画的年代可追溯至3万多年以前。[2] 岩洞壁上，野牛和原牛在猛冲，野马在奔腾，驯鹿伫立凝视或低头吃草。还有奔跑的北山羊、沉思的犀牛以及那些逃离狩猎者或不幸被猎杀的生物。在此之前，研究者们认为，艺术是从"原始"的早期涂鸦"进化"成大冰期末段法国拉斯科洞窟里壮观非凡的、为众人所熟悉的壁画的，然而，在技术和技巧上，肖维岩洞的某些艺术品已经和几千年后类似环境中的绘画作品一样成熟。其他年代相近的古代艺术作品提供的证据，只以痕迹或碎片的形式存留于天各一方的西班牙和苏拉威西的洞窟之中，它们表明肖维岩洞壁画的久远年代是可信的。然而肖维岩洞壁画里的某些场景，可以毫无痕迹地挪入年代无疑更晚的拉斯科洞窟壁画里，或者是西班牙北部的阿尔塔米拉洞窟壁画里。如果拉斯科洞窟壁画的画工们看到肖维岩洞的祖先的作品，他们也会和我们一样，对其相似之处感到震惊。

大冰期不仅仅物质生活丰裕，精英阶层悠闲，也有利于造就稳定的社会结构。如果说艺术是社会的一面镜子，那么这些壁画表现出了惊人的延续性。毫无疑问，在当时，其中的变化似乎是动态的。然而之后看来，它与现代生活的狂热和烦恼简直无法相提并论。我们连将某种艺术时尚维持10分钟似乎都很难办到，更别提维持几千年甚或上万年了。大冰期的人们坚毅保守，非常看重自己的文化，因而不会改变它：从我们已经看到的他们头脑的产物来看，他们并非停滞不前，不思创新，而是他们对现状怡然自得，因此维持了自己的生活方式与思考方式。

气候改变对他们的世界造成了威胁。我们感同身受。我们也居住在一个让人忧心的、日益变暖的世界。过渡时期的气候波动带来过长或过冷的严寒期，而人类的活动则加剧了当前的趋势。从长远来看，终结大冰期的暖化仍在继续。全球温度上升的趋势开始之时，在一两万年前的气候不稳定的时代，大体来说，人类做出了两种回应。有些族群开始迁徙，寻觅熟悉的新环境。有些则留守原处，试图适应。

大冰期之后：狩猎与献祭

我们可以从追踪迁徙的人类开始，追寻他们的停留地和栖居地，在这个过程中寻觅其思想。他们是伴随着或跟随着生活在冰缘上的肥硕而富于营养的四足动物迁徙的。狩猎依然是移民们生活方式的基础，但我们可以找到证据证明，他们在环境改变的过程中萌生了至少一种新观念。

1932年的德国北部，阿尔弗雷德·鲁斯特（Alfred Rust）正在挖掘1万年前被驯鹿狩猎者占领的一处营地。他并未发现期待找到的伟大艺术品的痕迹。然而，在3个湖泊中，他挖掘出30头未被屠宰的巨大野兽的残骸。每一头都按照仪式被砍杀，肋骨中间则被放上巨石，沉入湖底。这种屠杀方式前所未有。之前，仪式性屠杀都发生在盛宴之前，屠杀对象为狮子、老虎或其他与人类为敌的掠食者。而这场湖边的杀戮则完全不同：屠杀者放弃了食物。他们在进行纯粹的献祭，彻底的自我舍弃，将食物供奉于诸神脚下，族群的人们不得取用。这些鲁斯特挖掘出来的残骸是新的超越性思想的最初迹象：嫉妒人类的饥饿诸神出现了，宗教似乎就是为了安抚众神而诞生的。

据我们所知，在之后的献祭中，献祭者和诸神通常会更平均地分享利益。族人可以享用祭品，吃诸神嫌弃的食物，住在为神的荣耀而搭建的建筑里，或者剥削供奉给神的劳力。人类学有一个有力的解释：馈赠通常可以建立互惠关系并巩固彼此之间的关系。同理，馈赠也可能改善人际以外的关系，使神灵和人类信徒相通，连接圣灵和世俗世界，并提醒诸神注意世俗的需求和忧虑。如果献祭最初是作为和神灵交换礼物的方式而产生的，那信徒们彼此交换礼物一定也是合情合理的事。

献祭的观念首次出现的时间也许大大早于我们所发现的证据。将这种观念和人类对气候变化危机的回应以及新宗教的崛起（包括发展出固定的拜神中心以及精心打造的平息神怒的新仪式）联系起来，可能不会显得突兀。我们已知的第一所神庙——第一个专用于膜拜神灵的空间——可追溯至比鲁斯特的发现更早的年代；宽约3米，长约6米，位于现巴勒斯坦埃里哈的地下深处。两个被打过孔的石块，似乎曾经用于支撑某个已经消失的神器，立于被朝圣者们细心打扫的地面上。

献祭的观念也许会吸引一些潜在的信徒，因为替罪羊会将可能有破坏性的暴力转移到可控的渠道上。[3] 批评献祭观念的人，尤其是犹太教、伊斯兰教和新教中的批评者，痛斥献祭为操纵神的准魔法尝试。但在过去1万年来，他们并没有阻止大部分宗教对献祭的采用。在此过程中，献祭渐渐被人们以相反或互补的方式接受：被视为对原罪的忏悔、对神的感恩和崇敬，或对宇宙和谐与强大的贡献；或被视为神圣的慷慨——通过给予和奉献来敬拜或模仿神。[4]

思考土地：农业的发明

随着冰川的消退而迁徙的人在来到新的纬度地区后还坚持着传统的生活方式。我们现在要将目光转向的是同时期的另一批人，他们选择原地不动，尽量适应。他们以随机应变来面对气候变化。因为停留在原处，所以他们累积下了考古学可检测的多项证据，使我们得以对他们的想法有所了解。首先是经济观念；在分析完那些贡献大部分想法的专业人士之后，我们可以转向政治思想和社会思想；最后再研究更深层次的道德问题和形而上学。

全球变暖为人类开发了新的生态位。冰川消融之后，皆为黄土。在易耕种的土地上，那个时代最宏大、最持久的新经济观念出现了：养殖生物以食用——驯化，即种植或畜养可作为食物来源的动植物。在水分充足、阳光温暖、土壤松软的地方，人们用粗糙的播种和挖掘工艺，开始了从觅食生活到农耕生活的过渡。在遥远相隔的世界各地，他们独立地以各具特色的方式过上了这样的新生活。在新几内亚，早在7 000年前，甚或9 000年前，就开始了芋头种植。[5] 中东种植小麦和大麦、秘鲁种植块茎类农作物以及东南亚种植水稻的历史至少同样悠久。随后，中国开始种植谷物，印度河流域开始种植大麦，埃塞俄比亚开始种植一种短穗谷物，名为"苔麸"（画眉草）。在接下来的两三千年中，农业在几乎所有可用技术使之可行的地方都开始传播或独立发展出来。农业的发明使世界仿佛陷入炼金术士的熔炉中，逆转了千百万年的进化历程。以前，自然选择一直是创造多样化的唯一手段。现在，人类出于自身的需求而做出的"非自然选择"，创造了新物种。

我认为，人类为了增加食物储备而最早选出来培育的食物，是

第三章　安顿的心灵："文明化"的思想

蜗牛和类似的软体动物。从某种程度上说,这是一个合理的猜测:从易于管理的物种开始,而不是从活蹦乱跳的大型四足动物或需要费力耕作的植物开始,才是更好的选择。蜗牛可以直接用手挑,所要求的技术不会比挖水沟更复杂。蜗牛也无须圈养,而且不用训练一条狗或领头蜗牛来看守。蜗牛自带外壳保护自己。有大量证据支持这一逻辑。在世界各地的古代垃圾堆中,只要当时的生态条件有利于蜗牛种群的繁殖,在大约 1 万年前的地层深处,就会发现蜗牛壳,而其所在的地层往往比那些需要复杂捕捉技术才能猎取的食物所在的地层要深。[6] 在某些情况下,以这些壳为家的软体动物属于已然灭绝的物种,并且比任何存活下来的物种都要大——这说明人类会根据大小来挑选它们。

农业的出现无疑是一场革命。但农业是否是一种观念?这样一种靠体力与泥土打交道,如此有血有肉的实践,能否在世界的思想史上留下一笔?在持否定态度或贬低它的理论中,有人说,农业是在共同进化的渐进过程中"自然地"出现的,在这个过程中,人类与其他动植物共享特定的环境,并逐渐发展出相互依存的关系。[7] 从某种意义上讲,向农业过渡的过程确实非常缓慢,因此不太可能是突如其来的思想火花引发的。觅食者通常会重新种植一些作物,随心选择。澳大利亚的原住民觅食者会在土壤中重新种植大柄苹。加利福尼亚沙漠中的帕帕戈人会沿着迁移性放牧的路线播种豆类。通过观察帕帕戈人的生活可以发现,觅食和耕种之间有很长的延续性:人们不需要付出太多心力就可以在二者之间转换。当猎人开始圈养猎物,狩猎就可以开始向放牧慢慢过渡。在人类的营地附近,新的作物可能会在垃圾或排泄物的滋养下自发生长。由于和人类共享宜居的栖息地,有些动物变得非常依赖人类或者更容易被人类圈养。在一个有代表性的共同进化过程里，猫和狗也许是出于自身目的——翻找零食，结伴狩猎，或者利用小型啮齿动物聚在人类帐篷外面等着剩饭剩菜的机会来捕猎——接近人类的，而非相反。[8]

与之对立的一个理论认为农业是环境决定论的结果：人口增加或资源减少导致人们需要新的策略来获取食物。近期有历史记载的时代提供了以觅食为生的人类为了生存而务农的例子。[9]但人口增加和资源减少这两者的压力是不太可能同时产生的：后者必然会抑制前者。而且在农业兴起的历史上的相关时期，未曾发现这两者的证据。恰恰相反，在东南亚，农耕始于传统资源丰富的时代。在这样的时代里，精英们有时间思考如何进一步增加食物来源。[10]农业是人类思考出来的一个观念，不像不自觉的抽搐或不可避免的反应。

根据另一种曾经广为流行的理论，农业是因觅食者意外将种子撒在适当的土壤中而诞生的。一定是某个女性（精通该理论的人倾向于突出女性的作用，可能是因为女性被赋予或接受了养育者的角色），或如达尔文所想的，某个"聪明的老野人"，最初发起了我们祖先的农业实验。用达尔文的话来说，那个祖先"当时注意到当地有个野生植物品种好得出奇……他便将其移植并播种"。这种说法确实将农业视为观念的产物，但是，达尔文接下来说，"这很难说体现出了我们或可期待在较为原始的文明初期发现的远见"。[11]也许可以将其与猴群中发明和传播的新食物策略相比，例如"妹"在日本猕猴中用红薯进行的创新（见第一章"文化的产生"）。

三种思想背景让耕种的起源变得清晰易懂。毕竟，饮食不仅仅可以滋养身体和解渴，还可以改变精神状态，带来权力和威望。它

第三章　安顿的心灵："文明化"的思想　　99

们可以象征身份和用于举办仪式。在有等级制度的社会中，精英们几乎总是索求超出自身所需的食物，这不仅是为了确保他们的安全，而且是为了通过挥霍浪费来炫耀财富。[12] 因此，政治、社会和宗教对食物生产策略的影响值得考虑。

例如，宴会是政治性的。它们在主人和赴宴者之间建立了一种权力关系。它们展示集体身份或巩固与其他社群的关系。在竞争性的宴会中（正如我们已经看到的，人们在农业出现之前就开始举办这类宴会），领导者们用食物换取忠诚。只有在食物充足的情况下，这个策略才是可行的。所以，因宴会而团结的社会始终偏好集约型农业和储存大量食物。即使在领导方式宽松或集体决策的地方，宴会也可以成为促进粮食生产和存储大量粮食的强大动力，必要时还能驱使人动用武力来达成这样的目的。无论如何，农业的观念和领导阶层的利益密不可分。[13]

同样地，或者说除此之外，宗教可能提供了部分灵感。在大多数文化的神话中，使食物生长的能力是神的馈赠或诅咒，或是一个英雄从神那里偷走的秘密。劳作是一种供奉，神会回报以滋养。将种植作为生育仪式，将灌溉作为奠酒仪式，或将圈地作为崇敬某种神圣植物的表示，这些都是可以想象的概念。人类驯化动物，用于献祭和预言，以及食用。在很多社会文化里，种植植物更多是为了摆上圣坛，而不是为了摆上餐桌。香和迷幻剂就是其中的例子，还有安第斯高原的某些社群用于祭祀的玉米，以及在东正教徒的传统中唯一允许用于圣餐的小麦。如果说宗教对农业有促进作用，那么酒精产生迷醉效果的特性也许增加了它的吸引力，诱使人们选育可以发酵制酒的植物。耕耘或开垦土壤，以及播种和灌溉植物，最初也许被当作人们要供养的神的出生仪式和培育仪式。简言之，庄稼为神,农耕为敬拜。也许农业是在祭司指导者的头脑中产生的,他们往往也兼任世俗的领导者。

最后,根据考古学家马丁·琼斯的说法,保守倾向可能起到了作用。他提出,在气候变暖的环境中,定居的觅食者必将越来越多地保护那些受气候威胁的农作物。为了维持既有的生活方式,人们会为庄稼除草,呵护并灌溉它们,簸谷,培育高产良种,筑建水渠,甚至将农作物移植到更适宜生长的环境。类似的做法,比如更积极地管理放牧,也可以保护被猎杀的物种。最终,人类和其所食用的物种变得相互依赖,离开彼此都无法生存。那些在不断变化的气候中力求保护食物来源的人,并不是在探索一种新的生活方式,而只是想让旧有的方式保持下去。农业成了无心插柳的结果。这是由一个深思熟虑的过程带来的结果,而它原本走向的是另一个终点。

农耕并不适合所有人。繁重的劳动以及人群聚集带来的健康问题,就是其中的恶果。其他的恶果还包括给生态环境带来危险的人口增长,过度依赖有限的农作物可能带来饥荒的危险,正常的饮食被一两种主食垄断导致缺乏维生素,以及新生态环境下产生的新疾病,在这种新生态环境下,圈养的动物成了(且至今依然是)感染的源头。而在新生活方式产生的地方,新观念随之而来,而后是新的社会组织形式和政治组织形式,我们接下来要讨论的正是它们。

农耕的政治:战争和工作伦理

农业不仅需要适当的物质条件:它也是一种想象力的产物——人们意识到双手可以将土地重塑为几何形状,可以让耕地有平直的边缘，以犁沟和灌溉水渠将其分隔。受到农业哺育的头脑开始想象大都市。强有力的新政府出现了，来管理和调节季节性粮食过剩的情况，并进行重新分配。首领变成了国王。专业精英纷纷涌现。艺术家和学者得到支持的机会倍增，刺激了观念的循环。大规模组织起来的劳工必须顺从，仓库必须受到监管：农业与暴政之间的联系不可避免。定居者彼此争抢土地，几乎注定让战争恶化。军队开始增加，资本开始投入改进作战技术。

交换的仪式有助于维护和平。但当这种方式未能奏效时，战争会迫使参与者们思考出新的行为方式。时常有人认为，人类是"天生"爱好和平的生物，只有社会腐败的进程会把他们从世界和平的黄金时代中拽出来：颇具影响力的人类学家玛格丽特·米德认为，战争是"一项发明，而不是生物学上的必然"。[15] 直到最近，能够反驳这一理论的证据还很缺乏，因为旧石器时代关于种族间冲突的考古记录相对较少。然而，现在看来，这似乎是一个站不住脚的观点：暴力无处不在，证据堆积如山——猿类之间的战争、幸存的觅食者社会中的搏斗、心理层面的攻击，以及石器时代考古发现的断骨血流。[16] 这也证实了伯纳德·劳·蒙哥马利元帅的观点：当被问到冲突究竟从何而起时，他提及了比利时作家莫里斯·梅特林克的《蚂蚁的生活》一书。[17]

因此，侵略出于自然，暴力容易产生。[18] 战争作为在争夺资源时取得优势的一种方式，比人类古老。但是，把战争作为消灭敌人的方式，这种观念出现的时间晚得出人意料。为了获取或捍卫资源、维护权威、缓解恐惧或防止对手先发制人而发动战争，不用太动脑子；这些都是群居动物间暴力产生的明显原因。然而，想出一个大屠杀的策略，则需要开动脑筋。大屠杀隐含着一个想象中的目标：一个完美的世界，一个没有敌人的乌托邦。完美是一个很难想到的观念，因为完美离现实世界如此遥远。大多数人对完美的描述是单调乏味的：想要更多同样的东西，单纯地想要满足或更加满足。大部分对天堂的想象令人腻烦。但是第一批实行种族灭绝的恶人，第一批支持大屠杀的理论家，是真正激进的乌托邦主义者。有些关于尼安德特人命运的说法称，是我们这个物种使其灭绝的。威廉·戈尔丁在他认为自己最优秀的小说《继承者》中重新想象了这场遭遇——以一种浪漫的方式，却又带着四千年前的山毛榉森林给人的恐惑感：他笔下的尼安德特人是天真、单纯的当地人，而"新人"的形象则是怪异、阴险的外来入侵者——他们不可理解、冷酷无情，甚至在性爱之中都异常暴力。尼安德特人似乎完全未曾想到新来者的灭绝策略，直到为时已晚。

现有证据不足以支持戈尔丁的描述，也不足以支持我们的祖先策划让尼安德特人灭绝的说法。而小规模的战争，比如黑猩猩向威胁要抢走其食物来源及雌性成员的邻近部落或分离团体发动的攻击，很难在考古记录中发现证据。[19] 毫无疑问的是，战争发生在战争的证据出现之前：我们所知的第一次全面战争是在约1.1万年前至约1.3万年前的撒哈巴山（Jebel Sahaba）进行的，当时农业还处于初级阶段。被屠杀者包括妇女和儿童。许多人身上有多处伤口。一名女性被刺了22刀。施暴者的动机已不可考，但当地的农业环境可以让人提出这样一个假设：土地（农民生存和繁荣的基本前提）在这里弥足珍贵，值得如此争夺。[20] 另一方面，大约1.1万年前，27个成人和孩子在现肯尼亚的纳塔鲁克（Nataruk）被屠杀，这27个人是觅食者：这一身份并未让他们逃脱箭穿棒打、粉身碎骨的命运。[21] 农民们保卫定居地的方式表明了冲突的加剧。7 000年前的"死亡坑"也是如此,它们位于现在的德国和奥地利,成百上千的大屠杀受害者被堆在这里。[22] 今天,从事初级阶段农业的人往往是大屠杀的拥护者。新几内亚的马林人在袭击敌人的村庄时,往往不留一个活口。在这方面,"先进"社会几乎没有什么不同,只是其屠杀技术更有效率。

新工作形式是农业革命的进一步结果之一。工作成了一种"诅咒"。耕种需要繁重的劳动,而事实证明,剥削的统治者善于想出复杂的理由,好让他人辛苦劳动。在石器时代的富裕时期(见第二章"'摩登'石器时代:认知考古学和比较人类学的探寻"),每周两三天的狩猎和觅食就足以养活大多数族群。据我们所知,觅食者并未将其劳动概念化为常态,而是将其作为一种习惯,就像伴随它的仪式和游戏那样。他们既没有动机,也没有机会把闲暇和工作分开。

农业似乎已经改变了这一切。它"发明"了工作,并将其划分成不同于休闲和娱乐的生活领域。许多简单的农耕社会仍然表现出猎人的传统。他们将耕种土壤视为一种集体的仪式,且常常将其视为一种乐趣。[23] 然而,大多数早期农民享受不到旧石器时代的放松。通常情况下,他们可以使用基本工具耕作的土壤要么非常干燥,要么非常潮湿。因此,他们需要挖沟灌溉,辛劳地刨坑、筑堤,反复地挖泥,以提升水位。专心工作的时间延长了。工作变得对播种时间、收获和日常任务的节奏越来越敏感:除草、修沟渠和筑堤。到大约4 000年前,古代美索不达米亚、埃及、印度河和中国的"水利社会"[24] 和"农业专制主义"已经扭转了之前的工作和休闲的比例,组织密集的人口进行不间断的粮食生产,在粮食生产的间隙,又让农民和苦力建造大规模的公共工程,这样劳动者们就终年忙碌,无暇叛乱了。

与此同时,一个扩大的、强有力的有闲阶级产生了。然而对劳动者来说,政治后果是悲惨的。和大众的认知相反,"工作伦理"并不是新教或工业化的现代发明,而是当劳动不再令人愉快时,精英阶层不得不强加的准则。中国和美索不达米亚的古代诗人对土地上永无止境的劳作大肆歌颂。"六日要劳碌作你一切的工"是人类被逐出伊甸园的诅咒。该隐的严酷使命就是耕种土地。[25] 至少在一段时间内,女性似乎是最大的输家:在狩猎社会,男性往往专门从事相对危险、体力要求较高的猎食活动。而在早期的农业工作中,女性至少在耕作、除草和储粮方面足以媲美男性。结果,随着农业的普及,女性作为供养者必须做出更多的贡献,在她们无法推卸的养育后代和持家的职责方面又不能放松。定居的生活意味着女性可以比游猎的祖先生育、喂养和照料更多的婴儿。当需要用到重犁以及让不听指挥的牲口拉犁时,有些农活可能不会由女性来做,但从某方面来讲,劳作的诅咒对男女是相同的。"发达"社会的一个悖论是,越来越多的休闲活动并未解放我们,反而让工作变得烦琐,人们压力倍增。

建造城市:对自然的挑战

农业带来了可怕的问题,但也带来了巨大的机遇。新出现的精英阶层比以往任何时候都更有时间致力于思考。虽说农业社会不断遭遇饥荒,但此时的背景是长期的富足。农业使城市成为可能。它可以养活足够大的定居点,使之涵盖各种形式的专门经济活动,技术在那里可以得到提升和改进。亚里士多德认为:"人类天生就注入了社会本能,最先缔造城邦的人乃是给人们最大恩泽的人。"[26]

城市是人类的头脑为改造环境设计出来的最为激进的手段——扼杀自然风景以换取一片新的栖居地。在城市里，一切都被彻底设计、精心打造，以满足只有人类可能想出的目的。当然，从未有过生态完全天然的黄金时代。据我们所知，人类一直在开发环境来获取所得。大冰期的猎人们似乎愿意将自己赖以为生的物种赶尽杀绝。农民们则总是榨干土地，引发沙尘暴。尽管如此，改造环境最大限度地体现了人类挑战自然的观念：事实上就是对其他物种发动战争、重塑地球、再造环境、改变生态系统以适应人类的需求并满足人类的想象力。早在公元前十千纪，埃里哈的砖房就已经建成约60厘米厚的墙以及深重的地基，压迫着大地。早期的埃里哈只占地4公顷。大约3 000年后，位于现土耳其的加泰土丘占地面积为埃里哈的3倍多：密如蜂窝的住房彼此相连，并非通过我们所熟知的街道，而是通过屋顶之间形成的走道。这些房屋样式统一，墙板、大门、壁炉和灶台都有着标准的形状和尺寸，甚至砖块都是统一的大小和式样。其中一面墙上绘制的类似城市的街景图保留至今。

生活在这里的居民可能已经将这座城市视为理想的生活环境。公元前三千纪，美索不达米亚的主流观点已然形成，人们普遍接受的认知将混乱定义为"不铺砖……不建城"的时代。[27]到公元前2000年左右，美索不达米亚南部90%的居民都住在城市里。直至今日，全世界还在苦苦追赶这一比例。我们花了那么长时间才近乎解决城市给人民带来的健康、安全和生存能力问题。我们正在成为只居住在城市中的物种，但我们还不知道自己能否躲过毁灭性的灾难，那些灾难曾经摧毁的文明全都建造过城市，而它们已跟尼尼微和推罗两座城市随风而去。[28]

酋邦成为国家，酋长成为国王

农业不仅刺激城市的产生，也巩固了国家。这两大影响紧密相连。为了管理劳力和守护粮食储备，社群加强了统治者的权力。粮食产量越高，要养活的人就越多，管理工作所需的人力也就越多。权力和食物像向上生长的藤蔓一样交缠在一起。政治学家通常将"酋邦"（chieftaincy）——典型的觅食文化的政治权威结构——与放牧社会和农耕社会所青睐的"国家"（state）区分开来。在酋邦中，政府的职能不可分割：统治者履行所有职责，制定法律，解决争端，捍卫正义，管理生活。而国家则会将相同的职责分配给不同的专人。亚里士多德认为，国家是对人口增长的反应——最初的社会是家庭，然后是部落，之后是村庄，最后是国家。村庄代表了一个关键阶段：过渡到定居生活，放牧和农业取代狩猎和采集。国家的产生则是高潮："完美而自给自足的生活中，家庭和村庄彼此结合。"[29] 我们仍然依靠这种叙述来了解那遥远的未知过去。在社会学家和政治学家的惯常模型里，酋长统领着游荡的"群队"，但当人们定居下来，群队就成为国家，酋邦就成为王国。

然而，关于国家的对立观念在公元前三千纪至前二千纪的政治画面中清晰可辨。比如在古埃及，最常见的国家形象是羊群，国王往往是牧民的形象，这也许反映了牧民和觅食者的政治观念之间的真正差异。随着争端和战争的增多，农业增加了对空间的竞争，因此加强了统治制度；在冲突中，推选出来的勇武或睿智的领导者往往会取代父辈和长辈接手最高指挥权。在这种情况下，"原始的自由"（如果曾经存在）将屈服于强大的执行者。当时美索不达米亚人的文献要求服从严苛的执法者：在外服从官员，在家服从父亲，一切都服从君王。"君无虚言,"其中一份有代表性的文本如此写道,"如神之语,不可改变。"[30] 在美索不达米亚的浮雕里,享用茶点的国王俯瞰众人;他接见祈求者和朝贡者,他高举砖块建造城市和神殿。为公共建筑砌第一块砖是国王的特权。官窑会在砖上压印王室的名号。王室的魔法可以化泥土为文明。然而,当时的专制制度却是为公民服务的:与众神沟通,协调耕作和灌溉,储存粮食来应对困难时期,以及为了公共利益分发粮食。

即使是最温和的国家也会对某些人实行暴政,因为良好的公民身份需要遵守(有时是出于赞成但普遍是出于被迫)政治学家所谓的社会契约:为了集体而牺牲个体可能期待享有的某些自由。但是,还没有人找到更公平或更实际的方式来管理大量人口之间的关系。[31]

世界的图景:一元论对二元论的挑战

为了管理人口日益增多的国家,统治者们需要新的骨干亲信,并且以令人信服的方式让其权力合法化。他们首先从觅食者祖先留给农民们的世界图景入手。每个时代的人都寻求连贯性:这种理解是通过将自己的感觉或感知与其他信息相匹配而获得的。对宇宙模式(一个意义深远的系统,足以包容各种关于宇宙的信息)的探索贯穿整个思想史,据我们所知,人类尝试用来解释万物的第一个观念是将宇宙一分为二。我称之为二元论[binarism,传统上称为二元主义(dualism)——最好避免使用该词,因为该词也常被用于其他的诸多观念,会使人困惑]。

在二元论的设想中,宇宙一分为二,圆满对称,井然有序。在大部分二元模型中,两个彼此冲突或互补的本原主宰一切。两者间的平衡会调节系统。流动和变化让系统变得灵活。这个观念可能来源于两种经验或其中的一种。第一种经验是，你一想到某个事物，就立刻将它与其余一切分开了：此时出现两个互补的范畴，它们合在一起包罗一切。一旦你提出 x，非 x 也就随之自成一类。正如某些智者所说："世界上分为两类人，一类人认为世界上分为两类人，另一类是不这么认为的人。"第二种经验是，二元论源于对生活的观察（从表面来看，世界上所有的人都要么是男人要么是女人）或者对环境的观察（一切都要么属于大地要么属于天空）。两性是互相渗透的。天空和大地彼此亲吻和碰撞。二元论的要素给善于观察的头脑留下了深刻印象。

二元论塑造了对其深信不疑者的神话和道德，而从人类学家关于普通宇宙论的研究记录来看，这样的人在过去和目前都数量众多，他们生活在已知最遥远的祖先们想象出来的世界里。在诸多冲突的关于宇宙的描述中，最为人熟知的形象往往是两个力量之间不稳定的平衡或互补，比如光明与黑暗，或邪恶与善良。上一代学者认为大冰期欧洲的岩画体现了一种思维方式，即猎人们所看到的每一件东西都按照性别分为两类[32]（尽管学者们发现壁画上的男女生殖器似乎同样可能是武器和动物蹄印，抑或是某种未知的符号）。一些已知最早的创世神话里，世界被表述为大地和天空交合的产物。这种创造性的结合的思想直到古代雅典依然具有影响力。欧里庇得斯戏剧中的一个角色说，他"听母亲说：天地曾融为一体，当它们彼此分开时，它们孕育了万物，此后便有了光、树、天空的飞鸟、地面的野兽、海中的生命和人类"。[33] 尽管在过去 3 000 多年中，大多数声称能够解释宇宙的新思想体系都否认二元论，但也有例外情况，比如道家。它对中国的形成产生过影响，并在思想史

第三章　安顿的心灵："文明化"的思想

中凡是受到过中国影响的地方都做出过重大贡献。在主流犹太教中，宇宙是一个整体，但上帝是通过将光明从黑暗中分离出来初创宇宙的。基督教理论上是否认二元论的，但从中吸收了很多影响，至少包括一个观念或一种意象，即天使代表的光明力量永恒对抗撒旦代表的黑暗力量。

不知从何时起，一个新的宇宙论开始挑战二元论：一元论。该理论认为，真正只存在一个本原，它涵盖了宇宙中所有看上去多样的事物。在公元前一千纪，这个观念被广为接受。前苏格拉底时代的圣贤们说世界是一个整体，可能就是其字面意思：一切都是其他一切的一部分。公元前六世纪中叶，古希腊米利都学派的哲学家阿那克西曼德认为，一定存在一个无限且永恒的现实"包容整个世界"。[34] 一两代人之后，巴门尼德（我们后面讲到纯粹理性主义的早期倡导者时还会提到他）是这么说的："存在之外别无一切……一切都是连续的，因为存在与存在紧密相连。"[35] 按照这一思路，1和无穷大之间没有数字，1和无穷大彼此相等，共享边界，和所有一切相连和重叠。所有其他据说插入其中的数字都是虚幻的，或者说只是我们为了方便起见设置的分类工具。"二"是"俩"（one pair），"三"是"仨"（one trio），诸如此类。你可以说五朵花，但脱离"花"，或者数字所系的其他事物，没有"五"这个东西。"五"是不存在的，而"一"是存在的。公元前400年左右，有一位讽刺作家如此讽刺当时的一元论者："这些人说，存在皆一，既是一同时又是一切——但是他们自己都统一不了对其的称呼。"[36] 然而，一元论者似乎对这种讽刺毫不在意。在思想得以记录的任何地方，都有一元论的身影。道家传奇先哲庄子曰："自知则知之。"[37] 公元前4世纪中国战国时期著名的哲学家惠施则表达了相同的观念:"泛爱万物,天地一体也。"[38]

在欧亚历史上思想形成的几个世纪里,一元论思想是如此突出,以至于人们会想当然地认为它一定已经很古老了。最早的证据来自奥义书——众所周知,很难确定其年代。《由谁奥义书》是最早的奥义书之一,其神化的传统可以追溯到公元前二千纪。它讲述了一个宇宙反叛的故事。自然的力量反叛自然本身。众天神挑战梵的至高无上。但若梵不在,火烧不着草。若梵不在,风吹不走草。这些文本自身可能仅仅暗示神是万能的或存在万能的神:类似于犹太教、基督教和伊斯兰教的教义。然而,结合语境来看,一种更为普遍、神秘的信念似乎正在发挥作用:相信宇宙、无限和永恒的同一性——一种在此前文明中前所未有的"万有理论"。在后来的奥义书里,"梵"(Brahman)这一概念确实被明确定义为包含一切的唯一实在。

公元前一千纪,一元论传播到古希腊和中国,可能是从印度的起源地传播过去的。它成为印度教的主要教义,甚至可以说是决定性的教义。万物同一以及"无穷即一"的概念一直在印度教中盛行。因此可以说,一元论是从未停止迈入现代的古老观念之一。当今时代,实用一元论被称为"整体论"(holism),它的信念是:由于一切都是相互联系的,因此不能孤立地解决任何问题。这成为永不解决任何事情的妙方。但是,整体论的一种弱化形式在解决现代问题时已变得极为重要:一切都被视为更加庞大且相互联系的系统的一部分,每一个问题都必须参照系统的整体来解决。[39]当代的整体论者可能会提出如下主张:不要在不考虑整体经济的情况下修改税法,不要在不考虑整个司法系统的情况下扩大刑法范围,不要在不考虑心理影响的情况下治疗身体疾病。

一元论可能不会立即产生任何明显的政治影响、社会影响或经济影响。但是，它的确引发了关于世界如何运转的其他观念，并产生了政治影响。如果每件事都是相互关联的，那么一个领域中事件的线索就一定存在于另一个领域。例如，倘若飞鸟、星星、天气和个人的命运彼此相连，这些联系也许是可以找出来的。这就是玄妙的占卜学背后的思想。

神谕和国王：权力的新理论

与灵魂的亲密接触赋予灵媒巨大的权力。因此，大多数社会都发展出与神灵及死者交流的不同手段，在幻象之墙上寻找裂缝。另一个世界的光线穿过这种裂缝射出来，那个世界比我们所在的世界感觉更真实，甚至更接近真理。在这些新方法中，我们首先知道的是可在"自然之书"中读到的神谕。古希腊最古老的圣地位于多多那的一片树林，据称在那里可以从溪水的潺潺声和树叶的沙沙声中听到神谕。偏离自然规律的反常现象，也可能是传递信息的暗码。世界上现存最早的文学作品，来自公元前二千纪的美索不达米亚，其中到处都是预兆的暗示：诸神通过异常的天气或罕见的天体排列显示某种先兆。类似的异常在其他关于神谕智慧的原始资料中也很典型。夜空中罕见的现象或突变可能具有启示性。飞鸟的转向或作为祭品的动物内脏上的奇怪斑点也可能具有启示性：对古代美索不达米亚人来说，羊的肝脏是"神的手谕"。来自同一神明的信息也可能深埋于火山或显现于地震，或藏在似乎是自燃的火焰中。一些专门用来获得启示的动物，比如古罗马的圣鹅，或者苏丹阿赞德巫医手里被下毒的鸡，其行为可能是要揭示预言。吉卜赛人的茶叶是祭神传统遗留的残渣。

一些早期的神谕留下了预言记录。例如，在中国，数十万份文物从公元前二千纪起就开始在黄河大弯的淤泥中保存下来：甲骨的碎片曾被加热到断裂，以显示出秘密，如同用看不见的墨水涂写的信息。从开裂的形状中可以看出祖先的灵魂做出的预言或吐露的记忆。解读者或其助手通常会在裂纹旁边刮出某种解释，就像在翻译一样。案情会揭开，宝藏会映现，天选之子的名字也会揭晓。

诸如此类的大多数解读，和美索不达米亚的天文神谕一样，显然是为了官方政策的合法化而有意为之的。在国家权力不断增加的社会中，这种神谕对于竞逐权力的团体来说是无价的，因为他们可以借此挑战巫师精英对臣民生活的影响力。通过打破萨满作为神灵信使的垄断地位，神谕实现了权力来源的多样化和政治竞争的多元化。神谕对于专业祭司和世俗统治者来说是可以解释的，他们能从中找到和萨满宣称从神处得到的不一样的启示。政治权威可以控制圣地和操纵信息。正如旧石器时代的萨满巫师凭借通灵的能力，一路蹦蹦跳跳、敲敲打打进入领导阶级，农业国家的国王们通过夺走萨满巫师的职能，攫取了其权力。神谕的兴起可以被认为是世界上最早的伟大政治革命之一。有神谕做后盾，王国逐渐摆脱了灵媒的庇护，还控制和迫害他们。萨满并未消失——在中国，只要朝代还在，当朝皇帝只要一时兴起，萨满巫师就得以继续干涉朝政——但他们越来越远离政坛或被排除在政治之外。他们成为民间巫术的执行者和中间人，成为劳苦大众的先知。[40]

普天之下：神圣的王和帝国的观念

《旧约·箴言》中的一句经文说："王的嘴中有神语。"获得神谕的统治者在人与神之间占据了举足轻重的地位。这种关系又引发进一步的主张：统治者就是神。人类学家和古代历史学家收集了成百上千的例子。这种方法是使权力合法化、取缔反对派的最便捷途径。这种认知是怎么来的？

以常识来看应该是这样一个顺序：神先出现，之后是王，王将自己重新定位为神，以增强自己的权力。然而显然，事情并不总是符合常识。一些历史学家认为，统治者杜撰出神灵来削弱和解除反对派的力量。伏尔泰就是这样暗示的，卡尔·马克思更是对此深信不疑。在某些情况下，他们的想法似乎是对的。"听我说"——这是一句法老碑文上很具代表性的话，正如大部分早期记录的统治者的宣言一样，这句话抓住了演讲的特质，使人以为国王就在眼前。"我与你说。我告诉你，我是太阳神之子，太阳神自己创造了自己的身体，而我坐在他的宝座满心喜乐。因为他已赐我为王。"[41]埃及人说他们的王即为神，我们很难理解他们的意思是什么。因为法老可以顶着许多神的名字并行使其职能，所以没有与任何一个神的身份完全重叠。古埃及人有个习惯或许有助于我们理解这一点：他们习惯于将雕像和神殿建立在诸神愿意时可显灵的地方。当神选择附身某个形象显灵时，该形象就"是"神本身。至尊的生命女神伊希斯（Isis），在某些描述中（可能包括一些最古老的传说），是其自己神化的宝座。在同样的意义上，法老也可以是神：《创世记》的作者称人是按上帝的形象而造的，可能也是类似的意思。

神王一体的观念确实让君权显著增强。在古代外交信函阿马尔那文书里，古埃及各属国所采用的卑微语气隐约可闻。公元前14世纪中叶，迦南示剑的一位统治者写道："致我的王，我的主人，我的太阳神，您的仆人、您脚下的尘土拉布阿尤在此。在我的王，我的太阳神脚下,我见您七次就仆倒七次。"[42] 公元前1800年左右,司库塞赫特普伊布(Sehetep-ib-Re)为孩子们写了"关于不朽和正确的生活方式的忠告"。他声称,王就是太阳神,甚至胜过太阳神。"他的光芒照亮埃及,胜过太阳,他的恩泽让土地盛茂,胜过尼罗河。"[43]

埃及式的君权神化后来变得很普遍。然而在同一时期,其他文明盛行着其他形式的政府。在印度河流域,尚未发现保留下来的证据表明存在国王,当时管理国家的是合作的团体,同住在宿舍般的宫殿里。在中国和美索不达米亚,君主不是神(但神将君主的地位和其发动的战争合法化)。统治者地位的直线上升使得他们始终保持着广阔的视野,因为他们在天人之间沟通,享有神的恩宠,对众神愿意显露的预兆做出回应。众神接纳诸王,不一定将其提升至神圣的地位,而是提升到具有代表性的地位,并赋予其在世界上维护神授权利的机会或义务。被选中的统治者不仅获得自己祖先的遗产,更拥有了统领世界的资格。公元前2350年左右,美索不达米亚阿卡德的萨尔贡大帝,通常被认为是第一位雄心勃勃的帝国缔造者。他的军队从高地要塞向波斯湾倾泻而下。"雄伟的群山,我以青铜斧征服。"在一部幸存至今的编年史文献中他如此宣称。[44] 他激励后世国王也这般勇猛。公元前二千纪,中国从黄河中游腹地向外扩张,激发了无穷的政治雄心。

宗教和哲学开始同恶相济。天空是令人信服的神:它广阔、虚无,又充满阳光、温暖和雨水的馈赠,同时也带来暴雨、烈火和洪水的威胁。天空的边界在地平线上清晰可见,吸引着王国抵达彼处,完成一种反映了神圣秩序的"天定命运"。帝国主义很适合一元论。统一的世界将与宇宙的统一性相匹配。到了古埃及的中王国时期，古埃及人认为自己的国家已经主宰了全世界的重要地方：国家边界之外的都不过是蛮夷野人。公元前一千纪初，中国开始使用"天命"一词。在中亚，辽阔的视野、广袤的草原、宽广的天空也激发出相似的思想。成吉思汗宣布"普天之下莫非王土"的时候，想到的是古代的传统。[45]

几百年来，也许几千年来，欧亚诸帝国都立志实现普遍主义。每个在大一统国家瓦解之后将其或其中一大部分重新统一的征服者，都会展开这同一个计划。其中的某些征服者，如公元前4世纪的亚历山大大帝或公元5世纪的阿提拉，成功地实现了这一目标，或者至少建立起暂时打破传统国界的帝国。即使在罗马和波斯帝国崩塌之后，中世纪的基督教和伊斯兰教依然传承了这份一统世界的雄心。在中国，统治者承认那些"蛮夷之地"尚未征服，但依然宣称自己在理论上对它们拥有至高无上的地位。即使到了今天，当普遍主义不断失败的痛苦经验告诉我们，政治多元才是这个星球唯一可行的现实时，理想主义者仍然坚持把复兴"世界政府"作为未来愿景的一部分。"世界政府"这一愿景最初的支持者是古代的统治者，他们打算通过南征北战来实现。

文字和法典：早期的知识分子和立法者

国家需要知识分子来管理政府，充分利用资源，说服臣民，与敌对国家谈判以及与敌对权威交涉。我们不知道任何一名早于公元前一千纪的政治思想家的名字（除非统治者们都是自己拥有独创性思维，这并非全无可能，却也异乎寻常）。借助专业人士的一项发明：系统的符号表示法，即我们现在所说的文字，我们可以一探他们的一些想法。文字可以将王室的命令和经历刻在纪念碑上，留存在来往书信之中，使之不朽。它可以把统治者的影响力延伸到他身体存在的范围之外。自此以后，所有重要的思想都开始以书面形式表达。

大多数人带着浪漫色彩，认为文字除了政治功用之外，还是有史以来最能给人以启示和自由的观念。文字引发了第一次信息爆炸。它赋予了人们沟通和自我表达的新能力。它扩大了交流，引发了随后的每一次思想革命。它可以使记忆长到前所未有的程度（尽管记忆不一定准确）。它帮助积累知识。没有文字，就没有进步，或者进步缓慢。即便有表情包和数字媒体，我们还是没找到更好的表达代码。文字的力量如此强大，以至于绝大多数民族都在创世神话中将文字归功于神的创造。现代理论认为，文字起源于政治统治集团或宗教统治集团，这些统治者需要用秘密代码来保持其权力，并记录其法力、预言以及所谓的与神的交流。

然而，文字的真正起源，并没有人们想象的那样奇特。

文字是一项普普通通的发明，毫无浪漫色彩。据我们所知，它诞生于大约5 000年前至大约7 000年前的商人之间。如果在旧石器时代艺术中发现的符号系统（见第一章"语言：用舌头思考"）不算在内，最早的疑似文字出现在罗马尼亚出土的大约7 000年前的三个黏土盘子上，其含义不得而知。在大多数文明中，最早的已知文字无疑是商人的标签或记号，或者是征税人或征收贡品的人对商品种类、数量和价格的记录。在最近发现了最早已知文字的中国，标记是刻在罐子上的；在之前被誉为文字发源地的美索不达米亚，楔形文字被印在薄泥板上；在印度河流域，文字通常被刻在章上，被用于标记打包成捆的农产品。总之，文字最初的目的微不足

第三章 安顿的心灵："文明化"的思想

道。它被用于记录一些无聊的、不值得记忆的内容。

伟大的文学作品和重要的史料都弥足珍贵,足以让人铭记于心、口耳相传。诗人的经典、圣人的智慧,都始于口述传统;一般要过上几百年,才会有仰慕者用文字将其记述下来,仿佛写作是种渎神的行为一般。撒哈拉沙漠的游牧民族图阿雷格人有着独有的文字体系,至今仍未将其最优秀的诗歌写成文字。当文字刚开始兴起时,圣职者们对其持怀疑或鄙视态度。在柏拉图谈论文字诞生的诙谐叙述中,祭司忒伍特说:"我的王,这是了不起的成就,我们埃及人肯定会增强记忆,增进智慧。""不,忒伍特,"塔穆斯回答道,"……识字的人不再锻炼记忆力,会变得健忘。你找到的,是帮助记忆的方法,而不是记忆本身。"[46]这句回答预见了当今时代对电脑与网络的质疑。但文字是普遍无法抵御的技术。识字的人会把每一个想法、感觉或想保存交流的事实都写下来。[47]

将文字与国家需求相结合的专业人士提出了编纂法律的观念。最初的法典并未保存下来。但它们应该是对典型案例的概括,而后转化为适用于整类案例的训令。在埃及,由于法律始终在法老之中口耳相传,因此没有编纂法典的必要。已知最古老的法典出自美索不达米亚,如我们所知,那里的王不是神。公元前三千纪的《乌尔纳姆法典》只有零星的关于罚款的条例保存下来。而公元前19世纪初,苏美尔及阿卡德人的国王里皮特伊什塔颁布的法典是一次对社会进行全面监管的尝试。它阐述了根据恩利勒神的言语并受其启发而制定的法律,该法旨在使"孩子与父亲彼此扶持……消除仇恨和叛乱,摆脱哭泣和哀伤……为苏美尔和阿卡德带来正义、真理和福祉"。[48]

公元前18世纪上半叶的巴比伦统治者汉谟拉比意外得到了过誉

的名声：他的法典是作为战利品送给波斯的，所以被完好无损地保存了下来。这部法典刻在一块大石柱上，石柱顶端的浮雕描绘了国王从神的手中接过法典的场面。法典结语清晰阐述了将其刻下的理由。"任何卷入诉讼的、受压迫的人民都可来到我也就是正义之王的雕像面前，仔细阅读刻在石柱上的文字，听从我的箴言，愿我的石柱还他以公道。"[49] 见柱如见王，法典是王本人和其话语的化身。

在这些早期的法律法规中，显然存在与神立约的概念。然而，《摩西律法》（公元前一千纪的希伯来文法典）有一个新颖的特点：该法典被视为人类立法者与上帝谈判达成的协定。尽管摩西为居间者，该律法的合法性依然需要得到神的认可。上帝在其中写了一些条例，至少是"用指头写的"，甚至在摩西打碎了最初的石板之后，还屈尊写下第二版。《出埃及记》第24章描述了关于《摩西律法》的另一个说法，或者说对其他律法来源的一种解释，在此处的描述中，神口述的其余内容由抄写员记下。在我们所知的任何其他地方，人们都普遍认为法律出自神意，直到公元前一千纪中期中国和希腊出现世俗法学理论。

时至今日，关于编纂法典的不同看法依然存在：一种看法认为，法律是一个继承自祖先的传统体系，编纂法典会使其简化和僵化；另一种看法认为，法律是正义的表现，可以通过参考法条的方式将其分别应用和重新应用于各种案例中。事实证明，编纂法典是个不可阻挡的过程：通过与法典相对照，法官的裁决可得到客观验证；根据情况需要，可以对其进行审查和修订；它适合民主国家，因为它将权力从法官（在大多数社会中，法官从不同程度上说都是自命的精英）转移到理应代表人民的立法者手中。渐渐地，几乎所有的法律都被编纂成法典。即便是在法律与判例原则发生冲突的地方——比如英国或其他一些地方，在这些地方，由于大英帝国塑造法学传统的方式，公平和习俗依然在法官决策过程中占有不可撼动的地位——在司法裁决过程里，法规往往还是会优先于习俗和原则。

平等、女性和婚姻：新的社会思想

法律是政治和社会之间的纽带：统治者试图通过法律来影响人们彼此相处的行为方式。各式各样的官僚机构，都将法律成文，并为国家权力提供有时令人惊恐的新辩护，我们从中可以一瞥新的社会思想。总体而言，这些学说反映了许多早期法典的良好初衷。大多数人最关心的问题是如何调节阶级、性别和世代之间的关系。

人皆平等这一观念就是很好的例证。我们将其视为一个现代理想。仅在最近的大约200年中，人们才为实现这一目标做出认真而持续的努力，但这种观念在每个时代都曾出现。它始于何时？

平等学说最早被记载在一份著名的古埃及文献中，出自阿蒙·赖神（Amun-Re）之口：这位神说，他"创造的每一个人都与其同类相仿"，吹来的风"每个人都可以和其同类一样呼吸"，他还多次提到"穷人拥有和富人一样的权利"；[50] 但恶行带来了不平等，这完全是人类自身造成的。在公元前二千纪，埃及棺材上经常出现这段文字。但它在此之前也许已经有很长的历史了。一些思想家认为，它是一种早期的集体记忆，属于一个原始纯真的"黄金时代"，那个时代不像有记录的时代那样不平等，也许是卢梭想象的人类形成社会之前的时代，也许是以社群为单位共同觅食的时代。这个概念蕴含着令人印象深刻的思想。作为优秀的基督徒和优秀的马克思主义者,无与伦比的中国科学史学家李约瑟对于公元前7世纪的中国诗歌中对地主的痛恨深有同感。一位诗人如此描写地主:"不稼不穑,胡取禾三百廛兮?"[51]李约瑟将这些诗视为来自"青铜时代的原始封建制度和私有财产制度之前的早期社会阶段"的回声。[52]

从未有一个时代值得如此纪念。但可以想象这样的时代。大多数文化都会用过去美好时光的神话来谴责现在的罪恶。有古埃及谚语称时下为"诸神之后到来的时代","那个时代的金字塔就是智慧之书,现在还有谁像[它们]?"。[53]在公元前二千纪的美索不达米亚,世界现存最古老的史诗《吉尔伽美什》勾勒出一个没有运河、监工、骗子、疾病和衰老的时代。《摩诃婆罗多》被誉为世界最长的史诗,将公元前4世纪或前5世纪古印度传统对同一个主题(一个贫富不分、众生平等的世界)的看法浓缩其中。[54]随后不久,中国《庄子·外篇·马蹄》中描绘了古老的"素朴"境界,在这个境界里,天地与我并存,万物与我为一,后来,道德和自然的自由都被圣人、官员、工匠等所摧毁。[55]奥维德的作品所代表的希腊罗马传统中,最初的人类过着轻松自在的生活,自我约束的唯一准则就是他们的心:因此等级制度毫无意义。[56]

平等的观念起源于神话,被众人颂扬,却鲜少有人信奉。理想主义者偶尔认真对待它时,通常会激起弱势群体对既有等级秩序的暴力反抗。平等行不通;但是把富人和有权势的人杀掉,提升受压迫的穷人的地位,就容易得多了。我们把成功的起义称为"革命":起义者经常宣扬平等,尤其到了近代,我们将在后面的部分不时提到。但平等总是昙花一现。[57]

因此,平等主义者通常只致力于减少不平等,或有选择地解决

第三章 安顿的心灵:"文明化"的思想

不平等。平等主义者似乎总是忽略女性这个群体。旨在解释或证明女性地位卑微的理论往往依据来自公元前三千纪至前二千纪留存下来的线索，然而与之明显矛盾的是，有证据表明（至少频繁有人声称），崇拜母神是原始社会普遍的信仰，甚至是唯一的信仰。许多女权主义者希望后者是正确的，但它到底正确与否呢？

如我们所见，旧石器时代的猎人雕刻了女性形象，我们很容易将其视为原始大地母亲的化身。但它们可能是护身符、分娩仪式的配件、求子用的祭品，或是假阴茎。另一方面，早期的农耕社会显然非常尊崇女神，在很多保留下来的证据里，对女神的描绘呈现出非常一致的特征。

安纳托利亚的加泰土丘算得上最古老的人类定居点遗址之一，此地有一尊端庄威严的女性坐像，她腹部隆起、乳房下垂、臀部丰满，坐在豹首扶手王座上，除了头上的发带或王冠，一丝不挂。她的双手搭在两个豹首扶手上，两头豹子的尾巴缠绕在她的肩上。近东各地均有类似的"动物的女主人"形象留存至今。在马耳他的塔尔欣，世界上最早的石制神庙之一中存有类似的圣母化身，此外还有更小的女性形象，考古学家将她们昵称为"睡美人"。公元前二千纪的美索不达米亚文献将一位女神誉为"母亲的子宫，男性的创造者"。[58] 早期思想家们似乎并不赞同尼采饱受争议的观点："创造女性是上帝的第二个错误。"[59]

单一的女神崇拜普遍存在，这从本质上说是不太可能的；但是有确凿的证据表明，那时的确是普遍理解和崇拜女性的。即使在我们并未发现互有来往的文化里，如印第安人和澳大利亚原住民的艺术中，同样的风格化的丰腴身体也会出现（对于在当今艺术界了解哥伦比亚画家费尔南多·博特罗作品的人来说，这种风格非常熟悉)。对女神的考古激发了两种影响力很大但并不可靠的理论：第一种理论是，数千年前男人开始掌控宗教时，压制了对女神的崇拜；第二种理论是，基督教挪用了幸存下来的女神传统，并将其纳入圣母崇拜。

无论这些理论有多么难以置信，男性很可能应为女性低人一等的观念负责。乍一看似乎有些不合常理。任何男性可以做到的事，女性都同样可以做到。除了在个别情况中有男性从身体上比任何女性都强壮，平均而言，女性样样都能做，也做得同样出色。而从女性繁衍后代的角色来看，大多数男性都是完全多余的存在。女性确实更珍贵，因为一个社会没有大部分男性也仍然可以延续；这就是为什么男性更常被用作战争的牺牲品。女性的身体与天上的节奏如此呼应，人们很容易将女性视为或者说误会为神圣的。在最早根据性别进行的经济分工中，男性往往会被指派进行狩猎，女性则从事采集，就单位能量消耗的热值来看，女性的工作显然具有更高的生产率。然而，我们现在称之为性别歧视的观念，其极端形式是认为女性天生就低人一等，仅仅因为她们是女性，这种观点在某些人的思想里根深蒂固。这一观念是如何开始的？

有三条线索似乎指明了方向：从母系向父系继承制度的转变（继承父亲而不是母亲的地位）；出生率的迅速上升，这可能导致女性被养育子女所束缚，因此无法再竞争其他角色；以及将女性表现为奴隶形象的艺术品。公元前二千纪印度河流域嘟着小嘴、没精打采的舞女青铜像，属于已知最早的这类艺术品。关于女性的从属地位，似乎众口一词的是，男性应对此承担责任。埃及《指导书》中说，妻子是"一本万利的买卖。别跟她争辩，也别让她手里有权"。[60] 夏娃和潘多拉的威胁更大，她们在各自的文化里都是万恶

第三章 安顿的心灵："文明化"的思想 123

之源：夏娃受魔鬼蛊惑闯下大祸，潘多拉则心如蛇蝎满口谎言。[61] 性别歧视是一回事，厌女是另一回事；但后者可能源于前者，或至少两者可能有共同的起源。

将婚姻视为一种国家参与或执行的契约，这种观念最早的证据也出现在公元前二千纪：《汉谟拉比法典》对显然早已存在的婚姻传统进行了极其详尽的概括。婚姻被定义为一种通过书面契约仪式化的关系，在不育、遗弃以及如今我们称之为不可挽回的感情破裂的情况下，任何一方均可解除婚姻关系。法典规定："如果一个女人恨她的丈夫，说'你不能碰我'，市议会应进行调查……如果她没有过错……她可以带着嫁妆回到父亲的家。"任何一方如若通奸都会被处以死刑。[62] 当然，这并不代表此前没有人将性伴侣关系正式化。

从某种角度来看，婚姻不是一个观念，而是一种进化的机制：像我们这样的物种，在很大程度上依赖信息，必须花大量的时间来培育和指导后代。与大多数其他灵长类动物不同，女性往往要同时养育一个以上的婴儿。因此，我们需要父母双方长期联盟，共同繁衍后代并将积累的知识传给下一代。在不同的时间和不同的地点，养育后代的职能呈现为各种各样的方式；但"核心家庭"，即共同抚养孩子长大成人的伴侣，早在直立人（*Homo erectus*）的时代就已经存在。性生活不需要夫妻双方以外的任何人参与，再严肃的态度也不能保证夫妻关系不会破裂。然而，编写现存最早法典的专业人员似乎已经提出一个新观念：婚姻并非只是一种个人间的约定，缔约的个体还要强制兑现承诺，并在某种意义上得到社会的同意。这也许是国家观念的副产品，也可能是为了在一定程度上回应农业社会中男女角色的互补性。现在的法律解决了无法强制执行的契约可能会留下的问题：例如当性伴侣不认可其恋爱关系或共同义务，拒绝对子女负责，或者当第三者或新伴侣造成已有的关系终止或改变时，应该怎样做。

婚姻制度强大到令人惊讶的地步。在大多数社会中，人们会拼命争夺控制婚姻的权力，在现代西方，教堂和国家之间的此类竞争尤其激烈。但是其中的原因实在令人费解，除了那些有宗教信仰的人——他们只要愿意，就可以按照自己的信仰仪式化彼此的结合，根本无须考虑世俗世界。很难理解为什么国家要给予某种两性的结合以特权。在现代社会，国家对婚姻的介入更多是由于传统的惯性，而不是为了任何持久的效用。

一些女权主义者认为，女性的从属地位是支配其他思想的一种元原则，这一主要思想继而形成了大多数人生活于其中的父权制度。但是在很多时间和地点，女性对自己的从属地位起到了推波助澜的作用，如萧伯纳的女权主义杰作《巴巴拉少校》中的女反派那样，通过男人来行使非正式权力。围裙带可以操纵男木偶。在儿童属于重要资源的社会，以性别来分工是合适的，因为在这样的社会里，需要女性作为专门的劳动力来抚养和教育孩子。如今，儿童的经济价值微乎其微——比如，他们作为劳动力不合法，身体和智力还极不成熟以致效率太低，抑或像当今西方大部分地区那样，他们让父母付出了巨大的照顾、养育和教育费用——女性并不被要求大量生产后代。与无生命的商品一样，供求规律开始生效；儿童的供给随需求的减少而减少。因此，男性可以将女性转移到其他生产工作中。女性"解放"后，开始在工业社会和后工业社会中从事原本属于男性的工作，这实际上似乎对男性更合适，女性反倒承担了比以前更多的责任。随着女性工作越来越多，越来越努力，男性对家务和家庭的相对贡献下降了,他们的闲暇和自我中心倾向反而增加了。女权主义仍在寻找对女性公平,而且能真正发挥其才能的方法。[63]

休闲的果实:对命运、不朽和永恒的思考

有闲阶级制定法律、定义国家、发明新的统治理念、赋予女性和夫妇新的角色和责任,他们显然也有时间思考一些并非紧迫的内容,比如我们或可归类为哲学和宗教的东西。我们可以从三个相关的概念入手,这些概念可以追溯到公元前二千纪,所有这些概念都将个人置于对宇宙的思考中:关于命运、不朽和永恒的因果。

首先来看命运。一般经验表明,至少某些事件是预先确定的,因为它们一定会在未来某个时候发生。尽管我们或许可以用有限的力量来加速或延迟其中的一些,但衰败、死亡、四季更替和其他生命周期的节奏确实是不可避免的。问题出现了,这是任何时代的思想家都不会忽视的问题:不可避免的变化是如何相互关联的?是否有某个原因注定了它们?(大多数文化都回答"有",并称之为"命运"或类似的名字。)那么,使行为不可逆转的力量从何而来?它的界限在何处?是它控制着一切,还是说人类有机会使之改变,抑或一切都出于偶然?我们能否征服命运,或至少短暂掌控它,或延缓它的脚步?

从广义上讲,人天生反抗命运。我们要么想控制命运要么全盘否定命运;否则,我们就缺乏动力走完建设性的人生旅程。而另一方面,经验又让人沮丧。

最早的证据来自英雄和命运抗争的神话。例如,苏美尔的神

马尔杜克从天上夺取了预先刻有历史的命运泥板。这个故事从两个方面值得关注：它不仅表明，在最早已知的相关神话中，命运是宇宙力量斗争的主题，而且命运的力量与众神的力量是不同的。古希腊神话中也可见同样的矛盾冲突：众神之王宙斯一直与命运进行抗争，有时宙斯获得掌控权，更多时候宙斯也不得不屈从之。在埃及，早期的文字间充满信心，相信命运是可掌控的，但该信念很快就消失了。大约在公元前17世纪，埃及人开始感到悲观，不再相信个体拥有改变生活的自由。"人类说的是一回事，命运做的是另一回事。"还有："命运和财富是神用笔刻在人身上的。"埃及中王国时期的一句名言说："莫要一心求富，命运和财富早已注定。莫要对世俗的收获感到欢欣，每个人终将逝去。"[64]

命运这一观念本身无法改变世界。但是宿命论可以，其方式是让人不再行动。在解释文化的发展速度为何不同时，经常有人得出结论：某些文化相较于其他文化更容易产生宿命论。例如，"东方宿命论"阻碍了伊斯兰文明的发展，是19世纪末和20世纪初西方关于伊斯兰的一派著作中的一个主题，学者称之为"东方主义学派"。在这方面，年轻的温斯顿·丘吉尔完美地体现了他所阅读的内容和观察的证据对他理解这一问题的影响，他将自己在穆斯林中发现的"及时行乐的习惯、混乱的农业制度、欠佳的商业方式以及对人身财产的不安全感"归咎于"可怕的宿命论带来的冷漠……在所有先知的信徒统治或居住的地方，皆为如此"。[65] 而西方人对所谓东方文化中的被动消极部分感到反感，也似乎来自西方人对伊斯兰文化中"前定"这一概念的深深误解。这一哲学主张使安拉的意志不再受到科学或自然逻辑定律的约束。但这并不意味着人们不再拥有被神赋予的自由意志。在伊斯兰教中，Inshallah

("印沙安拉",意为"如蒙主佑")已不再真正传达其字面意思,正如同基督教中,类似意思的拉丁文 Deo Volente 也已成为表达希望时惯用的俗语,不再被人严肃对待。[66]

宿命论从时间概念上看是合理的(很可能也是错误的,但被广为接受),从这个角度看,每一个事件都处于因果之中:一条永恒的带子将一切联系在一起,无论看上去多么转瞬即逝的东西,都是永恒的一部分。这种背景有助于解释在古代精英当中流行的另一种观念:关于不朽的观念。巨大的胡夫金字塔,至今仍然是最大的人造建筑,也是设计最严谨的建筑之一。它包含约 200 万块石头,每块重达 50 吨,底座呈几乎完美的正方形,每条边的长度最大误差不到 3 微米。金字塔在南北轴线上的角度误差不到 0.1 度。它在沙漠的薄雾中闪着微光,依然能让我们为其强大的精神力量感到震撼(对于较为感性的人来说,使人印象深刻的或许是其神奇的魔法能量)。它是平原中隆起的山,沙漠中高耸的庞然大物;它的做工如此精密,而当时最锋利的工具,也不过是铜器。在那个时代,熠熠发亮的光滑石灰岩覆盖着金字塔表面,塔顶金光灿灿,很可能由黄金制成。

为什么胡夫想要一座规模如此令人惊叹,形状如此独特的陵墓?如今的我们认为,艺术自由对于伟大的艺术品至关重要。然而在大部分历史中,情况恰恰相反。在大部分社会里,巨大的成就需要来自暴君或精英阶层凶残的权力和可怕的私欲,只有这样才能发起这种努力和调用资源。胡夫之后的某一任法老的碑文上有一句话总结了金字塔的功用:"愿王睁开双眼,过天界时与天主相见!愿天主让王永恒不灭,与神同辉!"公元前 25 世纪,埃及第五王朝法老乌纳斯的金字塔碑文再次如此写道:"哦,乌纳斯王,您并未死去，您只是离开。"[67] 在那遥远的古代，某种理想主义启发人类塑造了最壮观的建筑，渴望仿建和抵达一个超然而完美的世界。

对于金字塔的建造者来说，死亡是生命中的头等大事。希罗多德称，埃及人会在晚宴上展出棺材，以提醒在场的狂欢者永恒的存在。法老们的陵墓能保留下来，而其宫殿却早已毁灭，是因为陵墓是全力为永恒而建，而短暂人生的居所则脆弱易损，根本无须浪费时间精力。金字塔会将主人送往天国，带主人离开这不完美的腐朽尘世，飞往星空和太阳那无瑕而永恒的境界。如果有人曾看过夕阳下的金字塔，一定会情不自禁地将此情此景与一句话联系起来，这句话是永生不朽的法老给太阳的致辞："我将您的阳光，作为脚下的阶梯。"[68]

如法老一样，最早认为有来世的人们慢慢相信，至少在某种程度上，来世是今生的延续。但事实证明，这种设想疑点重重。如我们所见，早期的墓葬物品包括珍贵的财产和有用的器械：石头和骨头制成的工具、赭石做成的礼物和骨头串珠。造墓者期待来世可以复刻这一生。一种关于来生的新观念在某一刻出现了：另一个世界被构想出来，以解决现有世界的不平衡。古埃及的证据表明了这一转变：大多数埃及精英似乎在公元前三千纪晚期，即古王国时期和中王国时期之间，改变了他们对来世的态度。古王国时期的陵墓被视为走入未来的大门，这一世只是身体的修行；而在中王国时期，亡者此生的生活不再是身体层面，而是道德层面上为下一世做准备的修行机会；他们的陵墓是进入下一世前的审讯场所。在布满图画的墙上，诸神会权衡亡者的灵魂。豺头人身的死神阿努比斯掌管着冥界的天平：天平一端是亡者的心，另一端是一根羽毛。只有不带邪恶的心才能保持天平的平衡。在诸神坐镇的审判台上，被检视的

第三章 安顿的心灵："文明化"的思想

灵魂往往要发誓弃绝一长串罪行，其中包括渎神、性变态和对弱者滥用权力。随后是善行：服从人间的法律和神的旨意，实行种种仁慈之举，包括为神鬼献祭，予饥饿的人以食物，予受冻的人以衣服，以及"予孤岛上的人一叶扁舟"。[69]新的生命在日后的冥界之王奥西里斯的陪伴下，等候着成功通过审判的灵魂。审判失败的灵魂面临的惩罚就是彻底消亡。类似的观念也出现在谚语里，尽管没有如此生动的表达。其中一句谚语说："心地正直的人，比作恶者的牛更可接受。"[70]

永恒的奖惩这一观念非常吸引人，自此以后，它独立出现于大部分主流宗教中。它很可能是希腊人从埃及人那里得到的观念之一，尽管希腊人还是更愿意追随俄尔甫斯的教导——这位传奇的先知超凡的音乐才华可让木石生悲、猛兽驯服。相同的观念也让古希伯来人解答了万能仁慈的上帝怎能容忍世界不公这一问题：一切终归都会是公平的。同一时期（公元前一千纪），道家想象出了一个有着严格划分的地府，灵魂根据善恶而受到奖惩。今天，游览长江的游客可以参观一个叫丰都"鬼城"的地方，那里有着令人毛骨悚然的雕像，展现出一幅幅亡者受折磨的场景，往往让游客们目瞪口呆。那些场景——被锯子锯，乱棍加身，吊在钩子上，倒栽进装满滚水的桶里等等——现在看来大快人心，而不是让人心有余悸。对于早期的佛教徒和印度教信徒来说，现世的错误可以在来世得到纠正。神圣审判之观念最神奇的结果是其实没有什么结果。唯物主义者认为，这不过都是政治精英们构想出来控制社会的手段：利用另一个世界的报应带来的威胁来弥补国家微弱的实力，并散布某种信念来激发社会责任感和恐惧感，从而压制异议。如果这种观念确实是这样起源的，那么它似乎彻头彻尾地失败了。[71]

解读神的梦：宇宙起源论与科学

然而，命运、不朽和永恒的惩罚等观念看上去都是为了有益于社会而构想出来的。我们可以依次来讨论一下两个同样伟大但似乎毫无用处的思想，这两个思想似乎来自同一个专业知识阶层：一个思想是，世界是虚幻的；另一个思想正应和了本书的主旨：思想的创造力——这正是思想家们（也许是出于私利）尊重思考的结果。

认识到某些认知是虚幻的是一回事（如第一章所述，大冰期的思想家们认识到了这一点），而怀疑整个经验世界都是虚幻的则是另一回事了。在精神世界里，物质只不过是海市蜃楼，这是古印度人最古老而持久的思想。在奥义书和出现于《梨俱吠陀》当中的古代赞美诗里，感官的领域是虚幻的：或者更确切地说，虚幻和现实之间的区别是有欺骗性的。整个世界不过是梵的一场梦：宇宙万物都是梦中的幻影。感官无法告诉我们什么是真的。言语带有欺骗性，它只不过是唇、舌和神经中枢共同作用的结果；只有后来被神秘主义者称为灵魂暗夜的那份无言，才是真实的。思想不可信，因为它就发生在身体里，或者至少要通过身体产生。大部分感觉都是不真实的，因为它们都是神经和本能的产物。只有在纯粹的精神幻象中，或在没有任何肉体感觉的情感中，如无私的爱和无名的悲伤中，才能瞥见真实。[72]

无论虚幻与否，我们都身处世界之中。因此，除了鼓励人们无所作为，虚幻无所不在这一信条似乎无法拥有任何实际效果，相信它的人少之又少。然而，"它也许是真的"这一怀疑从未消失过。它改变了某些人的感觉。它鼓励了神秘主义和禁欲主义的产生；它导致了宗教分裂：基督教的"诺斯替派"和一系列后来的异端信奉它，挑起分裂、迫害和改革斗争。它使一些思想家疏远了科学和世俗主义。

当然，只有知识阶层或白痴才能感知到思想的欺骗性。然而，一旦有智者注意到并指出它，每个人似乎都认为其创造力是合情合理的。日常经验表明，思想是行动的有力刺激。"什么比风还快？"《摩诃婆罗多》一书中如此问道，"心智。什么比草叶还多？思想。"[73] 在本书第一章中，我认为"想象力"具有创造力，想象力本身就是一种思想，或是它进行了一种思考。人们一直在寻找不同方法，希望能够利用思维的力量从远处施展行动——试图通过思考来改变事物或使其变为现实，或者通过专注于思考来调整世界——这激发出很多尝试，其中大部分也许只是想象：积极思考、意志力、超验冥想、心灵感应等等。但是，思想到底拥有多大的创造力？

古埃及和印度的思想家们似乎最先将它视为创造的起点——一种实现一切的力量。大英博物馆的埃及文献中记载了一种名为"孟斐斯神学"（Memphite Theology）的学说。[74] 尽管尚存的文本仅可追溯到公元前700年，但据记载，其关于创世的记录已有数千年的历史了：卜塔是混沌的化身，但他拥有了思想的力量，"创造了诸神"。他用自己的"心"（我们应该称之为心智，思想的宝座）来构思计划，并用他的"舌"来实现它。文本里说道："确实，所有的神圣秩序都是通过心的思考和舌的命令实现的。"[75] 话语的力量已经为人所熟悉，但是在任何较早的已知文献中都未曾出现思想先于语言的说法（仅凭思想创世）。《蒙查羯奥义书》是最早也最具诗意的奥义书之一，其历史可追溯到公元前二千纪末，书中将世界描述为梵之产物，表达的大概是类似的思想。梵是真实、无限和永恒的——如火焰发出火花,或"如蜘蛛从身体里吐丝织网,如生命体内生出毛发,在永恒的梵中万物出世"。[76] 尽管听上去颇具魅力,但思想创世这一观念依然难以讲得通。思考是需要对象或载体的——比如头脑或词语——这当然应该是先决条件。[77]

在某些方面,本章所述时期的专业知识阶层似乎提出了许多哲学或原哲学问题(或者至少是第一次记录这些问题),同时也在思考许多新的政治思想和社会思想。然而,与后来的时期相比,观念的总产出似乎少得令人失望。从农业发明开始,至大型农耕文明崩塌或转型(我们检视的大部分考古证据便来自这些文明),大概有八九千年的时间。如果我们将最初构思或记录于这一时期的观念与下一个千年的(即下一章的主题)相比较,那么其发展是相对缓慢而小心翼翼的。出于不为人知的原因,这些思想家相当守旧、传统和缺乏变化,甚至在思想上停滞不前。也许早期农业脆弱的生态让思想家们变得谨慎,把他们的注意力集中在保守的策略上;但这种解释似乎不能令人满意,因为埃及和中国都有多样化的生态环境,所以对环境带来的灾难有一定程度的抵抗力。可能是外部威胁导致了防御性的、限制性的心态:埃及和美索不达米亚国家经常相争,所有的定居文明都不得不与边境上虎视眈眈的"蛮族"做斗争。但是冲突和竞争往往会催生新思维。无论如何,我们只有前往之后的时代,看一下那时的思想如何丰富,才能对早期农耕社会头脑的保守有所体会。

第三章 安顿的心灵:"文明化"的思想

CHAPTER FOUR

The Great Sages:
The First Named Thinkers

第四章

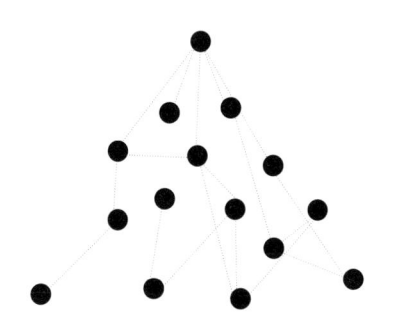

伟大的圣哲：
第一批著名思想家

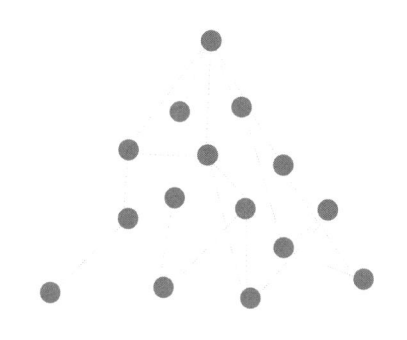

对文明来说这是一段糟糕的时期：公元前二千纪末，文明进入一段漫长的转折期，也有历史学家和考古学家称之为"危机期"，这段时期让原本充满新观念的地区受到了冲击。依然成谜的种种灾难减缓或阻断了发展的进程。之前由重重深宫掌控的集中化经济消失了。长期贸易变得不稳定或完全破裂。定居点空无一人，纪念碑轰然倒塌。历史遗迹有时只保留在记忆里，比如特洛伊的城墙和克诺索斯的迷宫；有时只保留在废墟里，比如美索不达米亚的塔庙，启示着遥远未来的后人。

自然灾害难辞其咎。印度河流域的城市随水道的变更而化为尘土。克里特岛的城市被火山灰和裸露的浮石层掩埋。移民带来的破坏威胁着整个埃及，摧毁了安纳托利亚以及利凡特*的邦国，有时其速度之快令人难以置信：叙利亚的乌加里特城危在旦夕之际，连十万火急、请求海上增援的求救信都未曾发出去，全城就不复存在。没有人知道这些移民来自何方，但这种威胁感似乎非常普遍。希腊南部的皮洛斯有许多被毁宫殿的遗址，其中一处遗址的墙壁上绘有当地人与身披毛皮的野蛮人战斗的场景。在伊朗高原北侧的土库曼，牧民们蹂躏了没有防御工事的定居点，那里曾经遍布打造青铜器和黄金制品的工坊。

当然，命运是千差万别的。在中国，公元前一千纪初左右，曾一统黄河和长江流域的商朝灭亡，但这似乎并未影响到中国文明的延续性：列国相争实际上增加了王室资助智者和文官的机会。在埃及，国家幸存了下来，但之后的千年里，无论文化水平还是思想水平，都无法与此前的时代相比。在其他受影响的地区，出现了持续时间各异的"黑暗时代"。在希腊和印度，文字艺术失传，几百年过去后，人们不得不从零开始重新创造文字。和往常一样，当战争来袭，国家相争时，技术进步更为迅速了——炉子更热，武器和工具更结实、更锋利。但是，看不出任何观念上的创新。

文明如果复兴，往往是经过很长一段时间之后，出现在新的地方和新的民族当中。比如印度文明，就重振于远离印度河的地方。大约在公元前一千纪中期，逻辑学、富有创造力的文学、数学和思辨科学重新出现在恒河流域。在希腊世界的边缘，伊奥尼亚群岛孕

---

* 利凡特地区（Levant），是一个不精确的历史上的地理名称，指的是中东托罗斯山脉以南、地中海以东、阿拉伯沙漠以北和上美索不达米亚以西的一大片地区。——译者注

育了文明。在波斯，此前无人居住的偏远之地法尔斯扮演了同样的角色。

环境是不利的，却使新的开始成为可能。旧文明尚在时，注重保持延续性和维系现状。当旧文明崩塌，后继者便可望向未来，拥抱创新。危机和转折期总会促使人们思考解决方案。从长远来看，随着帝国的分裂，新的国家总是偏爱新的知识阶层。政治竞争者需要宣传者、仲裁者和使者。各国试着通过教育摆脱灾难，专业培训的机会随之增加。因此，基督诞生之前的一千纪是学人和圣人的时代。

圣贤时代概述

此前时期的观念，我们无从得知其开创者的名字。如果一定要安个名字，那只有神。相比之下，公元前一千纪的新观念往往是（或归因于）著名个人的作品。先知和圣人跳脱出苦行的生活，成为圣典的作者或启发者。魅力四射的领导者会分享自己的愿景，并试图把这些愿景强加给所有其他人。专业知识阶层会为谋求公职或以文字为生的人授课。其中一些人渴望统治者的庇护或得到政治顾问的职位。

他们预示和影响了我们现在的思考方式。在经历了过去2 000年的科技进步和物质进步后，我们还在依赖遥远古代的思想，因为我们的新思想少得可怜。耶稣被钉上十字架之前的600年间，各派思想改变世界的力量之大，也许只有区区十几种后世思想可以与之媲美。圣贤们奠定的逻辑和科学的轨道，今天的我们依然在沿袭。他们提出的人性问题，至今仍在困扰我们。他们对此提出的解决方案，至今我们仍轮流采用和摒弃。他们开创了经久不衰的宗教。琐罗亚斯德教时至今日依然拥有信徒，其确切起源年代难以断定，大约是在公元前一千纪上半叶。犹太教和基督教的教义后来成为伊斯兰教的基础：当今世界约三分之一的人口属于这三种一神论宗教组成的"亚伯拉罕"传统。耆那教和佛教也诞生于那个时代，大部分之后成为印度教经典的文本亦出自这一时期。公元前 6 世纪，孔子开创了关于政治和道德的思想，影响全世界至今。道家的起源可以追溯到公元前 5 世纪与前 4 世纪之交。同一时期，中国的"诸子百家"和印度正理派的哲学家在科学和哲学方面取得的成就，与古希腊圣贤们不相上下。自雅典古典时代以来，整个西方哲学史都被称为"柏拉图的注脚"。我们中的大多数人依然遵循着柏拉图的学生亚里士多德所提出的逻辑思维原则。

如果说这一时期的哲学家突然让我们感到可以理解，那是因为我们和他们有着同样的思考方式，带着他们遗留下的方法、开发的技能以及传播的观念。但关于这些哲学家的生平和其所处的环境，我们可了解的事实却不多。人们对这些英雄般的导师满怀敬畏，便不再能看到他们的真实状况。追随者将他们重塑成超人，甚至神，在他们的盛名之上继续点缀各种传奇故事。为了理解他们的著作以及其为何如此影响深远，我们必须从重构当时的大环境开始。我们要搞清楚传播观念（有时还会在其过程中改变观念）的种种途径，如网络、路线、联系、文本等。然后，我们才可以刻画关键思想的构想者，进而描述其宗教智慧和世俗智慧，及其针对道德和政治的所谓灵丹妙药。

文明之弧：欧亚大陆上的联系

印度、西南亚、中国和希腊这些相隔甚远的地区，对类似问题产生了类似的思考。这应该不能仅仅用巧合来解释。欧亚大陆各地的人们都有机会了解彼此的想法。[1]当知识阶层得以聚集在教育机构和研究机构中彼此交流，天才人物纷纷涌现。交流的机会越多，效果越好。在文化的对话中，观念会不断萌生，彼此滋养并产生新的思想。在基督诞生前的千年里，世界的中心地带——人口稠密的文明之弧，相隔甚远却延绵不绝地伸展在欧亚大陆上——天才纵横，其原因就在于交流让文化彼此联系。

书面的文本显然贡献了一臂之力。[2]但许多圣贤对文字不屑一顾甚至怀有敌意。奥义书的字面意思是"靠近大师的座位"，在它所代表的时代，智慧太过神圣，太值得保留在记忆里，因而不应记录成文字，只能口耳相传。据我们所知，耶稣什么文字也没有留下，除了他用手指在地上写下，随后被风吹走的字。佛陀灭度几百年后，佛教徒才下定决心编纂了据说最为正统的佛经。印度教的宗教导师之间的竞争，导致宗教速通手册的需求增加，时至今日依然如此。据说包含信众所需一切真理的全能圣书便是其中的一个产物。

据称，神谕需要人类代言人。所有的经文都由传统选定，在传播中被修改，在翻译中被扭曲，在阅读中被误解。说它们是或可能是神的旨意，是如《圣经》关于十诫的章节所言，"神用指头写的"，这必然是一种隐喻或谎言，它们带来祝福的同时也带来灾难。宗教改革的新教徒本以为可以用《圣经》的权威取代教会的权威，但是恶魔正潜伏在《圣经》的字里行间，等待着有人打开。对于理性、明智的读者来说，圣典只能试探性地解读，并且需要大量的学术投入。反智主义的解读和仅从字面意思出发的解读推动了激进主义运动，并常常伴有暴力。叛徒、恐怖分子、暴君、帝国主义者和自称救世主的人都在滥用经典。假先知们对经典做出自己怪谬的解

第四章 伟大的圣哲：第一批著名思想家

读,并摆出神圣的姿态。但有些经典依然非常成功。现如今,我们理所当然地认为文字是传递神圣信息的理想媒介。伪大师们会将自己的"智慧"包装成"操作指南"来推销。伟大的经典,如奥义书、佛经、《圣经》和后来的《古兰经》,提供了令人敬畏的指导。它们已成为大多数人宗教信仰和仪式生活的基础。它们甚至对拒绝宗教的人的道德观念都产生了深远的影响。其他宗教纷纷开始模仿。

文本自身无法跨越鸿沟。必须有人携带而行。公元前一千纪中期,先哲们的思想在欧亚大陆各地传播,沿着中国丝绸运至雅典的商路,一路来到现匈牙利和德国的墓场遗址。贸易、外交、战争和流浪使人们远离家乡,并建立了关系网。从大约公元前3世纪开始,航海家和商人将佛陀的故事带给了亚洲沿海寻求顿悟的人们,在那些地方,"凭借对星空的了解"就能驾驶一艘船被认为是神一般的能力。传说里,水手们在佛的保护下,可以免受斯里兰卡的水妖诱惑。佛将一艘永不沉没的船赐予一位虔诚的探险家。有个守护神曾经解救差点沉船遇难的人们,因为这些人虔诚地将经商和朝圣结合在一起,或者因为他们"敬奉父母"。[3] 来自波斯的类似传说则有造船王贾姆希德的故事,他可以跨海"从一个地区迅速来到另一个地区"。[4]

在这些故事的背后,是公元前一千纪中期真实的航海记述,其中一些记载了波斯大流士一世派人从红海北端到印度河入海口围绕阿拉伯半岛执行的海军任务,或是希腊商人所说的"厄立特里亚海"*上的贸易,他们通过这种贸易带回了乳香、没药还有阿拉伯的

---

* 厄立特里亚海(Erythraean Sea),意为红色的海,按希腊时代的定义,包括现在的阿拉伯海、红海和波斯湾。——译者注

人造肉桂。参与印度洋贸易的海港遍布阿拉伯海岸。泰伊（Thaj）被用于存放进口的黄金、红宝石和珍珠，作为公元前一千纪末一位公主的陪葬品。那里四面受石墙保护，石墙周长超过2.4千米，厚约4.5米。阿拉伯的于罗（Gerrha），是商人们卸下从印度进口的货物之地。公元前3世纪的一口石棺上，刻着生平事迹，我们从中可以了解到，当时麦因的一位商人会为埃及庙宇供应香火。[5]

季风气候的规律性让印度洋上漫长的远洋冒险传统成为可能。在赤道以北，东北季风盛行，直到冬季结束；空气随后变暖并上升，将风从南方和西方吸引到亚洲大陆。因此，海员们可以放心大胆地利用风向的规律出海和回家。对于现在喜欢轻风从背后吹来的帆船手来说，这似乎很奇怪，但在历史上，大部分海上探险家都迎风而行，以增加回乡的机会。季风气候让航海者可以自由冒险。

与陆路相比，海上运输速度更快，成本更低，货物品种和数量也更多。但长途贸易，包括古代横跨欧亚大陆的长途贸易，开始时总是规模不大，通过市场和中间商交易价值较高的商品，大宗货物有限。因此，公元前一千纪，穿越大片陆地的陆路运输也在创建关系网的过程中发挥了作用，将来自不同文化的人们聚集在一起，促进了思想的流动，运输了各类商品和艺术品，改变了人们的品味并对其生活方式产生了影响。亚历山大大帝沿着波斯的捷径一路征伐，远至印度，走的就是一条既定的商路。他在所到之处留下的众多殖民地，之后都成为思想的交流中心。巴克特里亚（大夏）就是其中之一。大约公元前139年，汉使张骞曾来过这里。张骞看到正在出售的中国布料，"问安得此，大夏国人曰：'吾贾人往市之身毒国［印度］'"。自张骞出访西域以后，"西北国始通于汉矣"。[6]到公元前一千纪末，中国制造的产品已从里海流动至黑海，并进入欧亚大草原西端的富有王国。

西汉的西部边陲敦煌，位于一片沙漠和山脉之中，在那里一个旅行者歇脚的山洞中，刻着这样一句诗："通向西方海洋的道路"汇聚交合，如颈部血管。[7] 在敦煌的壁画上，可以看到张骞出使西域一段时间后，战无不胜的汉武帝带着群臣祭拜"金人"——出征时所获的佛像（也可能并非佛像）——来庆祝得到大宛的汗血马。[8] 从敦煌出发，丝绸之路绕过塔克拉玛干沙漠，通向帕米尔高原以外的王国，与其相接的道路要么去往印度，要么继续穿越伊朗高原。穿过塔克拉玛干沙漠需要 30 天的时间，要紧紧沿着沙漠边缘前进，因为只有边缘才会有高处流下的水。在中国人对这段令人望而生畏的旅程的描述中，尖叫的恶魔化身为狂风长啸，但至少沙漠挡住了群山之外的土匪和掠夺成性的游牧民族。

当旅行和贸易在整个欧亚大陆上撒下一张大渔网，思想家和当时的名流贤士，似乎也被网住了。我们可以瞥见这些大鱼倏忽一现，随后消失在无从辨别的信徒的鱼群之中。因为他们或其追随者经常以朝圣者、传教士、圣典收集者或传播者的身份旅行，所以在我们转向世俗话题之前，应单独探究一下圣贤的宗教思想。

古老的魔法，抑或新的宗教？

为了体会先哲们真实的思想，我们必须要承认证据来源的不可靠。被认为出自圣贤之口的文本往往是在其死后数代才形成的，仅因为其信徒不再信任口耳相传的真实性，文字记录才得以留存。伪书层出不穷，欺世盗名之徒比比皆是。时间顺序往往很模糊。查拉图斯特拉（Zoroaster，另译琐罗亚斯德）就是一例，他的思想曾主导伊朗主流观念达千年之久，并为其他欧亚宗教带来深远影响，其在世时间难以断定，约为公元前 7 世纪末至约前 6 世纪初。关于查拉图斯特拉的背景或生活，并无可靠的记录。归于他名下的作品过于不完整、纰漏百出和晦涩难懂，我们无法充满信心地重现之。[9] 根据传统，他宣扬的教义使人联想到早期传统的二元论：善与恶的斗争塑造了世界；代表光明的善神为阿胡拉·玛兹达，统领着火与光。以善神之名举办的仪式将召唤黎明、点燃火焰，而黑夜和阴暗是恶神安格拉·曼纽的领地。另一位同样难以理解的先哲是筏驮摩那，据称他是一位富有的王子，公元前 6 世纪，他怀着嫌恶之情放弃了自己所有财产，出家寻求证悟。耆那教尊其为创始人，但该教最早的文献中，甚至连他的名字都未曾提起。耆那教尊崇禁欲主义的生活方式，旨在通过不杀生、不妄语、不偷盗、不奸淫、无所得，使灵魂摆脱邪恶。尽管耆那教吸引了众多俗家教徒，时至今日依然有数以百万计的俗家追随者，但耆那教的要求非常苛刻，只有在出家人中才能严格遵守：耆那教徒宁愿挨饿，也不愿过卑鄙的生活；走路时宁愿边扫地边走，以防止踩到虫子（伤害生灵）。在印度以外的地区，耆那教并未盛行，除了在印度裔移民社群当中。

除了承认有关新宗教的证据不完善外，我们还必须考虑到，我们眼中的宗教对先哲来说可能并非宗教；我们还必须反对这样一种想法，即引发了这个时代每一次新思想转变的是我们现在所理解的宗教。在一个没有人将宗教和俗世严格区分开来的时代，很多事情难以确定，比如孔子是否开创了一个宗教。孔子提倡举行敬神和祭祖的仪式，却对我们自己以外的世界毫不感兴趣。敬仰孔子却反对其学说的墨子从世俗角度提出"兼爱"（我们会具体阐述），比基督教的版本早了 400 年。和孔子及墨子的学说一样，释迦牟尼的思想也处于我们通常认识的宗教的边缘。大概在公元前6世纪中叶至前4世纪初（最近的学术研究表明不可能断定精确的时间），释迦牟尼漫游在印度东部一片不确定的土地上，开示众人。[10] 与筏驮摩那一样，释迦牟尼也在找寻解救众生之道。他的信徒称其为"佛陀"或"觉者"，并用禁欲的方法来追求幸福。众生根据不同的根机，不同的职业，通过禅修、念佛、行善，便有机会进入熄灭一切烦恼的至高境界，称为涅槃（或"入灭"）。佛有意避免使用传统意义上的宗教术语。他似乎从未提及过神。他不认为个体具有自性、永恒不变，因此，当今佛教徒避免使用"灵魂"一词。

但宗教思想的引力也拉了佛教一把。在早期的佛教著作中存在这样一种观念：自我不随肉身而陨灭，或许在漫长的生死轮回中色身已多次消亡。在中国一段8世纪的著名文字记载中，佛陀许诺一个正义的人可以从下一生开始世代为皇。这种从世界上自我解脱的目的，无论是通过个人的自我修行还是无私奉献，在印度宗教中都很常见：无论哪种宗教，证悟都似乎需要很长的时间。而佛教对这一过程有独特的解读——善恶自有果报，一切都由公平正义使然。每一世的生命都会根据前世的善恶进入"更好"或"更差"的身体，以作为奖惩。

佛教徒们聚集在寺院里，彼此帮助引导，希望达到这种高深莫测的证悟境界，但凡世中的人也可以证悟，在许多早期的佛教故事里，证悟者们包括商人、船员和统治者。这种灵活性为佛教打下了强大、坚实、广泛的群众基础——从公元前3世纪起，一些统治者立佛教为国教，为传教有时不惜采用武力，完全忽略佛的慈悲本质。例如公元前260年，羯陵伽国被印度阿育王所灭，阿育王对这场战役的血腥后果感到很后悔：15万人流离失所，10万人被杀害，

"还有许多人丧生……战鼓仿佛成为佛的偈语,向人们展示了天道里的战车、大象、火球和其他圣景"。[11] 在这方面,佛教也与其他宗教相似,虽然可能值得褒赏,却很少能真正使人向善。

一些最明确的宗教思想,包括我们通常称之为耶稣的伟大圣人的思想,来自后来所谓的犹太人(不同时期的不同作家也会称之为希伯来人、以色列人和其他名字):没有其他任何规模相当的族群为塑造世界做出过更多的贡献。犹太人及其后代对西方社会生活的几乎各个方面都做出了改革性的长期贡献,并通过连锁反应,对世界其他地区产生了影响,特别是在艺术和科学方面以及经济发展方面,而最为重要的,就是宗教方面。犹太宗教思想塑造了基督教(基督教最开始作为犹太教的异端产生,最终成为世界上传播最广泛的宗教)。后来,犹太教深深影响了伊斯兰教。我们之后会见到,犹太教在穆罕默德的思想里留下了许多痕迹。从长远的观点来看,基督教和伊斯兰教一直在世界范围内传播犹太人的影响。令人惊讶的是,这三种传统的一些追随者竟然认为他们是相互敌对的,或者不知道彼此是有共同根基的。

公元 33 年左右被钉死在十字架上的耶稣,曾是一名思想独立的犹太拉比,身负拯救人类的重任。耶稣的一些追随者认为他是犹太传统的巅峰,体现、更新甚至取代了犹太教。他们称其为基督(Christ),这是希腊人对希伯来文的"弥赛亚"(ha-mashiad 或 Messiah)的误译,意为"受膏者"(the anointed),犹太人用这个名字称呼将降临人间、造福人类的王,或者至少,这个王能够将罗马人驱逐出犹太人的土地。耶稣的信徒实际上是仅有的记录他生平的人。他们关于耶稣的许多故事无法从字面意义上理解,因为这些故事源自异教神话或犹太教的预言。然而,耶稣的教义是真确无疑的,这多亏了他的学说在他去世后的三四十年内得到记录和整理。耶稣的要求很严格：犹太教的神职人员不再腐败，耶路撒冷的神庙"洁净"赚钱行为，为"不属这世界［的国］"放弃世俗的权力。他颠覆了等级制度，号召富人忏悔，赞扬穷人。更具争议的是耶稣的一些追随者认为出自他之口的一条教义——人类无法通过和神达成某种协议，也就是犹太传统里的"立约"，来得到神的恩宠。犹太教的正统观念认为，服从上帝的诫命和律法，上帝就会回应；基督徒却认为，无论我们的行为多么正义，我们仍然只在上帝愿意赐予的时候才可获得恩典。如果这真出自耶稣之口，那么他开辟了全新的道德规范，表达出了一个在他指出之前似乎无人领悟到的真理：只有不期待回报时，善才是好的；否则，它只是伪装的私利。直至600年后的伊斯兰教创始人穆罕默德，才有影响力相当的人出现；再之后的至少1 000年里，就没有什么在影响力方面可相匹敌的人物了。

怀疑论者有时声称，伟大的圣贤们开出的药方是古老的魔法，而不是新的宗教；试图"从凡世解脱"、"入灭"或实现"梵我合一"的努力是对永生不朽的夸张追求；种种神秘实践相当于旨在延长生命或强身健体的药物；祈祷和克己可能是为了获得萨满的变形能力。宗教和魔法之间的界限有时就像科学和巫术之间的界限一样模糊。佛陀自称除了是导师之外，也是疗愈者。在那个时代的传说里，人们总是把宗教的创始者和似乎是咒语的事物联系在一起。比如，公元前5世纪中期，恩培多克勒在西西里岛教授一种不易理解的二元论，他的追随者一直恳请他用魔法治病或让天气好转。[12] 在先哲的门徒笔下，无论是毕达哥拉斯还是耶稣，都是创造奇迹的魔法师。尽管奇迹并不是魔法，但对于未加区分的头脑来说，这两者很容易混淆。同样，不朽未必是凡人的目标，但在魔法中是可以想象的，是令人着迷的对象。道家创始人老子的著作里明确指出：在战火纷飞的年代，追求不朽是一种脱离世界的形式。解脱将赋予人们战胜痛苦的力量——还有一句老子的名言说，力量如水，看似屈服的时候仍有腐蚀之力："天下莫柔弱于水，而攻坚强者莫之能胜，其无以易之。"[13] 道家有些信徒力求用丹药或咒语获取永生。

不管新宗教在多大程度上归功于传统的魔法，它们都提出了真正的新方法，来调整人类与自然或任何圣物的关系。除了正式的仪式，新宗教还都支持道德实践。它们并非仅仅要求信徒向上帝或众神献上规定的祭品，而是要求改变信徒的道德规范。它们通过督促个体道德进步的计划而非抚慰自然的仪式来吸引追随者。它们承诺，无论是在今世，还是在死后，通过最后的改造，都会实现尽善尽美或"从恶中解脱"。它们是以救赎而非生存为宗旨的宗教。若要仔细探究其促成的新观念，最好把它们关于神的观念作为起点。

"无"和"神"：最具挑战性的思想

神很重要。如果相信神，神就是宇宙内外最重要的。如果不相信，神也很重要，因为神会影响信仰他的信徒。圣贤们的著作丰富了原有的对神的思考，其中有三个新的观念很突出：神圣的造物主创造了全宇宙的一切；只有唯一的神，其神圣性是独一无二的，或者使之神圣的原因是独一无二的；神会积极介入他亲手创造的世界。我们一个一个来看。

为了更好地了解创世的概念，首先要了解一个更为难懂的概念：无。如果世界的确是被创造出来的，那么在创世之前，就是

第四章　伟大的圣哲：第一批著名思想家

"无"。"无"似乎无甚值得关注之处,而在某个意义上,正是这一点使得它格外值得关注。它比本书中其他任何观念都更需要动用想象力。这是一个超出经验、位于思想极限边界上的观念。它难以捉摸到令人抓狂的地步。甚至都不能问它是什么,因为它什么都不是。你一想到"无",它便不存在了,而是变成了某种"有"。接受过基础数学教育的人都能明白"0"的概念。但是,数学符号中的"0"并不意味着"无":它仅表示空位或没有数量。不管怎样,"0"这个概念在数学史上出现的时间晚得出奇,它最早出现于公元7世纪柬埔寨的碑文中。真正的"0"在数学中是一个喜欢捣乱的存在:在它出现的函数里,它要么无关紧要,要么就使之毫无意义。[14]

"无"的概念起源不可考,这或许和"无"这个概念显得很贴切。奥义书中有一个概念为"巨大的空虚",而公元前一千纪中期左右的中国文献中提到了"虚"的概念。但这些概念似乎并不是"无":它们位于物质宇宙之外的空间,或者用中国文本的说法,在天籁的窍孔中,而此间有"风"呼号(或者我们应该将这种说法当作一种比喻来理解)。

尽管如此,我们知道奥义书中的圣贤们有"非存在"的概念,因为他们认为这个概念缺乏内在条理性,在文本中不断地表达对其的鄙夷。一段文本带着嘲笑的口吻如此写道:"存在怎么可能从非存在中产生?"[15] 或者如莎士比亚的剧作中,李尔王对女儿说的:"没有只能换到没有;重新说过!"认为存在"虚空"的思想家大概是想解释解释运动,因为若非进入了虚空,怎会有事物不受阻挡地运动?大部分人拒绝这种解释,原因有二:第一,人们发现物体之间的空隙充满气,因而觉得没有必要提出"虚空"的概念来解释;第二,公元前5世纪的古希腊哲学家留基伯指出一种几乎无法反驳的逻辑，反对这种解释："虚空是非存在；而没有哪种存在是非存在，因为从严格意义上讲，存在是绝对的在。"[16] 然而，一旦你的头脑中冒出了关于"无"的概念，就一切皆有可能了。你可以将所有难以解释的实体归类为非存在，如同柏拉图和其他唯心主义者那样。就像一些被称为存在主义者的现代思想家一样，你可以将虚无视为存在的本质，视为生命的来源和目的，以及使生命富有意义的背景。"无"甚至可以帮助人们想象"无中生有"——更确切地说，是从非物质中创造出物质：这是对大多数现代人的宗教至关重要的一个思想传统的关键。

上一章中我们提到的大部分创世神话其实并非真正关于创世，它们只是试图解释一个已经存在但不同的物质宇宙是如何变成如今这样的。据我们所知，在公元前一千纪之前，大多数人都认为宇宙是一直存在的。上一章中我们提到在古埃及神话中，有一位神改变了死气沉沉的混沌；但是混沌已经先存在于此了。而如我们所见，梵也并不是从虚无中创造出世界的。他从自己的身体中挤出世界，如同蜘蛛吐丝织网。古希腊有一些诗篇描述了万物始自空无，但是大部分经典哲学文献在这一观念面前退却了。柏拉图认为神的创世只不过是把已有的东西重新安排。大爆炸理论类似于这些早期的宇宙起源论：一种被无限压缩的物质在大爆炸之前便已存在，大爆炸将之重新分配，并使之不断膨胀为如今可辨认的宇宙。在更为激进的关于创世的科学解释里，提前存在某些原生质、电荷、无实体的能量、真空中的随机波动，或是"涌现定律"。[17] 无中生有似乎疑点重重，但永恒物质也是如此，因为没有时间就不可能发生变化，而永恒物质将在永恒中保持不变，所以只有借助同样疑点重重的其他介质才能产生变化需要的动能。人类学很少研究创世神话，在创世神话中，纯粹的精神、情感或思想实体在物质世界产生之前就已经存在，而物质是自发产生的，或是由非物质催生或制造的。比如，北美的温内贝戈人认为，创世者通过经验认识到，自己的感受化为了万物：在孤独中，他流下了眼泪，这些眼泪变成了原始的水。[18] 从表面上看，这个神话似乎和梵从自己身上创造宇宙的方式类似，但是我们不应从字面上理解眼泪：在温内贝戈传说中，情感是创造物质世界的力量的源泉。对一些古希腊先哲来说，思想的作用也是如此。确实，感受和思想可以用彼此来定义：感受是未被总结的思想，思想是可被交流表达的感受。《约翰福音》借鉴了希腊古典哲学，提出了一个神秘的概念，称世界是由思想上的行为所产生的："太初有道"——《圣经》拉丁语原文的"道"一词为"Logos"，即"思想"，英译本中通常译为"the Word"。

福音书的作者可能融合了希腊人和犹太人的思想，因为《旧约全书》（如公元前一千纪后半叶以来的评论者所理解的那样）呈现了最早也最具挑战性的这类创世描述：世界是思想的产物——竟然只用思想便在一个没有物质并且超越了存在和虚无的所在开创了世界。这种理解创世的方法已经逐渐被大部分思考过创世问题的人所接受，而大部分从未思考过这个问题的人则不假思索地便认可了它。[19]

另一个新观念——上帝是独一无二的和有创造力的——与此密不可分。这两个观念出现的顺序尚不清楚。直至公元前一千纪后半叶，才有了关于这两种观念的可信文献记载。我们尚不清楚那些思想家是先想到上帝是独一无二的，然后推论出无中生有的创世说，还是先构思出创世的故事，然后推导出上帝的独特性。无论哪种情况，二者都是彼此依存的，因为在上帝创造其他一切以前，只有上帝是存在的。他拥有掌控一切的能力，因为我们所造的事物，我们也能再造和摧毁之。他纯然是精神上的——或者更甚于此,是无法形容、难以名状、无可匹敌的。这位独一无二的创造者,从虚无中创造出一切,垄断了对自然的控制权,我们如今对其如此熟悉,已无法想象当他第一次被构想出来时,是多么新奇。流行的无神论误认为上帝是一个幼稚的观念,但其实需要很多艰苦的思考才能想出这样的观念。头脑简单的人,无论在过去还是在今天,都是一个样子,认为只有可见和可感知的东西才存在。这些人自然对上帝这个概念惊讶不已。甚至那些想象存在一个看不见的世界(超越自然并控制自然)的人都认为,超自然界是形形色色的:众神拥挤,宛如大自然也遍布各色生物。希腊人为众神安排了顺序。我们看到,波斯人将神的数量减少到两位——善神和恶神。在印度的"单一主神教"中,众神合在一起代表一个统一的神。印度教信徒从逻辑层面对一神教发出了普遍的反对:如果一个神可以永存,为什么其他神不行?大多数已知的统一体都是可分的。岩石可以打碎,光线可以折射成彩虹。也许上帝的独一无二就体现在这里。或者上帝可能是一个复杂的综合体,如大自然一样,是其他一切的独特总和,包括其他诸神。或者其他诸神也是上帝创造的一部分。

对神独一无二的特性最有力的系统表述,出自犹太人的圣典。在某个未知的年代(很可能是在公元前一千纪上半叶),犹太人的部落神祇雅赫维[*],是犹太人的唯一真神,或者在那时成了犹太人的唯一真神。他宣称:"没有其他神能与我抗衡。"矛盾的是,人们对雅赫维的失望,是他向唯一全能的存在进一步转变的起点。公元前6世纪80年代,在经历战败和被大规模逐出家园后,犹太人将自身

---

[*] 基督教中称雅赫维为耶和华。——编者注

的苦难视为对信仰的考验,视为神对其不屈不挠的信仰和崇拜的要求。他们开始说雅赫维"心生嫉妒"——他不愿意任何对手享有同样的神圣地位。在雅赫维与犹太人所立的约中,雅赫维承诺以恩惠换取服从和尊敬,且严格要求犹太人只尊奉他一个神。他不仅是他的子民唯一的神,到了最后,他还是唯一留存的神。[20]

与神同在:时间之箭、上帝之爱与万物之灵

随之而来的附加效应中,有我们至今仍然相信的三种观念:时间是线性的,神是慈爱的,以及神将自然等级秩序托付给了人类领主或管家。

一般来说,正如我们所见,人类依靠天体无尽而重复的旋转来摸索衡量时间的方式。然而,在很多文化中,人们没有将线性变化和周期性变化相联系——比如我的年龄(线性变化)和太阳运动(周期性变化)的关系——而是比较两个或更多线性变化的结果。我们来看一个典型的例子。苏丹的努埃尔人把所有事件都和牛或孩子的成长速度联系起来:饥荒、战争、洪水或瘟疫的发生时间都可以表述为"那时我的牛这么高"或"某一代人当时刚成年"。[21] 编年史学家们往往兼顾两种方法:在古埃及以及中国过去的大部分时间里,人们以君主在位的年代和朝代作为衡量其他变化的基础体系。读过《旧约全书》的每一个人都会注意到,作者在提到某个时间时,往往会避免用天文周期来参照,而是更愿意用人的世代作为时间单位。

不同的记录时间的方法会产生不同的时间观念:时间是周期性的、无止境的吗?还是时间就像一条线,只有一条不可重复的轨迹?[22] 在现存的文本中,线性时间的观念最早出现在《希伯来

圣经》的第一卷中，在仅有的一次创世过程里，时间被释放出来。《创世记》并未宣称时间永远只能以线性的方式前进：时间可以像离弦的箭永不回头，也可以像松开的发条周而复始，时间同时具有这两种属性。然而，犹太人以及其他所有信奉《希伯来圣经》的人只认可以线性为主的时间模式，有开始，应该也有结束：某些事件也许是相似或重复的，但历史作为一个整体是独一无二的。过去和未来永远不可能一模一样。

犹太人带给基督教和伊斯兰教的影响，让现代世界也继承了线性的时间感。对于基督徒来说，周期性的时间模式不可能存在，因为道成肉身只发生一次，耶稣的牺牲却永远拯救了人类。耶稣再临也并非安可表演，而是一切的最终落幕。线性时间观既鼓舞人心，又令人生畏。它促成了千禧年运动，促使人们相信世界末日可能就在眼前，进而采取行动。它滋养了这样一种信念：历史是进步的，所有的辛劳都是值得的。领导者和思想家们感到自己参与了实现历史性目标或奔向历史顶点的过程，因而兴奋不已，发起了各种运动，如美国独立战争和法国大革命。

犹太人很少将自己的思想强加于人：相反，在历史上的大多数时间里，他们都将自己的宗教视为珍宝，不肯示人。然而，三大发展让犹太教的真神成为世界上最受欢迎的神。[23] 首先，犹太人"神圣"的牺牲史和苦难史向《旧约全书》的读者展示了令人信服的信仰典范。其次，耶稣建立了一个从犹太人中分裂出来的团体，向非犹太人开放了自己的队伍，并建立了活跃的、有时甚至是激进的有力传教传统。它成为世界上传播最广的宗教，某种程度上是得益于引人注目的救世"福音"。最后，在公元7世纪初，先知穆罕默德吸收了许多犹太教和基督教的内容，将犹太人对上帝的理解纳入他所创立的宗教中,到公元二千纪末,这个宗教吸引了几乎和基督教一样多的信徒。尽管伊斯兰教在发展过程中脱离了犹太教的起源和基督教的影响,但这三大教信奉的至今仍然是公认的同一个神。基督教和伊斯兰教的教义要求广泛传教甚至普遍信教。文化冲突和流血战争的漫长历史随之而来。还有,在这两大宗教从犹太教吸收而来的教义中,神要人类满足严格的道德要求,而这些要求往往与世俗优先考虑的实际需要相冲突。所以说,犹太人在古代提出来的上帝的观念,一直在影响着个人生活、集体行为准则和群体间的斗争。在更深的情感层面上,它引起了内心良知的冲突,也许正因为如此,它在所触及的每个社会都催生了伟大的艺术。

认为(大多数定义中的)上帝存在,这是完全合理的想法。认为宇宙由神所创造,这个想法对思想的要求比较高,但不是全无可能。然而,神可能是随心所欲地创造出世界的,也可能是无意中创造了世界,还有可能是出于某些原因创造世界的,而这个世界像他自己一样神秘莫测,实在不值得浪费时间去探索。认为上帝应该对造物一直保持兴趣的说法,似乎只是一种草率的推测而已。大多数古典时期的希腊思想家都忽略或否定了这种说法,包括亚里士多德,他说上帝是完美无瑕的,因此不需要任何其他东西,没有任何未完成的目标,也没有理由去感受或忍受痛苦。然而,如果说世界是由思想创造出来的,那么思想肯定是有意创世的。

上帝除了对自己的造物饶有兴趣之外,据称他还特别把注意力放在人类身上,这很让人不安。如果人类认为宇宙就是围着我们运转的——我们是如此微不足道的物种,占据着方寸之地——那便太自我中心了,令人生疑。[24] 爱是最人性化的情感。它让我们软弱,使我们受苦,并鼓舞我们自我牺牲。人们普遍认为,在全能的上帝面前，这样的缺陷无处容身。塞缪尔·巴特勒开玩笑说："我敢说，上帝就是爱，但真是调皮的恶魔般的爱！"[25] 然而，上帝慈爱的形象却在思想和情感上都有强大的吸引力。

这个观念从何而来？是谁最初想出这种观念的？"如果我们向她哭诉，西山峰顶的女神会对我们仁慈。"[*26] 这是中王国时期的一句埃及谚语，但似乎表达的是神的正义，而非神的爱。公元前一千纪中叶的中国文献中经常提到"天恩"，但其所指的似乎远远谈不上是爱。墨子在耶稣诞生的 400 年之前就已经在期待基督式的对爱的召唤：连墨子的反对者都承认，"墨子兼爱，摩顶放踵利天下，为之"。[27] 但墨子的兼爱愿景并不是从宗教层面中生发出来的：他对原始过去的所谓"大同"的黄金时代有着浪漫的想象。这和耶稣告诉门徒"心里彼此切实相爱"的意思完全不同。墨子推荐实用的伦理，这是一种切实可行的有用策略，而不是神的诫命，也不是出于对神的模仿。墨子的建议正体现了"恕道"（Golden Rule），他说："夫爱人者，人必从而爱之。"佛陀在这个问题上的教诲是相似的，但更为独特，更为圆通。墨子为了社会而倡导爱，佛陀则出于个体自身的利益而提倡爱。公元前 2 世纪，大乘佛教的宗师们进一步推动了佛法。大乘佛教认为，只有无私和不求回报的爱，才是有价值的，这种爱是证悟者对众生的馈赠，这种思想和耶稣的无私之爱非常接近。许多学者认为佛教影响了基督教；如果确实如此，那么佛教带给了基督教一个独特的转折点：让无私的爱成为上帝的属性。

要想理解这种教义的起源，只在这一系列思想家及其一连串思想当中探索大概是不够的。基督教自己的思想应该起源于古老的犹

---

* 此处指的是埃及神话中既仁慈又凶狠的麦里特塞盖尔女神。——译者注

第四章　伟大的圣哲：第一批著名思想家

太创世论。如果是上帝创造了世界,那么创世对他来说意义何在?《旧约全书》中并未给出答案,但《圣经》强调,上帝和他的"选民"之间有着特殊的关系:《圣经》的编纂者有时称之为"可靠、永远的爱",并将这种爱比作母亲对孩子的感情。然而在更多情况下,《圣经》里出现的是一种交易或"圣约",而不是自由给予的爱。但20世纪50年代我们在死海附近的一个山洞中发现的零星文献表明,在公元前一千纪末期,有些犹太人团体曾试图重新定义上帝。在他们的版本中,爱取代了契约。他们通过唤起一种每个人都亲身体会过的富于精神性和创造性的强大情感,让上帝变得更亲近人类。耶稣及其追随者与《死海古卷》的作者们选择了同样的道路,认为上帝便是爱。他们将上帝的爱变成普遍之爱,而不是只青睐特定的种族,这样便使它有了更加普遍的吸引力。创世就此得以被形容为一种与上帝的本性相契合的爱的行为。

教义还称上帝是慈爱的,这解决了许多问题,但又引发了另一个问题:为什么他允许邪恶和痛苦存在。对此基督徒做出了巧妙的回答。上帝自身的本性就是受苦:受苦是更大的善的一部分,然而被苦难包围的人很难理解这一点。恶是善的对立面,没有恶,善也就没有意义;没有恶,创世也就不是善,而是无关善恶的一潭死水。自由,包括作恶的自由,是最大的善,而原因只有上帝知晓。受苦是倍加必要的:这是为了惩戒恶行和完善美德,因为只有不求回报的善才是完美的善。雨降给义人。*[28]

---

* 典出福音书:"只是我告诉你们,要爱你们的仇敌。为那逼迫你们的祷告。这样,就可以作你们天父的儿子。因为他叫日头照好人,也照歹人,降雨给义人,也给不义的人。"(《马太福音》5:44-45)——编者注

上帝爱人类这一观念还带来了更重要的影响，但回想起来，这种影响又颇具讽刺意味：人类优于其他所有造物。人类渴望将自己与其他万物区分开来，这显然是人类自我认知的一部分，但早期人类似乎已经（相当正确地）感觉到自己属于动物这一庞大整体的一部分。人类开始崇拜动物或兽形的神，将动物图腾视为祖先，埋葬一些动物的仪式跟人类的葬礼差不多隆重。据我们所知，大多数社会对人类没有一个总体概念：人们把部落以外的所有人都归为野兽或低于人的生物。[29] 相比之下，在《创世记》中，上帝将人作为创世的顶点，并赋予人类统治其他动物的权力。"要生养众多，遍满地面，治理这地；也要管理海里的鱼、空中的鸟，和地上各样行动的活物。"这是上帝的第一条诫命。公元前一千纪后半叶，欧亚大陆各地的文本中都出现了类似的想法。亚里士多德提出了灵魂等级体系，其中人类的灵魂比植物和动物的灵魂更为高级，因为人类的灵魂拥有理性，而且既能像植物那样有生长力，又能像动物那样敏感。而佛教徒则将感知力扩展到了所有生命身上，他们将人类列为更高等的生物，是为了轮回之说。中国人的理念，则可以从下一个世纪初荀子的论述中见到："人有气、有生、有知，亦且有义，故最为天下贵也。"[30] 因此，猛兽都应屈从于人。之前的有些传统对此持有异议。筏驮摩那认为，一切都是灵魂所赋予的，而人类确信自己享有优越地位，便有责任照顾其余万物；拥有"动物"灵魂的生物必须特别尊重，因为它们与人类最为相似。在意大利南部，与筏驮摩那同时期的希腊哲学家毕达哥拉斯则认为，"凡降世的生命都应视为同类"。[31] 那么，人类的优越性到底意味着人拥有特权还是负有责任？是领主，还是管理人？这是一场旷日持久、仍未解决的争论的开始，争论的焦点是人类应该在多大程度上利用其他生物为自身造福。[32]

彼拉多的笑问：寻求真理的世俗方式

与公元前一千纪的宗教思想一起出现的其他观念，更容易归类为俗世观念。我认为，当时还没有人如此区分。今天，我们在对佛陀或孔子的学说进行分类时仍然存在困难，证明了这一点。但是，如果我们过于夸大宗教的传播范围或者其重要性，便无法真正了解宗教。宗教其实对大多数人的生活影响很小，甚至毫无影响——即使对那些自认为有宗教信仰的人。遗憾的是，除了良心发现的时候，大多数人全然忽略神的教诲，只有在给自己无论怎样都会做的事（往往是战争、混乱和迫害）寻找正当理由时，才会想起宗教这回事。

伟大的先哲们是利用自己的时间思考神的。他们的日常工作，往往是服务于资助人、学生和公众，这些人就像当今教培行业的"主顾"一样（叹息啊！），想要的是职业课程并希望物有所值。有些先哲足够富有，可以独立生活，教书只是为了获得乐趣或自我陶醉。佛陀和筏驮摩那都来自王室。柏拉图也出身望族，家族为他自己开的学院提供了丰厚的捐赠。但是大部分先哲都有一份专职工作，他们不得不先考虑工作中的实际问题。尤其是在政治世界也四分五裂、充满竞争的情况下，比如古希腊和中国诸子百家的时代，先哲们需要优先考虑统治者的需要：提高使者的辩论技巧、增加宣传的说服力、加强统治的法律规章、以正义的原则指导精英决策、维护统治者主张的权利等。有条件让自己高尚的柏拉图极力谴责为利所驱或阿谀奉承的人，指责他们只会教人如何巧舌如簧，而不是真正提高品德。

然而，总会有那么一些先哲，让自己的思考跨出一般人认为有用的范围，深入那些具有超越性和真理意义的领域。比如，奥义书所集中探讨的就是存在、梵以及现实。其中一句祷告文是如此恳求的:"请引领我从虚幻进入真实。"[33] 对这些问题的思考并非毫无实际用途:它们很可能始于对修辞技巧的研究,旨在使学生熟练地识破他人的谎言并掩盖自己的谎言。渴望分辨真伪,会让思想集中在似乎最根本的问题上:什么是真实?我们能否获取其他一切知识,无论是在这个世界还是其他世界,不正取决于这个答案吗?

这些思考塑就了一些最为有力的观念,而这些观念至今仍然影响着我们的世界,或至少影响着我们思考世界的方式:形而上学、实在主义、相对主义、纯粹理性主义和逻辑学——都是下面两节的主题。之后我们将讨论回应这些观念的新思想:怀疑主义、科学和唯物主义。

实在主义、相对主义与"万物皆数"

所有这些发展都源自这样一种观点,即所有感知的对象,甚至思想的对象,都可能是虚幻的。正如我们已看到的(见第三章"解读神的梦:宇宙起源论与科学"),奥义书中强烈地表达过这种观点,而且这种观点可能已从印度传播到欧亚大陆其他地方。这种想法如此不易理解,以至于我们不禁要问,人到底是如何产生这种想法,又是何时首次产生这种想法的,以及它究竟对当时及后世产生这种想法的人造成了何种影响。

"一切皆虚幻"观念的支持者不得不面对当时公认的智者的诘难。他们争论的激烈程度表明了这一点。在公元前4世纪中叶的中国,庄子梦见自己是只蝴蝶,醒来就怀疑自己是否只是一直梦见自己是人的蝴蝶。比庄子更早一点,柏拉图在洞穴墙上看到人影,也产生了类似的怀疑,这就是著名的"洞穴之喻"。柏拉图写道:"看哪,那些居住在洞穴里的人……和我们一样,他们只能看到自己的影子,或彼此的影子,这些影子被火光投射到墙上。"[34] 而我们就是被感官误导的精神上的穴居人。我们怎么才能看到洞穴的外面?

对于柏拉图和其他许多先哲而言,最好的途径似乎是通过层层递进的方式进行概括:例如,你或许可以确信具体一个人是真实存在的,但是如何确信"人类"是真实存在的?如何通过可认识、可感知的特殊性,推导出不可看见也不可触摸的宏大概念,比如"存在"和"梵"?比如,"人皆凡人"可能仅仅指的是人类的每个个体:公元前4世纪印度的正理派哲学家便是如此说的。但"人"仅仅是代表一群人或一类人的名称,还是说在某种意义上,人是独立于具体个体而存在的现实?柏拉图和他在西方的大多数追随者都支持后者。柏拉图由衷地信奉唯心主义,他对平凡经验中的伤痕和污点的厌恶,在他的语言中表露出来。"想一想,"他说,"灵魂是如何属于神圣、不朽和永恒,是如何想与之融为一体。想一想,如果灵魂可以不受限制,触及它们,会是什么样子。灵魂就可以摆脱生活的泥潭了。"他认为只有普遍的才是真实的,而个体只是不完美的投影,好比火光在洞穴中投射的阴影。他说:"那些能够看到绝对、永恒和不变的人,才算真正拥有知识,而不是仅仅持有观点。"[35]

中国和印度加入这场辩论的大多数哲学家同意这种观念。然而,在公元前3世纪,自诩效法"先王之道"的公孙龙(用我们现在的话说,他是一位历史学家),提出了惊世的论断——"白马非马",[36] 以此引出了一个深刻的问题:我们的感官在其可靠的情况下,向我们保证白马是存在的,其他许多我们称之为马的生物也是如此;但是我们以总称来称呼的马呢?那些"无色之马",不是灰马、黑马、黄马,也没有可以和其他马区分开来的特性。批评者将公孙龙似是而非的见解称为"诡辩",但其中有着令人不安的深意。这种见解表明,只有特定的马才真正存在,而一般的总称并不代表真实存在的事物。如此一来,宇宙变得深不可测,人们只能理解其零星的碎片。那么普遍真理会消失,普遍道德将崩溃,雄心勃勃的普遍帝国摇摇欲坠。这一学说出现以后,每个世纪都会给激进者带来启发。在16世纪和17世纪,它帮助路德挑战教会,鼓励个人主义者反对陈旧的、组织型的社会观念。在20世纪,它加入存在主义和后现代主义行列,反对如下想法:人人都在一致的系统中有一席之地。

后来,该学说被命名为"唯名论"。它表明了阐述真实是多么困难,创造出可以匹配现实的语言是多么困难:困难到有些先哲会故意回避它。真实是一个抽象的概念,却是一个实际的问题:我们希望给决策和行动一个有效的基础。我们在迥异的观念中如何抉择?普罗塔哥拉以没有客观的检验为理由而无视这个问题,因此在古希腊闻名。他有一句名言:"人是万物的尺度:是存在者存在的尺度,也是不存在者不存在的尺度。"苏格拉底(柏拉图对话录中的智慧之声)洞察了这句令人困惑的话的含义:相对主义。这种观念认为,真实对不同的人而言是不同的。[37]古代中国也有相对主义者。公元前3世纪,庄子说:"猴子喜欢住在树上,究竟怎样的住所才能说是完全正确的?猫头鹰和乌鸦爱吃老鼠,而男人喜欢的美女,鱼见到了就跑。究竟谁的品味才是最正确的呢?"*[38]

---

* 引文出自《庄子·齐物论》,完整的原文为:"民湿寝则腰疾偏死,鳅然乎哉?木处则惴栗恂惧,猨猴然乎哉?三者孰知正处?民食刍豢,麋鹿食荐,蝍且甘带,鸱鸦耆鼠,四者孰知正味?猨,猵狙以为雌,麋与鹿交,鳅与鱼游。毛嫱、丽姬,人之所美也,鱼见之深入,鸟见之高飞,麋鹿见之决骤。四者孰知天下之正色哉?"——译者注

第四章 伟大的圣哲:第一批著名思想家

大多数思想家都不愿意接受的是，相对主义虽然适用于品味问题，但它不能扩展到事实问题。现代哲学家罗杰·斯克鲁顿（Roger Scruton）巧妙地提出了重要的反对意见："声称'世上无真实'的人其实是在要求别人不要相信他。那就不要相信他好了。"另一个同样有趣的悖论来自哈佛逻辑学家希拉里·普特南："相对主义对我来说是不正确的。"[39]那些更愿意支持普罗塔哥拉的人能够接受激进的结论：每个人都有自己的现实，就好像每个人都体现了一个独立的宇宙；真理只是一种华丽的修辞，是我们对自己赞同的言论给予的赞扬，或是用来压制不同意见的说辞。所有的观点都一样毫无价值。没有合适的仲裁者能为矛盾的主张做出裁定——主教不行，国王不行，法官不行，技术专家也不行。因此，民粹主义成为最好的政治主张。想要回应相对主义的先哲们似乎对数字特别感兴趣：五朵花是真实的。那"五"呢？"五"也是真实的吗？就算没什么东西可数，数字是不是也是存在的？从旧石器时代刻在树枝上或洞壁上的划痕来判断，人类把计数来作为整理经验的一种方式是自然而然的事情。但是，数学提供的不止这些：它是一把钥匙，可以让人进入一个原本没有入口的世界，对于那些在思想中瞥见这个世界的人来说，它比通过感官认识到的世界更为珍贵。几何学表明了心智是怎样触及感官无法认识或将之扭曲的现实的：完美的圆形和无尽的直线不可见、不可触，却是真实的。算术和代数展示了现实中不会遇到的数字——零和负数、除不尽的比率，但它们似乎是宇宙的基础：比如 π，或 $22 \div 7$，它决定了圆的大小。又或者被希腊数学家称为黄金分割的 $\frac{\sqrt{5}-1}{2}$，它代表了完美的比例。不尽根，如二的平方根，则更为神秘：它们甚至不能化为有限小数（因此被称为无理数）。

毕达哥拉斯是数字世界探索史上的重要人物。公元前6世纪中叶左右，他出生于伊奥尼亚的萨摩斯岛，一生大部分时间都在古希腊建于亚平宁半岛的殖民城邦教书，传授古希腊哲学。关于他有许多传说：他可以与神交流，他的大腿是金子做的（也许是对大腿附近某个部位的暗指）。对他的追随者来说，他并非只是人，而是介于人与神之间的独特存在。毕达哥拉斯的两个相对不起眼的理论让他在今天的学生当中赫赫有名：音乐的和谐呼应着数学比例，以及直角三角形三边的长度永远符合特定比例*。而他真正的重要性远不止于此。

据我们所知，他是第一个认为数字真实存在的思想家。[40] 显然，数字是我们对物体进行分类的方式——两朵花，三只苍蝇。但是毕达哥拉斯认为，数字可以独立于其所列举的对象而存在。这就是说，它们不仅是形容词，也可以是名词。他进一步指出：数字是构建宇宙的架构。数字决定形状和结构：正方形和立方体是我们至今仍会提到的概念。数字比例是所有关系的基础。"万物皆数。"[41] 毕达哥拉斯如是说。

在毕达哥拉斯的时代，文明仍然在自然界里开田铺路，在自然景观中构造出棋盘式的布局。因此毕达哥拉斯的观念是说得通的。但并非所有先哲都同意他的观点。孔子曾说："吾求之于度数，五年而未得也。"[42] 但在从古希腊传遍整个西方世界的学术传统中，人们已深信数字是真实存在的。结果是，大部分人都接受了这样一种可能性：存在一种现实，不可见、不可触，但可以通过理性接近；这成为科学、理性和宗教间不稳定却持久的同盟的基础。

---

* 此即勾股定理，又称毕达哥拉斯定理。——译者注

超越感官的世界：理性主义与逻辑

相信数字真实存在的人，也一定相信超越感官的世界是存在的。正如伯特兰·罗素所说："我们会很自然地更进一步，论证思想比感官更高尚，思想的对象比感官认识的对象更真实。"[43] 比如，完美的圆或三角形，或完美的直线，就像上帝一样，从未有人得见，尽管其粗糙的、人造的近似物司空见惯。真正的三角形只存在于我们的脑中，我们画在纸上或黑板上的形状只是帮我们联想到它们，就好比凡·高的《星空》让我们想到星光，或者玩具士兵让我们联想到士兵。也许所有事情都是如此。树或许也像三角形一样。真正的树是我们脑中的树，而不是我们看到的树。

思想不需要任何外在的对象：它可以自己生成对象。因此，一些先哲认为是思想带来了创造力。理性是纯粹的理性主义，不受经验束缚。惠施就是这么认为的。惠施是公元前4世纪中国最多产的作家。他学富五车，满口悖论，让人瞠目结舌："火不热……目不见。"[44] 惠施的意思是，"火"这个思想是我们真正知道的唯一确实热的东西，这一想法直接作用于我们的头脑，然后我们才感觉到火的热。我们真正看到的是一种心理印象，而不是外部对象。我们在脑中与现实相遇。只依靠理性是通往真实的唯一指南。

在我们知道名字的理性主义者中，第一人是巴门尼德。公元前5世纪初，他生活在今天意大利南部的一个希腊殖民地，力求在诗歌和悖论中表达自己。在我的想象里，他忍受着一个伟大的心灵被不完美的语言所禁锢的痛苦，就像一个演说家被损坏的麦克风所挫败。他认识到，我们的思考限制着我们的言语，而我们能创造的语言的范围又反过来限制了我们的思考。在通往真实的唯一道路上，我们必须绕开感官所感受的，为思想让路。结果令人不安。如果说一朵红玫瑰不是作为一个可感知的对象，而是作为一个想法而真实存在的，那么蓝玫瑰也是如此。能想到的事物，就真实存在。任何事物你都不能说是不存在的。[45]很少有理性主义者愿意走那么远，但是理性似乎确实拥有观察和实验无法获得的力量。它可以打开脑中的那些秘密洞穴，那里埋藏着真实，并未被柏拉图洞穴里扭曲的影子所玷污。理性主义贡献了后来思想史上最好和最坏的一切：最好的是，对理性的信心让人们质疑教条，剖析谎言；最坏的是，它有时会抵制科学，放纵任性的猜测。总的来说，影响可能是平衡的。从理论上讲，理性应该为法律提供信息、塑造社会并改善世界。然而，在实际生活中，它从未受到精英阶层以外的人青睐。它对人们行为方式的影响即便有也是非常少的。在历史书中，关于"理性时代"的章节讲的通常是其他内容。然而，理性的声望有助于调整或抑制建立在教条、领袖魅力、情感或赤裸裸的权力基础上的政治体系。理性已经和科学、传统及直觉一起成为我们发现真理的基本工具。

对某些理性主义者来说，理性成了一种逃避现实的手段，用于战胜或贬低我们实际居住的令人讨厌的世界。用理性来嘲弄宇宙的最极端例子来自埃利亚的芝诺，他在比惠施更早的年代用自造的类似例子表达了活跃于他头脑中的悖论。公元前5世纪中叶左右，他来到雅典炫耀自己的思想，震惊了扬扬自得的雅典人，还让批评他的老师巴门尼德的人不知所措。比如，他提出了一个令人愤怒的论点：飞行中的箭始终处于静止状态，因为它占据的空间等于其自身的大小。根据芝诺的说法，旅程是永远无法完成的，因为在到达终点之前，你必须要越过剩余的一半距离。惠施曾经举过一个例子，说一根棍子每天切成两半，永远也切不完*；芝诺也有一个与之惊人相似的例子，他打趣地称物质必然不能被分光："如果一根棒条每天缩短一半，万代下来还是会有东西留下。"[46]

他不切实际但令人印象深刻的结论，让理性和实际经验分离开来。其他智者尝试着填补这个缺口。这一尝试的最佳代表是亚里士多德，他是希腊北部一名医生的儿子，师从柏拉图。像所有最好的学生一样，他在反对老师的过程中不断进步。剑桥大学的学者沃尔特·格思里对希腊哲学的了解无人能敌，他曾回忆学校是如何要求学生阅读柏拉图和亚里士多德的著作的。他说，柏拉图散文的优美和晦涩给他留下的印象同样深刻。他还惊讶地发现，自己尽管只是一个孩子，却能完全理解亚里士多德。他认为亚里士多德"彻底超越了时代"，奇迹般地预言了小沃尔特自己所处时代的思想。直到格思里逐渐成熟并拥有智慧，他才意识到一个真相：我们理解亚里士多德，不是因为他像我们一样思考，而是因为我们像亚里士多德一样思考。不应该说亚里士多德是现代的，而应该说我们现代人是亚里士多德主义者。[47]我们的思想至今还在他所探索的逻辑和科学的轨道上旋转。

催生逻辑学的进程始于约公元前一千纪中期，当时印度、希腊和中国的导师们正试着设计实用修辞课程：如何在法庭上辩护，如何在使者之间斡旋，如何说服敌人，如何赞美资助人。正确运用理性的规则是说服艺术的副产品。但是，正如英国剧作家克里斯托弗·马洛的剧作《浮士德博士的悲剧》中所说的："使

---

*　此处出自《庄子·天下》，原文为："一尺之捶，日取其半，万世不竭。"——译者注

人善辩是逻辑学的主要目的吗？这门技艺就不能带来更大的奇迹了吗？"亚里士多德提出了更纯粹的目的，并创造了更大的奇迹：一个区分真理与谬误、将常识融入实际规则的体系。他指出，有效的论点都可以分为三个阶段来分析：两个前提，通过事先的论证或认可而建立，就像挥动魔杖一样，引导出必然的结论。在已经成为"三段论"标准教科书般的例子中，如果"所有人都必死"和"苏格拉底是人"为前提，那么苏格拉底必死。这些规则类似于数学：就像二加二等于四，不管是两个蛋和两块铁相加，还是两只老鼠和两个人相加，这个等式都成立，因此无论对象是什么，逻辑都会产生相同的结果。事实上，完全可以忽略对象，用代数符号取代之。同时，印度正理派的经典文献评注者也有类似的做法，将逻辑过程分为五段来分析。然而，正理派与亚里士多德一个根本的不同点是：他们把理性看作神赋予的一种非凡的感知。他们也不是严格的理性主义者，因为他们相信意义不是从头脑中产生的，而是源于神，神通过传统或共识将意义赋予思想的对象。显然，逻辑是不完美的，因为它依赖于公理，而公理虽然被视为真命题，却无法在系统内得到验证。但在亚里士多德之后，除了完善他的规则，西方逻辑学家似乎没有什么可做的了。之后学术大举介入。逻辑学家们穷尽了一切可能性，将所有的逻辑论证分为256种不同的类型。[48]

理性与观察或经验之间不应有冲突：观察和经验是与之互补的用来确定真实的方式。但是人们会选边站。有些人不信任"科学"，并且怀疑证据的可靠性，而另一些人则拒绝逻辑，只认经验。科学将实验放在第一位，鼓励人们不信任理性。由于感官是不可靠的，根据理性主义者看待事物的方式，观察和经验是次等的学问：最好的实验室是头脑,最好的实验是思想。而在一个毫不妥协的科学头脑中,理性主义是形而上的、缺乏经验的。

背弃理念世界:科学、怀疑主义和唯物主义

公元前一千纪的思想家们巧妙地运用了科学和理性,力求走出柏拉图的洞穴。在由此产生的冲突中,我们可以认出当今时代的文化战争的起源,在这场战争中教条主义科学(反对者称之为"唯科学主义")与精神思维方式相互较量。同时,怀疑论者开始怀疑,也许根本没有什么方法可以暴露虚假的局限性。理性和科学之间的那道鸿沟,从未弥合过。

从某种意义上说,科学始于一种怀疑:对感官的不信任。科学的目的是透过表象揭示内在原理。公元前3世纪的百科全书《吕氏春秋》,是当时最珍贵的著作之一,旨在保护中国古代各家思想,使之免受战争和外部入侵者的毁坏。这本著作中,也指出了一些具有启发性的悖论。看上去柔软的金属合在一起,会变成坚硬的合金;漆给人的感觉是液体,但加上另一种液体就会变干;看似有毒的草药,配在一起可以治病救人。"只从构成要素的属性无法推断整体的性质。"*[49]

尽管如此,像我们归类为科学的所有文献一样,《吕氏春秋》是为了现实目的才去辨别哪些事物是可靠的。超自然不重要,并不

---

* 此处出自《吕氏春秋·似顺论》,原文为:"夫草有莘有藟,独食之则杀人,合而食之则益寿;万堇不杀。漆淖水淖,合两淖则为蹇,湿之则为干;金柔锡柔,合两柔则为刚,燔之则为淖。或湿而干,或燔而淖,类固不必,可推知也?"——译者注

是因为它不存在，而是因为它毫无用处并且无从验证。当亚里士多德想要得到事实，而非仅仅是思想时，他就已经站在了他的老师柏拉图的对立面，成为晦涩而高雅的柏拉图学说的反叛者。但是，在那个时代的科学中，也有一种更深刻、更古老的排斥在起作用，它拒绝将不可见和不可察的灵魂视为物体属性和生物行为的来源（见第二章"构想精神：无处不在的无形存在"）。灵魂是科学的绊脚石：人们可以用灵魂来解释变化，而这些变化原本可以理解为自然原因导致的结果。

　　据我们所知，在公元前一千纪之前，没有人在自然和超自然之间划清界限：科学代表神圣，医学代表神奇。最早的这类区分的明确证据出现在公元前 679 年的中国，据称先哲申繻曾对鬼魂做出解释，他说，鬼不过是见鬼之人心中恐惧和内疚的浮现。*孔子曾教导弟子，"未知生，焉知死"，[50] 他认为要"敬鬼神而远之"。对儒家来说，人事（政治和伦理）优先于自然界的其他一切；但是每当他们实践我们所说的科学时，他们就是在挑战他们所认为的迷信。他们认为无生命的物质不会产生感觉和意志。他们驳斥所有物质都充溢着精神的说法。他们嘲笑自然界会回应人类的罪恶或善举这一主张（即便一些资深的思想家都基于宇宙的相互联系赞同这种主张）。大约公元前 239 年，一段儒家文字说，不了解原因，便等于一无所知。水从山中流出，奔向大海，并不是水厌恶山，而是山高海低的形式使然。庄稼生长在田野，储存在粮仓，并不是庄稼有这种欲望，而是人类要这样做。因此圣人不去考察善恶与否，而是

---

* 此处出自《春秋左传·庄公十四年》，原文为："人之所忌，其气焰以取之，妖由人兴也。人无衅焉，妖不自作。人弃常，则妖兴，故有妖。"——译者注

考察其背后的道理。*51

在欧亚大陆不同地方的精妙论述中,自然的原因在不同程度上把魔法移出了自然的舞台。然而,科学无法完全使自然去神圣化:在大多数先哲的心中,妖魔消失后,自然便掌握在神的手中。宗教在建立人类与环境的关系方面起了巨大的作用。在中国,古代帝王们依然举办仪式以换取风调雨顺、天下和谐。在西方,人们仍在祈求减轻自然灾害,并将苦难归咎于罪恶。科学从来没有与宗教完全分离过:事实上,这两种面对世界的方法都不恰当地侵占了另一种的领域。即使到了今天,一些神职人员仍试图乱改科学的课程,而一些科学家则把无神论鼓吹为一种宗教,把进化当作天命,视达尔文为先知。

要使科学蓬勃发展,仅凭科学的观念还不够。人们需要系统地观察自然,并检验随之产生的假设,并对得到的数据进行分类。[52] 我们称之为经验主义的方法可以满足这些需求。经验主义从何而来?我们可以找到它在道家自然学说中的思想渊源,及其早期在医学上的应用。

比起观察和实验,早期道家更注重法术和占卜。儒家总认为道家是胡言乱语的法术,而西方则认为道家非常神秘,但是只有道家将庙称为"观",也就是观察自然的地方。道家的学说往往来自普遍的观察。比如,水倒映着世界,可穿透任何物质,忍让、包容、一触即变,却可以腐蚀最坚硬的岩石。因此水成为无形无象、无所

---

* 此段引述出自《吕氏春秋·审己》,原文为:"凡物之然也,必有故;而不知其故,虽当,与不知同。……水出于山而走于海,水非恶山而欲海也,高下使之然也。稼生于野而藏于仓,稼非有欲也,人皆以之也。……圣人不察存亡贤不肖,而察其所以也。"——译者注

不能、无处不在的"道"的象征。在道家阴阳图中，一个圆被一条曲线分成两部分，代表宇宙由阴阳相融而成。道家认为，智慧只能通过积累知识来获得。道家降低了法术的地位，将自然视为一种要驯服的野兽或要统治的仇敌：你必须先了解自然。道家促进了经验主义习惯的形成，而这种习惯很可能是从中国传至西方的。中国的科学一直在理论上薄弱，技术上强大，但现代实验科学的传统于公元前一千纪在西方蓬勃发展，这很可能不是巧合。当时欧亚大陆两端之间的接触大大增加，大量中国的思想和发明通过大草原和丝绸之路到达欧洲，各种观念在欧亚大陆来回传播。这种盛况在13世纪恢复之后再未中断过。[53]

经验主义在实践中的最早证据出现在医学领域。[54]所有的疾病都可以从自然规律上解释，这在今天已是不容置疑的事实，但最初有人提出这一点时，这种想法非常奇怪。与其他任何异常状态（包括发疯）一样，疾病可能是灵魂占据或感染身体的结果。有些疾病可能来自身体原因，另一些则来自精神原因，两者皆有也是有可能的，还有说法认为疾病是神对罪恶的惩罚。大约从公元前一千纪中叶开始，中国和希腊的专业治疗师就试图找到平衡点。结果人们对于应该使用法术还是药物争论不休，也有人认为二者都属于法术。在中国，有编年史记载称，公元前540年，一位大臣告诉国君要靠饮食、锻炼和个人毅力来保持身体健康，而不是靠山川和星辰的神灵。*大约两百年后，儒家学者荀子讽刺一个人"得了风湿却想靠敲鼓来除病，并烹猪求神，结果一定会有打破

---

* 此处出自《春秋左传·昭公元年》，是子产对晋侯所言。原文为："若君身，则亦出入饮食哀乐之事也，山川星辰之神，又何为焉。"——译者注

第四章　伟大的圣哲：第一批著名思想家

鼓、丧失猪的破费，而不会有治愈疾病的快乐"*。[55]在公元前5世纪末的希腊，世俗的医生和神殿里的医生是竞争对手。世俗的医生治疗病人的方法为催吐、放血和改变饮食，因为他们认为健康本质上是人体四种物质（血液、黏液、黑胆汁和黄胆汁）之间的平衡状态。调整平衡，就可以改变病人的健康状况。这个理论本身是错误的，方法却是科学的，因为其结论是通过观察伤病中的人体排出的物质而得出的。癫痫曾被认为是圣灵附体，直到据说是希波克拉底的一篇专著提出一个自然的解释。该专著为其让人印象深刻的结论给出了奇怪的论证：找到一只有癫痫症状的羊。"如果切开羊的头部，会发现它的大脑……充满了液体和恶臭，该证据充分表明折磨这只羊的是疾病，而不是神灵……"希波克拉底接着写道，"我不相信癫痫这一所谓'神圣的病'比任何其他疾病更神圣。恰恰相反，癫痫有着特定的病征和明确的病因……我也相信人的身体不会被神所污染。"[56]

神殿治病的传统和专业医学是一起保留下来的。当世俗的专业医生一筹莫展时（常常如此），仍然有信徒会求助于宗教信仰来治病：民间偏方、顺势疗法、信仰疗法、江湖医术、神迹降临等，而精神分析如今在常规疗法失败时依然可以提供帮助。尽管如此，公元前一千纪的医生们彻底颠覆了医术，他们为科学发声和行动，并奠定了一个逐渐为人所接受的假设：没有什么需要用神来解释。生物、化学和物理可以解释一切——再给它们一些时间，它们或许真会解释一切。

---

* 此处出自《荀子·解蔽》，原文为："故伤于湿而痹，痹而击鼓烹豚，则必有敝鼓丧豚之费矣，而未有俞疾之福也。"——译者注

科学很难发现目的。人们怀疑世界是无目的的，在这种情况下，许多早期的正统观念都会崩塌。如果世界是一个随机事件，而不是为人类创造的，我们顿时渺小到微不足道。亚里士多德的"目的因"——事物所要达到的目的，可解释其本质——成了前后矛盾的概念。唯物主义思想家仍然自豪地宣称，有关目的的一切概念都是迷信，问世界为何存在或为何如此都毫无意义。在公元前200年左右的中国，先哲列子已预见到这点。他在一则逸事中借一个小男孩之口表达出世界本无目的的观点，想必是为了躲避正统观念对如此危险的想法的批判。这个故事是这样的：一位虔诚的信徒设宴祭天，感谢老天给予人类丰富的物产，小男孩说："蚊子吸人血，狼吃人肉，难道老天是为了它们的利益创造人的吗？"* 大约300年后，有史以来最力主宇宙无目的的人，王充，更加自由地表达了自己。他说，人对宇宙来说，就好像虱子生活在衣服的褶皱中。人根本听不到跳蚤在耳边嗡嗡作响。神连听到人的愿望都不太可能，更何况满足人的愿望？†57

在一个漫无目的的宇宙中，神的存在是多余的。无神论变得可以想象。58 以色列人在《诗篇》中唱道："愚顽人心里说：'没有神。'"但这代表什么意思？古代无神论的指责中，很少有对神的全盘否定。公元前5世纪中叶的阿那克萨哥拉是第一位根据雅典反无神论法律被指控的哲学家，但其实他的观念并不是我们现在所理解

---

* 此处出自《列子·说符》，原文为："且蚊蚋噆肤，虎狼食肉，非天本为蚊蚋生人、虎狼生肉者哉？"——译者注

† 此处出自《论衡·卜筮》，原文为："人在天地之间，犹虮虱之著人身也。……鸣人耳傍，人犹不闻。……今以微小之人，问巨大天地，安能通其声音？天地安能知其旨意？"——译者注

第四章　伟大的圣哲：第一批著名思想家　　175

的无神论。他唯一被指控的罪行是认为太阳乃炽热的石头,而月亮"由土构成"。如果说普罗塔哥拉是无神论者,那么他戴着不可知论的面具。据称他曾说过:"至于神,我不知道它们是否存在。有许多东西是我们认识不了的。问题晦涩,人生短暂。"[59] 苏格拉底因无神论被审判,只是由于他承认的神对于雅典大众来说太过难以理解。西诺帕的第欧根尼是一个桀骜不驯、充满怀疑的禁欲主义苦行僧,据称他曾和亚历山大大帝互相逗趣,还有那则著名的故事:他将一只鸡的毛全部扒光,以嘲讽苏格拉底对"人"的定义:"双足无毛动物"。第欧根尼的追随者和读者普遍将他对神的解释视为讽刺。[60]

公元 1 世纪末前后的希腊医生及哲学家塞克斯都·恩披里柯善于批驳他人的思想,他对信仰表达出了明确的拒绝。他证明后来马克思所说的"宗教是人民的鸦片"并非独创。塞克斯都·恩披里柯引用了当时已经有 500 年历史的格言,表示"一些精明的人发明了对神灵的恐惧",以此作为一种社会控制手段。神的全能和全知是为了抑制认知自由而发明的恶。"如果他们说,"塞克斯都·恩披里柯总结道,"神控制一切,那么他们就把神塑造成了邪恶的缔造者。我们可以提到神,但不要有信仰,这样才能避开独断的恶。"[61]

当时的人们放弃了理性主义,重新把感官认知作为探寻真实的依据,唯物主义也得到复兴。在这种大背景下,拒绝上帝是容易理解的。如我们所见,唯物主义比本书提及的其他主义都出现得更早(见第二章"怀疑感官:动摇原始自发的唯物主义")。简单粗糙也许是自发唯物主义长期遭到拒绝的原因,不过到了公元前一千纪中叶,唯物主义终于等到了成熟传播的时机。当时默默无闻但神秘感十足的印度先哲阿耆多·翅舍钦婆罗复兴了唯物主义。后来仅存的资料表明，佛教徒愤怒地谴责了他。如果这些资料是可靠的，那么阿耆多认为，此世之外不存在任何世界。他坚称，包括人类在内的一切都是物质的，均由地、水、火、风四大元素组成。他断言："不论贤愚，身坏命终，断灭消失，一无所存。"他说，虔诚的行为没有意义，善恶之间没有真正的区别，由此他完美地预见了一个也许不同但相关的传统：这是一种价值体系，它将可量化的商品，如财富和物质享受，置于道德、思想或审美享受之上，或者声称后者只是前者的一种被误解的表现形式。[62] 主流佛教徒、耆那教信徒和印度教信徒从未完全压制住印度唯物主义。

同时，类似的唯物主义传统在希腊也得以延续，代表人物为出生于阿布德拉的学者德谟克里特，他游历的一生从公元前5世纪跨越至前4世纪。德谟克里特最广为人知的成就是，他第一个提出物质并不是连续不断的。相反，他声称一切都是由互不相连的微小颗粒组成的，这些颗粒快速运动，组成不同的模式（如阳光下的尘埃），因而使物质彼此不同。该学说之所以引人注目，是因为它非常类似于现代科学所描绘的世界。实际上，我们将原子理论视为模型科学：是接近宇宙真实本质的可靠指南。然而，德谟克里特及其合作者单凭思考就实现了这一成就。他们有个论点是，因为事物是运动的，所以它们之间必须有空间，而如果物质是连续不断的，空间就不存在了。他们认为这个论点非常重要。毫不奇怪，几乎没有对手被说服。在接下来的2 500年的大部分时间里，西方世界的科学共识都对原子论学说持敌对态度。

死于公元前270年的伊壁鸠鲁，属于少数持异议者。现在，他的名字与追求身体的愉悦有着不可磨灭的联系。尽管伊壁鸠鲁崇尚享乐主义，但他的理论比大众眼中的伊壁鸠鲁学派罪恶的自我放纵形象要克制得多。他对原子论学说的解释在思想史上更为重要，因为在他想象的世界里，只存在原子和虚无——没有灵魂的空间，也没有命运的余地，因为原子会"随机运动"。也不可能有不朽的灵魂，因为构成一切的原子是可以被摧毁的。神只存在于幻想中，而在幻想中，我们无所求也无所惧。唯物主义者从未停止运用伊壁鸠鲁的有力论点。[63]

唯物主义者将一切简而化之，把关于现实本质的、无法回答的重大问题束之高阁。其他哲学家则更关注实际问题。出生于古希腊伊利斯的皮浪是其中之一。他是一个留下许多奇闻趣事的怪人。据称，皮浪陪同亚历山大前往印度时，遇到那里的裸体托钵僧，便开始仿效托钵僧超然世外的冷漠态度。他总是漫不经心、粗枝大叶，这让他显得不同凡俗。在返乡的船上，他在暴风雨中镇定自若，还对一头同样从容不迫的猪深感钦佩。他也以漠不关心的态度对待理性。他说，任何论点都可以找到支持与反对的同样好的理由。因此，智者也不妨放弃思考，通过表象做出判断。他还指出，所有的推理都从假设开始，因此没有什么是确定无疑的。公元前4世纪初，中国的墨子也有类似的见解：他断言，大多数问题都值得怀疑，因为没有真的正在当下的证据。墨子说："我们现在所知道的，难道不是主要来自过去的经验吗？"*[64] 从这样的思路出发，怀疑变得更深刻了：在其极端形式中，没有什么是可知的，并且即使是"知识"概念本身，也是虚妄的。

似乎有些矛盾的是，科学和怀疑主义共同茁壮发展着，因为如

---

* 此处出自《墨子·经下》，原文为："智与？以已为然也与？过也。"——译者注

果理性和经验同样不可靠,那人们还是选择相信经验,以及经验带给人的实践优势。例如,在公元前2世纪的中国,《淮南子》一书中讲述了射手后羿的一则故事:在一位圣人的建议下,他前往遥远的西方寻找不死草药,却不知道其实家门口就长满此草:不切实际的智慧是毫无价值的,无论知识多么渊博。[65]道家的代表人物最喜欢写的一种人,是技艺娴熟的工匠,空谈理论的人劝说他们不按经验行事,总是酿成大祸。

善恶之分:道德与政治

先哲们的思考催生了科学和怀疑主义,而另一股思潮则鼓励了关于伦理和政治的思考:不关心真伪之别的头脑开始思考善恶之分。国家显然是抑恶扬善的一种可用形式。

例如,在希腊,柏拉图和亚里士多德似乎已经耗尽了人们对认识论的兴趣,哲学家开始转向如何为个人幸福或社会福祉提供最佳实践选择的问题。斯多亚主义有三大组成部分:利他主义、节制和自律。童年为奴,后在尼禄执政下的罗马成为著名斯多亚派导师的爱比克泰德说过:"如果让我看到,一个生病仍快乐,危险仍快乐,濒死仍快乐,被放逐、屈辱仍快乐的人,神啊,我一定会看到一个斯多亚派的人!"[66]幸福很难融入观念史,因为有那么多的思想家和从不反省的享乐主义者曾以截然相反的方式寻找和定义幸福,但在西方,斯多亚派是幸福最有力的支持者:他们的思想对基督徒产生了巨大的影响。基督徒推崇相似的美德,并支持相似的追求快乐的方法。事实上,斯多亚主义自出现以来,一直源源不断地为西方精英阶层提供伦理上的指导原则。而斯多亚派提出的另一些主张,如宿命论和恬淡寡欲成为疗愈痛苦的方法,则与基督教格格不入,却和来自欧亚大陆彼端的学说,尤其是佛陀及其信徒的教义遥相呼应。[67]

到目前为止,本章涵盖的几乎所有思想都是先哲们主业之外的副产品。而他们的主业,正如其资助者和学生所想,是政治。但是一切政治思想都来自道德和哲学的设想。通过观察思想家对人类处境的乐观或悲观程度,即可预测他们在政治光谱中的位置。乐观主义者认为人性本善,希望解放人文精神以实现自我。悲观主义者则认为,人类已充满不可救药的邪恶或腐败,应该制定具有约束性和压制性的制度来控制人类。

人类总是喜欢说自己具有动物界独一无二的道德意识。我们能意识到善良,也有作恶的意愿,这就是明证。那么,我们的善是误导的结果,还是说恶是天性?这是先哲们最重要的疑问。我们至今依然深受他们的答案影响。他们中的大多数人认为人性本善。孔子是乐观主义者的代表。他认为国家的目的是帮助人们发挥潜能。他说:"人之生也直,罔之生也幸而免。"[68]因此,儒家的政治学说要求国家解放臣民以发挥其潜能,而希腊的民主学说则赋予公民在国家事务中的话语权,即使他们是穷人或受教育程度低的人。与之相对的是悲观主义者。荀子说过:"人之性恶,其善者伪也。"对荀子而言,人类是从原始的暴力沼泽中带着恶的道德污点诞生的,通过缓慢而痛苦的过程才能将其净化和升华。"故必将有师法之化,礼义之道,然后出于辞让,合于文理,而归于治。"[69]乐观主义和悲观主义在现代面对人性问题的政治回应中仍然具有根本的意义。自由主义和社会主义强调自由,释放人的善;保守主义强调法律和秩序,抑制人的恶。那么人——不分性别的统称——究竟是善是恶？《创世记》给出了一个广为接受但逻辑上经不起推敲的答案。上帝赋予我们善良和自由，而滥用自由让我们堕落。但如果人是善良的，怎么会将自由用于行恶？乐观主义的支持者为逃避这一问题，补充了一个邪恶的外力。是蛇（或其他传统的邪恶化身）破坏了人的善。因此，即使人不是天生邪恶，我们也不能指望人不受约束就能保持善良。从那时起，政治制度的设计者一直在努力寻求自由和暴力的平衡，但未能成功。[70]

悲观主义与哲人王

强大的国家显然可以补救个体的恶。但是，在人类领导和管理国家的过程中，大多数先哲都建议在法律中体现伦理道德，这将对统治者和臣民产生约束。孔子主张，如果两者发生冲突，道德应凌驾于法律之上——这是一个知之非难，行之不易的想法。规则和权利一直处于紧张状态中。在实践中，法律可以在不重视道德规范的情况下运作。在公元前4世纪的中国，一批被称为法家的思想者将法律置于最高地位，任凭道德自生自灭。法家将道德称为足以摧毁国家的"蠹"。他们认为，善恶无关紧要，道德就是空话，社会需要的只是服从。公元前3世纪，法家的集大成者韩非说："仁慈、公义、爱心和慷慨都无济于事，只有严厉的惩罚可以使国家秩序井然。"* 法律和秩序可以通过暴政和不公来保证。国家的善就是唯一

---

* 此处出自《韩非子·奸劫弑臣第十四》，完整原文为："夫严刑者，民之所畏也；重罚者，民之所恶也。故圣人陈其所畏以禁其邪，设其所恶以防其奸。是以国安而暴乱不起。吾以是明仁义爱惠之不足用，而严刑重罚之可以治国也。"——译者注

第四章　伟大的圣哲：第一批著名思想家　　181

的善。[71] 这是一个显著的新变化：之前的思想家总是试图将人制定的法律与"神圣"或"自然"结合起来，使其更具道德性。正如我们所看到的，立法者努力按照公平的原则来制定法规（见第三章"文字和法典：早期的知识分子和立法者"）。法家则推翻了这一传统。他们嘲笑以前的思想者对人性本善的信念。对他们来说，法只服务于秩序，而不是正义。最好的惩处是最残忍的酷刑：枭首、腰斩、凿颠、抽胁、镬亨以及车裂等等。

那个时代下的恐怖造就了法家。战国时代，各国战乱绵延数代，儒家和道家的伦理思想并未带来任何帮助。而法家的统治地位也造成诸多痛苦，在中国之后的几个世纪，法家学说都饱受诟病。但是，一旦时局重新动荡，起源于战乱年代的法家学说或与法家相似的学说就会重新出现。[72]

西方也有持类似主张的人，尽管其思想相对温和，他就是柏拉图。没有任何挑选统治者的方法可以阻止权力的滥用，但柏拉图认为，他可以实现自己"建立国家的目标：实现全体人民的最大幸福，而不是某一个阶级的幸福"。柏拉图属于雅典知识分子中的"新星帮"：富有、受过良好教育、对民主不满、自信有能力掌控权力。他的朋友或亲戚中就有人雇用或配备暗杀队，来帮助维护寡头政治。柏拉图的使命是为政府提供理论支持。他支持的并非政府血腥肮脏的那一面，但当他将自己的观念写入《理想国》时，这些观念表现出严酷、反改革和反自由的倾向。审查制度、镇压、军国主义、严格纪律、极端集体主义、优生学、紧缩政策、僵化的阶级结构以及国家对人民的积极欺骗等等令人反感的内容，对后来的思想家产生了有害的影响。但是这些内容都是附带的产物。柏拉图的核心思想其实是，所有的政治权力都应该掌握在一个自我任命的哲学家统治阶级手中。思想上的优势赋予这些"守护者"担任公职的资格。良好的遗传、利他主义教育的熏陶等，将会让这些人的生活成为楷模，并将给予他们上帝般的视角，使他们了解如何施政才有利于人民。柏拉图预言："在哲学家成为这个世界的王以前，或者在我们现在称为国王和统治者的人真正成为哲学家之前，国家的麻烦，或者说人类的麻烦，是不会结束的。"[73] 统治者接受哲学教育会变得更好，这一观点令人感动。每一位导师都很容易受到类似的傲慢情绪的影响。我每一次上课都坚信，我努力教授学生们如何理解中世纪古文字，或解读中美洲的碑文，不仅会帮他们精通其中奥秘，而且有助于他们实现自我道德价值。柏拉图的说服力是如此之强，以至于他的推理从那时起不断吸引着国家建设者，无疑也吸引着他们的导师。他的拥护者是精英、贵族、政党官员和自诩非凡的阶层，他们总是以自己最掌握情况为由替暴政辩护。[74]

乐观主义与国家的敌人

尽管统治者对法家思想很感兴趣，柏拉图的论述也很有力，乐观主义者仍然占主导地位。当孔夫子呼吁统治者和精英们要顺应天命时，他指的是要顺应民意、以民为本。孟子说："天视自我民视，天听自我民听。"[75] 当时的中国和印度的思想家普遍认为，统治者应当考虑人民的利益和意见，如果出现暴政，臣民也拥有反抗权。然而，他们没有继续质疑君主制的正当性。当国家意味着天下，那么其统一性便不容置疑。

另一方面，若要政府尽可能德才兼备，显而易见的方法是增加参政人数。因此,共和制或贵族制,甚至民主制和君主制,在古代都不乏拥护者和实例。在古希腊,国家并不具有神秘感,人们视国家为可以随时按需调整的实际机制,以及形式繁多的政治实验。亚里士多德对各种政治形态进行了权威的调查。他承认,只有确保一直由最优秀的人掌权,君主制才是最好的选择。贵族政府由一批上层阶级的精英组成,这种做法更为实际,但也容易形成富豪或世袭集团专断的局面。从公元前6世纪初开始,所有公民共享的民主在雅典成功维持了很长的时间,尽管中间可能也有波动。亚里士多德谴责这种民主很容易被煽动和操纵,变成暴民统治。[76] 他认为,最好的制度是贵族阶级占主导地位的法治制度。广义上讲,公元前一千纪后半叶,他的这种思想在罗马得到了体现,而罗马随之成为西方历史上大多数幸存和复兴的共和政体的样本。公元前23年,即使罗马实际上已经放弃共和政体,并恢复了奥古斯都统治下的君主制,罗马人仍然称国家为共和国,而皇帝只是国家的"政务官"(magistrate)或"元首"(chief)——拉丁语为"princeps"*。希腊和罗马的范本使共和主义在西方文明中获得了永远的尊重。[77] 到了中世纪,地中海沿岸的城邦共和国就是仿效古罗马模式,18世纪末的美国和大革命中的法国也是如此。19世纪的大多数新国家采用君主制,但到了20世纪,共和理想的传播成为全球政治领域最显著的特征之一。1952年,有一则流传甚广的趣闻,说的是埃及国王预言世界上很快只剩下五个君主,其中四个是扑克牌里的K。[78]

也许,最乐观的政治思想家是耶稣。他认为人性可以通过神的

---

* 元首制通常被认为是"披着共和制外衣"的君主制。——译者注

恩典得到救赎。他宣讲了一种巧妙的政治颠覆。新的律法将取代所有的法律。天国比罗马帝国重要得多。当法利赛人问耶稣，犹太人缴纳罗马人的税是否合法，法利赛人想利用这一问题陷害耶稣，让耶稣犯下政治错误，但此时，耶稣说出了史上有名的一个玩笑。他说："凯［恺］撒的物当归给凯［恺］撒，神的物当归给神。"我们已经无法理解这句话的幽默之处。每个政权都从字面上理解这句话，想要证明征税的合理性。英格兰的查理一世在镇压反抗财税政策之人时，就在战旗上绣了一句"归还恺撒应得的"。亲耳听过耶稣布道的信众会立刻领会基督的犹太式幽默是多么有趣，捧腹大笑，前仰后合。对耶稣时代的犹太人来说，没有什么是恺撒的，一切都属于上帝。耶稣用他特有的暗示方法，谴责了当时罗马政府的税收政策，而这种谴责使耶稣具有了标志性的煽动性。耶稣欢迎无家可归者、妓女、罪人、他同胞鄙视的撒玛利亚人，以及税吏（耶稣时代最受人唾弃的职业）。耶稣同情处于社会边缘的弱势者、受苦者、儿童、病人、跛足者、盲人、囚犯，以及所有被社会抛弃和放逐的人，他们在八福中都属于得恩宠之人。* 他谴责犹太放贷人，用革命式的武力将他们驱逐出耶路撒冷圣殿。在这种激进的政治主张的背景下，罗马当局和犹太人联合起来将他处死变得不足为奇。他十分清楚自己的政治立场，但他的使命超越了政治。他的追随者们放弃了政治行动，转而拥护我眼中的耶稣真正的宗旨所在：在此世以外的国度里实现个人救赎。

---

* 《马太福音》第五章耶稣"登山宝训"中论"福"有一段话，提到八种有福的人。——译者注

奴隶制

奴隶制形成的年代已无从查证。大多数社会都实行过奴隶制；许多社会依赖奴隶制，并认为奴隶制（或某些非常相似的强迫劳动制度）是完全正常的，在道德层面上无可厚非。我们的社会正式废除了奴隶制，这其实是反常的。但奴隶制只是换了形式：血汗工厂、妓院以及对"非法"移民劳动力的滥用（这些移民无法自由换工作，也无法对工作条件提出异议）。连耶稣都没有质疑过奴隶制，尽管他确实承诺天上不会再有束缚和自由之分；耶稣升天后，保罗被选为使徒，他赐予一名奴隶基督徒的身份，奴隶的主人却并未因此释放他，而只是将他视为自己心爱的兄弟。* 人们对奴隶制习以为常。但是，亚里士多德确实提出了新的想法，来证明奴隶制的合理性。他看到了强制奴役制度和每个人的独立价值及幸福的道德价值等价值之间的矛盾。他认为，有些人天生就处于劣等地位；对这些人来说，生活中最好的命运就是为比他们更好的人服务。如果天生的劣等人拒绝被征服，希腊人可以俘虏并奴役他们。在发展这一思想的过程中，亚里士多德还提出了正义战争的理论：一些社会认为战争是正常的，甚至认为战争是自然或神灵赋予的义务。然而，亚里士多德将战争定性为正义的前提是，受侵略的一方就像劣等人一样，应该由侵略者统治。这一观点至少使战争成为道德审查的对象，但这对战争的受害者来说没有丝毫的安慰。[79]

在奴隶制被广泛接受的时代，亚里士多德的学说似乎无关紧

---

* 此处出自《腓利门书》1:16："不再是奴仆，乃是高过奴仆，是亲爱的兄弟。"——译者注

要；主人完全可以在不损害自己利益的前提下承认，除了法律地位以外，他们的奴隶在其他一切方面都和他们是平等的。然而，法学家们为了回应对奴役美洲原住民的批评，又把亚里士多德的观点挖了出来。1513年，苏格兰法学家约翰·梅尔（John Mair）写道："有些人生而为奴，有些人天生自由。一人做主，一人服从，这是正义的……也是合适的，因为生而为主人者天生拥有更高的品质。"[80]奴隶必须被视为劣等人的观点后来促进了种族主义的诞生。[81]

CHAPTER FIVE

Thinking Faiths:
Ideas in a Religious Age

第五章

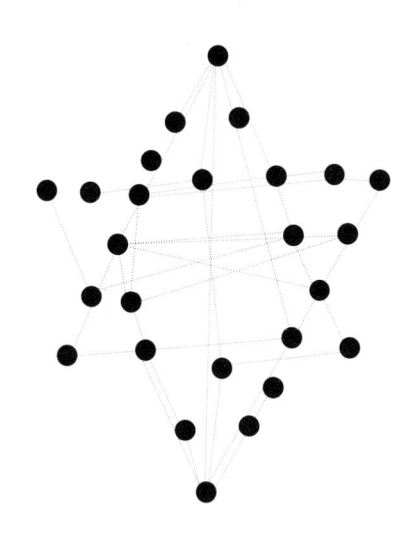

思想信仰：

宗教时代的观念

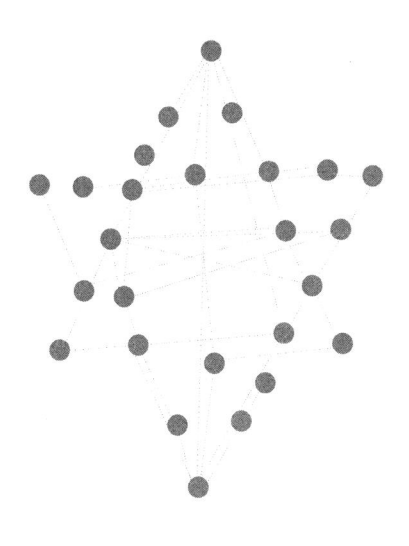

宗教应该让人变好，不是吗？它应该能够改变人的生活。有些人在谈及宗教带来的改变时，甚至会用宛若重生来形容。但真正观察这些人的言谈举止时，会发现宗教的效果似乎微不足道。有宗教信仰的人，平均来看和其他所有人一样有可能作恶。我非常勤劳地、坚持不懈地去教堂，但除此之外，也没做什么高尚的事。鉴于宗教是让人向善的手段，它为什么没有效果呢？

这个问题很不容易回答。不过我相信，尽管宗教可能不会像我们期望的那样改变我们的行为，但它确实会影响我们的思维方式。本章探讨的是耶稣升天后1 500年左右时间里的伟大宗教，特别是富于创造性的思想家们如何探索理性、科学与启示之间的关系，以及他们如何看待宗教对日常生活的影响——宗教如何使我们变得更好（如果它能办到这一点的话）。

本章所提及的"伟大宗教"，是指已超越其起源地的文化并传遍全球的宗教。大多数宗教是特定文化信奉的对象，很难吸引外来者。因此，我们必须首先尝试理解为什么基督教和伊斯兰教（以及略显逊色的佛教）能够打破规范，并表现出显著的弹性。首先从它们如何摆脱早期的束缚开始。

基督教，伊斯兰教，佛教：面对检验

新宗教为新思想开辟了最丰富的沃土：在这个时期之初诞生的基督教和在耶稣升天之后的7世纪出现的伊斯兰教。两者出现了类似的问题。两者都从犹太教发展而来。耶稣作为自由的犹太教拉比，吸引了大批犹太信徒；他对一名撒玛利亚的女子说，"救恩是从犹太人出来的"；犹太教的经文渗透在耶稣被记载下来的教义中；耶稣的信徒将其视为犹太先知所预言的弥赛亚，各个版本的福音书中也写到了关于耶稣的这一预言。穆罕默德不是犹太人，但他在犹太人身边度过了一生的成长期；圣训称他在耶路撒冷登霄；《古兰经》的每一页，都是天使在穆罕默德耳边的低语，都带有犹太教（以及少许基督教）的影响。基督徒和穆斯林都接受了犹太教的核心思想：神是独一无二的，世界是通过创世的过程从无到有的。[1]

然而，两种宗教都对犹太教的伦理进行了修改：基督教用神的恩典代替法律作为救赎的手段，伊斯兰教则重新制定了自己的法律。基督教认为犹太教的传统过于法制化，试图削减宗教信仰的规矩，而穆罕默德却想将所有规矩集中起来。在这两大宗教的发展轨迹中，法律和宗教的关系一直不断调整。此外，基督徒和穆斯林开始占据古希腊和古罗马中心地带及其周边地区。随后双方产生一系列辩论，讨论如何将犹太传统与希腊和罗马的学说融合在一起，包括前章所述的科学和哲学。

对基督徒和穆斯林来说，当时的社会环境使这项任务更加艰巨。有人嘲笑基督教是奴隶和女人的宗教，只适合被社会排斥的受害者。在基督教产生之初的两个世纪里，级别较高的皈依者一直受到歧视。福音书赋予耶稣神圣和高贵的血统，同时又坚称耶稣的出身和在世俗中的职业是平凡的。耶稣在各行各业挑选自己的帮手，他们地位卑微或受人唾弃，有乡野的渔夫、堕落的女性，甚至还有被当时的犹太人认为更加堕落和道德败坏的人——税吏和效忠于罗马政府的人。基督徒的圣书中充满粗俗的语言，妨碍了他们与博学者的交流。早期的伊斯兰教在7世纪阿拉伯的精英阶层中也面临着类似的问题。穆罕默德出身于一个富裕的城市商人家庭，但他自我边缘化，远离和自己出身类似的人，背井离乡来到沙漠，实践禁欲主义，履行先知的使命。穆罕默德不是在麦加和麦地那文明的街道上引起人们的共鸣，而是在城市人鄙视的、过着游牧生活的贝都因人中得到了认可。而基督教则过了很长时间才在思想上得到广泛赞誉。福音书作者们的才华和教育背景一直遭到学术界的蔑视。即便是《约翰福音》的作者，将许多令人印象深刻的思想注入前人枯燥乏味的叙事中，也无法赢得学究式读者的赞赏。

保罗说："神的愚拙总比人智慧。"保罗的著述虽然丰富而精彩，但也有令人尴尬的缺点，尤其是喜欢用一长串分词性短语，这是老练的修辞学家所憎恶的。尽管保罗是耶稣门下受教育程度最高的使徒，那个年代（甚至当下）自视甚高的学者，对他仍然不屑一顾：我小的时候，我的希腊语作文里如果出现使用不当的分词性短语，老师会在页边标注一个"π"，代表"保罗式"。对受过古典教育的人来说，《旧约全书》简直更让人难堪。4世纪末，在教宗的藏经阁里，吹毛求疵、咬文嚼字的翻译学者哲罗姆*发现，《圣经》中先知们的"粗俗"令人忍无可忍，异教经典的文字却格外优雅迷人。在一次异象中，他告诉耶稣自己是基督徒。"你说谎，"耶稣说，"你是西塞罗的信徒。"[†2]哲罗姆发誓永不再读所谓好书。当他把《圣经》翻译成拉丁文（至今仍是天主教会的标准文本）时，他故意选择了一种粗俗的平民风格，比他在自己的信中所使用和推荐的古典拉丁文风低级得多。大约在同一时期，圣奥古斯丁发现许多经典文本中有着大量粗鄙的色情内容。"我们根本不该了解这些词：'黄金雨'、胯下、偷情。"[3]

与此同时，异教徒的精英们正在纷纷转投基督教。在罗马帝国晚期不稳定的文化中，改变信仰就像改变时尚一样，而无论是古老的神还是古老的学问，似乎都无法阻止经济衰退或避免政治危机。[4]古典文字太优美，永远都值得学习。正如圣巴西勒‡所说："《圣经》引领我们进入永生……但是……我们将自己的精神感知投射在世俗的文字里，这些文字并不是迥然不同，真理在里面就像在影子和镜子中一样，我们依然可以从中感知它们。"[5]而少年们

---

* 哲罗姆是基督教最有教养、最有学问的教父之一，曾将希伯来文《圣经》译为拉丁文。——译者注
† 西塞罗是罗马共和国晚期的哲学家、政治家、作家，行文华丽，有较高的文学造诣。——译者注
‡ 圣巴西勒是公元4世纪的基督教神学家。——译者注

并没有彻底逃过严格的古典教育。哲罗姆和奥古斯丁之后200年，至少价值观的转变终于完成了。教宗格列高利一世反对教授古典经文，因为"同一张口无法同时称颂耶稣和朱庇特"。[6]到了13世纪，圣方济各的信徒们实践贫困的生活，他们以学问也是一种财富为由而放弃学术：尽管他们中有一部分人是这样说的，但实际上，这些信徒成为大学里的中坚力量，为梳理西方学术贡献良多。

至少从11世纪起，一种类似的趋势开始影响伊斯兰教，这种趋势颂扬通俗的智慧和超越古典哲学的神秘见解，伟大的伊斯兰教义学家、哲学家安萨里写道："信仰不是抽象的证据和系统的分类……而是安拉赐予的光明……有时是通过内心所体会的信念，有时是通过梦境，有时是通过虔诚的人……有时是通过自身的幸福状态。"[7]安萨里指出，穆罕默德时代的众多信徒对古典逻辑和学说所知甚少、不以为意，而之后的伊斯兰哲学家却对古典哲学颇为欣赏。

在所有这些情况中，有学问的人假装不信任博学是一种简单而又明显任性的讽刺；但他们的言辞却产生了真正的影响，其中不乏恶劣的影响：直到今天，西方世界依然有不少人将庸俗看作诚实，将愚蠢视为纯真或所谓的"真实"。在西方政治中，无知不会成为阻碍。诉诸通俗的智慧，有时的确会产生一些短期的有益影响：在中世纪的欧洲，宫廷弄臣可以通过开玩笑的方式告诉统治者不中听的道理，利用讽刺来挑战社会。[8]

与此同时，全世界的第三大信仰佛教的传播断断续续地停住了脚步。一个悬而未决的重要问题是："为什么？"在公元前3世纪，佛典结集的时代，阿育王的帝国（前文已提到，佛教当时已成为其国教）可能成了佛教进一步扩张的跳板，就像罗马帝国之于基

第五章 思想信仰：宗教时代的观念

督教，或者七八世纪的哈里发帝国之于伊斯兰教。到了我们所认为的中世纪早期，基督教和伊斯兰教急剧扩张时，佛教也表现出类似的弹性。它成为影响日本精神的主要因素，成为东南亚许多地区的唯一信仰。在中国，佛教也获得大批信徒，甚至有些皇帝也是虔诚的佛教徒，因此佛教也有机会征服朝堂，成为当时全世界最强大国家的国教。然而，这并没有发生。中国的道家和儒家思想阻碍了佛教的发展。佛教徒从未获得过执政者的长久支持，除了最后在相对较小的边缘地区，如缅甸、泰国和中国西藏。在其他地方，佛教继续对文化做出巨大贡献，但在印度的许多地区和中南半岛的部分地区，印度教取代或限制了佛教；而在亚洲其他地区，新宗教成功地挑战了异教传统，基督教和伊斯兰教在佛教停滞不前或衰落的地方发展起来。直到 16 世纪末，由于蒙古可汗的支持，佛教才在中亚重新扩张。[9] 到了 20 世纪（我们之后讲到佛教时会阐述原因），佛教才得以在世界范围内与基督教和伊斯兰教竞争。

因此本章还是围绕基督教和伊斯兰教展开讨论。关于基督教的内容比关于伊斯兰教的更多一些，因为从长远来看，基督教表现出更强的文化适应性——在重新定义自己以适应不同地区和不同时期的不同民族方面，基督教表现出了更大的灵活性。而伊斯兰教，诚如其护教者所说，是一种生活方式，对社会、政治和法律都有很严格的规定——非常适合某些社会，但在其他社会却行不通。最近的移徙已将伊斯兰教的影响范围扩大到其以前未曾接触过的地区；在北美洲，某些祖上是奴隶的人据说本来就应该有信奉伊斯兰教的传统，重新发现这一点对于伊斯兰教在北美的传播起到了推动作用。然而，在过去的大部分时间里，伊斯兰教基本上都被限制在旧世界的一个相当有限的地带中，这里位于北半球的温带和热带之间,其文化和环境在某种程度上说非常一致。[10]基督教则没有这么多规矩。它的规则更具可塑性,更适合渗透到几乎每一个宜居环境的每一类社会中。每一次调整都改变了基督教传统,接纳或激发了许多新思想。

重新定义神:基督教神学的演变

对于那些想要增强其信仰吸引力的宗教人士来说,第一个任务或者说首要的任务之一,就是要有一个可信的神,并能根据潜在信徒的文化进行相应的调整。耶稣和穆罕默德的追随者认为他们的教义是神圣的:在基督教中,是因为耶稣本人就是神;而在伊斯兰教中,则是因为穆罕默德是神赐予特权的最后先知。然而这两大宗教若想扩大并维持下去,就需要呼应更早的异教传统,并且受到接受古典教育的精英阶层的青睐。因此,这两个宗教都面临着一个问题,那就是如何让不可改变的、不容置疑的圣典,与其他通向真理的方式,尤其是理性和科学相一致。

对于基督教思想家来说,定义教义的任务尤其艰巨,因为耶稣与穆罕默德不同,没有留下自己的著作。《使徒行传》和构成《新约全书》后半部分主要内容的书信显示出正统信仰对表达方式的纠结:教会只面向犹太人,还是广为开放?教义应托付给所有使徒,还是只交给其中一部分人?救赎是基督徒自己争取到的,还是上帝一视同仁地给予的?大多数宗教总是错误地为信徒列出一串教义,并声称它们来自某位权威的创始人,而这些教义充满争议或是压制歧见。然而,在现实中,异端往往更早出现,正统观念是从相互竞争的观点中提炼出来的,基督教就显然是如此。[11]

早期基督教中一些最有争议的问题与神的本质有关：成功的信理必须符合神的三位一体理论，即圣父、圣子和圣灵这三个位格结合于同一本体，同时不违背一神论。回避是解决争议的一种方法，像至今基督徒仍然信奉的《亚大纳西信经》便语焉不详地将三位一体的真神定义为"独一无从解释的神，而不是三位无从解释的神"。表面上看，基督教其他教派关于神的教义似乎同样难以理解和荒谬：他应该有一个处女所生的儿子，或者说在某种意义上他自己就是这个儿子；这个儿子应该既完全是神，又完全是人；他应该是全能的，但又是自我牺牲、完美无缺的，还要经受苦难；他的牺牲应该发生在特定时刻，但又属于永恒；他本该是真的逝去，却又死而复生；他在世间以血肉之躯现身，应在教会中有所体现。神学家们花了很长时间才制定出合适的信理，其内容前后一致，并且在大多数有争议的问题上，能被大多数人认为是合情合理的。福音书的作者和圣保罗似乎已经认识到，耶稣以一种深刻而独特的方式融入了上帝的本质。《约翰福音》不仅讲述了神的人类儿子或者说代表神的人的故事，而且还讲述了道成肉身的概念：道*，即时间出现之前就存在的思想或理性。作为儿子的存在只是一种隐喻，以肉身表达出无形的神性。但是，受到神秘主义的影响，早期的基督徒对这一观点的解释模棱两可、含糊不清又遮遮掩掩。在接下来的两三个世纪里，为了让道成肉身这一概念通俗易懂，神学家让基督教的神拥有魅力（因为是人身），拥有同理心（因为受苦），也令人信服（因为每个人都可以在自身的

---

* 道（Logos），逻各斯，是天主的圣言，也是万物的规律的源头，后又译为"圣言"或"话"。——译者注

交流、同情和爱的经历中有所体会)。

为了理解这是如何做到的,可以看一下当时的大背景。基督教可以定义为这么一种宗教:宣称特定的历史人物为神的化身。但是,早在基督教出现的几千年前,神会以肉身形象出现这一观念就很常见了。古代的萨满通过装扮会"变成"神。埃及法老在上文提到过的特殊意义上是神(见第三章"普天之下:神圣的王和帝国的观念")。神话故事中化为人身的王或神也很普遍。佛教徒认为,佛陀超越凡人:证悟让其升入更高的境界。从19世纪的詹姆斯·弗雷泽爵士到20世纪后期的埃德蒙·利奇,对基督教持怀疑态度的人类学家发现了许多关于道成肉身的例子,往往都是和耶稣类似,最终牺牲自己的故事。[12] 在公元4世纪,一个与此类似的印度教思想出现了:毗湿奴有各种各样的人类生活,包括受孕、出生、受苦和死亡。伊斯兰(或者说最开始的伊斯兰)教派,特别是什叶派传统,有时也会将阿里奉为神圣的化身,或称其为伊玛目或英雄。[13] 11世纪,黎巴嫩的德鲁兹派将自称安拉化身的哈基姆*誉为在世的"活主"。16世纪,莫卧儿王朝的皇帝阿克巴改革宗教,并在其中自我神化,试图调和国家内部彼此不和的各派信仰。

那么基督教的观念到底有何新颖之处?如果说基督教曾经独一无二,它是否依然如此?

所有其他的信仰,都如南亚、东亚和中亚历史上许多神佛的转世传说一样声称,神灵会在出生前、出生时或出生后"进入"人体。但在基督教的观念中,人体本身是被神化的:在基督教传统之

---

* 哈基姆(al-Hakim),埃及法蒂玛王朝第六代哈里发,晚年被神化,形成德鲁兹派。——译者注

外,所有故事中的化身都要么让获得神性的个体失去人性,要么赋予其一种与人性并存的神性本质。而在耶稣身上,人性与神性毫无区别地融于一体。诚如《约翰福音》那令人难忘的开头所言:"道成了肉身,住在我们中间,充充满满地有恩典,有真理。我们也见过他的荣光,正是父独生子的荣光。"

正统的基督教神学一直坚持这种信条,反对希望让耶稣仅有神性或仅有人性,或是让其人性和神性分开的异端思想。而这个信条正是基督教所特有的教义——因此教会一直为保护该教义而竭尽所能。这个想法激发了模仿者们的灵感:不断有所谓的弥赛亚声称自己也拥有耶稣般的特质,或者是其支持者宣称其拥有这种特质。但基督教对道成肉身的理解似乎无法循环使用。自耶稣以后,再没什么人能让世界上大多数的人信服。[14]

从长远来看,基督教神学家极为成功地将渗入基督教悠久血统中的犹太智慧与希腊罗马的思想融合在一起,将基督教塑造成了真正合理的宗教,用温柔的哲学思想,使《旧约全书》中严厉、冷漠、遥远、武断、"嫉妒"和苛刻的神变得更容易接近了。这个结果给教会带来了一个巨大的不利因素:其神学变得过于复杂,令人困惑,排斥那些不理解它的人,又让理解它的人意见不一。4 世纪初,一个由主教和神学家参与的会议在罗马皇帝的主持下召开,设计了一个解决这个问题的方案,或者说设计了一个虽然无法解决所有问题,但是可以容纳这些问题的框架。这就是第一次尼西亚公会议*,这次会议制定的信经,至今仍被大多数自称基督徒的社群所尊

---

* 尼西亚公会议(Council of Nicaea),公元 325 年在尼西亚城召开的基督教公会议。是天主教历史上第一次的世界性主教会议。——译者注

奉。其描述圣父和圣子关系的术语为"本体同一"（homoousion），传统翻译为"同体同质"（consubstantial），但在一些现代翻译中，被错误地翻译成"同一存在"（of one being）或"同一本质"（of one nature）。这个信理否定了那些可能会削弱基督教的观点，例如：耶稣只是某种隐喻意义上的上帝；耶稣所谓圣子身份应按字面意思理解；他的人性是不完整的，或他的痛苦是虚幻的。基督徒们依然对圣灵如何融入的问题争论不休，但本体同一论成功地限制了对于该论题的争辩。父子共有的身份必然拥有圣灵。如3世纪末教宗狄奥尼西所说："神圣的道，必然与宇宙之神合一，圣灵必然在神中存留，因此，神的三位一体必然聚集并融合彼此。"[15]

本体同一论的观念由谁最先提出？这个词是当时众多神学家反复讨论的问题中的一个。根据尼西亚公会议现存的记载，是当时的罗马皇帝君士坦丁一世不容置疑地正式下令采纳这一说法的。他称自己"犹如使徒"，并坚称自己主持了尼西亚公会议。君士坦丁一世其实是完全不懂神学的改信基督教之人。但他是非常专业的权力调停者，只要看到成功的谈判可能，就会立马抓住机会。

传教士们与神学家们呼应，描绘出各种不同的表达三位一体彼此不可分割的朴素形象。最著名的是圣帕特里克*的三叶草——一种植物，三片叶子；同一本性，三个位格——还有一块由土、水、火制成的砖头，圣斯皮里宗曾在会众面前将它粉碎，这块砖头神奇地分解成其三种组成元素。也许大多数基督徒只能依赖这些朴素的形象来理解三位一体这一复杂的教义。[16]

---

* 圣帕特里克（St Patrick），5世纪爱尔兰的基督教传教士与主教，他将基督教信仰带到爱尔兰岛，并被誉为"爱尔兰的主保圣人"。——译者注

宗教归属：基督教和伊斯兰教仪式

总体上说，神学上的精妙之处不会使人流连忘返。大多数人都智力平平，也并不要求宗教在思想上有多么令人信服，他们要的只是一份归属感。耶稣提供了一种回应方式。耶稣赴死前最后的晚餐上，他告诉十二使徒和门徒们，他们可以团结一致让耶稣在世上不朽。根据保罗在事后不久记录的传统，以及福音书上不断出现的描述，耶稣说，日后只要信徒们相聚享用圣餐，圣餐上的饼和酒就是耶稣肉和血的象征。圣餐象征着耶稣的不朽，表现为如下两个方面：第一，在圣餐仪式中，耶稣的身体和血液分别破碎、流溢，信徒们共享和咽下之后，身和血又得到了统一；第二，教会的信徒认为自己代表了耶稣的身体，并在精神层面上得到重建。如耶稣所说，在圣洁的饼和一起分享的人中，他"与你们同在"。[17] 圣保罗则如此写道："我们虽多，仍是一个饼、一个身体，因为我们都是分受这一个饼。"这是延续圣人传统的新方式。以前，圣人们曾提名或任命重要的新信徒为拥有特权的教义捍卫者，而对于犹太人来说，所有"神的选民"都可以捍卫教义，不过"神的选民"范围本身受到严格限制。

耶稣用两种方法来传递教义：他将自己的信息传递给亲自选择的使徒群体，以及认为耶稣是预言已久的弥赛亚的犹太会众。然而，最初的几代基督徒接纳了越来越多的非犹太人。此时需要一个全新的模式：教会模式。它体现了耶稣在世界上持续的存在，教会也是唯一可以与耶稣的权威对话的地方。教会的领导者也被称为"监督"（overseer），用更英语化的同义词来说就是主教（bishop）。

他们是按照使徒统绪*的传统推选出来的，从而保持使徒传统的延续性。同时，洗礼仪式确保了受洗者成为神选的一员（即被选出得救赎的人），在基督教群体中维持着一种归属感。公元70年，罗马人摧毁耶路撒冷圣殿后，基督徒采用许多圣殿祭祀仪式，来巩固自己作为犹太传统管理者的地位：从某些方面来说，你在老式基督教堂里也许比在现代犹太会堂中更能感受古老犹太教的礼拜方式。

在吸引力和持久性方面，教会一直是世界历史上最成功的机构之一，在各种外部迫害、内部分裂和缺陷中幸存至今。所以说教会这个观念是起作用的。但也问题重重。洗礼是获得上帝恩泽宠眷的保证，这一观念很难与基督教的另一个甚至更重要的观念相容，即仁慈的神渴望一视同仁地救赎每一个人。理论上，教会是耶稣的统一体；实践中，基督徒总是在如何诠释耶稣的意愿上存在分歧。教派分裂主义者向维护共识的努力发起挑战，拒绝这样的努力。宗教改革期间，许多脱离教会的教派质疑或修改了集体参与圣事的观念，个体不再经由教会的中介而是直接通过经文领悟神的启示，或强调个人与神的关系，或坚持认为真正的教会应由神亲自选中的人组成。

在某些方面，对有可能改信其他宗教的异教徒来说，伊斯兰教的观念似乎更吸引人。伊斯兰教抛去了基督徒的繁文缛节，只用一个简单的方法象征穆斯林身份：信徒们只要朗诵清真言和作证词，并执行一些简单但严格的仪式即可。但是苛刻的礼节构成了对伊斯兰教的束缚。例如，多数伊斯兰群体中几乎不可避免的割礼习俗、

---

* 使徒统绪（Apostolic succession），天主教中译作"宗徒传承"，指基督教教会的圣职是从耶稣的十二使徒开始代代相传的，因此具有合法性。——译者注

严格的礼拜日程或对斋戒的强行规定。尽管基督教和伊斯兰教已经竞争了近1 500年,但是就不断扩大的宗教吸引力而言,现在判定谁的表现更好还为时过早。尽管经历了惊人的成长阶段,但伊斯兰教尚未能与滋养了基督教的全球文化环境和自然环境相匹配。

道德问题:宗教伦理思想的发展与分歧

传播宗教的工具只有神学和教会学是不完整的,还需要一个足够强大的道德体系来说服听众,从而使信徒受益、改善世界。基督徒和穆斯林对这一挑战的应对截然不同,却都卓有成效。

先来看基督教的道德准则。圣保罗对基督教的最根本贡献,也是他最鼓舞人心、最有问题的观念。他既因创立发扬基督教而广受赞美,也因破坏基督教而饱受诟病。保罗发扬教义的方式也许连耶稣也出乎意料。[18] 但无论他表达恩典的观念(见第四章"古老的魔法,抑或新的宗教?")时是否抓住了天主的真正思想精髓,他都已经为人类留下了不可磨灭的遗产。他认为,无论被拯救者是否应得,上帝都会赋予恩典。"你们得救是本乎恩",而不是靠着自己的功德,保罗对以弗所人如此写道,如他常说的那样。保罗有时似乎格外偏爱这样一个教义,即我们所做的任何善事都是上帝恩惠的结果,教会也一直正式肯定这一点。"并没有分别,"保罗对罗马人如此写道,"因为世人都犯了罪,亏缺了神的荣耀。如今却蒙神的恩典,因基督耶稣的救赎,就白白地称义。"

有些人认为这个想法太过令人沮丧,让人意志消沉——按照保罗的写法,人类几乎没有任何自由可言。然而对大多数人而言,这个想法是令人放松的解放。没有人会因为罪恶而自我谴责。只要上帝愿意，所有人都可以得救。衡量生活的价值并非通过外部的规矩或仪式，而是通过个人对恩典的回应程度。17 世纪，善于处世的修士蒂尔索·德·莫利纳[*]创作了一部戏剧《不信上帝就入地狱》(*El condenado por desconfiado*，我身为演员的儿子曾在伦敦国家剧院参演该剧)，其中生动地表达了这一点：一个强盗尽管身负多重谋杀和强奸的罪名，但因为他在爱自己的父亲时仿效了上帝的爱，因此得到救赎，升入天堂；我的儿子扮演的是一位暴躁、虔诚而一丝不苟的隐士，他不信任上帝，不爱任何人，注定要下地狱。然而，对神恩的信心可能会走得太远。四、五世纪之交，圣奥古斯丁指出："如果一个人看不到真理之路，其自由意志只会引领他走向罪恶。"[19]圣保罗则再三强调，上帝选择恩典的接受人，"从创立世界以前……因为他预先所知道的人……预先所定下的人又召他们来，所召来的人又称他们为义，所称为义的人又叫他们得荣耀"。而上帝这一似乎过早的决定，让世界好像变得毫无意义。异端把获得恩典当作为所欲为的通行证：如果正沐浴着恩典，则罪行不再是罪，而是圣洁无瑕；如果恩典不在，罪孽也不会让他们被罚入地狱。

保罗的一些门徒也对该教义表示反对，他们认为这显然给了基督徒不再行善的理由。圣雅各是早期教会领导权的争夺者，时人尊称其为"公义者雅各"和"主的兄弟雅各"。雅各发表了一则如今公关团队发出的所谓声明。他（或者有人借他之名）坚称爱人如己是不可抗拒的诫命，同时认为"信心若没有行为就是死的"。长期以来的一个争论将人们分为两派，一派认为恩典和个体相辅相

---

[*] 蒂尔索·德·莫利纳（Tirso de Molina），西班牙剧作家、散文家、诗人。——译者注

成，个体依然起着主动作用，另一派则不同意作恶者也拥有主动权，认为这削弱了上帝的全能和爱。在宗教改革中，后者用圣保罗的话来背书，退出了教会。进一步的问题仍然存在。耶稣会在某个特定的时刻来救赎罪人：这是为何？如果那些罪人错过了或者提前死了呢？更令人困惑的是，如果上帝是无所不知的，他肯定在我们行动之前就知道我们要做什么。那么，本应是上帝赐予我们的宝贵礼物的自由意志，又变成了什么？如果如圣保罗所言，上帝一开始就知道谁注定要入天堂，那其他人呢？如果被诅咒的人没有真正得救赎的机会，上帝怎么做到公正和正义呢？圣保罗仿佛想象出了收信人会提出这样的问题，他写道："他为什么还指责人呢？有谁抗拒他的旨意呢？"圣人的回答带着令人毛骨悚然的逻辑：既然每个人都有罪，正义就是要求所有人都被判罪。上帝通过豁免自己的选民而表现出值得称赞的宽容。

　　那些认可上帝的恩典而非其正义的基督徒，发现这种说法令人生畏和反感。但圣奥古斯丁却认同它。圣奥古斯丁在探索时间这一概念时，不经意地找到了一个更好的答案。4 世纪末，他写下了自己思想中的一场精彩对话，在对话过程中他承认自己本来很清楚时间是什么，"直到有人问我"。这一点上他从未停止过犹疑，但经过深思熟虑后，他得出结论："我以为时间不过是伸展，但是什么东西的伸展呢？我不知道，但如果不是思想的伸展，我会感到惊讶。"[20] 奥古斯丁认为，时间不是现实世界的一部分，而是我们现在应该称之为精神构造的东西：我们设计出来整理体验的一种方式。若要理解这一点，可以设想一次旅行：在地面上沿路前进，感觉会先到达华盛顿或莫斯科，然后是堪萨斯或柏林，接下来到达奥斯汀城和洛杉矶，或者阿姆斯特丹和巴黎。然而，从上帝的高度来看，也就是看到世界的真实面目时，所有这些目的地都是同时出现的。彼得·谢弗在其描写莫扎特一生的戏剧《上帝的宠儿》中，想象着上帝也用类似的方法聆听音乐："无数声音同时上升，并在他的耳中混合，变成我们无法想象的无尽音乐。"对上帝来说，时间也是如此：事件不是按顺序排列的。奥古斯丁之后过了几代，古罗马哲学家波伊提乌身为传统的罗马元老，服务于当时的"蛮族"首领，后被怀疑秘密联合东罗马帝国谋反复国而入狱。在狱中，波伊提乌以圣人的洞察力对预定论的问题做出解答。波伊提乌意识到，上帝能够了解人类今日所思，但人类可以对明日所想做出自由选择。

其他一些解决该问题的努力集中于如何将"预知"（foreknowledge）和"预定"（predestination）区分开来。上帝预先知道人的自由意志会促使人做什么。17世纪中叶，约翰·弥尔顿在《失乐园》中尝试"为上帝对人的方式进行辩护"，他借上帝之口，解释称亚当和夏娃的堕落是可以预知的，却不是预定的。"如果我能够预知，"上帝说，"预知对他们的堕落不会有任何影响。"弥尔顿的解释似乎可以理解。无论如何，似乎都没有必要认为人类的自由与上帝的全能相悖：自由意志可能是他选择做出的让步，但有权随时撤销，就像警察局长宣布"枪支赦免"或将军授权停火一样。

由于这种让心理平衡的行为，基督教思想一直保持着自由意志和宿命之间的平衡。天平的一端是未受原罪污染的理想人性，另一端是面对不可避免的诅咒时绝望的屈从。即便如此，无论是哪一个极端立场的人，都不愿意与其他基督徒和平共处：16世纪，加尔文宗与天主教分裂；17世纪，阿明尼乌派又因自由意志的问题与加尔文宗分裂。关于同一问题的无数争议也造成了伊斯兰教的分裂。一些好辩的基督徒找到了种种方式,可以让自由意志融入全知全能的上帝所控制的世界,伊斯兰教的什叶派不仅也做到了这一点,还发展出引起激烈争论的"神旨变换说",声称安拉可以改变自己的判断,给忏悔的罪人机会。[21]

与此同时,基督教还面临着无法容忍世界之缺陷的崇高思想家带来的挑战。总的来说,在善与恶的斗争中,人类似乎站在恶的一边。当柏拉图环顾世界时,他看到了完美的不完美影子。他的一些读者将这种思想扩展到其合理结论之外,并推断世界是恶的。查拉图斯特拉、老子和公元前一千纪许多不那么知名的思想家认为自己可以发现善恶在整个宇宙里处于动荡不安、无所不包的平衡中摇摇欲坠——不论怎样,这个肮脏、悲惨的世界都属于天平上恶的那一端。物质无论如何都会腐败,身体也易堕落和受苦。在犹太教、基督教和伊斯兰教共享的传统中,魔鬼通过入侵伊甸园和诱惑人类,主宰了世界。因此将世界、肉身和魔鬼视为不道德的三位一体或者肮脏而不和谐的三联体也不无道理。[22]

公元纪年之初,持此观念的人称呼自己的信仰为"灵知"(gnosis)——希腊语中意为"知识"。基督教试图将这一概念引入教会,或者在教会里为其找到一个位置,均以失败告终。这与道成肉身的教义是不相容的:魔鬼可以取走肉体,但取不走上帝。生命的一端是子宫中取出的血腥和凌乱,而生命的另一端是粗糙的十字架,这是对神圣的巨大侮辱。在这个世界上存在,就是对纯洁、属灵的上帝的亵渎。伊里奈乌称诺斯替派领袖巴西里德曾经说过:"如果承认被钉死在十字架上的耶稣存在,那么他是一个奴隶,臣服于创造出人类身体的魔鬼。"[23]诺斯替教徒在逃避和闪躲难题时,具有令人难以置信的敏捷思维:耶稣的身体只是一种幻觉;他似乎被钉死在十字架上,但其实并没有在十字架上受苦;被钉在十字架上的,只是替罪羊或拟像。对于极端的诺斯替派来说,上帝不可能创造出像这个世界一样邪恶的东西:一定是另一个"巨匠造物主"或其他与上帝匹敌的神将其创造出来的。但是,如果上帝不是万物的创造者,那么他就不是他自己了。如果他不完全拥抱人性,包括人身的负担以及血肉的损伤和痛苦,基督教就变得毫无意义。

但是教会在拒绝诺斯替派的同时,也保留了一些诺斯替派的影响。天主教的传统一直对身体有很严苛的要求。信奉苦行的基督徒憎恨自己的身体,甚至会自虐:用污物自惩、鞭打自己、禁食挨饿、穿粗祭衣(hair shirt),这不仅是出于自律,更是出于对肉体发自内心的厌恶。早期教会可能还曾经鼓励生育以增加人口,后来竟然令人惊讶地主张禁欲,时至今日禁欲依然是正式的信仰生活的要求。在整个中世纪,异教徒们延续了诺斯替派的传统,复兴了对禁欲主义的推崇,并将之定为训诫:不承认肉欲的召唤,不做魔鬼的俘虏。由于诺斯替派认为世界皆烦扰,人身不过是灵魂的囚牢,殉道信仰似乎也要归因于它。正如英国诗人杰勒德·曼利·霍普金斯(Gerard Manley Hopkins)所言:"人的精神在骨头搭建的鄙陋房子里居住着。"殉道是从撒旦看守的牢笼中解脱出来。

作为回应,主流天主教派强调,身体是圣殿,本性是美好的,性是有选择的圣行,殉道则是不受欢迎的牺牲,禁欲只限于宗教生活中。这无疑有助于解释该宗教为何有惊人的吸引力,逐渐成为世界上最受欢迎的宗教。

尽管如此,基督教传统仍然对性持模棱两可的态度。这种态度有很多原因:性最好能保持隐秘,起到其应有的作用;它会激发人们对卫生、健康、混乱、道德和社会控制的焦虑。但是,为什么有些人出于宗教的理由反对性？对生育的痴迷支配着许多教派，可以说大部分宗教都对性持推崇态度。有些宗教公开宣扬性，比如在密宗的训诫里，交媾通往神圣；印度教也指导如何在性中获得最大快感和各种业力；而在道教传统中，"房中术"具有长生不老之力。基督教则属于宽恕甚至推崇许可范围内的肉体之爱的宗教，认为它象征着神和造物或者基督徒和教会之间的爱。几乎所有的宗教都有约束性行为的规范，旨在保证群体的利益：这解释了为什么这么多宗教谴责特定的性行为，如自慰和同性恋由于不会带来生育而遭受反对；乱伦是反社会的；滥交和出轨被视为不当行为，因为它们破坏了本应好好养育后代的制度，例如婚姻。相反，独身和贞洁被视为积极的品质，被当成对上帝的献身，而不是对性的退缩。圣奥古斯丁提出或至少阐明了反对性的一个新原因——我们无法控制自己的性欲，因此侵犯了上帝赋予我们的自由意志。所以一定是魔鬼的错。用现代的方法来表述可能是，由于性是一种本能，因此它是动物性欲望，当我们抵制性的诱惑时，就增强了人性。年轻的圣奥古斯丁在皈依天主教之前，曾是摩尼教信徒，信奉万物皆恶。摩尼教认为生育是延续邪恶的手段，因此对性的看法也非常负面。他忏悔道："从我充满肮脏欲望的身体里，成长期的污垢风起云涌般翻腾而出……所以我无法分辨欲望的泥潭和爱情的宁静。"[24] 这也许就是为什么自那时起，西方道德如此沉迷于性的话题。无论怎样，教会都有可能对人的性生活采取高度干预的态度：毕竟，性对大部分人来说都非常重要，谁能控制它，谁就会拥有相当大的权力。其实，就算奥古斯丁从未想过性的问题，现代西方的教会和国家关于谁有权许可和登记结婚的斗争也会发生。[25]

字面意思为"服从"或"顺从"的伊斯兰教在道德思想方面，和在其他大多数方面一样，教义比基督教更简单、更实际。基督教要求个人回应神的恩典，穆罕默德则直接让人们遵循安拉的旨意。他既是先知，又是统治者，他制定的蓝图既是给国家的，也是给宗教的。其中一个后果就是，耶稣声称世俗和属灵有着本质的区别，伊斯兰教则认为这种区别根本不存在。伊斯兰教既是一种信仰方式，也是一种生活方式。哈里发（字面意思是穆罕默德的"继承人"）的职责涵盖了这两者。摩西是神的选民的立法者，耶稣是另一个国度的立法者，而穆罕默德的目标是打造出涵盖生活各个方面的通用法典：伊斯兰教法（sharia，音译为沙里亚，字面意思为"通向水泉之路"）。他说："我使你遵循关于此事的常道。你应当遵守那常道，不要顺从无知者的私欲。"但是，他未能留下真正一应俱全的法典。由八、九世纪的大师创立的教法学派，开始填补这一空白，从穆罕默德生前所说的只言片语开始总结，有时也求助于推理、常识或习俗。大师们意见不一，但每位大师的追随者都认为各自的解读来自神的指引，绝不可变通。每种传统的信仰者，都像系谱学家一样热心地维护大师的传承记录，创始人的教诲都是通过这些记录保存下来的，这些大师有想引入理性的阿布·哈尼法、想融合古代传统立法的马立克，还有伊本·罕百勒，他试图清除上述两种影响，真正回到穆罕默德思想的源头。

伊斯兰教所面临的问题和基督教一样棘手，却有所不同。反对的声音必须要加以调和，任其发展便会导致教内分裂和派别丛生。不同教派间就如何推选哈里发的方法产生了分歧。穆罕默德死后一代人的时间里出现的裂痕从未愈合。分裂不断扩大，成倍增加。最终，在伊斯兰世界的大部分地方，统治者或国家常僭称其拥有哈里发或类似哈里发的权力。每当他们因自私自利的做法或最近的"现代化"或"西化"倾向而放弃遵守伊斯兰教法时,革命者就会(越来越频繁地)挥舞先知的斗篷作为旗帜、高举先知的书籍作为武器,来指责"叛教"的统治者。[26]与任何制度一样,伊斯兰教法必须适应社会环境和共识的变化,尤其是在当今这个日益相互联系的世界中,在这个世界上,人们对人权的共同理解很大程度上归因于基督教和人文主义的影响。但是,即使是那些认为有必要重新解读伊斯兰教法的穆斯林,也无法就谁应该做这项工作达成一致。在制定和实施法律时优先考虑伊斯兰教义的国家中,神权主义者获得了权力;而一些伊斯兰运动团体则反对现代化的进程。

基督教和伊斯兰教思想家的美学思考

基督教和伊斯兰教继承了对"偶像"的反感以及其他犹太法律。他们在如何应对方面存在分歧。《圣经》中记载的摩西时代的法典禁止宗教图像,理由是上帝太过神圣,或与可知事物相距太远,命名都是不可以的,更不用说以形象来再现了。此外,在一些人看来,偶像崇拜与上帝的同一性不相容:即使只有他自己被再现,对他的若干形象的崇拜也会损害他独一无二的地位。这可能就是为什么在许多学术和美学领域表现突出的犹太人,在视觉艺术方面的表现不如音乐或文学方面的表现。

早期的伊斯兰教并不反对所有的具象艺术。早期哈里发的狩猎小屋中,装饰着绘制逼真的画,在那里人们仍然可以看到裸女们与瓦利德一世一同沐浴的香艳画面。[27]到了10世纪,阿布·阿里·法里西（Abu 'Ali al-Farisi）转向未经注释的《古兰经》，解读出穆罕默德真正想要表达的严苛教义，即禁止绘制偶像，杜绝偶像崇拜，但并未禁止对自然世界及生物的描绘。在一些中世纪的伊斯兰艺术中，尤其是在幸存的14世纪伊朗绘画中，穆罕默德出现在他的生活场景中，包括他的出生，毫无疑问是模仿了基督教中耶稣诞生的图画。在拉希德丁（Rashid al-Din）1307年于大不里士编纂的《史集》中，一幅插图是这样的：天使们在小穆罕默德的头顶上吟唱，东方三贤弯腰行礼，约瑟则小心翼翼地徘徊左右。[28] 然而，绝大部分穆斯林都认为现实主义是对神的亵渎；因此，穆斯林艺术家更倾向于采用非写实的创作主题。

基督徒可能也走过同样的路；在某些时间和某些地点，确实如此。在726年的拜占庭帝国，利奥三世仍然宣称拥有整个基督教世界名义上的权威，下令禁止绘制基督和圣母的画像，并下令销毁现存的所有画像——也许是出于对《圣经》禁令的字面理解，也许是为了保护信徒免受认为耶稣的人性可与其神性分离的异端蛊惑。在12世纪的西方，对立的修士阶层就教会的经费是否应该用于艺术创作的问题，一直争论不休。在16世纪和17世纪，一些新教徒破坏或污损了他们目之所及的所有画像，而另一些新教徒则仅仅是取缔了他们认为和"最可憎的偶像崇拜"有关的行为，例如亲吻画像、对画像献蜡烛或在画前祈祷。然而，大多数基督徒都有一个共识：图像是有用的，只要不用于崇拜。图像可以类似于文物，作为向神敬献的一部分。图像甚至可以变成文物。中世纪圣索非亚大教堂最珍贵的遗产是一幅圣母马利亚的肖像，这幅肖像"不是出自人之手"，而是由一位天使在圣路加安息时为他画的。[29] 西方教会中教育程度不高的教众，通过观看墙上的画作就可以弥补不识字的缺憾，这些画作被称为"无字书"，让天堂中的人和事容易记忆。因为"对画像的尊敬会传达给本尊"，所以崇拜者可以通过画像和雕塑表达赞美和敬意，只要不崇拜其本身即可。[30] 3世纪的哲学家普罗提诺似乎崇拜柏拉图甚于耶稣，他提出的论点无可辩驳："那些欣赏艺术品的人……因认识到观念的具体呈现而深受触动，这就是对真理的认识——这正是让爱得以产生的体验。"[31]

这种想法使教会成了基督教世界最大的艺术赞助者，在大部分时间里，教会几乎是艺术创作的唯一资助者。中世纪的艺术家在某种程度上承担了部分神父和圣徒的天职，因为他们帮助世人领会天堂的景象，以及天堂是如何改善尘世的。马塞克的圣瑞林蒂斯（St Relindis of Maaseik）的作品无一幸存，但她在8世纪制作的刺绣似有神助，堪称神圣。托莱多大教堂的首席建筑师佩特鲁斯·佩特里（Petrus Petri）的墓碑上如此写道："多亏他造出了辉煌的教堂，上帝不会降怒于他。"博洛尼亚的圣凯瑟琳（St Catherine of Bologna）和被祝福的詹姆斯·格里辛格（Blessed James Grissinger）在正式封圣前很久就广受爱戴。13世纪，当方济各会的画家们开始画风景时，启发他们的不是浪漫主义，而是对主的奉献精神。通过绘画创作来称颂主，对于穆斯林或犹太人来讲是无法想象的。

调和与交锋：宗教理论对世俗学说的回应

尽管拥有实用的伦理、一位令人信服的神以及表现神的一致方式，基督徒和穆斯林仍然面临着思想上的重大难题：如何将宗教融入可能对立的体系，比如将科学融入个人宗教信仰的体验中；如何让宗教适应不同和多变的政治环境；以及如何在一个暴力的世界中传递信仰，在这个世界里，人们的心灵和信念往往受到胁迫而非理性的说服的影响。我们可以依次来看看他们是如何完成这些目标的。

公元325年后，基督教思想家对古典思想和犹太思想的融合似乎达到了一个转折点，当时教会宣布了本体同一论，即圣父和圣子的本质相同。除了异教徒顽固派之外，基督教在社会和思想上受到了无可置疑的尊敬。精英阶层中越来越多的人皈依基督教。背教者尤里安曾力图扭转这一趋势，但在363年便早早去世，据称这相当于承认了耶稣的胜利。到公元380年，当基督教被确定为唯一的宗教时，异教似乎早已处于社会和时代的边缘。然而，到了5世纪，在愈演愈烈的混乱中，基督教与古典哲学的和谐共存似乎受到了威胁。宗教狂热分子正试图毁灭古老的世俗学说。异族的入侵、传统精英退出公共生活、古老的异教教育机构的衰落，使这种状况更加严重。就像公元前3世纪的中国一样，罗马世界需要汇编古代智慧才能让那些思想在困境中得以幸存。

波伊提乌，如我们之前所见，是调和了奥古斯丁的时间观和宿命观的哲学家，他甚至从未提到异教思想和基督教思想之间的差异，但就是他，完成了一项重要的贡献：为亚里士多德的逻辑学提供了解读*——几乎可以说是傻瓜指南。在整个中世纪，他的指南都是基督教思想家的主要资源。慢慢地，基督教对其进行各种发挥与修改，使其变得更加复杂。波伊提乌的大约100年之后，塞维利亚的圣伊西多尔从濒临灭绝的古老资源中编纂了有关各类科学规

---

* 波伊提乌将亚里士多德的著作从古希腊语翻译为拉丁文。——译者注

律的文献。经过不断的改进，在接下来的1 000年时间里，他的作品成为基督教百科全书的一部分。穆斯林在几百年的时间里征服了罗马帝国的一部分旧土，在那里，残存的古代经典文化似乎注定要毁在他们手上。但是，穆斯林领袖迅速认识到其原有的精英以及他们从希腊和罗马时代汲取的思想是有用的。因此，伊斯兰教的学者们收集并整理了古代经典，并将它们送给基督教同行。其中的一个影响是带来了西方12世纪和13世纪的"文艺复兴"，当时基督教和伊斯兰教的交流非常频繁。与此同时，通过贸易往来和穿越大草原、丝绸之路以及欧亚大陆的季风走廊，重新的接触也丰富了人们的思想，宛如公元前一千纪那样。

因此，当时的一些基督教和伊斯兰教思想家非常熟悉古代的理性和科学，他们自然而然地认为世俗学说和宗教学说不仅相容，而且是相互体现和共生的。有两个例子可以说明西方当时的情况。由于当代人的多愁善感，法国哲学家阿伯拉尔现在最著名的是与他的学生哀绿绮思（Heloise）的爱情故事；他们之间的书信是中世纪留存下来的最动人的文字。和他的爱人相比，他本人似乎没那么投入，哀绿绮思的信——绝望中带着痛苦，争吵中余留温和，对感情忠实坦诚——以感人的洞见记录了真挚的情感如何胜过传统道德。然而，在逻辑上，阿伯拉尔是无与伦比的。哀绿绮思愤怒的长辈对阿伯拉尔施以宫刑，迫使他只能终身为教士，而哀绿绮思也成为宗教生活的一个牺牲品。他以一系列令人印象深刻的悖论揭露了理性与宗教之间的紧张关系：他写下漫长而自嘲的序言，其明显的目的是想说明，带着适当的谦卑和谨慎，学生们可以在似乎庄严的古代传统中发现错误。与阿伯拉尔同期的意大利中世纪哲学家、神学家安瑟伦也记录下关于神的思想，他将理性作为唯一的指引，认为不必遵循《圣经》、传统或教会的权威。安瑟伦总是被认为在"证明"上帝的存在，但其实这并非他的本意。他是想证明相信上帝是合理的。他佐证了天主教的主张，即神赋予的理性力量让我们发现了神。他从亚里士多德的假设开始论证，即思想必须起源于对现实的感知，这一假设受到其他思想家的诸多质疑，但这至少足以引起争辩：如果一个观念无经验实例，那这个观念从何而来？从我的角度来看，安瑟伦的论点非常简单——也许简单得过分了，就是如果人可以想象出绝对的完美，则绝对的完美必然存在，因为它如果不存在，人就可以想象出超越完美的完美，而这是不可能的。安瑟伦其余的大部分著作都在继续说明，如果上帝存在，则他正如基督教教义所描述的那样，充满人性、爱与痛苦。值得思考的是：如果上帝的本性不是人性和苦难，那么为什么人类的处境如此痛苦，世界如此邪恶？

在让基督教理性化和科学化方面，还有一些基督教思想家同样出色。安瑟伦和阿伯拉尔时代的一个半世纪后，正是西欧科技创新充满活力的时代。该时代进入尾声之时，一直致力于将理性作为理解上帝的方式的圣托马斯·阿奎那，以惊人的广度和清晰性总结了这个时代的学说。[32] 他试图证明"上帝是存在的"这一假设是合理的，而在他的所有论证中，最能得到后代文献支持的是，上帝的创世是自然世界存在的最好解释。批评家们将他的学说简单化，以至于显得荒谬，认为阿奎那只是指出所有存在必有原因。但实际情况是，他说的刚好相反：如果现实中每一件事物的产生必然取决于另一事物，比如我们的存在，就取决于父母，那什么也不可能存在。一定存在一个并非被创造出来的现实，也许就是宇宙本身，但是该现实同样可能早于或超越一个万物必有因的自然世界。这就是人们所称的神。

像安瑟伦一样,阿奎那更关心的是,一旦我们承认神存在的可能性,那么上帝到底会是什么样子。阿奎那尤其直面了一个问题:逻辑和科学定律如何延伸到创世者的领域。他把上帝的无所不能束缚在逻辑的思维中,认为有些事情上帝无法完成,因为这些事情与上帝的意志不符。例如,上帝不能让不合逻辑的符合逻辑,也不能让不一致的变得一致。他无法指挥邪恶。他无法改变算术规则,让二乘以三不等于六。他无法毁灭自己。或者可以这样说,就算理论上他有能力做到这些事,他也不会做,因为他想让我们使用其赋予的理性和科学——同时给予我们犯错的自由——他永远不会欺骗我们,也不会颠覆他亲自创造的真理。阿奎那坚定地认为:"神借着信心教导我们的,不能与我们从自然中学到的相违背……由于我们获得的这两种东西都来自上帝,所以他就成了我们犯错的原因,这是不可能的。"[33]

阿奎那参与了中世纪晚期欧洲可称之为科学主义的运动,甚至可以称之为科学革命或科学文艺复兴。阿奎那遵循了其中一位杰出人物的教诲,此人也是他自己的老师,大阿尔伯特。在我所工作的大学里,科学楼的门框上刻着他的雕像,每日与我对视。他认为,上帝主要是通过科学定律,或者当时术语所谓的"自然法则"来起作用的。经验主义开始风行,也许是因为加强了与伊斯兰文化的交流,重新引进了亚里士多德和其他具有科学观念的古人的著作,也许是因为中亚罕见的和平,西方开始与中国重新接触,重现了公元前一千纪中期西方经验主义最后伟大时代的环境。当时,正如我们已看到的(见第四章"背弃理念世界:科学、怀疑主义和唯物主义"),横跨欧亚大陆的通路上随处可见商人、旅行者和战士。

正如德意志和西西里国王腓特烈二世的作品所显示的那样，人们对实验的信心在 13 世纪中期近乎荒谬，甚至荒谬到无以复加的地步。腓特烈二世是一位极端的科学爱好者，也是当时最残酷的实验者。据说，他为了研究睡眠和运动对消化的影响，曾挖出两个人的内脏。为了辩明语言本质上说是"原创的"还是"自然的"，他指定了一批孩子在一片沉寂中成长，"只是为了给这个问题找出答案……但是一切徒劳无功"，当时的一位叙述者如是说，"因为所有的孩子都死去了"。[34]

1250 年左右至 1275 年左右，巴黎的学者们发展出一种科学神学。自然是上帝的杰作；因此，用科学揭示万物的神奇，从而展现上帝的面貌，这是人类神圣的职责。因此，一个不可回避的问题是，当科学和理性达成一致时，它们是否会胜过经文，胜过传统，或胜过教会的权威，成为真正揭示上帝思想的方式。法国经院哲学家布朗梯亚的西格尔和达西亚的波埃修斯是同时任职于巴黎大学的同事，13 世纪六七十年代，两人合作指出：教会关于创世和灵魂本质的学说与古典哲学和经验证据相冲突。他们认为，每一个有争议的问题都必须由理性的论据来决定。这个主张既令人信服又令人不安。一些思想家——至少在谴责或嘲笑他们的批评者看来——躲在一个闪烁其词的想法里："双重真理"，即信仰中的真理在哲学中也许是谬误，反之亦然。1277 年，巴黎主教趁机干涉大学的事务，谴责了这一学说（连同一批关于魔法、迷信以及穆斯林和异教徒作家语录的文献）。[35]

与此同时，巴黎大学的另一位教授罗杰·培根也在致力于推进科学事业。他谴责道，过分崇拜权威——包括祖先的智慧、习俗和共识——是无知的根源。相比之下，经验是可靠的知识来源。培根

第五章 思想信仰：宗教时代的观念

是方济各会的修士，他对科学的热情也许与圣方济各恢复自然的地位有关：这个世界值得观察，因为它是"万物之主"显灵的证据。培根坚持认为，科学可以帮助验证《圣经》或提高我们对经文的理解。他指出，医学实验可以增加知识，挽救生命。他甚至声称，科学可以威胁和转化敌人，并引用了历史上叙拉古被罗马大军围困时，阿基米德用透镜取火，烧毁了罗马舰队的例子。

修士们似乎是科学曙光的奇怪先驱。我们如果正确认识方济各本人，就会发现他是一个最好的例子。肤浅的学生和信徒只看到他是信仰坚定而彻底的人，以至于理性变得无关紧要，证据也似乎毫无意义。他的非理性十分戏剧化。他在故乡的公共广场上脱光衣服，把弃绝财产变成了一场表演。他向乌鸦传教，以表达对人类听众的不满。他放弃巨大的财富，甘当乞丐。他宣扬自己反知识的立场，谴责学习是一种炫富，也是骄傲的源泉。他好似圣愚。他声称自己的信仰已经超越这个世界，因此这个世界的任何知识都毫无意义。另一方面，方济各非常重视自然。他睁开双眼——也让我们睁开双眼——虔诚地看向上帝的杰作，即便有时会看到满目疮痍的世界和其中饱受苦难的万物。他对感觉史的贡献提醒我们注意所有事物的光明与美丽：美好风景、动物潜能、太阳兄弟和月亮姐妹。他对自然一丝不苟、实事求是的形象体现了他所处时代的科学潮流。他就像科学家一样，非常重视观察和理解。他所关注的事物可以从受他启发而创作的艺术品中看出：方济各会教堂中由信徒所作或委托他人而作的绘画中充满了真实感，景观取代了之前的镀金背景，新鲜感扑面而来，神圣的历史故事场景被重新画在自然环境中。

人们一直认为中世纪中期的实验热忱，以及对未经检验的权威的怀疑，是当时科技飞跃的基础。从长远看，科学的飞跃为西方文明提供了先进的知识和技术，使西方完全领先于世界其他对手。[36]实际上，其他影响似乎更为重要：从15世纪开始的发现之旅打开了欧洲人的视野，用科学的原材料——样本和标本，图像和地图——充实了欧洲统治者在16世纪和17世纪积累的知识宝库。对凌驾于自然之上的力量的魔法追求蔓延到了科学领域：文艺复兴时期渴望东方三贤的智慧，这体现于虚构出来的人物浮士德博士身上，他将灵魂卖给魔鬼，以换取知识以及各种问题的答案。接连的复兴使欧洲精英重新认识了古老的经验主义。一场"军事革命"之后，大量精英从战场中解放出来，军事演练不再是必修课，贵族的财富也得以用于科学实践。

尽管如此，罗杰·培根和其他13世纪的科学思想家的观念对于其所引起的反响依然非常重要。"超自然现象如何符合自然规律？"批评者问。如果上帝的作用都可以用科学来解释，那还有什么是奇迹？在某种程度上，这种畏缩表现为对理性和科学的拒绝。神如果被降格为符合逻辑的、理性的、超然于启示的，对于某些感性的人来说，就不值得相信了——这样的神冷漠、抽象、脱离血肉之躯、摆脱了耶稣所体现的痛苦和耐心。理性约束了神。如果神必须合乎逻辑，那么他的无所不能必然受限。

许多阿奎那阴影下的哲学家都非常憎恨他们口中的"希腊必然论"——上帝被逻辑所束缚。他们认为，在协调基督教和古典哲学的过程中，阿奎那玷污了基督教。死于约1347年的奥卡姆领导了一场轰轰烈烈的此类运动。他谴责逻辑学家和支持理性者迫使上帝的行为必须符合逻辑。他提出了令人心怀恐惧的悖论。他说，如果上帝愿意，他可以命令你去杀人，因为他是全能的，而且"上帝可以以恶报善"：当然，奥卡姆表达的不是字面上的意思，而是用这种想法来表明逻辑的局限性。有一段时间，亚里士多德的学说被禁止传播，因为需要"净化"其中的错误。[37] 怀疑理性，会让我们失去彼此达成共识的一种主要手段。它破坏了一种信念，即宗教必须是合理的，而这种信念过去和现在都属于天主教的强大传统。它强化了教条，让固执己见的人很难接受质疑。它滋养了基要主义，而基要主义本质上是明确非理性的。许多宗教改革的新教徒拒绝理性和权威，转而把《圣经》作为信仰的唯一基础。18 世纪，马格莱顿派（Muggletonian）走到了极端，他们认为，理性是误导人类的魔鬼的化身，是那个上帝警告人类不要食用、蛇却教唆我们摘取的苹果。

　　同时，曾经赞助科学研究的教会开始长期怀疑科学。除了医学院以外，中世纪后期的所有大学都放弃了对科学的兴趣。尽管有些宗教团体，尤其是 17 世纪和 18 世纪的耶稣会一直致力于继续赞助重要的科学研究，但创新往往先是遭到拒绝，随后被人们不情愿地接受。海斯堡神父（Fr Ted Hesburgh），我校的传奇校长*，曾接受过宇航员的培训，目标是成为第一名进入太空的神父，他还曾在国际原子能机构代表梵蒂冈。他说过，如果科学和宗教出现冲突，那一定是科学或宗教哪方出现了问题，或者双方都有责任。认为科学和宗教完全对立的观念是错误的：这两者涉及的是不同的、也许有所重叠的人类经验领域。但事实证明，这种推论极难撼动。

---

*　海斯堡曾担任圣母大学校长 35 年。——译者注

宗教体验：神秘主义的领悟

除了拒绝理性和科学之外，中世纪的其他思想家也在探寻另外的途径，探寻接近真理的更好方法。他们求助的主要对象是我们所说的神秘主义，或者更委婉地说，他们相信，通过诱导出不寻常的精神状态——狂喜、恍惚或幻觉般的狂热——人可以获得与上帝联结的体验，一种对上帝慈爱本性的情感认同。你可以用这样一种如同热线电话的方式直接领悟上帝。对于未曾有过这种体验的人来说，这些神秘的经历很难表达、理解和领会。然而，一个非神秘主义者的经历，也许对此有所帮助：虽然圣奥古斯丁重视逻辑，精通古典哲学，是思想史上比其他几乎任何人都更精妙和灵活的思想家，但他在基督教神秘主义史上也做出了重要的贡献。据我们所知，他从未有过神秘的经历。但据他自己所说，他确实有过一次异象，也许更像是一个梦：当时他正为三位一体的教义而困惑，一个在沙滩上挖洞的小男孩出现了。奥古斯丁问小男孩为什么要挖洞，小男孩回答说，他想把大海倒进洞里。奥古斯丁说这根本不可能，这不符合物理定律。小男孩说："跟你领悟三位一体的可能性差不多。"[38] 这个迷人的小故事很难让我们称奥古斯丁为一个可见到异象的先知。奥古斯丁的思想是用他的整个人生轨迹而不是任何突发事件塑造的。在他的《忏悔录》中，他描述了自己从儿时对自私的罪恶感，到血气方刚时的满心困惑，直至将自己交给上帝的人生旅程。

然而，他对观念史最大的贡献，可能来自学者口中的"启示说"：这种学说声称有些真理来自对上帝的直接领悟。奥古斯丁举例称，数学公理，美的概念，也许包括上帝本身的存在，都属于这种领悟，还有一切无法推理、感知、默示或回忆的事实。他意识到，这类知识一定有别的验证来源。"在我思想深处的那个小房间，"他说，"没有嘴和舌头的帮助，也没有任何音节发声。"[39] 他把语言当成自己思考的线索：通过默读的习惯（在当时不常见）加深其自我意识。他的个性也发挥了作用。思考带来的谦卑（困扰过很多天才）让他没有信心在缺乏神性启示的情况下，洞察生命中所有黑暗的奥秘。[40] 在这方面，他的思想与古希腊的信念类同，认为知识是从自我内部获得的，而不是来自外部。希腊语中，真理一词是"aletheia"——字面意思是"解蔽"。知识是与生俱来的——柏拉图亦如是说。教育使我们想起它，回忆使我们意识到它。我们从自己的内心找回它。与此形成对比的是，在圣奥古斯丁的观念中，人们依赖外界的印象获取知识。从使徒时代起，基督教就在实行神秘主义：圣保罗曾两次描述过近似神秘的体验。然而，在奥古斯丁做出关于神秘主义的论述之前，神秘主义者似乎都是孤军奋战的，他们不得不在没有普遍的理论可以依据的情况下自我辩护，让自己的理论令人信服。奥古斯丁为他们提供了论据。他允许神秘主义者将狂喜的状态作为一种启示。他为基督徒开辟了一条新的认识途径：以神秘主义结合理性、经验、古典和传统。此举的后果很严重。西方神秘主义在很大程度上演变为一种内省式冥想。而另一种选择仍然属于少数人的追求——自然神秘主义，或者说通过对外部世界的沉思来努力引发神秘的反应。更严重的是神秘主义让异教产生了吸引力。神秘主义者可以超越理性，忽略科学，绕过《圣经》，逃避教会。

奥古斯丁的启示观念与佛教的禅宗传统有相似之处。我们已经了解过（见第四章"实在主义、相对主义与'万物皆数'"），有一类传统在公元前一千纪的印度和中国已经很普遍,这类传统认为感知的本质是虚幻的,而这也是禅宗的出发点。公元 2 世纪初,被其大部分弟子和信徒视为禅宗传统先驱的龙树菩萨,曾对此做出总结。"如幻亦如梦,"他说,"如是一切法,本际皆亦无。"[41] 在接下来的 200 年里,他的追随者不懈地践行这一观点,甚至对产生怀疑的头脑本身的真实性和独立性提出怀疑,形成一种似乎自相矛盾的悖论:严格来说(如笛卡儿后来指出的,见第六章"科学革命:现代科学的诞生"),逻辑上人不可能怀疑自己的怀疑。然而,禅宗非常欣赏悖论。为了实现佛教完美的证悟,必须中止思考,放弃语言,抹杀一切现实感。这是具有积极意义的:如果放弃意识,就摆脱了主观主义。如果不用语言,则可体会无可言说。6 世纪初,菩提达摩来到中国,他宣称证悟是语言无法传递的。12 世纪的一部日本文献对禅下了一个定义,与奥古斯丁关于启示学说的描述相符,即"经文之外的一种特殊传递,不是建立在文字或词句上,它允许人直接通过头脑来洞察事物的本质"。[42]

在从菩提达摩开始的禅宗大师的传统故事中,他们似乎总是在阻碍学生获得证悟,他们的回答总是偏离主题,或者词不达意,或者只是做出神秘的手势。他们可能对不一样的问题做出同样的回答。一个问题也可能会引出相互矛盾的答案,或者根本没有答案。禅宗在当今西方世界广受欢迎,修行者总是带着不确定性,因为在禅宗面前,一切都转瞬即逝,没有什么是客观正确的。[43] 因此禅宗比古希腊古罗马的怀疑论更吸引人。古典怀疑论满足于事物本身的样子,认为外表也可以揭示不为人知的真理(见第四章"背弃理念世界:科学、怀疑主义和唯物主义")。相比之下,禅宗的"相忘于空,随风而逝"代表着彻底脱离可感知的现实——这是自我消亡的结果，是空性，超越了思想和语言。禅宗是区区人类对一石一木的真实性和客观性的追求。《禅与摩托车维修艺术》一书的作者罗伯特·波西格说："根本没有漂泊的欲望，而只是……在生活中不带欲望。"[44]

禅宗听上去不像是想有实用价值的。但它有着巨大的实际后果：通过鼓励修行者自律、自制和接受毁灭，它促成了中世纪和现代日本的武士风气；禅宗启发的艺术包括冥想花园和神秘诗；而我们将在后文中看到（见第十章"思想的避难所：从存在主义到后现代主义"），20世纪末，在从东亚和南亚传至西方，重塑了西方知识分子精神世界的诸多影响中，禅宗的魅力赫然可见。

信仰与政治：教会与国家的权力关系

宗教思想家们为协调理性和科学所做出的努力是出色而严谨的，但并不完美。又该如何协调"不属这世界"的宗教和真实生活的矛盾呢？这一时期的思想家以两种方式，贡献出了改变世界的思想。首先，是对国家的思考——如何让国家变得神圣，如何诉诸神圣的力量合法化国家权威，甚至如何让战争变得神圣。其次，是对本章开头提出的问题的思考：如何让宗教改善人们的行为。

首先来看对政治的思考。我们已经看到传统是如何曲解耶稣的幽默的（见第四章"乐观主义与国家的敌人"）。"凯［恺］撒的物当归给凯［恺］撒，神的物当归给神。"这一命令不仅被错误地用来加强税收，而且被更普遍地滥用来表示"尊重世俗和精神领域之间的区别"。但这是耶稣的本意吗？耶稣应该是被彻底误解了，这并不奇怪——讽刺是最难穿越时间和文化鸿沟的幽默形式。

教会一直强调耶稣的话的后半部分，坚称"神的物"不受国家管辖：因此，在某些基督教国家，神职人员享有法律的豁免权，也享有独立审判权；教会财产往往可以免税，或至少享有特权。有关这些自由的争议由来已久，从4世纪末米兰主教安布罗斯拒绝将教会交至帝国侵占者手中时便开始了。"我的回答是，如果皇帝要拿走我拥有的东西，我不会拒绝。但是上帝的东西不受皇帝的支配。"[45] 一场权力斗争正在进行。教宗卜尼法斯八世在这场权力斗争中也鞠躬尽瘁，13世纪末，他总结说："从古至今，平信徒对教会的敌意显而易见……他们根本没意识到，他们禁止获得超越神职人员的权力。"[46]

另一方面，对这种争吵不屑一顾的宗教人士让自己与世隔绝。3世纪中叶，神学家和教会历史学家奥利金认为，耶稣的话是在强迫上帝的臣民脱离国家，或者最多是被动地服从国家；这一观点得到很多人的持续认同。5世纪初，圣奥古斯丁把两个世界或他所称的"城"区分开来：上帝之城和世人之城，后者与基督徒基本无关。苦行者真正隐退了，在沙漠或偏远的岛屿上找到了隐居之处：这就是基督教修道主义的开始。但教会和国家似乎总是纠缠不清。圣人因为他们的纯洁和客观，不能逃离这个世界：人们给他们带来了自己的麻烦。修士变成地方法官，隐士变成管理者，教宗实际上承担了皇帝的职责。[47]

因此，耶稣努力避开政治，这也许让他的很多信徒失望了；在世界上一些基督徒占少数的地区，以及在大多数东正教世界，教会都设法保持这种方式。在西欧，随着罗马帝国的解体，教会承担了更多的国家职能。主教们开始管理官僚们抛弃的政府。在司法体系崩溃的地方，神职人员取代了法官和仲裁员。[48] 在我们现在所认为

第五章　思想信仰：宗教时代的观念　　227

的中世纪早期的大部分时间里，教宗拥有欧洲最好的大法院，因此实际上拥有最广泛的情报网络和影响力网络。政府需要教会：这里可以找到既学识渊博又大公无私的人。教会希望对政府施加影响：救赎人民灵魂的法律，保持基督教世界和平的协议，对异教徒发动的"圣战"。

理论家们对这种现实环境做出了回应，他们提出教会应更多参与政治，最终还产生了教会应该统治世界的观念。公元5世纪，教宗杰拉斯一世提出教会应遵从"两把刀"典故的指示：耶稣告诉彼得收刀入鞘，但依然随时做好准备。教会拥有最后的统治权。8世纪，伪造的君士坦丁赠礼得寸进尺，声称这第一位信奉基督教的罗马皇帝在皈依之时，已将帝国权力转移给教宗。13世纪，在教宗英诺森三世设想的图景中，教会是太阳，国家是月亮，后者只能使用得自前者的权力。1302年，教宗卜尼法斯八世发表了到当时为止最为尖锐的言论：

> 否认世俗之刀在彼得手中的人，真正误解了主的话……这两把刀都属于教会，精神上和物质上都是。后者可以被国王和首领使用，但只有在神父愿意和允许的情况下……世俗的权力应服从于圣灵。[49]

现实是，教会不可能达到这样的地位：国家拥有更强大的军队。但基督教仍然深陷于政治之中。在国家的权力斗争、停战协定、组织改革、划定有争议的边界等方面，教宗是有力的仲裁者。在当今世界，教会继续介入政治，支持政党或运动，组织工会，并公开拥护或谴责政策，根据的是其是否遵循基督教的福音、是否符合基督教的利益等。[50]

故事还在继续。"教宗有多少个师？"约瑟夫·斯大林曾这般冷笑道。教宗的无能或懦弱似乎表明，教会在世俗政治中确实是强弩之末。然而，在横跨20世纪和21世纪的约翰-保罗二世令人印象深刻的漫长任期中，教会带着全新的信心重新进入了政治舞台。教会重新介入政治，在一定程度上是教宗自己采取的种种举措的结果，如挑战资本主义政权、重振教宗外交机构以及恢复教宗在国际仲裁中的角色。另一部分原因是，这是由虔信基督教的政治活动家（有时受到教宗的反对）发起的基层倡议，例如受到"解放神学"启发的拉丁美洲革命者，要求贫困农民和弱势原住民社群享有权利。还有一部分原因是，民主国家的选民们寻求"第三条道路"来取代不受信任的共产主义和麻木不仁的资本主义，并最终投向天主教的社会传统，重新崛起的参政教会便是其结果。

在与教会的冲突中，世俗统治者在中世纪的大部分时间里都处于严重的劣势：他们要依靠教会接受教育，并经常要请教会的人参与国家管理、撰写宣传材料和阐明他们对国家合法性的主张。"凡掌权的都是神所命的。"圣保罗如是说。但神的权力的正当性又是如何传递的？是从天而降在神的受膏者身上，还是通过人民选举（"上帝的声音"）产生的？中世纪西方的每一个人，以及直至今日的每一个虔诚的天主教徒，都不断听到教会向上帝祈祷时所表达的政治上的革命情绪，正是这位上帝，在"大而可畏"的日子会击倒强权，高举顺民，粉碎一切君王。然而，教会将革命的意义留给了异教首领和那些相信千年王国的人，并努力寻求一种切实可行的方式来调和上帝偏爱穷人和世界偏向强者这两者之间的矛盾。

在13世纪的拉丁基督教世界，通过借鉴古典主义的模式，这种困境在实践中得以解决:"混合型"政府最初由亚里士多德推荐,[51]经过修改,将君主制、贵族制和大众化的元素结合在一起。在亚里士多德看来,"国家由更多的元素组成会变得更好"。[52] 中世纪的君主往往会通过代表大会征求"王国共同体"的意见,在代表大会上,作为国王的私人顾问和伙伴的巨头们会和其他"领地"的代表——通常是神职人员和平民(不同的国家对他们的定义各不相同)——一同出席。

14世纪初,正值教宗和国王在权力和财富上发生诸多冲突的时代,帕多瓦的马西略宣传反对罗马教廷。他生活在一个类似亚里士多德式政体的意大利城邦共和国:由公民和议员共同统治。马西略认为这种政体不仅是亚里士多德的选择,更是上帝的选择。上帝选择了人民;人民选择了他们的代表,代表可能是议会或君主。马西略也将混合政府模式应用于教会,主张在主教之间实行合议制,教宗在主教中不享有特权或仅担任主持职务。他甚至提出主教是否应该民选的问题。这些建议显然都是对某一方特别有利的方案。但它们都回应了基督教中一个根深蒂固的民主传统,这一传统可以追溯到耶稣的教义:他来召唤众税吏和罪人,让富人到贫穷的地方,还收渔夫和妓女做门徒。对耶稣来说,无论多卑微,都可以得到神的爱。

教宗在教会迈向最高权力的每一步都需要枢机团的共同批准,并且只有"普遍范围内"受神启发的决定,才有可能让教宗被罢黜,因此,教宗是终身的。如今,教宗利用议会制度来发起和指导教会的改革方案,使公会议主义在当代仍然是一种活跃的存在。马西略的论点被那些一心只想改善教会政府,不服从世俗统治者的改革者所采纳,但从宗教改革可以看出,教宗是教会独立的必要保证：马丁·路德的信念所到之处，必然伴随着世俗国家对教宗的传统职能的褫夺。公会议主义原本是在教会中搬用世俗政治体制，却反过来影响了世俗政治思想。这种影响以一种非常明显的方式，开始于15世纪的神圣罗马帝国，当时那里的诸侯宣称其角色类似于教会中的主教。随着许多欧洲国家代表性机构的兴起，这种趋势继续发展，教会声称在制定法律和提高税收方面与国王平等。从长远来看，这种发展促进并加速了两种观念的发展：人民主权和民主，并就此塑造了现代政治。[53]

15世纪初，教会是吉尔森（Jean Gerson）的政治思想的焦点；他的关注点在于如何证明耶稣在世间的权力是由主教们共同行使的，而非由教宗独自行使的。然而，在比较世俗政府和教会政府的过程中，他发展出一种关于国家起源的理论，自此影响了整个西方世界的政治。国家的产生是由于罪恶：在伊甸园之外，除了人们为了和平的利益而约定集中资源和约束自由之外，罪恶是没有限度的。这一过程自然而合理。公民的同意是国家合法的唯一基础。与神所赐的教会不同，国家是人类自由意志的产物，由一个历史契约所缔造，并由这契约的不断更新所维系。在君主制的情况下，统治者的权力不应归功于上帝，而应归功于人民，是人民将自己的权利托付给君主。

统治者仅仅是该历史契约的执行者，也是人民权利的受托人，并且不能将这些权利废除或取消。主权属于人民：统治者只是代表人民行使主权。如果统治者违反或滥用契约，人民可以收回主权。统治者不是凌驾于社会之上的，而是社会的一分子。除非获得一致同意，否则他没有任何高于社会、社会成员及其财产的权利。若有专制的统治者声称，自己有权修改法律，或处置臣民的生命或财产，那么他不是合法的统治者：人民有权驱逐他。

对于任何重视自由，或认为我们这个物种在公民社会中会自发合作的人来说，国家都是一种限制，甚至是一种几乎莫名其妙的负担。社会契约论将解释和论证国家的问题合二为一。国家是以契约为基础的，这一理念孕育了宪政和民主。它没有诉诸上帝便为国家提供了合法化的依据，对现代的世俗世界格外有用。然而，吉尔森的构想存在着严重的缺陷：他让统治者成为契约中的一方，因此或许有人会反对称，统治者实际上不在契约的范围内，不受契约条款的约束（见第七章"政治哲学：国家的起源"）；他对契约条款的假设也留下了漏洞：专制主义的辩护者可能会辩称，其他团体是将自己的权利全部移交给国家，而非仅仅是让国家代为看管。[54]

统治者是不受限制的，这一观点有其特定的逻辑：立法者如何受法律约束？但在中世纪有效地压制了这一观点之后，现代西方不得不重新提出它。中世纪统治者的主权在理论上受到四种方式的限制：首先，它基本上被视为司法管辖权问题。立法，即有权制定和废除法律，我们现在认为是主权的决定性特征，是一个相对较小的活动领域，传统、习俗、神法和自然法涵盖了这一领域，几乎没有创新的余地。其次，正如我们已看到的那样，王权受到基督教世界共同体的限制，在基督教共同体中，某一国家的国王不是最高权威，教宗至少有同样的至高地位。再次，这一观点坚持认为罗马帝国从未终结，皇帝驾驭基督教世界的权威继续由教宗或神圣罗马帝国经选举产生的领袖（实际上被称为"罗马人的皇帝"）掌控。最后，国王是诸侯之王，凡事必须征询其所谓的自然幕僚的意见——这些充当幕僚的贵族，有时是靠王室的恩惠获得权力，有时则自称其权力直接来自上帝。

在中世纪后期，国王对这些限制进行了系统性的挑战。14世纪的法国和卡斯蒂利亚国王，以及16世纪的英国国王，称自己的王国为帝国，并认定他们是"自己地盘上的皇帝"。他们的画像都是庄重威严的，这是宣传者制定的意识形态策略。法国国王的职位如神迹一般，被上帝赋予了"在你的有生之年能创造奇迹的美德"。[55]最早的可确定为法国国王画像的作品绘于14世纪中期，画的是"好人"约翰二世，其形象与奖章上的"罗马人的皇帝"以及光环环绕的圣人形象非常相似。英国国王理查二世曾让人为自己画像，画中的他站在遍地黄金之中，庄严地凝视着前方，并从圣母手中接过耶稣的身体。这一想法从未在现实中被广为接受。16世纪初，巴黎议会主席吉拉特对法国国王弗朗索瓦一世说："您有权做任何事，但您不想这样做，也不应该想这样做。"[56]然而，即便偶尔经历挫折，14世纪至18世纪，在欧洲大部分地区，国王们还是逐渐获得了权力，付出代价的则是其他传统权威：教会、贵族和城市上层阶级。[57]

宗教与战争：骑士精神、"圣战"和贵族身份的重塑

道德哲学家之所以在政治思想上投入大量精力，其中一个原因来自一种古老的假设。亚里士多德不仅支持这种假设，而且使之几乎无可争议：国家的职责在于提升或增进美德。然而，在实践中，国家似乎并不比宗教更擅长于此。因此，中世纪的思想家选择直接探讨如何更好地影响个人行为。耶稣的一生和其工作都显示出一种坚定的愿望，那就是让真实的生活神圣化，使人们在世俗的生活符合他所说的天国的生活。然而，总体而言，耶稣的教诲鲜有人能够

做到：即使是耶稣最忠诚的追随者，也很难爱人如己、温柔谦卑、接受痛苦、忠于婚姻和"饥渴慕义"。正如耶稣所认识到的，财富越增加，针眼越小[*]，越难做好人。权力增加则会腐化人心。因此，人类行为的问题通常是精英阶级的问题。你如何阻止他们剥削人民，压迫诸侯，以及像战争中的贵族那样表现出令人发指的暴力？（这从考古学家在中世纪战场遗址挖掘出来的骨头上的伤痕即可见一斑。）

人们想出的最好办法就是骑士精神。这种宗教模式提出了这样一种观点，即遵守规则可以使世俗生活神圣化，就像修士和修女的生活一样。最早的骑士规则或守则出现在12世纪。规章制定者有三人：圣伯纳德，严苛的修道院院长，排斥富有而懒惰的神职人员；教宗尤金二世，一直致力于让平信徒为教会贡献力量；以及佩戎的雨果，一位虔诚的贵族。他们认识到，战士在交战的白热化阶段，在恐惧的刺激下，以及在胜利的欣喜中，倾向于出现野蛮行为。骑士需要文明。纪律可以拯救他们。最初的规则反映了宗教发愿誓守的贞洁、神贫和听命，但世俗的美德日益突出。那些让骑士战胜恐惧的英勇可以用于抵挡诱惑，而实际的美德可以用来抵抗不可饶恕之罪：用慷慨抵挡贪婪，用平静抵挡愤怒，用忠诚抵挡谎言和情欲。[58]

骑士精神成为那个时代普遍的贵族风范。在中世纪晚期的通俗小说中，前骑士时代的王室英雄，包括亚历山大、亚瑟王、伯里克利和特洛伊的布鲁图，都被转化为骑士价值观的典范。就连

---

[*] 典出福音书："骆驼穿过针的眼，比财主进神的国还容易呢！"（《马太福音》19:24）——译者注

《圣经》里的人物都被人们找出来，大卫王和犹大·马加比（Judas Maccabeus）也变成骑士的楷模。马加比的形象往往出现在插画和壁画中的长枪比武场面。[59] 比武仪式和荣誉成为每个宫廷的政治表演焦点。

骑士精神是非常强大的力量。也许，它不能按其初衷使人变得善良。然而，它可以让人赢得战争，塑造政治关系。它是欧洲独特的海上扩张文化的主要组成部分，使基督教世界成为一个更具活力的社会，比伊斯兰世界和中国等装备更精良的东方强邻在探索和开拓方面走得更远。它鼓舞了克里斯托弗·哥伦布和"航海家"恩里克等冒险家去探寻他们自己浪漫骑士精神的结局。[60] 在塑造行为方面，时代精神比意识形态更有力量，因为它为个人提供了行为调整和评价的标准。在中世纪的欧洲，骑士精神承担了这份职责。自那以后，它一直在刺激着西方的行动和自我认知。在19世纪，它可以把维多利亚时代的绅士塞进嘎吱作响的复制盔甲中。伟大的伤感文学作家查尔斯·金斯莱评论道："骑士时代永远不会过去，只要地球上还留有一个未被纠正的错误。"[61] 直至20世纪，骑士的名号依然可以弥补不列颠战役中那些"空中骑士"平凡的社会出身。它仍然塑造了好莱坞黄金时代的英雄形象。如今，它已消失殆尽。[62]

从某种意义上说，骑士精神是对战争的一种道歉：它为那些在天堂之门前满手鲜血的战士提供了一条救赎之路。但是骑士精神不能作为战争正当性的理由：这样的理由需要思想家单独关注。

战争作为一种宗教义务在古代犹太人的神圣历史中是受到尊重的，犹太人的神将其敌人的尸体高高堆砌，斩掉的首级向四面八方滚落。如我们所见，公元前3世纪的印度皇帝阿育王甚至以"为了佛法"为由来合理化战争。但是，用宗教为战争辩护是一回事，美化战争则是另一回事。伊斯兰教和基督教的传统为战争找到正当的理由，这些理由是如此强大而神圣，以至于它们自此以后产生了可怕的后果。

"圣战"（Jihad）一词的字面意思为"竭力奋争"。《古兰经》说："使者和他的信士们，借自己的财产和生命而奋斗……真主已为他们预备了下临诸河的乐园，他们将永居其中，那正是伟大的成功。"穆罕默德在两个语境中使用了这个词：第一，是指穆斯林必须为自己进行的、与邪恶的内在的斗争。第二，代表真正的战争，是与伊斯兰教的敌人作战。这些必须是真正的敌人，表现出真正的威胁。但由于在穆罕默德的时代，他领导的社群经常与人交战，因此对这些概念的解释一直很模糊。《古兰经》第九章似乎合法化了所有对多神教徒和偶像崇拜者的战争。先知去世后，这一教义被用来讨伐叛教者，这些人认为他们对领袖的义务在他去世时就消失了。后来它被用于在一系列成功的侵略战争中宣战，其攻打的对象是阿拉伯国家、东罗马帝国及波斯萨珊王朝。一些穆斯林也会滥用圣战之说，来证明彼此之间的战争是正当的。直至今天，这个词还被用于美化卑鄙的纷争，比如阿富汗部落强权之间的争端，以及恐怖分子在自封的伊斯兰教领导人挑出的敌对地区对无辜人民的欺压。

然而，"圣战"一词的翻译是恰当的：一项因服从先知命令而得以神圣化，并因承诺殉道而得到回报的事业。[63]据称来自穆罕默德的一个说法是，战斗中的殉道者可直接进入天堂的最高等级，离神的宝座最近，并有权为自己所爱之人的灵魂代祷。但是，值得注意的是，大多数伊斯兰法律传统都制定了严格的战争法，这些战争法当然应该对圣战有所定义，包括对非交战者、妇女、婴儿、病人和投降者生命和财产的保障。这些限制本应有效地取缔所有恐怖主义和大多数国家暴力。

除了被滥用，圣战的思想主要有两个方面的影响：第一，较为重要的是，它加强了穆斯林战士的力量，特别是在伊斯兰教扩张的早期。在穆罕默德死后的大约一百年里，很难想象如果没有它，伊斯兰教如何能够取得大规模成功——把地中海的大部分地区变成了伊斯兰世界的内湖。第二，圣战的思想在基督教世界中被复制。基督徒开始十字军运动时有两个类似的概念：一个是正义战争，即发动战争以收复所谓被穆斯林侵占的土地；另一个是武装朝圣，作为赎罪的宗教义务。在十字军开始以类似于穆斯林战士的方式看待自己以前——如《罗兰之歌》所说，他们是潜在的殉道者，"萨拉森人*的血冲走了罪恶"——没有圣战的概念，尽管战争的目标被视为神圣的，因为有争议的土地上有基督和圣徒的血和脚印。[64]

在中世纪晚期的西方，随着十字军运动的衰落，政治和法律提供了越来越多的通往权力和财富的新途径，贵族身份与战争的关联越来越弱。火器使得贵族武士逐渐没有了存在的必要，他们为战争而接受的大量骑马作战训练越发没有用武之地了。在古老的财富或血统决定了等级的地方，除非有非凡的勇武、美德或才能，否则不可能跻身精英阶层，充满机遇的社会永远不可能自由发展出来。在这方面以及其他许多方面，中世纪的中国都遥遥领先于西方。中国朝廷里的精英是接受了长年累月的艰苦人文主义教育，经过层层考核而选拔出来的。一个宗族可以团结起来，资助家族中有才华的穷

---

* 中世纪欧洲人普遍将信仰伊斯兰教的阿拉伯人称为萨拉森人（Saracen）。——译者注

人孩子学习。在缺乏这种制度的西方,直到 14 世纪和 15 世纪,有了纸张和印刷术之后,政府才进行了改革。王公的命令可以经济迅捷地传至国土每个角落。随之而来的官僚化在传统的宗教、战争、商业和探险等道路之外,增加了另一种社会发展途径。西方国家的权贵阶层新人辈出,在某些地方几乎全都是新贵。为了适应他们的自我认知,西方道德主义者着手重新定义贵族。

一枚威尼斯大使的臂章上如此绣道:"唯有美德才是真正的高贵。"1306 年,一位巴黎学者宣称,有知识的人最有能力超越他人。几年后,一位德意志神秘主义者取消了求职者必须有高贵血统的要求,因为血统的高贵不如灵魂的高贵。据一位 15 世纪的西班牙人文主义者所说,文字比武器更能使一个人彻底变得高贵。吉安·加莱亚佐·维斯孔蒂,1395 年开始掌控米兰的暴力统治者,得知自己被不恰当地与模范的人文主义英雄西塞罗相提并论时,仍然会受宠若惊。意大利奥特朗托有一位人文主义者叫安东尼奥·德·费拉里斯,可以说名不见经传,但具有典型意义。他曾经宣称,无论是克罗伊斯[*]的财富,还是古老的普里阿摩斯[†]的血液,都无法取代理性,作为构成高贵的首要元素。马洛[‡]在《帖木儿大帝》中写道:"只有美德才是荣耀的总和,才能使人拥有真正的高贵。"[65]

---

[*] 克罗伊斯(Croesus),吕底亚王国最后一位君主,英语语境下,经常将这个名字代指有钱人。——译者注

[†] 普里阿摩斯(Priam),特洛伊战争时的特洛伊王,曾被要求以牲血封证。——译者注

[‡] 马洛(Christopher Marlowe),英国伊丽莎白年代的剧作家、诗人及翻译家,为莎士比亚的同代人物。——译者注

然而，这一学说在东欧遭到抵制。在波希米亚，贵族就只是古老的血统。在匈牙利王国，只有贵族才是国家的组成部分；他们的特权是正当的，因为他们被认为是匈人和斯基泰人的后裔，他们的统治权建立在征服权的基础上；其他阶级则因为沾染上奴隶血统，因此被剥夺了权力。然而，即使在匈牙利，这一学说也因人文主义的影响而得到调和。16世纪初，匈牙利王国首相韦尔伯齐·伊什特万（István Werböczy）是贵族统治的支持者，他承认，贵族身份不仅通过"遵守军事纪律"获得，也通过"身心的其他馈赠"获得，包括学习。但他将其作为在等级制度中补充人员的一种手段，而不是像西方人文主义者那样将其作为一种开放社会阶层的方法。[66] 这种区别产生了重要的后果。"东欧"一词在西方开始具有贬义，代表着一个社会固化的落后地区，在漫长的封建时代发展停滞，农民被奴役，精英阶层故步自封。[67]

精神征服：宗教的扩张与传播

随着圣战的失败——至少对于从圣地被赶出的基督徒来说是失败了——以及贵族的多元化，一个新的观念应运而生。我们可以称之为精神征服。近代史上一个引人注目的趋势是基督教兴起成为世界上最成功的宗教。从希伯来人的神具有的吸引力来判断，犹太教本应胜过基督教成为伟大的世界性宗教。但是，由于犹太人普遍回避传教活动，因此信徒人数一直很少。伊斯兰教是逐渐发展到目前的规模的：哥伦比亚大学历史学教授理查德·布利特（Richard W. Bulliet）设计了迄今为止唯一获得广泛学术认可的计算方法，根据该计算方法得出的结果，至公元695年，伊朗地区有2.5%的人口皈依伊斯兰教，在695年至762年之间，这个数字上涨到13.5%，762年至820年增至34%，820年至875年依然是34%，剩下所有人在875年至1009年间全部皈依。[68]我们可以看到，伊斯兰教不仅发展缓慢，而且在文化上仍然具有特殊性：仅在一个广阔但有限的地带广为传播，除了通过移民，几乎无法渗透到其他地区。从今天佛教在世界范围内的号召力来看，它似乎有无限的弹性，但在历史上曾被长期抵制。早期基督教世界被传教士的热情所点燃，不过在公元11世纪以后这种热情失去了吸引力。十字军运动没有带来多少信众。

精神征服的思想对复兴福音传道至关重要。这种思想的主要来源可能是耶稣的原话。在婚宴的筵席上，主人对仆人说："你出去到路上和篱笆那里，勉强人进来。"中世纪后期，这句话得到了全新的阐释，因为那时教会产生了一种新的使命感，相信神圣的精英有义务将更积极、更忠诚、更教条的基督教意识传播到社会和世界上那些福音未到达或未深入传达的地方。

由此诞生了一种新的传教策略，它在两个地方产生了作用。首先是基督教世界里未聆听福音或未完整聆听福音的民众：穷人，流浪的人，被忽视的乡下人，森林、沼泽和山上的居民，教堂烛光照耀不到的人，以及发展中的城市里被孤立的人，他们被排斥在乡村教区居民遵守纪律、团结一致的生活之外。通过探索和地理知识的进步，一个广阔的异教世界铺展开来。托钵修会的兴起，以及他们向穷人、不信者和不明教理者传教的特殊意愿，助长了这一趋势。人们对恢复教会使徒习俗的兴趣也日益浓厚，这成为从托钵修会兴起到宗教改革时期的一个突出主题。而外在动力的复兴，则应归功于一个关于皈依的新概念，这一概念由马略卡人拉蒙·柳利*在 13 世纪末至 14 世纪初提出。他意识到布道活动必须根据文化加以调整。你需要了解你想改变的人的文化，并做出适当的妥协。最重要的是，必须用他们自己的方式来与他们对话。因此，他为传教士建立了语言学校。本土文化中无关紧要的部分可以任其保留。有一个使徒的先例：圣保罗认为，非犹太人皈依者可以不实行割礼；圣彼得也规定，这些人不必遵守犹太人的饮食习惯。因此，皈依基督教的社会往往也带着原有文化的特征，这就是双向文化交流的典范。[69]

这段时期活跃着各种广受欢迎的传教士和先知，他们神圣化人们的起义，神圣化穷人们对精英阶级压迫的暴力反抗。最终，上帝会纠正社会上所有的不平等。对革命者来说，千禧年的到来意味着一件紧迫的事。此时此刻，穷人们也可以亲自加速它的到来，争取实现神在世界上的目标。而对于那些用这种方式无法解决的、极端严重的不平等问题，下一个时代将重新审视并提出新的答案。

---

* 拉蒙·柳利（Ramon Llull），加泰罗尼亚作家、逻辑学家、方济各第三会会士和神秘主义神学家。——译者注

CHAPTER SIX

Return to the Future:
Thinking Through Plague and Cold

第六章

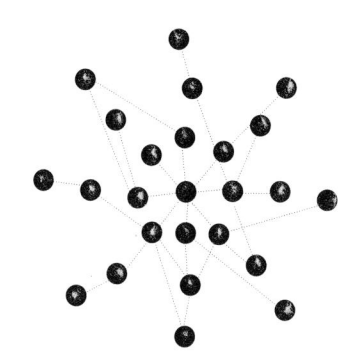

回到未来：

历经瘟疫和寒潮的思想

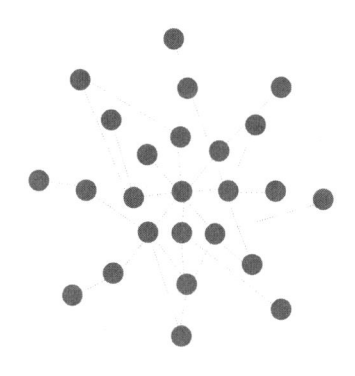

从 16 世纪和 17 世纪历史中传统上突出的事件来判断，知识分子主宰了时代。文艺复兴、宗教改革和科学革命接踵而至，比王朝更迭和战争命运更深刻地标志着世界。甚至"扩张时代"（传统上对这整个时代的称呼）也是思想扩展的产物，是"对世界和人的发现"。当然，在这种背景下，其他力量也在发挥作用：频发的瘟疫、阴郁的寒冷，以及不具备心智的各种生命形态（科学家所谓的"生物群"）——植物、动物、微生物——的演变和重新定位，促成一场全球性的生态革命。

自从农业发明以来，生物群的变化比任何创新都更能改变地球的面貌。与其说人类引进了所谓非自然选择的农耕方法改变了进化，还不如说是从16世纪开始的进一步变化扭转了长期以来的进化模式。大约在1.5亿年前，当泛大陆分裂，海洋开始将大陆隔开，生命形式在不同的大陆上变得更加独特了。最终，新大陆开始出现其他地方未知的物种。澳大利亚的动植物群变得独一无二，在美洲、非洲和欧亚大陆上毫无踪影。突然，1.5亿年的进化趋异在过去几个世纪里骤然收拢，使得地球上分布着相似的生命形式。现在，在英国的郊野公园中可以看到美洲驼和袋鼠，原产亚洲东部的猕猴桃则成了我的西班牙故乡小城经济的重要组成部分。意大利、中国四川、孟加拉国和肯尼亚的"本土"美食都依赖于美洲原产的植物——辣椒、土豆、玉米、西红柿——而如果没有来自欧洲的葡萄酒和牛肉、阿拉伯的咖啡、亚洲的大米或糖，美洲大部分地区的饮食将彻底不同。单一的疾病环境笼罩全球：人可以在任何地方感染任何传染病。

欧洲殖民者和探险家环游世界的旅程使生物群得以穿越大洋。有些情况下，种植园主和牧场主会故意改变养殖物，以利用新的土地或创造新品种。从这个程度上来说，这场革命符合本书的论点：人们重新想象世界，并努力让自己的想象成真。但许多重要的种子、细菌、昆虫、食肉动物和偷渡宠物是在人们的衣缝和口袋里，或在船只的储藏室或船底，通过一场迪士尼式的"不可思议的旅程"到达新环境的。在那里，它们可能会带来巨大的改变。[1]

同时，瘟疫时代开始困扰世界。[2] 从14世纪开始，黑死病席卷欧亚大陆和北非，疫情最严重的地区有三分之一的人口死亡。在接下来的300年中，无解的瘟疫在所有这些地区屡屡发生。造成黑死病的可能是一种杆菌，其DNA（脱氧核糖核酸）与我们现在所说的腺鼠疫的病原体几乎相同。但有一个关键的区别：黑死病喜欢炎热的环境。而 14 世纪到 18 世纪的世界异常寒冷。气候史学家称之为"小冰期"。[3] 最致命的瘟疫通常与极度寒冷的气候同时出现。在 16 世纪末和 17 世纪，天气寒冷到了极点，荷兰画家们绘制的冬日风景画表现出了当时的样子和感觉。此外，在 16 世纪，一些旧世界的疾病，特别是天花，蔓延到美洲，在影响最严重的地区，约 90% 的原住人口死亡。

因此，在这个时代，环境对世界的影响超过了思想。但从来没有人解释过一个明显矛盾的现象：为什么这么多进步——或者说我们所认为的进步——发生在如此艰苦的环境中？瘟疫和寒冷的受害者是如何发起文艺复兴和科学革命的？他们又是如何探索世界，重新统一分裂的大陆的？也许这就是伟大的历史学家阿诺德·汤因比所说的"挑战与应战"的例子。也许没有任何普遍适用的解释，我们必须具体情况具体分析。无论如何，即使在非人力量严重限制人类创造力的时代，头脑的力量显然仍可以想象经过变革的世界，提出改变世界的思想，带来具有变革意义的行动。事实上，在某些地方，创新思维的输出似乎比以往任何时候都要快——无疑比任何有据可查的过去时代都要快。

新观念不成比例地集中诞生在欧洲。在瘟疫和寒冷主宰的漫长时代，世界各地在创造性、新意和有影响力的思想方面的平衡逐渐而明显地发生了转变，一部分原因是欧洲孕育了许多新思想，还有一部分原因是欧洲的贸易和帝国主义输出了欧洲的思想。几千年来，历史上的主动权——某些人类团体影响其他团体的力量——一直集中掌握在亚洲文明，如印度、伊斯兰世界，尤其是中国手里。在技术上，中国创造了世界上大多数最令人印象深刻的发明：纸张和印刷术是现代通信的基础，纸币是资本主义的基础，火药点燃了现代战争,炼钢炉锻造出了现代工业社会。指南针、方向舵和可将舱室隔开的舱壁造就了现代航运和海上事业。而西方唯一拥有明显优势的关键技术是玻璃制造(也许机械钟表制造除外,这也许是中国的发明,但肯定是西方的专长)。[4]

然而,到了 17 世纪末,越来越多的迹象表明,中国的优势地位正受到来自欧洲竞争者的压力。最具有代表性的事件(也许称其为转折点并不算过分)发生于 1674 年,当时中国皇帝康熙任命耶稣会传教士南怀仁为掌管天文的钦天监监正。在这段时期,在某些方面直到 19 世纪,欧洲人仍然效法中国的美学和哲学,并"向有智慧的中国人学习"。[5]而以横跨欧亚大陆的贸易来衡量,中国的经济优势直到 19 世纪 60 年代才被逆转。然而,越来越明显的是,挑战旧习和改变社会的重大新观念开始从西方铺天盖地而来。如果说小冰期、哥伦布大交换和瘟疫时代的结束是现代世界的前三个显著特征,那么欧洲的大跃进就是第四个。

因此,欧洲是我们寻找当时关键思想的起点。我们可以从通常被绑在一起、统统被归入"文艺复兴"的道德、哲学和美学观念开始,它发生在科学革命之前,可能帮助塑造了科学革命。

我们必须首先确定文艺复兴是什么,不是什么,并确定它发生在哪里,从哪里来,之后才能在接下来的章节讨论它最终去往何方。

回到过去:文艺复兴

如果按照我的想法,应从我们的历史词典中删除"文艺复兴"一词。这个词是 1855 年由法国历史学家儒勒·米什莱发明的,他想强调的是，古代学术、古典文本以及希腊和罗马艺术遗产在人们思考与想象世界的方式中得到了恢复或"重生"。米什莱是一位天赋异禀的作家，但和许多历史学家一样，他通过反思自己的时代获得灵感；他倾向于用历史来解释现在，而不是过去。1855年，一场真正的复兴正在进行中。更多的男孩开始学习拉丁语，还有不计其数的男孩开始学习希腊语。学术界正以前所未有的规模将古代文献刊印为更好的版本。古代文献中的故事和人物成为艺术的主题，也成为作家的灵感来源。米什莱发现自己所处的时代与15世纪的意大利有密切关系。他认为，他所看到的现代性，是在15世纪90年代至16世纪50年代法国反复入侵意大利的过程中，由军队来回交换的信息而被传到法国的。他的理论成为教科书中的正统观念，后来的历史学家则对此进行了详细阐述，将他们认为"现代"的一切追溯到同一时代和世界的同一地区。我想起我小时候的老师，在黑板上用粉笔缓慢而流畅地写下"1494年：现代史的开端"。与此同时，批评家们一直在对这种强大的正统观念进行抨击，他们认为，古典美学在15世纪的意大利大部分地区都只是少数人的品味。即使在佛罗伦萨，大多数人心中的文艺复兴的中心，相比于古典艺术，赞助人也更喜欢戈佐利（Gozzoli）和巴尔多维内蒂（Baldovinetti）的俗丽绘画，他们的作品带有中世纪细密画的辉煌感，常采用昂贵的颜料让画面发亮。在佛罗伦萨，很多艺术家以为来自古典时代的事物其实并非如此：洗礼堂实际上出现于中世纪早期。圣米尼亚托教堂建于11世纪，却被专家认为是罗马神庙。几乎所有我——可能还有你们，亲爱的读者——在学校学到的关于文艺复兴的东西都是错误的或有误导性的。[6]

比如："它是现代史的开端。"不：每一代人都有自己的现代性，而它都是从过去发展而来的。"它是前所未有的。"不：学术界已经发现了很多文艺复兴前就存在的复兴运动。"它是世俗的"或"它是异教的"。不完全是：教会仍然是大多数艺术和学术的赞助者。"它是为艺术而艺术。"不：是政客和权贵们操纵的。"文艺复兴时期的艺术采取了一种新的写实方式。"不完全是这样：透视是一种新的技术，但文艺复兴前的许多艺术在描绘情感和人体时是写实的。"文艺复兴让艺术家得到升华。"是的，但仅在某种意义上：中世纪的艺术家可能会成为圣人；相比之下，文艺复兴时期一些艺术家获得的财富和世俗头衔就逊色多了。"它废除了经院哲学，开创了人文主义。"不：文艺复兴时期的人文主义源于中世纪的学术人文主义。"它追随柏拉图主义和希腊主义。"不：像以前一样，它确实吸收了一些柏拉图主义的成分，但很少有学者精通古希腊语。"它重新发现了失落的古代。"不完全如此：古代从来没有被遗忘过，古典引发的灵感也从未枯竭（尽管在15世纪出现了高潮）。"它发现了自然。"算不上：欧洲以前没有纯粹的风景画，但当13世纪圣方济各在户外感受到上帝时，就有自然崇拜了。"它是科学的。"不：正如我们将看到的，每当有一个科学家，就会有一个巫师。[7]

尽管如此，西方中世纪确实增加了对复兴所谓古代辉煌一直以来就有的或断断续续的兴趣，并且我想应该继续使用文艺复兴这个说法，尽管研究人员发现，从5世纪到15世纪，每个世纪都有对古典观念、风格和绘画的某种复兴。例如，甚至在最后一个西罗马帝国皇帝去世之前，罗马的大教堂建筑者就开始"复兴"古典式建筑了。历史学家经常提到的文艺复兴有7世纪西班牙的西哥特文艺复兴、8世纪英格兰的诺森布里亚文艺复兴、9世纪法国的加洛林文艺复兴、10世纪和11世纪德意志的奥托文艺复兴等等。研究拉丁基督教世界的历史学家也公认"12世纪文艺复兴"为常用的术语。

从某些方面来看,古典传统永远不需要复兴:作家和艺术家总是一有机会就充分利用古典文献和范例。[8]西班牙奥维耶多一座8世纪教堂的装饰,其灵感就来自罗马帝国晚期的执政官双联画。在11世纪的西班牙北部的弗罗米斯塔,一个柱顶雕刻家手头没有著名的古希腊拉奥孔塑像的范例,但他按照老普林尼对拉奥孔的描述开始了雕刻。同一时期的佛罗伦萨建筑工人复制了一座罗马神庙,精妙程度足以欺骗菲利波·布鲁内莱斯基[*]。在13世纪意大利的奥尔维耶托,某位雕塑家对罗马石棺的复刻水平已相当惊人。我们通常称之为"哥特式"的中世纪全盛期建筑,往往带着古典雕塑的装饰。在这些例子所涵盖的整个时期中,道德哲学和自然哲学的作家继续回应柏拉图和亚里士多德的作品,而散文作家也总是效仿他们所能找到的最接近古典的范本。

随着文艺复兴一词在西方文学领域中频繁出现,在学者们描述其他领域古代价值的复兴时,这个词的使用频率越来越高。[9]文艺复兴也成为研究拜占庭的历史学家常用的术语之一,尤其是在11世纪末君士坦丁堡人文主义学术和仿古艺术复兴的背景下,这并不令人意外。当时拜占庭的牙雕师往往会避开异教和情色的对象,他们能在非常短暂的时间内,制作出像维罗利首饰盒[†]这样精

---

[*] 菲利波·布鲁内莱斯基(Filippo Brunelleschi),意大利文艺复兴早期颇负盛名的建筑师与工程师。——译者注

[†] 维罗利首饰盒(Veroli casket),制成于10世纪下半叶的牙雕作品。——译者注

第六章　回到未来:历经瘟疫和寒潮的思想

美的成品，主题都是野蛮人被艺术、爱情和美所折服。大力神赫拉克勒斯坐下来演奏竖琴，一旁是跳跃嬉闹的小天使。半人马为迈那得斯[*]伴舞。欧罗巴公主动人地靠在她的公牛背上，朝着要绑架她的克里特人噘着嘴，顽皮地挥舞着她飘逸的披巾。[10]古典模式的传播来自基督教世界东半部分，来自东地中海地区（古典传统在这里比在西地中海地区更容易维持），主要是通过古典文本的叙利亚语翻译以及拜占庭的艺术和学术。

穆斯林占据了古典时代的希腊化世界和原罗马帝国的中心地带的许多土地。因此，穆斯林也有机会接触拉丁基督教留下的文化遗产：事实上，在相对较少被掠夺和蹂躏的地区，伊斯兰教保留了非常完整的古希腊罗马的文本和作品。因此，伊斯兰世界发生文艺复兴是非常合理的，如果没有发生，反而是出人意料的。事实上，在文艺复兴时期，拉丁基督教重新认识的一些文本，是通过穆斯林及其翻译的阿拉伯语译本传下来，随后又被西方重新翻译并复原的。

文艺复兴的追寻者在中国也可以发现其痕迹。在我们所认为的西方中世纪和近代时期，新儒家的复兴不时发生。人们还可以追溯到17世纪的日本江户时代，当时的学者重建经典文本，重新发现被遗忘的价值观，找寻500年前的神道教诗歌的真实版本，后来这成为神道教抛下几百年的积累、获取重生的基础。

对于旧事物的重振，文艺复兴的作用并不突出（因为它其实是很常见的现象），而对于新事物的开创，文艺复兴非常重要。在艺术方面，这意味着要开创新的准则。到17世纪，这些准则被称为"古典"，被艺术学院作为圭臬来遵奉。这些准则中包含了数学的

---

[*] 迈那得斯（Maenads），希腊神话中酒神的女信徒。——译者注

比例，能让音乐更为和谐动听，成为创造美的秘诀。相应地，建筑师和考古学家推崇的形状也随时代和学派而不同：15、16世纪是圆形、三角形和正方形；从16世纪开始，变为"黄金"矩形（宽是长的三分之二）；后来则是螺旋线和"蛇形线"（serpentine line）。还有些准则要求通过数学比例的视角进行观察，莱昂·巴蒂斯塔·阿尔伯蒂*在1418年的著作中首次对此进行了解释；有些要求体现出古代哲学思想，如柏拉图的理想形式，或在亚里士多德看来艺术作品应该从它所呈现的那部分自然中努力得到的内在实体；有些要求艺术家在描绘完美时如莎士比亚所说的那样"超越生命"；最重要的是，要求现实主义不能只是对自然的模仿，而是要试着达到超越现实的境界。"希腊的倾慕者从中发现的不是只有自然，"温克尔曼†说，他在1755年的一部作品中整理了古典主义的主张，这些主张都是他首次翻译过来的，"而是还有更重要的东西，超越自然的东西；理想的美，脑中想象的画面。"[11]

同样，在学术方面，中世纪晚期西方新出现的学派与其说是文艺复兴，不如说是真正全新的出发点。14世纪末和15世纪，法国和意大利北部的学校将课程转向一系列被称为"人文主义"的学科，更注重"人文"对象，而不再是抽象的形式逻辑，神学和形而上学的超凡视角，以及自然科学的低级生物对象。人文主义课程更注重道德哲学、历史、诗歌和语言等。弗朗西斯·培根说过，

---

* 莱昂·巴蒂斯塔·阿尔伯蒂（Leon Battista Alberti），文艺复兴时期意大利的建筑师、建筑理论家、作家、诗人、哲学家、密码学家，是当时的一位通才。——译者注

† 温克尔曼（J. J. Winckelmann），德国考古学家与艺术史学家，此处引文出自《关于在绘画和雕刻中模仿希腊作品的一些意见》。——译者注

研究不是用来装饰的，而是要真正有所应用。[12] 他在说这句话的时候，想到的就是上面这些研究。其目的是培养学生的口才和辩论能力——在一个充满动荡不安国家的大陆，和一个遍布敌对城市的半岛上，这两样技能非常实用，就像在战国时期的中国或城邦时代的希腊一样。

学者们看待世界的方式也发生了改变。人文主义者很容易产生一种历史角度的观点，意识到文化的变迁。要想理解古代的文本（如古典主义作品或《圣经》），就必须考虑到词语的含义以及文化背景也是随着时间而改变的。出于对语言起源和社会发展的兴趣，人文主义者将目光转向了外界，开始研究当时的探索者发现的新世界和边远地区的文化。薄伽丘挪用了旅行者带来的新语言中的词汇。佛罗伦萨神父兼医生马尔西利奥·菲奇诺（Marsilio Ficino）曾服务于美第奇家族，他潜心研究埃及的象形文字，却不得解。两人都想知道亚当在伊甸园说的是什么语言，以及最初的文字来自何方。

文艺复兴并没有在意大利或西方的任何其他地方全面爆发。我们有必要强调这一点，因为学术上的欧洲中心主义——断言西方的成就是独特的，其对世界的影响是前所未有的——认为文艺复兴是西方带给世界的礼物。伟大的文化运动往往不是孤雌生殖。异花授粉总是帮助良多，并往往至关重要。我们已经看到，跨欧亚大陆的交流对公元前一千纪的新思想做出了多大贡献。如果没有"蒙古和平"对欧亚大陆的影响，也很难出现中世纪中期西方思想和科技的闪光。我们将在下一章中看到，18世纪的启蒙运动借鉴了中国、印度与日本的美学和政治模式，并依靠与美洲和太平洋较偏远文化的交流获得了一些新的思想。如果发生在欧洲的文艺复兴没有受到来自外部的可观影响，那么这种反常会是极其惊人的。

尽管如此，将文艺复兴视为未受欧洲以外影响的事件，从表面来看，理由也很充分。[13]当文艺复兴在彼特拉克和薄伽丘的文章中、在佛罗伦萨画派的乔托以及锡耶纳画派的杜乔的接班人的艺术品中变得逐渐清晰时，跨欧亚大陆的交流已分崩瓦解。14世纪40年代，安布罗吉奥·洛伦泽蒂（Ambrogio Lorenzetti）在一幅描绘方济各会修士殉难现场的画中加入了中国旁观者。大约同一时期，意大利商人彼哥罗蒂（Francesco Balducci Pegolotti）写下了一本丝绸之路的通商手册。大英图书馆中有一幅意大利微缩画，画中展示了一场很真实的蒙古可汗宴会，音乐家们在演奏，小狗在乞要食物。不到一代人之后，费拉拉公国的安德烈亚（Andrea da Ferrara）描绘了多明我会传播福音至当时西方人已知世界的场景，可以看到中国人和印度人参与其中。然而，1368年元朝的灭亡结束了"蒙古和平"，或者说缩小了蒙古族管辖的范围。中国的方济各会传教士离世后，其在中国的活动到14世纪90年代似乎已不再活跃，罗马与中国方济各会就此失去联系。在文艺复兴的形成时期，西方在很大程度上是孤立的，与中国、中亚和印度少有交流，或根本没有交流，这样的交流曾经为此前的运动带来异域的观念和表现，带来有用的知识和技术，或是带来具有启发性的思想。1492年，哥伦布准备启程前往中国，当时的西班牙王室关于中国的信息太过陈旧，让他携带的外交文书居然还是写给忽必烈的，而此时中国已经处于明朝，元朝已灭亡120余年。

尽管原有的跨欧亚交流中断了，但在15世纪，欧亚大陆或其大部分地区通过可靠的、有据可查的方式，经由伊斯兰世界还是有过一些往来。伊斯兰世界缩小并在一定程度上弥合了欧洲与南亚和东亚之间的差距。中国和印度的手工艺品成为欧洲仿造的对象，伊斯兰国家的大使曾将这些手工艺品作为礼物送给欧洲的王室。15世纪末的埃及统治者奎特（Qait Bey）拥有大量瓷器。欧洲只有少数贵族阶层能拥有带中国元素的物品。伊斯兰的陶器也传递了一些形象。在古典文献的传播过程中，在科学尤其是天文学的知识和实践的交流过程中，在西方艺术家通过纺织品、地毯、玻璃器皿、陶器以及手工技艺向伊斯兰艺术学习的过程中，如果没有伊斯兰教的广泛影响，欧洲文艺复兴时期的艺术和书籍将会大相径庭，也不会如此丰富。

世界很小：第一次全球性的思想运动

无论文艺复兴受到基督教世界以外的影响有多大，有一点非常明确，即从其结果来看，文艺复兴是观念史上第一次全球性的思想运动：第一次在两个半球都得到呼应，第一次在赤道南北两侧都深入大陆的内地。就像哥伦布大交换中的生物群一样，文艺复兴也可以被带到全新的目的地。西方人理解语言、表现现实、塑造生活的方式源自对古典时代的研究和模仿，被涂上了世界各地的人文主义色彩。古希腊古罗马的价值观和审美观比其他任何古代文献、物品和图画都传播更广。

新西班牙第一任总督安东尼奥·德·门多萨（Antonio de Mendoza）在维特鲁威《建筑十书》（文艺复兴时期建筑师对古典建筑的了解基本都是从这本书中获得的）的扉页上记录道，1539年4月他"在墨西哥城读过这本书"。当时，在墨西哥城附近的特拉特洛尔科圣克鲁斯学院（Colegio de Santa Cruz de Tlatelolco），方济各会的教授正在教年轻的阿兹特克贵族如何像西塞罗一样写作，墨西哥城也按照维特鲁威关于城市规划的设想，围绕着总督府逐渐成形。同一世纪末，耶稣会会士向阿克巴大帝赠送了丢勒的版画，供莫卧儿宫廷画家复制。在不到一代人的时间里，意大利传教士利玛窦向中国官员介绍了文艺复兴时期的修辞学、哲学、天文学、地理学、记忆术以及基督教教义。用头条新闻大标题的方式来说，文艺复兴"走向了全球"。如今，我们已经习惯了文化的全球化。时尚、食物、游戏、图像、思想甚至手势都以光速传遍全球。然而，在当时，文艺复兴成功渗透至世界偏远地区，是史无前例的。

欧洲人的探索使欧洲得以在全世界施加影响力。探索者们还开拓出了全球生态交换所依靠的航线。因此，哥伦布对世界的想象——世界很小，因此可以利用他所掌握的技术全面通航——算得上是一个非常有影响力的观念。在此之前，人们认为世界极为辽阔，这一直阻碍着探索者的行动。而哥伦布想象的世界是小的，这就鼓舞了人们去尝试环游地球。"世界很小，"哥伦布晚年回顾一生时仍如此坚持，"经验已经证明这一点。我已经写下了证据……引自《圣经》……我说世界并不像通常想象的那么大……我确信不疑。"[14] 哥伦布是用错误的想法改变世界的最有力的例子。公元前200年左右，亚历山大城图书馆馆长埃拉托色尼*凭借绝对可靠的三角学，结合带有误差的测量方法，计算出了地球的直径，其准确度令人惊叹。关于这个结果的争议一直在学术界持续，直到哥伦布提出新的计算方法，新方法计算出的地球直径比实际小四分之

---

* 埃拉托色尼（Eratosthenes），古希腊数学家、地理学家、历史学家、诗人、天文学家。——译者注

第六章 回到未来：历经瘟疫和寒潮的思想

一。他的数字错得离谱,却使他坚信西欧外面的海洋一定比通常认为的要窄。这是哥伦布坚信自己可以跨过大洋的基础。

他没有毁于灾难,仅仅是因为一个意想不到的半球挡住了他的去路:如果美洲不在那里,等待他的将是一次结果未知的漫长旅行。哥伦布的错误估算开拓出一条前所未有的、连接新大陆和欧洲的探索之路。在此之前,欧洲人无法到达西半球,除了通过毫无商机可言的维京海路,经海流辅助,沿北极边缘从挪威或冰岛到达纽芬兰岛。哥伦布的航线有风能辅助,因此速度很快。该航线将人口众多、资源丰富、市场广阔的经济可开发地区相互联系起来。始于此时的洲际生态交换当然是它带来的影响之一,不过它也扭转了其他重大的历史趋势。长期以来对中国有利的世界经济态势,在西欧掌握了美洲的资源和机遇之后,开始逐渐变为对西欧有利。传教士和移民将新大陆的大部分地区基督教化,则彻底打破了宗教信仰在全世界的平衡。在此之前,基督教世界是一个四面楚歌的角落;自此以后,基督教成为世界最大的宗教。大规模的移民活动开始发生,有些是被迫的,比如非洲的黑奴,有些是自愿的,比如殖民者,他们的后代建立了现代美洲各国并为其战斗。对地球大小的错误认识是所有这些过程的起点。随着新世界对旧世界的影响变得越来越深入和深刻,这些影响仍在回荡。[15]

历史学家们往往高估学术追求,夸大了哥伦布作为学者甚至人文主义者的程度。哥伦布确实读过一些文艺复兴时期发现或传播的古典地理文献,但直到他第一次跨大西洋航行之后,才有证据表明他开始阅读其中的大部分作品,而且当时他需要得到学术上的支持来证明自己的理论。真正影响他的读物非常老派:《圣经》、圣徒传和他那个时代相当于书摊通俗小说的作品:海上冒险故事。典型的故事情节是，某个贵族或皇室出身的英雄，一出生就遭到暗算，流浪海上，发现新岛屿，战胜岛上的怪物或食人魔，最后重获辉煌。这就是哥伦布穷极一生所追求的人生目标轨迹。

他对文字权威的无动于衷实际上促使他成了科学革命的先驱者，因为像现代科学家一样，比起书面文字，他更愿意相信观察到的证据。他总是骄傲地宣称自己证明了托勒密是错误的。人文主义通过鼓励批判性的考据方法促使一些学者走向科学，但这还不足以引发一场科学革命。[16] 在某种程度上，进一步的诱因来自哥伦布大范围的探索所积累的知识。探险家们带回了未知地区和未知环境的报告、大量动植物标本、人种学样本和数据；从哥伦布第一次跨大西洋航行时起，探险家们便开始绑架奴隶回欧洲炫耀。到了 17 世纪，常有探险家绘制岛屿的地图和风景画。有两种生动的证据可以表现出这些影响：一种是世界地图，此前它属于宗教用品，绘制出来不是为了表现世界的真实面貌，而是为了唤起人们对创世的敬畏；第二种是珍奇屋，欧洲精英阶层的收藏家在这里将探险者带回本土的标本集中珍藏，后来这样的空间衍生出了博物馆的概念。于是我们进入了科学领域，在这个领域或者说这些领域中，西方思想家在 17 世纪取得了最显著的飞跃，先是与亚洲并驾齐驱，随后在某些方面超过亚洲，打破了亚洲长期以来占据的优势。

科学革命：现代科学的诞生

在 16 世纪下半叶和 17 世纪——大约从哥白尼 1543 年发表日心说到 1727 年牛顿逝世——西方科学活动的迅猛发展引发了一个和文艺复兴时期类似的问题。科学革命是西方本土的成就吗？它依赖于进入更广阔的世界：正是由于珍奇屋中的那些收藏以及远程探险的记录和地图，西方科学家才能在当时独树一帜。但这些航行是欧洲人促成和引领的。西方科学探索的两大原材料——"好奇"和观察——是西方的头脑所重视的，也是西方人为之付诸行动的。这场革命发生在跨欧亚大陆的交流恢复之时：事实上，16世纪第二个十年欧洲和中国之间开始有直接的海上来往，这大大增加了交流的规模。人们曾努力证明这种交流对西方科学产生过重大影响，但都以失败告终。在伊斯兰世界和基督教世界相邻且常有摩擦的利凡特地区，曾经有过一些交流。基督教学者在那里寻找《约伯记》的原始文本或毕达哥拉斯佚失的文本，并学习阿拉伯人在医学或天文学方面的知识。[17] 哥白尼可能已注意到并借鉴了早期穆斯林天文学家对宇宙的猜测。[18] 西方的光学技术也得益于对伊斯兰文明技术的吸收。[19] 但是这样的影响还是太少了，因此作用存疑。尽管莱布尼茨认为，他提出的二进制与中国已有的理论相似，但中国人或其他遥远的东方人影响西方科学的证据还是少之又少。[20] 科学革命之所以引人注目，不仅是因为它加速了有用和可靠知识的积累，更是因为它体现了整个欧亚大陆在权力与财富潜力方面平衡的改变：17世纪是中欧关系的一个"转折点"。这个曾经自满的东方巨人，不得不注意那些曾经被鄙视的"蛮子"，他们就像爬上豆茎的人*，展现了出乎意料的优势：1674年，中国皇帝将帝国天文台移交给耶稣会士。五年后，莱布尼茨通过耶稣会学者关于中国学术的报告所提供的证据总结道：中国和拉丁基督教世界是平等的文明，有很多

---

* 在童话《杰克与豆茎》中，杰克种下的魔豆成长后高耸入云，杰克顺着豆茎爬上去，遇到了巨人，最终巨人在追赶杰克时跌落身亡。——编者注

东西可以相互学习,但西方在物理学和数学上处于领先地位。[21]

社会变革增加了可用于科学的时间和资产,从事科学的人也增多了,这是当时西方社会背景的另一方面。[22]正如我们已经提过的,中世纪大多数从事科学工作的都是神职人员。剩下的则是工匠(或艺术家,其社会地位并没有高到哪里去)。然而,在17世纪,随着贵族经济活动的多样化,从事科学在世俗贵族中成了受人尊敬的职业。如前一章所言,战争已不再需要贵族阶层,这在一定程度上是因为火药技术的发展,任何人只要稍加训练就可以有效地使用火器,没必要再以高昂的成本保留可以随时上战场的骑士阶级了。教育成为通向崇高之路。随着探险家开辟全球贸易路线,积累财富的手段多元化,使一代代的资产阶级从之前的专业工种中解放出来,也因此间接地推动了贵族对科学的研究。罗伯特·波义耳一生致力于科学研究,其贵族身份也未受影响。对佃农的儿子牛顿来说,同样的职业可能让他进入骑士阶级。

严格意义上讲,科学革命的思想起源部分来自经验主义思想的传统,这种经验主义思想在中世纪重新出现之后,逐渐地或者说断断续续地积累起来(见第五章"调和与交锋:宗教理论对世俗学说的回应")。具有同等重要意义的是人们对魔法的兴趣和实践的增长。我们已经看到此前时代中科学和魔法之间的很多联系。这些联系仍然很牢固。天文学与占星术有重叠,化学与炼金术有重叠。浮士德博士是一个戏剧中的虚构角色,但体现了渴望学习者如何受到蛊惑。他把自己的灵魂卖给魔鬼,以换取获得知识的神奇途径。如果说智慧是上帝给所罗门的礼物,那么神秘的知识就是撒旦给浮士德的礼物。文艺复兴时期,人们在魔法上花费的脑力可以说前无古人,后无来者。

学者们挖掘古代晚期关于魔法的文献时,认为可以发现一个前

第六章 回到未来:历经瘟疫和寒潮的思想　　261

古典时期（也许还可以恢复的）伟大的巫师时代：俄尔甫斯的咒语可以治病；埃及法老的护身符能赋予雕像或木乃伊生命，就如后来在好莱坞电影中大行其道的风格那样；古犹太神秘学者发明的方法能激活通常只有神才有的力量。文艺复兴时期有许多学者认为，魔法如果能够治病或增加自然知识，那么魔法就是有益的。菲奇诺就是其中的典型。曾被认为荒谬或渎神的古代魔法文本，现在成了基督徒的合法读物。

在寻找比希腊人更古老的智慧的过程中，埃及的诱惑是无法抗拒的，然而埃及的传说无从考证。象形文字如此难以理解，考古工作如此枯燥无趣。在没有可靠知识来源的情况下，学者们却有一个虚构而迷人的智慧源泉：关于赫尔墨斯·特里斯墨吉斯忒斯（Hermes Trismegistos）的故事集，作者自称为埃及人，但实际上是一位身份不明的拜占庭人。1460年，菲奇诺在一批从马其顿为美第奇家族图书馆购入的书中找到了它。作为一本颠覆古典学术朴素理性主义的书，它迅速引起了轰动。

16世纪最后几年至17世纪初，神圣罗马帝国的皇帝鲁道夫二世（1552—1612）在自己布拉格的城堡里资助秘术，被术士赋予"新赫尔墨斯"的头衔。在这里，占星家、炼金术士和犹太神秘主义者聚集在一起，从大自然中获取秘密，并实践他们所谓的泛知论（pansophy）——试图对知识进行分类，从而打开掌握宇宙的大门。[23]作为试图掌握自然的方法，魔法和科学变得无甚区别。16、17世纪西方世界许多科学革命的伟大人物，一开始都对魔法感兴趣或者一直保持着兴趣。约翰内斯·开普勒是鲁道夫的门客之一。牛顿是一名兼职炼金术士。戈特弗里德·威廉·莱布尼茨也在学习象形文字和犹太神秘学符号。历史学家过去认为，西方科学起源于西方传统的理性主义和经验主义。或许确实如此，但文艺复兴时期的魔法也功不可没。[24]

没有什么真正的魔法，但尝试魔法的努力并没有白费。炼金术渗入化学领域，占星术渗入天文学，神秘主义渗入数学，泛知论渗入自然分类学。巫师们建立了许多所谓的"世界剧院"，在这里所有的知识都可以被分类，就像珍奇屋用于展示自然界中的一切事物——或者至少是探险家们所能发掘到的一切：由此产生的生物分类法及其用语直至今日我们还在使用。

在狂热魔法的时代之后，或在魔法盛行的时代，亚里士多德（他仍然是当时西方知识分子尊敬的对象）的作品鼓励人们相信观察和实验是通向真理的方法。亚里士多德的理论产生了自相矛盾的效果：鼓励挑战权威，也就是在鼓励实验者证明亚里士多德自己的错误。很多人说弗朗西斯·培根是代表这一科学思想风潮的标志性人物，说他完美地体现了17世纪初的科学气质。他似乎不应成为一个革命者：培根时任詹姆斯一世手下的英国大法官。他的一生都在官场上浮沉，他的哲学探索是一种绝好的消遣，直至60岁时他因腐败罪遭到指控。他对自己的辩护（他没有受到受贿的影响）是他头脑健全、清醒的典型表现。培根有一句名言："知识就是力量。"他对科学的贡献反映了一个魔术师企图掌握解开大自然奥秘的钥匙的决心，以及一名大法官渴望了解自然规律的愿望。他更重视观察而非传统，据说他为了检验低温下一只鸡的冷冻效果而感染风寒，并一病不起，最终成为科学的烈士。对于一个曾经建议"不遗余力搜集感冒病例"的科学家来说，这一结局似乎适得其所。[25]

培根发明了一种科学家们可以将观察结果转化为一般规律的方法：归纳法。通过归纳法，科学家们可以从一系列一致的观察结果中得出一般推论，然后进行检验。如果检验结果成立，则该推论变为科学定律，可用于预测。

在培根时代之后的 300 多年里，科学家们几乎都在使用归纳法进行研究。达尔文的追随者托马斯·赫胥黎后来说："科学的巨大悲剧是，丑陋的事实扼杀了美丽的假设。"[26] 但真实情况与这一说法截然不同：人只在已经有了需要检验的假设之后，才会开始进行观察。判断一个命题是否科学的最佳标准是卡尔·波普尔提出来的，他说科学家会先有一个理论，然后试图证明它是错误的。如果有检验能将其证伪，则该理论是科学的；如果没有被证伪，则该理论暂时成为科学定律。[27]

培根认为，经验是比理性更好的指导。他曾与荷兰科学家 J.B. 范·海尔蒙特分享过一句犀利的名言："逻辑对科学发现毫无用处。"[28] 这与我们在中世纪晚期思想中观察到的理性与科学之间的紧张关系是一致的。但那个时代最终有一股思想风潮帮助调和了这一矛盾。勒内·笛卡儿认为"怀疑"是达到唯一可能的确定性的关键。他不相信一切表象都是虚幻的，竭力摆脱这种怀疑。他推断，思想的真实性是由其对自身的怀疑所证明的。[29] 在某些方面，笛卡儿是一个比培根更不可能成为英雄的人。他每天中午才起床。他（错误地）主张避免阅读，以免自己的才华中混入其他作家的低劣思想。学者们指出，他所谓的最原创的思想与圣安瑟伦 500 年前写的文字之间存在可疑的相似之处。笛卡儿的出发点，也是古老的认识论问题：我们如何知道我们知道？（how do we know that we know?）我们如何辨别真伪？他说，假设"有某些邪恶的天才竭尽全力在欺骗我"，这样一来，"世界上便再没有能确定的东西了"。但是，他指出，"就算有人欺骗我，想怎么骗就怎么骗，我无疑也是存在的，只要我认定自己是存在的，就永远不会有人使我成为虚无"。笛卡儿的学说通常可以简单总结为："我思，故我在。"也许更合适的表达应该是："我怀疑，故我在。"怀疑自己的存在，就证明了自己的存在。这留下了另一个问题："那么我是什么？会思考的东西。什么是会思考的东西？它是一种会怀疑、理解、设想、肯定、否认、渴望、拒绝的东西，也会想象和感知。"[30]

从这种信念出发的思想注定是主观的。例如，当笛卡儿推断灵魂和上帝存在时，他的理由是，对于前者，他可以怀疑自己身体的真实性，但不能怀疑自己思想的真实性；对于后者，他对完美的认识必然是"被真正比我更完美的存在"植入的。因此，从笛卡儿思想发展而来的政治和社会政策往往带有个人主义色彩。虽然社会和国家的有机观念从未从欧洲消失，但与其他文化相比，西方文明一直是个人主义的发源地。笛卡儿得到的许多毁誉都是合理的。决定论仍然吸引着宇宙系统的建构者：在笛卡儿之后的几代人中，巴鲁赫·斯宾诺莎，一个受到天主教和犹太教权威谴责的犹太唯物主义者和思想煽动者，含蓄地否定了自由意志。即使是大力反驳斯宾诺莎的莱布尼茨，也悄悄地从思想中抹去了自由意志，并怀疑上帝只允许我们幻想自己拥有自由意志，尽管这是出于他的善意。但在随后的一个世纪里，决定论成为一种边缘化的异端邪说。在那个时代，自由成为范围极为有限的"不言而喻的真理"内的最高价值。此外，笛卡儿还为我们的现代性做出了更为神圣的贡献：通过同时重建科学和理性，他的时代为我们留下了完整的思维体系——科学与理性重新统一。

在这一精神结构之下，探险家们催生的许多新科学都与地球有关。在宇宙中定位地球，这一任务与快速发展的地图技术密不可

第六章　回到未来：历经瘟疫和寒潮的思想　　265

分。15世纪，公元2世纪埃及亚历山大港的地理学家托勒密的著作开始在西方盛行，并支配着当时学者对世界的想象方式。甚至在拉丁语翻译版本开始流传之前，西方的制图者就吸收了托勒密的一个重要思想：根据经纬度坐标来绘制地图。测量纬度使制图者的目光转向天空，因为通过观察太阳和北极星来确定纬度是一个相对简单的方法。测量经度也是如此，因为它需要仔细而复杂的天体观测。同时，天文数据在两个传统领域仍然具有重要意义：占星学和气象学。其中一个结果是，天文学技术得到改进；从17世纪初起，望远镜开始让人看到以前在天空中从未被观测到的部分。越来越精确的时钟有助于记录天体的运动。耶稣会天文学家到达中国时，比其本土专家更具优势，就有一部分这方面的原因。中国人知道玻璃制品，但更喜欢瓷器，因此并没有费心去发展它。中国人也知道发条齿轮，但并未将其用作不靠太阳和恒星即可计时的装置。相比之下，西方人出于宗教原因，反而需要中国忽视的这些技术：玻璃用于透光、有画的教堂窗户，钟表用于调整修道院祈祷的时间。[31]

然而，这个时代宇宙学中最重要的新思想，并不是因为技术革新，而是应归功于以开放的心态重新思考传统信息。这个新思想产生于1543年，当时波兰天文学家哥白尼建议将地球重新定义为围绕太阳旋转的行星之一。在此之前，人们对宇宙的全景还没有完整的设想。一方面，上帝的浩瀚让物质宇宙黯然失色，永恒让时间相形见绌。另一方面，我们的星球应该是全宇宙的中心，我们这个物种因此也是宇宙中心，其余行星、太阳和恒星都应该围绕着我们，好比群臣围绕君主，避难者围绕暖炉。古希腊曾经就地心说进行讨论，但大部分人是支持地心说的。在古代天文学最有影响力的集大成著作中，托勒密坚称地心说在未来一千年都将是正统观念。10

世纪末，伟大的波斯地理学家比鲁尼对此提出了质疑，之后很多用阿拉伯语写作的理论家也表达了怀疑（几乎可以肯定，哥白尼看过其中一些作品）。[32] 在 14 世纪的巴黎，奥雷姆[*]认为这两种论点势均力敌。到 16 世纪，已经积累了许多相反的观察结果，因此新理论的产生似乎是一种必然。

哥白尼提出的假设是试探性的，传播谨慎而缓慢。哥白尼直到临终前，半身不遂、神志不清地躺在病榻上，才收到其著作《天体运行论》的印刷样书。而人类完全接受哥白尼的宇宙体系，又过了快 100 年。开普勒在 17 世纪早期对环绕太阳的轨道进行了测绘，这结合哥白尼的革命，扩大了可观测天体的范围，用动态的系统代替了静态的系统，并将可感知的宇宙变为行星沿椭圆轨道运行的新体系。[33]

将宇宙中心从地球转移到太阳的这一转变，对坚信地心说的人而言无疑是一种冲击。然而，如果认为"中世纪观念"以人为本，那也是大错特错。中世纪观念认为，整体构造的中心是上帝。与天堂相比，世界是渺小的。人类占据的那部分住所，只是上帝创世地图的角落中的一个小圆点。大地和穹隆合在一起也不过是一块小圆盘而已，困在上帝划分的界限之间，就像是用镊子夹住的绒毛一样。然而，人类在日心宇宙中的地位至少和从前在上帝手中一样渺小：也许更渺小，因为哥白尼将我们赖以生存的星球从中心位置移开了。天文学后来的每一次发现，都缩小了我们居所的相对尺寸，使它表面看上去的重要性变得越发微不足道。

---

[*] 奥雷姆（Nicolas of Oresme），中世纪晚期法国最知名、最具影响力的哲学家之一。——译者注

上帝很容易融入宇宙。宗教所面临的问题是如何确定人在宇宙中的位置。和所有新的科学模式一样，日心说对教会提出了挑战。宗教似乎常常带有这样的观念，即一切都是为我们造的，人类在神圣秩序中享有特权。科学却毫不留情地打击了这一观念。因此，很容易得出结论，认为宗教现在已毫无意义，并且在科学发现面前无容身之地。那么，基督教对人类价值的理解是如何在日心说中幸存下来的呢？

我认为，宗教不必来自对宇宙秩序的推理：它可以是对混乱的反应，对纷杂的反抗。因此，更能让人理解宇宙秩序的哥白尼主义并不难被接受。其与基督教似乎有冲突这一错觉，是特殊情况的产物，这种情况是一个常被误解的事件带来的。伽利略是天文观测望远镜的第一位有效使用者，以令人信服的方式讲授日心说。在一场真正意义上针锋相对的学术争论中，他受到审判迫害。伽利略被认定参与了对《圣经》的批评，并运用哥白尼的理论来解释《约书亚记》中的一段经文，在这段经文里，约书亚的祈祷让日头在天当中停住。他被禁止再讨论相关问题。但是，正如伽利略本人所坚持的那样，哥白尼主义中没有任何非正统的东西，其他学者，包括神职人员，甚至是一些审判官，都继续教授哥白尼学说。17世纪20年代，教宗乌尔班八世毫不犹豫地承认哥白尼对太阳系的看法是正确的，并鼓励伽利略打破沉默写一篇文章，同时采用科学和宗教中的两种古老范式来调和日心说和地心说。然而，这位科学家所发表的作品并未对地心说做出任何让步。同时，教廷的政治提醒了敌对派系，尤其是耶稣会的成员，或许可以对天文学辩论加以利用，因为有一个派系中哥白尼支持者占了绝大部分。伽利略被卷入了这场交战。1633年，伽利略被判罪名成立并被软禁在家中。人们怀疑他信奉异端邪说，这对日心说产生了不良的影响。然而，任何对此做出认真思考的人都意识到，哥白尼的学说是当时对可观测天体的最科学的总结。[34] 流行的说法称这是愚昧的宗教折磨智慧的科学——这简直是荒谬。

伽利略和开普勒之后，宇宙似乎比之前更加复杂，但其神圣性依然，也并未更加混沌。艾萨克·牛顿从 17 世纪 60 年代开始进行大量的思考和实验，发现了地心引力，该发现让宇宙显得更有秩序了。它似乎证实了这样的观念，即宇宙是安排好的工程，反映了造物主的思想。对那些接受该学说的人而言，地心引力是文艺复兴时期的贤者所未曾理解的、潜藏的、散布在各处的秘密。牛顿把宇宙想象成一个机械装置，就像上了发条的太阳系仪，这是由黄铜和闪光的木头制成，上流阶层收藏的流行玩具。有一个天体工程师负责调试它。有一股无所不在的能量不断转动它并使之恒定。钟摆摇摆、苹果坠落以及卫星和行星的运动，都是上帝的操控。

牛顿是一个传统的人物：一个守旧的人文主义者和百科全书式的学者，一个痴迷于传统年代学的《圣经》专家——甚至因为有着狂野的幻想，还是一个寻找有秩序的宇宙中的秘密的法师，或者一个寻找哲人石*的炼金术士。他也代表了当时的一种思想发展趋势：那时的英格兰和苏格兰所钟爱的经验主义，该学说认为现实可以通过感官知觉来观察和验证。经验主义者认为，宇宙是由因果关系"衔接"的事件组成的，对此牛顿找到了科学描述并揭示了其中的规律。亚历山大·蒲柏为牛顿写下墓志铭："自然法则在黑夜

---

* 哲人石（Philosopher's Stone），西方炼金术士相信能够点石成金的物质。——译者注

里隐藏；上帝说，让牛顿去吧，于是，有了光。"后来证明，这其实是上帝的隐没。牛顿认为万有引力是上帝维系宇宙的方式。他的许多追随者不同意这一点。自然神论*在18世纪的欧洲盛行，因为宇宙也像机器一样，只需钟表匠最开始上一个弦就可以了。到18世纪末，皮埃尔-西蒙·拉普拉斯已经可以用粒子的吸引和排斥来解释几乎所有已知的物理现象，他完全可以夸口称自己已将上帝降格为"不必要的假设"。牛顿如此描述自己："我好像只不过是一个在海边玩耍的男孩……真理的大海就在我面前，而我浑然不觉。"我们将在以后的章节中看到，跟随他登船的航海者并不一定要按他的航向航行。[35]

新的政治思想：主权国家和国际秩序

文艺复兴和科学革命时期的新政治思想遵循着与科学相似的轨迹，从崇古开始，适应新发现的影响，并以革命告终。

人们起初回顾希腊和罗马，但为应对新问题发明了新的思想：主权国家和前所未有的帝国的崛起迫使人们思考新的模式。探索行动揭示的新世界激发了政治和科学方面的想象力。理想国，这一为了含蓄批判现实的国家而创造的概念，在政治思想中一直占有一席之地。在柏拉图虚构的理想社会中，艺术是非法的，婴儿被迫离开父母进行集体喂养。公元前200年左右，《列子·汤问》写道，大禹治水时曾发现一个地方，名为终北国，那里"人性婉而

---

* 自然神论（Deism）认为，虽然上帝创造了宇宙和它存在的规则，但是在此之后上帝并不再对这个世界的发展产生影响。——译者注

从物，不竞不争"，"男女杂游，不媒不聘"，"其俗好声，相携而迭谣"。[36]大多数文化中都有关于和谐、友善和富足的黄金时代的神话故事。也有一些人文主义者将理想国的想象套用在哥伦布发现的新大陆上，认为他误打误撞进入了一个黄金时代，就如古典诗人吟唱的那样，在幸运的小岛上，从遥远的过去幸存下来的人安居乐业。哥伦布发现的人仿佛如亚当夏娃堕落之前那般单纯。他们赤身裸体，宛如置身于伊甸园中，完全依赖上帝。他们用黄金交换毫无价值的小饰品。他们是"温顺的"（docile）——哥伦布用这个词来形容易受奴役者——并且天生虔诚。

使这类理想社会得名"乌托邦"的，是1516年托马斯·莫尔的经典作品《乌托邦》。评论家西德尼·李的说法体现了莫尔的大多数解读者的观点："在莫尔的笔下，几乎找不到政治改革或社会改革的计划，找不到任何明确的改革轮廓。"[37]而乌托邦似乎是一个奇怪而沉闷的地方，那里黄金满地却无人欢唱，无阶级区分的集体主义政权提供的是不带情感的教育、没有爱的宗教以及并不幸福的满足。随后，对其他奇妙世界的幻想在现实版黄金国探险家们的启发下应运而生。这些故事似乎变得越来越不吸引人了。在托马索·康帕内拉写于1580年的著作《太阳城》中，性生活需要得到占星家的批准。而弥尔顿笔下的天堂，更是要让一切充满生气的居民无聊致死。18世纪，路易-安托万·布干维尔以为自己在塔希提找到了现实世界的性的乌托邦，却在离开时发现他的船员都患上了性病。接下来的一个世纪里，在傅立叶想象的被他称为"和谐"的定居点，狂欢活动必须有组织地进行，组织者对细节的严格规定显然会扼杀热情。1833年，约翰·阿道弗斯·埃茨勒（John Adolphus Etzler）提议改造美洲，将山脉夷为平地，将森林"归为尘土"以制造水泥：类似的事情在现代美洲的部分地区确实发生过。在乌托邦作家艾蒂安·卡贝1849年于得克萨斯州成立的"伊加利亚公社"里，衣服必须由弹性材料制造，因为这样才符合"不同身材的人都能穿"的公平原则。在伊丽莎白·科贝特（Elizabeth Corbett）的女权主义乌托邦中，那些有权力的女性对除皱感到非常满意。[38]

简言之，在西方的想象中，大多数乌托邦其实都是伪装下的反乌托邦：尽管具有强烈的诚意，却极具排斥性。所有的乌托邦主义者都表现出一种错误信念，认为社会有能力改善公民。他们都希望我们服从那些幻想中的父亲式形象，而正是这些形象让生活变得面目全非：看守人、独裁者、无孔不入的电脑、万能的神权主义者，或是家长式的圣人，他们会代替你思考，过度介入你的生活，向你施压，或是让你神经紧绷，让你过上毫无自由、千篇一律的生活。每一个乌托邦都是普罗克拉斯提斯*的帝国。对理想社会的追求就像对幸福的追求：最好是满怀希望地在路上，因为到达就意味着幻灭。

尼科洛·马基雅弗利的现实主义往往被认为和莫尔的幻想形成完美的对比。但马基雅弗利的想象更具创造性。他把西方以前所有关于政府的思想都搬了出来。古代道德家断定，国家的宗旨是使其公民成为好人。古代和中世纪的政治理论家想象了各种各样的国家典范，但他们都认为国家必须有一个道德目标：增加美德或幸福，或两者兼而有之。就连中国古代的法家，也是为了被

---

* 普罗克拉斯提斯（Procrustes），希腊神话中的一名强盗，会劫持旅客并将其绑于床上，高者砍去肢体，矮者强行拉长，以和床同长。——译者注

压迫者更广大的利益提倡压迫的。1513年，马基雅弗利写下《君主论》，其中为统治者制定的规则让读者感到震惊，并非只是因为作者建议说谎、欺骗、残忍和不公正，而是因为他这样做不带有任何明显的道德让步。马基雅弗利在描写政治时，完全没有提及上帝，只是嘲讽性地提到了宗教。政治就是一片凶残的法外荒野，"统治者……必须是能识别陷阱的狐狸，能吓退狼群的狮子"。[39]决策的唯一依据是统治者自身的利益，而统治者的唯一责任是保持其自身的权力。他应该信念坚定——当信念符合其利益时。他应该假装拥有美德，也应该假装虔诚。后来的思想从中汲取了两种影响：第一，现实政治学说，即国家不受道德法则的约束，只为自身服务；第二，主张为了结果可以不择手段，并且为了国家或（后来一些构想所说的）公共安全，任何过分行为都是允许的。同时，"权术"（Machiavel）一词在英语中成为一个贬义词，魔鬼也有了个别名："老尼科"（Old Nic）。

但马基雅弗利说这些话的本意究竟为何？他是一位讽刺大师，在他笔下的戏剧中，一些可恶至极的道德沦丧行为竟然让人变善良了。他写给统治者的著作里举了许多当时名誉不佳的君主的例子，许多读者会鄙视这些君主；然而，这些君主却被冷静地描绘成应当效仿的典范。书中的英雄人物是切萨雷·波吉亚，一个笨拙的政治冒险家，没能成功为自己立国，但他所有的失败都被马基雅弗利归因为运气不好而已。君主的种种不道德行为似乎既是谴责的对象，又是其模仿者奉行的行为准则。这本书的真正用意也许隐藏在书的结尾，马基雅弗利呼吁最终为名誉而战，并主张统一意大利，驱逐那些占领部分意大利国土的法国和西班牙的"野蛮人"。《君主论》中只讨论了君主制，这一点意义不凡。在他的其余作品中，他显然更偏爱共和国。他认为文明史是周期性循环的，而君主制仅适合于其中的堕落时代。共和国是最佳选择，因为一个主权国家的人民比君主更智慧、更忠诚。但是，如果说《君主论》一书的本意是讽刺，那么更大的讽刺出现了：所有读过此书的人都认为它是认真的，并产生了两种至今仍具有影响力的传统：一是马基雅弗利传统，以增加国家利益为本，二是反马基雅弗利主义，要求将道德重新纳入政治。我们所有关于国家对福利、健康和教育负有多大责任的辩论都可以追溯到国家是否应对良善负责。[40]

也许除了马基雅弗利主义，马基雅弗利对历史更大的贡献是《兵法》一书。在这本书里，他提出公民军队是最佳方案。这个想法只有一点是错误的：根本不切实际。国家之所以依赖雇佣军和职业军人，是因为军人是一项高度技术性的职业；对武器的操作要求很高；经验对战斗非常宝贵，必不可少。西班牙具有"伟大的统帅"名号的贡萨洛·德·科尔多瓦（Gonzalo de Córdoba）曾率军占领意大利大部分领土，他邀请马基雅弗利来指导军队：结果只带来阅兵场上毫无意义的争吵。尽管如此，从某些方面来说，公民可能是更优秀的士兵：比起雇佣军们逃避作战或拖延战斗，只为延长自己的饭碗，公民们更便宜、忠诚和可靠。结果是在西方世界历史上出现了一个"马基雅弗利时刻"（Machiavellian moment），此时出于本质上意识形态的原因，国家除了部署正规的职业军队以外，还维持着效率不明的自由民与民兵的组合。

马基雅弗利在这方面的影响增加了现代西方早期的政治不稳定：武装的公民可以成为革命的炮灰，而且有时确实发生了这样的事。然而到了18世纪后期，局面发生了变化。枪械技术成熟，使操作变简单，未接受正规训练的人也可以有效操作。庞大的军队和强大的火力所带来的影响远超专业知识。美国独立战争成为一段过渡性冲突：本土民兵在法国职业军队的帮助下捍卫了革命。到了法国大革命时期，新解放的"公民"必须为自己而战。"全民皆兵的国家"赢下了大部分战役，大规模征兵的时代开始了，并一直持续到20世纪后期，当时快速的技术发展使大规模征兵成为多余，尽管一些国家为了维持国防储备，或相信军事纪律可以锻炼年轻人而继续实行兵役制。马基雅弗利时代另一个明显不可抹除的遗产，是美国的特有制度：宽松的枪支管理制度。这一制度的基础是，严格管制枪支交易将侵犯宪法规定的公民携带武器的权利。如今，当美国人民自豪地引用美国宪法第二修正案的时候，很少有人会意识到这也是对马基雅弗利学说的致敬："纪律良好的民兵队伍，对于一个自由国家的安全实属必要；故人民持有和携带武器的权利，不得予以侵犯。"[41]

从一方面来说，马基雅弗利是他自己所属时代的忠实监督者：邦国和邦国统治者的权力正在增加。随着邦国巩固其政治独立并对其公民施加更多控制，西方政治统一的理想逐渐消失。在中世纪，这种统一的希望主要是想重现罗马帝国的统一。"罗马帝国"一词在主要由德意志诸邦组成的帝国的正式名称中保留了下来——神圣罗马帝国。1519年，当西班牙国王当选神圣罗马帝国皇帝查理五世时，统一欧洲的前景似乎一片光明。通过继承父亲的遗产，查理已经是低地国家、奥地利和中欧大部分地区的统治者。他的宣传者断言，他或他的儿子将是先知预言的"最后一个世界皇帝"，他的统治将在基督第二次降临之前开启世界的最后时代。然而，大多数邦国都对此表示反对，或者试图扶持自己的统治者担任这一角色。查理五世试图在自己的帝国实现宗教统一，却以失败告终，这说明

第六章　回到未来：历经瘟疫和寒潮的思想

他真正的权力是有限的。查理五世于 1556 年退位后，再没有人展现出复辟罗马帝国的可信前景。

与此同时，统治者超越了对手，将自己的权力凌驾于本国公民之上。尽管大多数欧洲国家在 16 世纪和 17 世纪经历了内战，但君主通常是内战的胜利者。城市和教堂放弃了大部分自治特权。在这方面，宗教改革和大多数其他改革一样，是次要的事件：不管异端或分裂在哪里产生，教会都服从国家。随着旧家族的消亡和统治者将新家族提升为贵族，贵族阶级的人员发生了变化。贵族成为君权的紧密合作者，而不再像过去的贵族那样经常与权力作对。王室的官职越来越有利可图，成为贵族阶级除继承家业之外的另一笔收入。

那些在内战前难以统治或不可能统治的国家，在其暴力和不安的元素耗尽或需要依赖王室的奖赏和任命时，开始变得易于统治。政府的难易程度可以用税收来衡量。法国的路易十四将贵族变为朝臣，解除贵族阶级地方长官权益，对税收政策的态度是"既要多拔鹅毛，又要少让鹅叫"，并大声宣称："朕即国家。"在 16 世纪和 17 世纪初，英格兰和苏格兰的君主实行征税非常艰难。英国 1688—1689 年发生的光荣革命，是其贵族领袖对王室暴政的打击，实际上使英国成了欧洲财政效率最高的国家。这场革命没有建立起一个致力于和平的王朝，而是带来了不惜重金投入武力的统治阶级。英国革命者拥护的君主统治期间，税收增加了两倍。

随着国家权力的增长，人们对政治的看法也发生了变化。传统上，法律是古代传下来的智慧（见第三章"文字和法典：早期的知识分子和立法者"和第五章"信仰与政治：教会与国家的权力关系"）。现在，它被视为国王和议会可以无限修改和重订的准则。

立法取代了管辖，成为政府的主要职能：在立陶宛，1588年的一项法令实际上重新定义了主权的性质。在其他国家，这种变化也发生了，只是没有正式宣布。不过1576年，法国政治哲学家让·博丹建立了新的主权学说。主权定义了国家，而只有国家有权制定法律和为其公民伸张正义。主权不容共享。教会、任何利益集团和任何外部权力都不得侵犯主权。在大量法令中，国家权力淹没了公共生活和共同福利的广大新领域：劳动关系、工资、价格、土地使用权形式、市场、粮食供应、牲畜饲养，有时甚至还规定了人们可以穿戴什么样的个人装饰。

历史学家经常寻找"现代国家"的起源。在现代国家中，贵族的权力微不足道，王室有效垄断政府的管辖权，城镇的独立性减弱，教会屈从于王室的控制，主权越来越被视为最高立法权，法律也日渐增多。与其在欧洲找寻这种现代国家的模型，不如将目光投向欧洲统治者实行海外帝国主义的土地。新大陆确实是新的。西班牙人在新大陆的经历确实是历史上最令人意外的事件之一：第一个大型陆海世界帝国由此诞生，而且它是唯一不靠工业技术的帮助建立起来的规模可观的帝国。新的政治环境初现雏形。西班牙殖民政府中一般没有贵族任职，管理者是受过大学训练的专业官僚，由王室任命并支付报酬。市议会主要由王室提名者组成。教会的赞助人完全由王室支配。除少数例外，禁止实行封建制（将案件审理权与土地所有权相结合）。殖民地的西班牙人拥有对美洲原住民劳工或贡品的支配权，因此他们假装享受着幻想中的封建制度，随口称呼劳工们为"封臣"，但实际上这些西班牙人通常被剥夺了统治或实施司法的正式合法权能，所谓的封臣仅服从于国王。同时，一系列法规对美洲的新社会进行了监管，不过监管的效力参差不齐。西班牙帝国的效率一直很低，因为王室管辖范围太过广阔。但就像塞缪尔·约翰逊所说的，不应苛责一条狗没能用后腿好好站着走路，它能勉强这样走几步就很不错了。美洲腹地和太平洋岛屿这种偏远地区的管理者，可能会无视王室的命令，也确实有人这样做。在特殊情况下，当地人也会根据亲缘关系或共同利益临时采用"自成一类"的方法处理事务。但如果从整体上看，西班牙帝国与现代国家很类似，因为它既是一个官僚国家也是一个法治国家。

中国已经表现出了一些相同的特征，并且已经有数百年这样的历史了：温顺的贵族阶级、处于从属地位的神职人员、专业的行政阶层、非常统一的官僚机构和由皇帝支配的法律法典。这些特征预示着现代性，但并不能保证效率：地方官的管辖权往往太大，以至于很多权力被有效掌握在地方手中；行政管理成本太高，以至于腐败横行。17世纪中叶，明朝被满族所灭。满族是林地居民和平原居民融合而成的，汉人往往将他们蔑称为"蛮夷"。这一改朝换代震惊了中国知识分子，他们开始重新评价自己理解政治合法性的方式。一种关于人民主权的学说出现了，类似于我们在欧洲中世纪晚期所看到的。黄宗羲，一位刻板的道德主义者，一生大部分时间都在寻找为父亲的政治冤案报仇的机会，宁可隐居也不愿为异族出仕。他假设存在一种自然状态，在这种状态中"人各自私也，人各自利也"，直到仁者创造了帝国。后来的人君则不然，"其既得之也，敲剥天下之骨髓，离散天下之子女，以奉我一人之淫乐，视为当然"。[*42] 而与黄宗羲一同退隐的年轻同伴吕留良，满怀对异族的不满，进一步指出："庶人与天子同本……盖从位说下，故

---

* 引文出自黄宗羲《原君》一文，《明夷待访录》的首篇。——译者注

云'自天子以至于庶人',论理其实自庶人以至于天子。"他还说:"天秩、天讨,非君臣之所得而自私也。"*43

在西方,这种思想证明了共和国的合理性,并引发了大革命。然而,中国并没有发生类似的革命,直到20世纪,那时西方的大量影响开始发挥作用。在此期间发生了大量农民起义,但和整个中国历史一样,农民起义的目标是推翻天子,改朝换代,而不是结束君主制度,将天命从皇帝移交给人民。与西方不同,中国历史上没有共和主义或民主的例子,神话中也没有以此为理想的例子。尽管如此,黄、吕和陪伴并追随他们的思想家的工作并非没有实际影响:它传承了儒家传统,使对皇帝制度的激进批评得以保留,并帮助中国思想为未来接受西方革命观念做好了准备。[44]

中国学者也不需要去思考国际法,正如我们稍后将看到的,国际法在近代西方已经成为一个关注的焦点。"中原"或"中土"是中国人对其国土最持久的称呼。从某种意义上说,这是一个谦虚的称呼,因为它含蓄地承认了中国之外的世界,另外一些说法就不是如此了——"普天之下皆为王土","四海之内"。但是,它传达了无可争议的优越感:在这样一种世界观中,边疆的"蛮夷"不配中国去收服,也根本不值得中国大力讨伐。10世纪的儒学家张洎曾经这样说:"安肯耗竭中国……与蛇豕争锋乎?"[45] 正统的儒学思想寄希望于"蛮夷"自我觉悟,被天朝吸引,认识到其伟大优越,这样他们便会朝贡臣服,而无须动用武力收服。在某种程度上,这个不可能的任务达成了。中国文化确实吸引了邻近各国。

---

* 两处引文分别引自《吕晚村先生四书讲义》的《卷之一·大学一·经一章》和《卷之六·论语三·八佾篇·定公问君使臣章》。——译者注

第六章 回到未来:历经瘟疫和寒潮的思想

朝鲜人和日本人几乎全盘接受，许多中亚和东南亚民族也深受其影响。

公元前二千纪末，周朝统一中国，普遍说法认为是周朝开始采用"中原"这一说法的。那时的中原构成了已知世界的全部；在中原人的认知里，其他的人都是局外人，都是文明边缘的人，或是外围的嫉妒者。这幅景象会不时发生改变；"蛮夷"也能像中原一样开化，程度有高有低，但只有中原是完美的。实力强大的"蛮夷"统治者会请求与中原签订平等条约，或者谋求获得同等头衔。中原君主面对威胁时，愿意付出财物以换取和平，因此外部民族政权常常凭借自己的平等地位或高一等的地位索要贡品，而中原则自欺欺人地觉得这只是大国屈尊的姿态。

在我们所认为的中世纪，"中原"之名反映的世界图景中，河南嵩山正好位于中央，其真实含义在学者中争论不休。例如，在12世纪，盛行的观点是，由于世界是球形的，所以称它为中心纯粹是隐喻性的表达。在现存的12世纪最详细的地图中，世界被中原和"蛮夷"分据；这一图景一直存在。向中国引进西方科学的耶稣会士利玛窦因未把中国放在《坤舆万国全图》的中心位置而受到指责，但这并不意味着中国学者有不切实际的世界观，只是中国中心地位的象征意义必须在世界中得到承认。然而，地图绘制的惯例确实可以让我们了解到设计者的自我认知：比如格林尼治子午线的确定，使各地与大英帝国首都的距离成为各地在世界上的位置，而墨卡托投影则夸大了北方国家的重要性。[46]

日本的政治思想在很大程度上依赖于中国文本和学说的影响，因此也基本对如何规范国家间关系的问题漠不关心。从公元7世纪中国开始影响日本的第一个大时代起，日本知识分子就屈从于中国的文化优越性,就像西方的"蛮族"对古罗马一样。他们吸收了中国的佛教和儒家思想,采用汉字作为他们的语言,并选择用中文写作。但日本人并不同意这种学习意味着政治上的屈就。日本人心目中的世界版图是双重的。第一,在某种程度上,它是佛教的,传统的世界地图借鉴了印度的宇宙学:印度处于中间,须弥山——也许代表着喜马拉雅山——是世界的中心。中国是须弥山外围大洲之一,日本由"田边散粒"组成。但与此同时,这也给了日本一个关键的优势:由于佛教的传入很晚,因此日本成了其最成熟阶段的发源地,日本佛教徒于是认为,日本滋养了最纯正的佛教教义。[47]

第二,日本本土传统中,日本人都是神族的后代。1339年,北畠亲房开启了称呼日本为"神国"的传统,声称日本拥有有限的优越性:毗邻中国使它优于所有其他"蛮族"的土地。日本对明朝要求朝贡的回应,以政治多元宇宙的图景和领土主权概念挑战了中国的设想:"乾坤浩荡,非一主之独权;宇宙宽洪,作诸邦以分守。"[48]到16世纪90年代,日本军事独裁者丰臣秀吉梦想着"一超直入大明国"并"易吾朝风俗于四百余州"。[49]这是对历史规范的一次显著挑战(尽管并不持久)。

凭借着与西方交流后获得的指引,以及西方地图学所展现的浩瀚世界带来的启示,儒家天文学家西川如见(1648—1724)对这些传统进行了总结,并将其推向了一个新的阶段。他指出,世界上没有一个国家是真正的中心,但日本是真正的神圣之地,而且有所谓的科学证据表明日本天生就是优越的:日本拥有最好的气候,这证明了上天的恩惠。从1868年明治维新开始,强国论的意识形态开始将传统元素融入现代版的神话,将日本人都定义为天照大神的后代。天皇是这位女神的直系后裔。他的权威相当于一家之主的权威。

1889年的宪法称天皇"神圣不可侵犯",子孙传承"万世一系"。对宪法最有影响力的评论断言:"我国体,依据天孙降临之际下赐神敕所昭示,统治万世一系之天皇国,宝座之隆盛与天地无穷。"[50]根据美国占领军认定的官方翻译,昭和天皇承认二战战败后,宣布"天皇并非神圣,日本人民也并不优于其他人种"。但在政治话语、大众文化、宗教言论和成人阅读也不会难堪的漫画书中,关于天皇和人民拥有神性的典故不断出现。[51]

在西方,一旦普遍帝国的观念瓦解,即使在理论上空想,也不可能像中国或日本那样狭隘地看待国家间的关系。在欧洲拥挤的国家体系中,摆脱混乱无序的国际关系至关重要。托马斯·阿奎那在13世纪总结西方世界的传统思维状态时,将各个国家的法律与国际法(他按照传统,用拉丁语称其为"ius gentium")区分开来。国际法是所有国家都必须遵守和支配各国关系的法律。但他从未提过这样的国际法可以在何地编纂以及如何编纂。这与基本的、普遍的正义原则不一样,因为这些原则不允许有奴隶制和私有财产,而这两者都是国际法所承认的。许多其他法学家认为国际法与自然法相同,然而,在复杂的状况中,自然法也很难界定。16世纪末,耶稣会神学家弗朗西斯科·苏亚雷斯(1548—1617)从根本上解答了这个问题:他说,国际法"绝对不同于自然法",国际法"仅仅是一种积极的人定法",也就是说,无论人们是否同意,都不影响国际法的表达。[52]

这一想法使得多明我会的弗朗西斯科·维多利亚此前在16世纪首次提出的构建国际秩序的路线成为可能。维多利亚是苏亚雷斯在萨拉曼卡大学的前辈,他主张"由全世界的权威创造"法律,而不仅仅是由国家间的条约或协定来确立法律。1625年,荷兰法学家格劳秀斯制定了一直盛行至 20 世纪末的法律体系。他的目标是和平。他谴责将战争作为一种各国可以随意动武的默认制度,"对人定法和神圣的律法不存任何敬意,好像一道诏书就突然释放出疯狂"。他认为,自然法规定各国必须尊重彼此的主权。国家间的关系受到以前批准或传统上所采用的商业法律和海事法律以及彼此之间订立的条约的约束,这些条约具有契约的效力并且可以通过战争来强制执行。这个体系不需要一致的意识形态作为支持。它可以拥抱基督教世界之外的世界。格劳秀斯说,即使上帝不存在,这个体系依然有效。[53]

它保持得相当好,但并未像格劳秀斯的主张让其读者希望的那般持久。他的这一体系在减少 18 世纪的流血事件方面,还是取得一定成功的。有一阵子,法律似乎已经使战争失去了野蛮性。战争法的重要编纂者瓦泰尔认为战争可以文明化。他写道:"一个拥有高贵灵魂的人,面对被征服的、双手投降的敌人时,感受到的除了同情再无其他……让我们永远不要忘记,我们的敌人也是人。尽管我们竭尽全力,还是不得不用武力来行使权利,但我们不要放弃让全人类彼此相连的慈悲。"这种虔诚并未保护所有战争的受害者,特别是在游击战和侵略欧洲以外地区的战争中。但法律确实让战争变得更加人道。在 19 世纪的大部分时间里,即便当将军们为了追求"全面战争"而放弃了所有克制的观念时,格劳秀斯的原则仍然为和平做出了贡献,至少在欧洲如此。然而,20 世纪的恐怖事件,特别是似乎已司空见惯的种族灭绝,使改革迫在眉睫。最初,当第二次世界大战后美国政府提出建立"新的国际秩序"时,大多数人以为会出现一个由联合国斡旋国际关系并监督执行的协作体系。但是实际上,这意味着建立一个超级大国霸权,由其充当全球

第六章 回到未来:历经瘟疫和寒潮的思想

警察。该角色由美国扮演，被证明是不可持续的，因为尽管美国的政策总体上是良性的，但它无法免于为维护自身利益而颠倒是非，或逃脱那些受到不公正对待的人的愤怒。到了21世纪，美国对超级大国地位的垄断显然已接近尾声。以世界财富的比例衡量，美国的实力正在下降。如今，人们正在寻找一个能取代美国全球领导地位的国际体系，但还没有找到解决办法。[54] 格劳秀斯还留下了另一个影响深远的相关遗产：他试图将全世界的海洋划分为自由通航区和限制通航区，当时海洋已是欧洲海洋帝国之间不断加剧冲突的舞台。他的倡议旨在让荷兰帝国比其他国家获得更多利益，在大多数其他国家中被立法者拒绝，但其留下来的讨论用语在当代仍然不断引发争论，比如互联网是否也像海洋一样——是完全自由的领域，还是可分的资源，由主权国家掌控或按其意愿分开。[55]

重新定义人类

在16世纪，建立欧洲以外的帝国的另一个结果是，政治思想重新转回超越国家界限的、更广泛的思考范围。16世纪中叶，西班牙道德改革家巴托洛梅·德·拉斯·卡萨斯说："人类的所有民族都是人。"（All the peoples of humankind are human.）[56] 这听起来像是不言而喻的，但它是在努力表达现代最新颖和最有力的观念之一：人类的统一性。我们现在称之为人类的群体中的每一个人都属于同一个物种，这一认识绝非定论。像拉斯·卡萨斯那样坚持我们都属于单一的道德共同体，是一种远见卓识。

因为在大多数文化中，在大多数时期，都不存在这样的概念。传说中的怪兽，常常被误认为是丰富想象力的产物，但事实却恰恰相反：这证明了人们的思想局限性——人类无法按自己的样子去想象陌生人。大多数语言中没有将群体之外的人理解为"人"的词：大多数人用"野兽"或"魔鬼"来称呼局外人。[57]"兄弟"和"他者"之间没有中间词。尽管公元前一千纪的先哲们阐述了人类的统一性，基督教也把对共同血统的信仰作为正统观念，但从未有人能确定人与亚种之间的界限。中世纪生物学想象有一条"存在之链"，认为人类和野兽之间存在过渡性的、可怕的类人猿（*similitudines hominis*），即类似于人类但不完全属于人类的生物。其中一些生动地出现在制图师和插画师的想象中，因为罗马自然主义者普林尼在公元 1 世纪中叶的作品*中对其进行了分类编目，文艺复兴时期的读者像对待所有其他古代文献一样，对此深信不疑。他列举了狗头人、用巨大的耳朵裹着自己的纳萨莫内斯人、用一条腿蹦来蹦去的独脚人、侏儒、巨人、反脸人、八趾人，因无嘴而只能靠呼吸获得营养的人、有尾巴的人、没有眼睛的人，与狮鹫作战的海绿人、多毛人、亚马孙人，以及莎士比亚笔下奥赛罗的对手中的"食人者和肩下长头的人"。

中世纪的艺术家将这些熟悉的形象绘成图画。应该将它们归类为野兽、人，还是介于两者之间？在 12 世纪韦兹莱隐修院的门廊上，有很多这样的生物列队出现，走近耶稣，等待最后的号角响起，接受审判；因此，修士们显然认为这些怪异的生物能够得到救赎，但其他审查者凭借大阿尔伯特的权威认定这些畸形的生物不可能拥有理性的灵魂，也没有资格享受永恒的幸福。当然，探险家们

---

* 此处指《博物志》，是古罗马学者老普林尼在公元 77 年写成的一部著作，被认为是西方古代百科全书的代表作。——译者注

总是在寻觅这样的生物。教宗需要下一道敕令，才能说服一部分人认为美洲原住民是真正的人类（当时甚至一些新教徒也否认这一点，认为一定是神第二次创造了一个不同的物种，或者美洲出现的是一种妖魔般的、具有欺骗性的类人生物）。黑人、霍屯督人、俾格米人、澳大利亚原住民，以及其他所有令欧洲探索者感到奇特或惊讶的发现也引发了类似的怀疑。18世纪，关于猿类的争论旷日持久，苏格兰法学家蒙博多勋爵（Lord Monboddo）支持猩猩是人类的说法。[58] 我们不应该谴责那些难以认识到自己与其他人类有亲缘关系的人，也不应该嘲笑那些在猿类身上感受到人性的人：我们花了很长时间才积累起来为物种进行分类的证据，而且物种的界限是可变的。

如何划定人类边界的问题至关重要：那些被不公平地归类的人将失去人权。尽管在过去的几百年里，我们把人类的界限拉得越来越宽，但这一进程可能还没有结束。达尔文让这件事变得更为复杂。他说："野蛮人和文明人之间的差别……比野生动物和驯养动物之间的差别更大。"[59] 进化论认为，人类和其他造物之间的亲缘关系没有断裂过。动物权利的倡导者得出的结论是，尽管从某方面来看，目前我们对人类的定义已经很宽泛了，但它还是太缺乏弹性。我们的道德共同体，或者至少我们认为有一定权利的生物，其范围应该从我们自己这个物种向外延伸到什么程度？

另一个问题出现了：我们应该将人类的范畴涵盖到何处？尼安德特人算人类吗？早期的人族算人类吗？我们可能从未在公共汽车上遇到过尼安德特人或直立人，但坟墓中的他们在力劝我们审视我们道德共同体的界限。即使在今天，当我们比以往任何时候都更加慷慨地开放对人类的定义时，我们实际上也只是改变了讨论的条件：公共汽车上没有尼安德特人，但是类似的情况——子宫中未出生的生命，照料下即将结束的生命——构成了更为直接的道德挑战，因为其涉及的生命无疑属于我们自己的物种。但他们也有人权吗？他们有生命权吗？没有生命权，所有的其他权利又有何意义？如果他们没有生命权，这又是为什么？在人生的不同阶段，人与人之间的道德差异是什么？比起皮肤不同的色素沉淀或特别长的鼻子产生的差异，我们能更轻松或更客观地区分上面这样的差异吗？

从宏观层面审视人类整体；狭隘地理解国家道德责任；不可靠地认为主权国家可作为世界运行的基础，而不需要至高无上的帝国或神权政体；模仿古典的价值观和美学；相信科学和理性的结合是通向真理的正途——正是这些观念让世界带着文艺复兴和科学革命的痕迹走到18世纪：启蒙运动发生的世界。

CHAPTER SEVEN

Global Enlightenments:
Joined-Up Thinking in a Joined-Up World

第七章

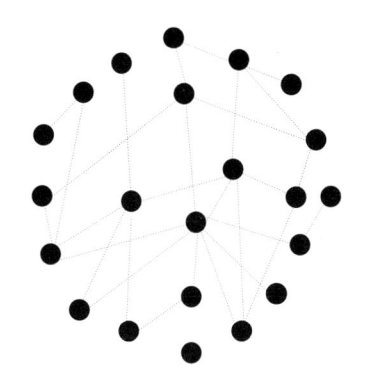

全球的启蒙：
联合世界中的思想联合

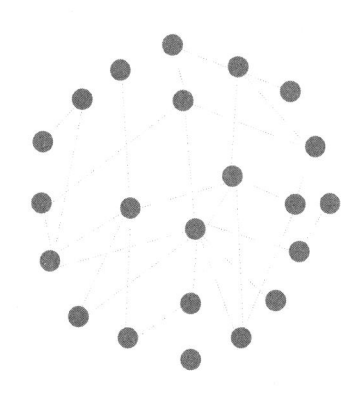

1736年8月，在芬兰北部吉蒂斯扎营的皮埃尔·莫佩尔蒂*在日记里写道：岩石和冰层反射和折射的眩光，让北极成为"精灵和仙女们居住的地方"。[1]他正在进行有史以来最复杂、最昂贵的科学实验。自古以来，西方科学家一直认为地球是一个完美的球体。17世纪的理论家对此进行质疑。牛顿推论称，就像人在运动的圆弧边缘感觉到的推力会把人从旋转木马上甩下来一样，离心力必然会使地球在赤道处膨胀，在两极处变平。比起篮球，地球一定更像

---

* 皮埃尔·莫佩尔蒂（Pierre Maupertuis，1698—1759），法国数学家、物理学家、哲学家。——译者注

第七章　全球的启蒙：联合世界中的思想联合

是稍微压扁的橘子。与此同时，正在法国进行勘测的地图绘制者表示反对。他们通过观察认为，这个世界看起来像蛋形——向两极拉长。法国皇家科学院提议派遣莫佩尔蒂前往北极边缘，同时再派一支探险队去往赤道，沿着地球表面测量经纬线弧度，来解决关于地球形状的争论。如果世界尽头的测量结果与赤道的测量结果匹配，地球就是球形的。两者若有区别，则表明地球在其中一处膨胀。

1736年12月，莫佩尔蒂开始"在寒冷的极端环境下工作，每当我们喝一点白兰地（唯一能保持液态的东西）时，我们的舌头和嘴唇就冻在杯子上，流着血"。寒冷"冻结了身体的末梢神经，而身体的其余部分由于过度劳累，大汗淋漓"。[2] 在这种情况下，测量不可能完全精确，但北极探险队得出的数据只比实际上高出了不到0.33%。他们由此让世界相信，这颗行星的形状正如牛顿所预测的那样——在两极呈扁平状，在赤道膨胀。在莫佩尔蒂作品集的扉页上，他在画像中戴着皮帽和护领，下方颂词写道："他的命运就是决定世界的形状。"[3]

然而，莫佩尔蒂和许多科学探险家一样，历经艰难险阻后，发现了科学的局限和自然的宏伟。他最初是经验主义者，最终成了神秘主义者。年轻时，他相信每一个真理都可以量化，每一个事实可以感知。他在1759年去世前曾断言："你无法追逐上帝，无论在浩瀚的天空，在深邃的海洋，还是在广袤的大地。也许现在还不到能够系统地了解这个世界的时候——现在只能满怀惊讶地观望着它。"1752年，他发表了《关于科学进步的通信》，预言科学要解决的下一个主题将是梦境。借助精神类药物——"某种西印度药水"，实验者可能会了解宇宙之外的事物。他推测，也许感知的世界是虚幻的。也许只有上帝真正存在，感知只是"独自存在于宇宙中"的头脑的属性。[4]

启蒙时代概述

莫佩尔蒂在确定与怀疑、科学与思辨、理性主义与宗教启示之间的心灵朝圣，形成了 18 世纪欧洲思想史的缩影。

首先，乐观主义的光芒点燃了人们的信心，让大家相信人是完美的，理性是从不出错的，我们所观察到的世界是真实的，科学是充分有效的。在 18 世纪后半叶，启蒙之光不再稳定：知识分子把感情提升到理性之上，把感觉提升到思想之上。最终，革命带来的流血和战争似乎有一段时间彻底熄灭了启蒙的火光。但余烬犹存：人们坚信自由可以激发人性的善良，坚信幸福值得一生追求，坚信科学和理性尽管有局限性，但依然可以开启进步，改善生活。

环境的改变也帮助了乐观主义。小冰期结束了，17 世纪不稳定的黑子活动在 18 世纪恢复了正常的周期。[5] 在 1700 年至 18 世纪 60 年代之间，世界上所有有测量记录的冰川都开始融化。其中的原因仍不为人所知，但我怀疑可以追溯到全球变暖的回归，而且微生物进化的世界变成了对人类有利的世界。瘟疫也消退了。世界各地的人口几乎都在激增，特别是在一些以前饱受瘟疫折磨的地区，如欧洲和中国。传统上，历史学家将人口反弹归因于人类的聪明：更好的食物、卫生条件和医药科学，使致命的微生物失去了繁殖的生态环境。然而，现在人们越来越意识到，这种解释是行不通的：食物、药品和卫生条件不佳的地区几乎和在这些方面最先进的地区一样受益。在工业革命中匆忙搭建的贫民窟和密集居住地，都是细菌繁殖的理想环境，死亡率却下降了。人口数量持续增长。主要原因在于微生物本身，它们的毒性似乎已经减弱，或者已经抛弃了人体宿主。[6]

与此同时，世界的政治和商业状况也促进了创新。欧洲前所未有地与更多的文化有了更密切的交流，因为探险家们把世界上几乎所有可居住的海岸都联系了起来。西欧所处的位置极适合接受和传播新思想：该地区是全球贸易的商业中心，也是全球影响力集中和辐射的地方。欧洲前所未有地获得了主动权——影响全世界的力量。但是，如果没有各种相互的影响，西方人就不会扮演重塑世界的角色。中国的影响力变得空前强大，部分原因是与欧洲的贸易差距越来越大，因为茶叶、瓷器和大黄（它可能不再是一种重要的治疗性药物，但作为近代早期的预防性药物需求量很大）这样的商品提升了贸易量，扩大了中国的传统优势，使之获得了近乎垄断的新地位。一位历史学家感叹，18世纪是"华人世纪"。[7]耶稣会士、大使和商人传播中国的绘画，并为西方带来了中国的思想、艺术和生活模式，供西方消化学习。1697年，为科学贡献了微积分和二进制的莱布尼茨在《中国近事》一书中对欧亚大陆两端的新接触进行了反思，该书主要由来自耶稣会的资料汇编而成。他沉思道："也许天意注定如此安排，这样一来，当这两个文明程度最高和相隔最远的民族向彼此伸出手臂时，两者之间的所有民族都会被带入一种更好的生活方式。"[8]

在中国魅力的影响下，欧洲精英阶级的品味也发生了改变。从让-安托万·华托*为路易十四设计的住所带有中式元素起，此股风潮开始流行。它遍布波旁王朝的所有宫殿，在宫中，摆满瓷器和挂满中国图案的房间比比皆是。从波旁王朝的庭院开始，中式元素传

---

* 让-安托万·华托（Jean-Antoine Watteau，1684—1721），法国洛可可时代的代表画家。——译者注

遍了欧洲。在英国,乔治二世国王的幼子坎伯兰公爵乘着一艘仿冒的中式游船悠闲地游览,丝毫不在意他因残暴屠杀政治对手而得到的"血腥屠夫"的名号。威廉·哈夫彭尼的《中国与哥特式建筑》(Chinese and Gothic Architecture,1752)是第一本认为中国艺术与欧洲艺术平起平坐的书,之后也有许多作品持此观点。当时最时尚的英国建筑师威廉·钱伯斯爵士为伦敦的邱园(Kew Gardens)设计了一座中式宝塔,也为贵族住宅设计中式家具,而当时有着"中国通"绰号的托马斯·奇彭代尔,作为英国最优秀的家具木工,带动了中式家具风格的流行。到了18世纪中叶,甚至在法国和荷兰的中产阶级家庭中也悬挂着中国的版画。在花园和室内,每个有品味的人都想被中国元素所包围。

欧洲中心主义思想:"欧洲"概念的复兴

从几乎每一个成功的衡量标准来看——经济和人口增长、城市发展、技术进步、工业生产力等,中国都领先欧洲大约1 500年。[9]但如果说18世纪是华人世纪,那它也是西方充满机遇和创新的时代。在某些方面,欧洲取代了中国,爱德华·吉本的《罗马帝国衰亡史》一书著名的开场白如此描述:"地球上最美丽的地方",居住着"最文明的人类"。[10]从某种意义上说,"欧洲"本身是一个新的概念或重新复兴的概念。它是古希腊人熟悉的地理名称,是他们渴望前往的北方和西方的广阔腹地。"我必须从欧洲开始,"斯特拉波*在耶稣诞生的约半个世纪前写道,预示了后来欧洲人的

---

* 斯特拉波(Strabo,前64—约公元23),古希腊历史学家、地理学家。——译者注

第七章 全球的启蒙:联合世界中的思想联合

自鸣得意,"因为欧洲既形式多样,又有得天独厚的自然环境,适合人民和政府发展出卓越的成就。"[11] 然而,在很长一段时间里,罗马帝国逐渐衰弱,而欧洲内部和欧洲两端之间的交流也非常贫乏,欧洲这一概念几乎被遗忘。不同地区的人们彼此之间的联系太少,无法培养或保持共同的身份认同。罗马帝国曾经统一起来的地中海和大西洋沿岸地区,因地理条件而拉开了距离,山脉和沼泽构成的巨大分水岭将它们分开,从西班牙梅塞塔高原延伸到比利牛斯山脉、法国中央山地、阿尔卑斯山脉和喀尔巴阡山脉,再到普里佩特沼泽地。防波堤一直很难跨越。拉丁教会确保了朝圣者、学者和神职人员能够在大陆西端的大部分地区来回走动,让一种用于敬拜和学习的语言得以留存;但对那些试图跨出这些界限的人来说,语言带来的限制使其很难融入。拉丁教会只能缓慢地向北和向东扩展。11世纪,斯堪的纳维亚半岛和匈牙利才不再遥不可及,而立陶宛和波罗的海的东岸则一直到14世纪才和拉丁教会有接触。之后便止步于此了。

随着欧洲自信心的恢复,欧洲这一名字和概念在15世纪到18世纪之间得以复兴。欧洲的分裂并没有愈合〔相反,由于宗教改革和彼此敌对(或至少是相互竞争的主权国家之间的隔阂加深),这种分裂更加恶化了〕。人们从未就该地区边界的位置达成共识。然而,自认为归属于欧洲共同体、共享整个欧洲文化的意识,逐渐成为精英阶层的典型特征,他们开始当面接触和通过作品来了解彼此。18世纪,普遍的开明品味使得人们能够在相隔甚远的地界之间游走,其能感受到的文化差异,和如今一名旅客穿梭在各大机场休息室时所体会到的差不多。爱德华·吉本是斯特拉波的忠实读者,他在军营接受民兵训练时,让继母给他寄了一本斯特拉波的书来学习，当时，他正在写作《罗马帝国衰亡史》，并提出了欧洲的概念："爱国者有责任侧重和促进本国的利益，但哲学家可以扩大视野，把欧洲看作一个伟大的共和国，它的各种居民几乎都达到了同样的礼貌和修养水平。"[12] 几年后，英国政治家埃德蒙·伯克回应了这一想法。作为自由与秩序关系问题上的一位有影响力的思想家，不久我们将再次与他见面。"欧洲人只要还在欧洲，就不算彻底背井离乡。"[13]

与斯特拉波一样，吉本对欧洲共同文化的信仰，与对其欧洲优越性的确信密不可分，他认为欧洲人"超越其他人种"。欧洲概念的重现对世界其他地区充满了威胁。然而事实证明，18世纪和19世纪从欧洲建立或扩展出来的海外帝国是脆弱的；其道德水准不足以支持欧洲优越性的观念。20世纪上半叶，"一个欧洲"的概念在战争中瓦解，在意识形态的地震产生的裂缝中消逝。人们开始普遍承认一个事实，即"欧洲"是一个有弹性的概念，是一种精神建构，与客观地理现实并不一致，也没有自然的边界。保罗·瓦莱里说，欧洲只不过是"亚洲的一片海岬"。这一概念在20世纪末通过欧盟这种形式得以复兴，但这应该不是吉本想象中的样子：其统一原则建立在民主和自由的内部市场上，但其成员国在决定如何定义欧洲以及该把哪些国家排除在外时，一如既往地自私自利。[14]

理性的崇拜：《百科全书》与启蒙思想家

《百科全书》对于理解新思想的背景来说是一部关键著作：它是启蒙思想家的世俗《圣经》——启蒙思想家（philosophe），是人们对当时法国开明知识分子的称呼，在一段时间里（主要是

第七章　全球的启蒙：联合世界中的思想联合

1750年左右至1775年左右），他们的品味影响着欧洲所有的精英。从1751年开始的20年间，这套书共出版了17卷正文和11卷图片。到1779年，《百科全书》共售出2.5万册。这个数字似乎很小，但从流通情况和细致的报道来看，这个数字足以覆盖整个欧洲知识界。无数的衍生作品、摘要、评论和抄袭让《百科全书》广为人知，备受推崇，而在保守派和教士的圈子里，人们深感恐惧。

这套书有一个也许出版史上最有用的副标题：《科学、艺术和工艺详解词典》。这个标题揭示了作者的优先顺序：里面提到了词典，就意味着要对知识进行排序，同一个框架里列出的主题同时包含了抽象的和实用的知识。《百科全书》主编德尼·狄德罗是巴黎的一个激进人物，既有思想家的声誉和项目经理的效率，也有讽刺家的辛辣以及色情作家的技巧。他说这套书的目标是"从人开始，回归到人"。正如他在《百科全书》的一篇文章里所写的，他一生致力于"将散落地球表面的知识收集起来，这样我们才死得其所，不负为人的一生"。这套书强调实用性——主要关于商业和技术，关注事物如何运作以及如何增加价值。狄德罗说："制造袜子的机器比形而上学体系包含了更多的知识、智慧和成果。"[15]"机器"这一想法就是启蒙运动的核心，不仅因为它提供了实用性，还因为它是宇宙的隐喻——就像约瑟夫·赖特（Joseph Wright）在18世纪60年代早期到中期绘制的发条装置一样，它在画面中高亮突出，闪闪发光的黄铜制成的卫星和行星，在上面按照完美的、不变的轨迹旋转。

《百科全书》的作者们在很大程度上认可机器的首要地位和宇宙的机械性。他们还坚信理性和科学是同盟。前两代的英格兰和苏格兰哲学家已经说服了欧洲大多数知识分子认为这两种通往真理的手段是相容的。《百科全书》饱含寓意的卷首插画，描绘的是理性从真理的眼前揭下一层面纱。作者们的总体认知与好恶是一致的：总的来说，他们对君主和贵族持批评态度，并借鉴了英国革命辩护者约翰·洛克的著作。在17世纪和18世纪之交，约翰·洛克对于宪法保护反对国家的自由大加赞赏。但是洛克的原则总是双重标准：他主张宗教自由，但不包括天主教；主张劳动自由，但黑人不涵盖在内；主张财产自主权，但美洲原住民不适用。尽管如此，启蒙思想家还是坚持洛克的原则，而忽视其例外状况。

比起君主和贵族，《百科全书》的作者们甚至更不信任教会。狄德罗坚持认为无神论者普遍道德更优越，科学的善举胜过神的恩典，他宣称"当最后一位国王被最后一位教士的五脏六腑勒死时，人类才终获自由"。[16]一直声讨教权的伏尔泰是18世纪最有人脉的人。他与叶卡捷琳娜二世通信，修改普鲁士国王的诗歌，影响了整个欧洲的君主和政治家。他的著作在西西里岛和特兰西瓦尼亚流传，在维也纳被抄袭，还被翻译成瑞典语。伏尔泰为"宇宙的建筑师、伟大的几何学家"打造了自己的神殿，但他认为基督教是"应当根除的迷信——我不是要那些不值得开悟的下等人和随波逐流的人抛弃这种迷信，而是要那些文明人和渴望思考的人这样做"。[17]启蒙运动的过程可以用反教权行动来标记：1759年耶稣会士被驱逐出葡萄牙；1761年沙皇将大量教会财产世俗化；1764年至1773年，西方其余大部分地区废除耶稣会；18世纪80年代，欧洲有3.8万名受害者被迫离开修道院，变为平信徒；1790年，普鲁士国王宣布对其王国的神职人员拥有绝对的权力；1795年，一位西班牙大臣提议没收教堂的大部分剩余土地。同时，在欧洲精英最顶层的阶级中，对理性的崇拜俨然已成为另一种宗教。在共济会的仪式中，凡人（profane）阶层会庆祝其智慧的纯洁性，莫扎特在1791

年首演的《魔笛》中生动地表现了这一场景。1793年，革命委员会在法国部分地区禁止基督徒礼拜，并在墓地大门上打出了"死亡即为永眠"的标语。1794年夏，巴黎政府曾在短时间内试图用一种新的宗教，即对所谓"社会效用"（social utility）的至高存在的崇拜，来取代基督教。

基督教的敌人们并没有占上风——至少并未完全占上风，也并未长久保持优势。18世纪下半叶，宗教复兴消除了这一威胁。教会得以幸存，并在许多方面得以复兴，往往是通过诉诸普通人的情感，比如，通过英国查尔斯·卫斯理那激动人心的赞美诗，欧洲天主教的圣心敬礼的虔诚崇拜，或者复兴主义者传教时那催人泪下的魅力，抑或是安静的祷告以及顺服于上帝的爱所带来的疗愈。精英反教权主义仍然是欧洲政治的特征。特别是这样一种主张一直保持着不可动摇的地位，即为了实现自由和进步，一个国家必须是世俗的。这种观点是如此根深蒂固，以至于人们在法国世俗化的学校里不允许佩戴面纱，在英国国民医院里不能在穿着护士服时戴十字架，也不能在美国公立学校里祈祷。另一方面，如果我们继续望向未来，就可以看到试图在政治上恢复基督教的现代尝试，如社会天主教、社会福音和基督教民主运动取得了选举上的一些成功，产生了一些有影响力的政治言论，但并未逆转启蒙运动的影响。事实上，在政治上基督教言论最为响亮的国家，是一个拥有最严格的世俗宪法和公共机构，以及最能代表启蒙运动的政治传统的国家：美利坚合众国。[18]

更好的未来：对进步的信心

18世纪，进步观或者说相信进步的思想习惯构成了启蒙思想家的底色。由于打心底里相信进步观,"百科全书派"可以直面国家和教会的权力,提出激进的主张。若要挑战现状,则必须相信一切都会变得更好。否则,你会带着保守的语气哭诉:"改革?改革?现状还不够糟吗?"

18世纪的观察者很容易说服自己相信,进步的证据就在身边。随着全球气温上升,瘟疫消退,生物交换增加了可用食物的数量和种类,世界似乎越发繁荣。正如我们将看到的那样,科学技术的创新速度揭示了知识的远景,并为利用知识提供了强有力的新工具。1754年,英国成立了一个最能体现启蒙运动的机构——皇家文艺学会(Royal Society for the Encouragement of Arts, Manufactures and Commerce, 全称为皇家文艺制造商业学会,缩写为RSA)。这个名字体现了那个时代的实际价值、有用价值和技术性价值。詹姆斯·巴里为皇家文艺学会主房间的墙壁画了一系列题为"人类文化进步"的油画,从俄尔甫斯发明音乐开始,之后是古希腊的农业发展。接下来是地位相当于古代希腊的现代英国的崛起,最后是巴里时代的伦敦以及关于极乐世界的最终愿景,在那个世界,艺术、制造业和商业的英雄(其中大多数恰恰是英国人)享受着超凡的幸福。

然而,认为一切虽然有起落但总体上一直会(也许是必然会)变得更好的观点,与一般的经验是背道而驰的。在过去的大部分时间里,人们一直通过种种迹象判断自己生活在一个衰落的时代,或一个衰败的世界里——或者说,充其量是处于变化并不明显的世界里,历史则只不过是糟糕的事情接连发生而已。或者,就像认为变化是虚幻的古代贤哲一样(见第四章"超越感官的世界:理性主义与逻辑"),他们否认证据,并断言现实是不可改变的。在18世纪,即使是相信进步的人也担心这可能只是一个阶段;他们自己的

第七章 全球的启蒙:联合世界中的思想联合 301

时代很享受这一阶段，但以一般的历史标准来看，这一阶段只是例外。例如，孔多塞侯爵认为，他可以看到"人类……在真理、美德和幸福的道路上迈出坚实的一步"，只因为政治革命和思想革命已经让人摆脱了宗教和暴政对人类精神的破坏性影响，人类精神自此"摆脱命运的枷锁和束缚"。[19] 讽刺的是，他写下这段认同进步的话时，已被法国革命当局判处死刑。

然而，进步的想法还是从断头台中幸存了下来。到19世纪，它在"进步的征途"上得到了巩固和发展——工业化开始进入历史，财富和实力倍增，反对暴政的宪政取得不稳定但令人鼓舞的胜利。人们开始相信，进步也许真的是不可逆转的，无论人类经历多少失败，因为进步是进化嵌入自然中的过程。19世纪末和20世纪的恐怖经历——长期大范围的饥荒、失败、不人道和种族灭绝冲突——使这个信念从大多数人的脑海中消失了。

但这并不意味着进步的概念只是在人们普遍相信它的美好时代设想出来的精神图景。它起源于两个古老的观念：人类是善良的，神会照顾造物。这两种观点都暗示着某种进步：尽管不时会有邪恶侵扰，但善良最终一定会取得胜利——也许会在真正意义上的终点实现，在某一个千年的巅峰。[20] 千禧年主义本身不足以使进步的想法成为可能：毕竟，在最终的救赎之前，一切都可能（某些先知预计的是必然会）变得更糟。对进步的信心反过来又取决于更深层的思想属性。乐观是关键。人必须是乐观主义者，才能开展像编纂《百科全书》一样漫长、艰巨、费力、危险的项目。

因为面对世界的苦难，很难成为一个乐观主义者，所以必须要有人想出一种理解邪恶的方法，以使进步可信。不幸和苦难似乎都是为了更好的未来。神学家承担起这个任务，但对于无神论者的一个问题，神学家们从未给出一个让人满意的答案："如果上帝为善，恶从何而来？"可能的答案（见第四章"与神同在：时间之箭、上帝之爱与万物之灵"）包括认为苦难是好事（大多数经历痛苦的人拒绝接受这个观点），认为上帝的本性就是受难（许多人认为这只是表面的安慰），认为恶才能使善变得有意义（不同意这种观点的人会说，那我们还是更愿意选择一个更倾向于善的或道德中立的世界），认为自由作为至高的善意味着也有作恶的自由（但有些人说，他们宁愿放弃自由）。17世纪，无神论的兴起使神学家解释恶的任务突然变得非常紧迫。世俗哲学并不更善于解决这个问题，因为世俗的进步观和天意论（providentialism）一样，很难解释灾难和打击。弥尔顿在他的伟大诗篇《失乐园》中为自己设定了一个目标："为上帝对人的方式进行辩护。"但是，在诗意上令人信服是一回事，提出有理据的论证是另一回事。

1710年，莱布尼茨做到了。他是那个时代最博学的通才，他在哲学、神学、数学、语言学、物理学和法学领域都做出了杰出贡献，同时，他也在汉诺威担任公职。他从一个传统上表达过和在日常经验中能够见证的真理开始论证：善与恶是不可分割的。例如，自由是好事，但必须包括作恶的自由；只有在自私也是一种选择时，利他主义才是好事。莱布尼茨说，在所有逻辑上可以想象的世界中，我们的世界，在神的旨意下，是拥有最大可能的善的世界。所以，用伏尔泰讽刺这一理论的话来说，"在可能出现的最好世界里，一切终归都会好起来的"。在伏尔泰的讽刺流浪冒险小说《老实人》中，主人公的导师邦葛罗斯博士的性格就以莱布尼茨为原型，他令人恼火的乐观情绪与任何灾难无异。

莱布尼茨阐述他的论点，旨在表明上帝的爱与人类的苦难是相容的。他的目的不是支持进步，他的"最好的世界"可以理解为一种静态平衡，其中也存在适量的恶。但是，与启蒙运动的大多数思想家都认同的人性善论结合在一起，莱布尼茨的主张证实了乐观主义。他们创造了世俗的千禧年主义，人们可以朝着这个千禧年的方向努力，用自己的自由，一点一点地让平衡向善倾斜。[21]

经济思想：从重商主义到自由经济

乐观主义滋生激进主义。正如我们在探索公元前一千纪的政治思想时所见（见第四章"善恶之分：道德与政治"），人们先普遍相信人是善的，之后才相信人拥有自由，认为人被解放后可以展现其天生的善良品质。如果人是天生善良的，那么最好放任他们自由。还是说，他们需要一个强大的国家从天生的邪恶中拯救他们？在18世纪，事实证明，人们很难在政治领域就自由的价值达成共识。在经济领域则比较容易。

然而，首先要推翻西方前两个世纪的经济思想。被称为重商主义的正统观念是一个主要障碍。西班牙道德主义者托马斯·德·梅尔卡多（Tomás de Mercado）于1569年提出："一个国家的繁荣和幸福的最重要条件之一，就是拥有大量的金银财富。"[22] 从人类了解的历史来看，该理论不无道理。几个世纪以来，至少自从普林尼在公元一世纪进行了第一次相关的计算以来，欧洲经济体一直在与中国、印度和近东的国际收支逆差的重压下苦苦挣扎。在古罗马，这已经是一个值得担忧的问题。它驱动了中世纪晚期的探险家穿越海洋，寻找新的金银来源。到了16世纪，当相对大量的欧洲旅行者开始带着羡慕的目光看向东方的财富时，收支逆差在西方引起了两种执着的观念：一是金银是财富的基础；二是若要致富，经济体必须表现得像企业，出售的商品要多于购买的商品。

梅尔卡多认为，"破坏……富足并导致贫困的罪魁祸首是货币出口"。[23] 所有欧洲政府都开始相信这一点。因此，他们采用各种手段缓解贫困，比如囤积金条、套取现金、限制进口、调节价格、违反供求规律，还有创造帝国以建立可控的市场等。后果非常严重。海外投资，除了用于帝国探险或转售，都下落不明。贸易保护助长了效率低下。大量资源都不得不浪费在治安上。受到保护的市场引发的竞争导致战争，并因此造成浪费。现金无法流通。来自重商主义时代的两大困扰依然存在。首先是收支平衡，即一个经济体从其他经济体获得的收益与支付给外部商品和服务供应商的支出之间的平衡，很少有经济学家将其视为一个绝对可靠的表示经济正常的指标。其次是"健全货币"，不再与金银货币绑定，也不再与印在本票上的承诺绑定，而是与对财政负责的政府中经济的整体表现挂钩。[24] 我们仍然草率地高估黄金的价值——黄金实际上是一种毫无用处的物质，在包括货币在内的其他一切商品仍被普遍视为商品的情况下，不应享有作为商品的特权地位。但很难说这是重商主义的遗物，还是黄金作为一种不可磨灭的物质而享有的古老神奇声誉留下的影响。[25]

即使重商主义盛行，一些思想家还是主张用商品而不是实体硬币来理解财富。价格是一种货币供应函数，这一观念来源于16世纪中期被称为萨拉曼卡学派（School of Salamanca）的神学家。多明戈·德·索托（Domingo de Soto）和马丁·德·阿斯皮利奎塔·纳瓦罗（Martín de Azpilcueta Navarro）对我们现在所谓的资本主义道德问题特别关注。在研究商业方法时，他们注意到来自新大陆的金银流动与西班牙物价上涨之间的联系。纳瓦罗观察到,"在西班牙,与货币稀缺的时代相比,提供大量金银财富的西印度群岛被发现之后,可供出售的商品和劳力的价格要高得多。其原因在于,无论何时何地,货币在稀缺的时候总是比充裕的时候价值更高"。[26] 1568 年,让·博丹在法国也做出了同样的观察:他认为自己是第一人,但萨拉曼卡学派理论家其实比他早了数年。对于他们观察到的现象,目前有三种解释:价值是纯粹的精神建构,反映了市场在不同时间和地点会对本质上等同的产品做出不合理的不同评估;价格取决于商品的供求关系,而不是货币;"公平"的价值是天生固定的,而价格波动是贪婪的结果。

萨拉曼卡学派思想家认为,货币就像其他商品一样。如纳瓦罗所说,货币可以用于交易,以获取适度的利润,无须带有任何愧疚。纳瓦罗写道:"所有商品在需求旺盛和供不应求时都会变得更贵,而……货币……是商品,因此也会变得更贵。"[27] 同时,这一理论强化了关于金钱的古老道德偏见:人可能会拥有过多的金钱;钱是罪恶之源;一个国家的财富在于生产的商品,而不是囤积的现金。如今,人们对服务业取代制造业、金融诈骗让工厂和矿山破产的方式感到不安,正是这种观念的回响。16 世纪,批评者严厉谴责帝国,不仅因为其对美洲原住民的不公正待遇,还因为大量货币涌入西班牙,使西班牙陷入贫困。这一时期最敏锐的经济学家之一,马丁·冈萨雷斯·德·塞洛里戈(Martín González de Cellorigo)提出了一个著名的悖论:

> 西班牙之所以没有金钱、黄金和白银,是因为西班牙这些东西太多了,而西班牙之所以贫穷,就是因为太富有……财富

一直扶摇风中，以纸张和合同的形式存在……黄金白银，而不是商品……凭借其附加价值吸引国外的财富，从而让我们可以在国内维持人民的生活。[28]

具有讽刺意味的是，经济史学家现在不信任萨拉曼卡学派的观点，并怀疑16世纪的通货膨胀实际上是需求增长，而不是货币供应量增长的结果。然而，这一理论，无论其基础是否牢固，都具有极大的影响力。如果认识不到货币受供求规律的制约，就很难想象现代资本主义的诞生。18世纪末，该学说取代重商主义，成为经济理论家的主要共同假设，部分原因来自萨拉曼卡学派对苏格兰道德哲学教授亚当·斯密的影响，自1776年出版《国富论》以来，亚当·斯密的名字就一直与实现经济自由联系在一起。

亚当·斯密把供求关系看得非常重要。他认为供求关系并非只对市场有影响。"每个人为了改善自身状况而做出的自然努力"[29]是所有政治、经济和道德体系的基础。税收或多或少是一种罪恶：首先，它是对自由的侵犯；其次，它是市场扭曲的根源。"一个政府了解另一个政府，最快的方法莫过于看它是怎么从人民口袋里捞钱的。"[30]如果个人利益是为了共同利益服务，则自利是可以容忍的。斯密说："我们的晚餐指望的不是屠夫、酿酒人或面包师的仁慈，而是他们出于自身利益的考虑……尽管他们天生也是自私和贪婪的。"斯密宣称，富人"被一只看不见的手牵引，对生活必需品进行分配，并尽量平均，如同地球的土地被均分给所有居民一样"。[31]从长远来看，这种预期被证明是错误的：19世纪的工业革命和20世纪的知识经济已经在阶级和国家之间拉开了明显的财富差距。以前人们有可能相信，市场可以纠正财富差距，就像其可以根据需求调整供给一样,因为在20世纪很长一段时间内,贫富差距都在缩小;老板们似乎意识到,让工人富裕符合企业的最大利益,或者他们意识到,只有公平,才能避免无产阶级起义的威胁。然而,资本家似乎不具备长期约束的能力:是战争,而不是市场,导致了倾向于公平回报的短暂趋势,而且在20世纪末和21世纪初,财富差距再次扩大到自第一次世界大战前以来未曾达到的水平。[32]

当然,在他那个时代,亚当·斯密的预言是不可推翻的。正如弗朗西斯·赫斯特(Francis Hirst)所观察到的那样,对于当时的仰慕者来说,亚当·斯密"走出道德教授的象牙塔……坐到了诸侯的议会厅里"。[33] 他的话"被反对者宣传,被政治家称颂,并印在一千部法规中"。有很长一段时间,斯密的观念似乎只是有一点夸张:例如,工业化时代的富人提高了工人的工资以刺激需求;有那么一段时间,经济学家们认真地希望消除贫困,就像医学研究人员希望消除疾病一样。

《国富论》诞生于美国发表《独立宣言》之年,应被视为美国的建国文献之一。这本书鼓励了美国独立战争,因为斯密在书中指出,政府限制殖民地从事制造业或贸易自由的规定"明显侵犯了人类最神圣的权利"。自那以后,美国一直是经济自由主义的故乡,也是证明自由放任政策可行的仅有轻微污点的例子。与此同时,无论是计划经济、政府监管还是指令性经济,但凡违背斯密理论,寻求经济进步的尝试都以失败告终。从目前已有的证据来看,资本主义是最糟糕的经济体系,除了其他所有经济体系。

是这样吗?在大多数方面,斯密的影响是温和的。而另一方面,将利己主义表现为开明,就好像将贪婪说成善良一样。斯密的经济学中没有利他主义的位置。他认为商人和高利贷者服务他人的方式就是贱买贵卖。这是他思想的一个缺陷。另一个错误是，他认为在市场上，人们可以预测自己的最大利益。在现实中，人们的行为往往是非理性的和冲动的，这样的行为远远比理性或一致的行为频繁。市场更像是一个赌博圈，而不是一个魔术圈。它的不可预测性滋生了混乱、崩溃、不安全和恐惧。严格解释的话，斯密原则甚至认为教育、宗教、医学、基础设施和环境都应该由市场支配。在某些方面，特别是在美国，这已经成为现实。导师们已经成为企业家，所谓的大学现在类似于企业，保护自然环境成本高昂，高速公路是"赞助的"，即使在明确定义健康是一种人权的体系里，人们甚至也可以用钱来买健康。世界仍在寻找不受监管和过度监管的市场之间的"第三条道路"。[34]

政治哲学：国家的起源

经济自由的好处似乎总是比政治自由的好处更容易令人信服地体现出来。斯密的学说之所以被广为接受，是因为它既吸引那些相信人类善良的主张自由者，也吸引那些不信任人性的主张限制者。他的论点说到底，是经济效率源于自身利益：经济行为体的道德是无关紧要的。

但是在政治领域，这种学说不可行。只有当人相信自己本性善良时，解放人们才有意义。而在16世纪和17世纪的欧洲，不断涌现的证据逐渐颠覆了这种信心。在美洲和太平洋地区，探险家的发现和民族志学者的报告表明，正如莎士比亚所言，"自然人"只是一种"寒碜的赤裸的两脚动物"，无法遵从帝国所要求的行为。与此同时，对亚洲先前未知或鲜为人知的领域的发现，向欧洲引入了新的政治权力模式。要理解这一点,最好是梳理新证据带来的各方面影响:首先是与国家起源相关的思考受到了影响;然后是中国和其他亚洲模式如何影响权力观念并促使新的专制主义学派建立;接下来是和欧洲人称之为野蛮人的民族有关的新发现所产生的反向影响,他们有时惊人的成就催生了激进的甚至是革命性的思想,这样的思想在关于平等、普遍权利和民主的论点中不断累积。

从国家起源于契约(正如我们所看到的,这一传统在中世纪晚期的西方变得很强大)这个假设当中,引出了人们当初究竟如何以及为什么需要国家的问题。在遥远的过去,人类的境况一定是极其严峻的,至少安逸的欧洲文人是这么猜想的:苦难促使人们团结一致,为共同的利益牺牲自由。17世纪下半叶,托马斯·霍布斯开始思考这些问题,他在政治上是极端的保王派,在哲学上是极端的唯物主义者。他的自然倾向是专制主义:在经历了英国内战的流血和无政府状态之后,他仍然强烈地倾向于秩序而不是自由。他把政治国家出现之前的自然状态想象成"所有人对所有人的战争",在这样的战争里,"暴力和欺诈是两大品德"。

1651年,他将这一景象呈现在其经典作品《利维坦》最著名的段落中,与传统政治理论形成鲜明对比。传统政治理论认为自然状态只是一个时期,盛行于远古那些人为立法无效的时代;而自然法则或理性法则提供了所有必要的规定。在神话中那个原始纯真的黄金时代,人们生活和谐,未曾被文明腐化。霍布斯提供了一个令人耳目一新的对比。他认为,与本能地形成社会的蚂蚁和蜜蜂不同,人必须摸索出唯一可行的摆脱不安全感的方法。人们彼此约定,出让自由给执行者,后者将强行执行契约,但不会成为契约的当事方。建立国家的盟约不再是统治者与被统治者之间的契约,而是一种服从的承诺。臣民从属于国家，因此放弃了自由。自我保护是臣民唯一保留的权利：他们本来也没有其他权利可供放弃，因为在自然状态下没有财产，没有正义。人们的一切都只能靠武力夺取。亚里士多德的著作为这一观点提供了些许支持，他承认"人在完善状态下是最好的动物，但当脱离法律和正义时，人是所有动物中最坏的"。[35]

霍布斯的思想永远改变了政治语言。契约论失去了对国家权力的控制：在被霍布斯说服或因他而拓宽思路的人眼中，统治者（无论是一个人还是"多个人的集合"）不在契约的范围内，因此没有必要遵守契约。人类可以是平等的——事实上，霍布斯认为所有人都是天生平等的——但仍受国家的摆布：臣服的平等，是许多平均主义政权的臣民很熟悉的一种命运。最终，霍布斯的学说对国际政治产生了令人胆寒的影响：各国政府彼此之间处于自然状态。除了自身实力的限制之外，各国相互伤害的能力没有任何约束。从某个角度看，这为侵略战争提供了正当理由；从另一个角度看，有必要通过一些契约规定（我们将在后面几章中遇到这样的提议）来确保和平。

"开明专制"和"东方专制"：中国的影响与西方的自证

在18世纪的大部分时间里，主张自由者和主张限制者之间的争论似乎呈旗鼓相当之势：关于人性善恶的证据是模棱两可的。因此，争论者们不再就无法证实的遥远过去相互辩驳，而是把注意力集中在了当时通过长途贸易发现的其他文化上。中国是最明显的例子。仰慕中国的人主张限制自由，赋予精英们领导权，而自由的拥护者则拒绝认为中国可以成为西方国家的榜样。伏尔泰在一生中的大部分时间里都堪称最重要的亲中派。[36] 他对儒学非常入迷,认为这种哲学可以取代他所憎恶的有组织的宗教。他也赞同中国人的一个信念,即通过观察可以发现宇宙是有序的、合理的和可理解的。在中国政治上重文轻武的传统中,他看到了对其自身所属的专业知识分子阶层权力的认可。在中国朝廷的绝对权力下,他看到了善的力量。

不是所有欧洲知识精英都认同中国。1748年,孟德斯鸠男爵写下《论法的精神》,这本著作启发了整个欧洲的宪制改革者,书中宣称"中国靠棍棒统治"——这一看法有耶稣会对中国严酷司法传统的描述为证。他谴责中国是一个"以恐惧为原则的专制国家"。的确,孟德斯鸠和伏尔泰之间存在着根本性的意见分歧。孟德斯鸠主张法治,并认为宪法提供的保护应对统治者有所限制。伏尔泰从来没有真正信任过人民,而是支持强大、明智的政府。此外,孟德斯鸠还提出了一个有影响力的理论,根据该理论,西方政治传统是良性的、倾向于自由的,而亚洲国家则把权力集中在暴君手中。他写道:"这是亚洲衰弱和欧洲强大的重要原因,也是欧洲自由和亚洲奴役的重要原因。""东方专制"在西方政治著作中成为"剥削"的标准代名词。[37]

狄德罗在这个方面和孟德斯鸠处于同一立场,甚至比他更支持臣民反对国家,而伏尔泰的同僚弗朗索瓦·魁奈则赞成伏尔泰理想化中国的观点。他认为,"开明专制"将更有利于人民而不是精英。在当时,魁奈的思想比孟德斯鸠的思想更有影响力,他甚至说服法国王位继承人模仿中国的皇室仪式,亲自耕种土地,作为土地改良者的榜样。在西班牙,剧作家向宫廷展示为君之道时所用的剧本翻译自中文或是模仿了中国的文本。[38]"开明专制"和"东方专制"一起成为政治词汇，18世纪下半叶许多欧洲统治者都试着实行开明专制。不管以哪种方式，中国模式都在塑造着欧洲的政治思想。

其结果是西方政治出现分歧。改革的统治者遵循开明专制的原则，孟德斯鸠的激进启蒙学说则影响了革命者。然而，这两种传统都只能导致自上而下的革新，由专制君主或启蒙运动的柏拉图式守护者精心策划或发动，正如其中一人所说，"迫使人们获得自由"。18世纪启蒙思想家的英雄雷纳尔神父保证道，"地球上的智者，所有国家的哲学家们，自己来制定法律吧，告诉其他公民需要怎样做，启发你们的弟兄"。[39]那么，真正的血腥而残酷的失控革命是如何发生的呢？是什么促使精英阶层放宽了控制权，转而信任"普通人"的无法预测的冒险行为呢？18世纪出现了一些新的影响，一些启蒙思想家开始彻底挑战既定秩序，甚至质疑自己对秩序的掌控。

从"高贵的野蛮人"到"普通人"：人生而平等

这些颠覆性的观念背后有着悠久的历史。文明中总是有不满情绪的。道德主义者们总是以外来者的高尚品德、弥补教育不足的自然美德，或是因商业和舒适而遭到破坏的美好简单生活为例来斥责彼此。在15世纪和16世纪初，欧洲人在海外探索的过程中已经开始积累一些例子，据说能证明有些人的生活方式与自然状态下很接近——赤身裸体，未受过教育，以觅食为生，依赖上帝。起初，他们似乎很失望。原始纯真的黄金时代已无处可寻。但火眼金睛的聪明人总能在"野蛮人"身上找到可取之处。17世纪中叶，怀疑论者米歇尔·德·蒙田辩称，即便是像人吃人这样令人反感的做法，对欧洲也有道德上的启发，因为欧洲人彼此间的野蛮行为更为严重。在17世纪，传教士们相信他们真的在休伦人[*]中发现了传说里的"善良的野蛮人"，他们的野蛮行为骇人听闻，将活人作为祭品百般折磨；然而，和其他更低劣的邻居相比，休伦人的平等价值观和技术水平使他们看起来充满了天生的智慧。18世纪初，路易-阿曼德·德·拉翁唐（Louis-Armand de Lahontan）——一个饱受折磨、被剥夺财产、想逃到加拿大以避免国内迫害的贵族——想象让一个休伦人成为自己反教权激进主义的代言人。伏尔泰塑造了一个批判国王和教士的"纯朴休伦人"的英雄形象。约瑟夫-弗朗索瓦·拉菲托[†]非常赞赏休伦人自由恋爱的精神。1768年，一部根据伏尔泰作品改编的喜剧在巴黎演出，在这部喜剧中，一位休伦人英雄带头攻陷了巴士底狱。从哲学家们所称赞的"高贵的野蛮人"，到革命者所崇拜的"普通人"，只不过是一小步的距离。[40]

在探索南太平洋这个自由和放纵的酒色天堂时，西方发现了更多"高贵的野蛮人"，休伦人的传说对社会诱人的魅力也与日俱增。[41]开明的思考者被那些野孩子迷住，认为他们是非社会化的原始状态的实例，从他们身上能找到所谓确凿的证据。瑞典植物学家卡尔·林奈发明了现代物种分类方法，他认为野孩子是人属的一个独特物种。他们从树上被人拉下来，从代哺野兽的怀里被人抢走，成为文明的试验品。学者们试图教他们语言和礼仪。所有努力

---

[*] 休伦人是北美原住民的一支。——译者注
[†] 约瑟夫-弗朗索瓦·拉菲托（Joseph-François Lafitau，1681—1746），法国耶稣会传教士和作家。——译者注

都失败了。在17世纪的波兰，据说由熊养大的男孩，仍然喜欢熊的陪伴。在18世纪20年代，英国王室成员争着将"野男孩彼得"（Peter the Wild Boy）作为宠物养大。彼得的肖像被挂在肯辛顿宫的楼梯上，画中他茫然地盯着前方。他讨厌衣服和床，从未学会说话。1731年，从松吉（Songi）附近的树林里发现的"野女孩"喜欢生吃青蛙，拒绝尝试埃皮努瓦城堡厨房的食物。在很长一段时间里，比起说法语，她更擅长模仿鸟鸣。最著名的例子是"阿韦龙野孩"（Wild Boy of Aveyron），他在1798年被抓住做文明实验，他最终学会了优雅地着装和吃饭，但始终未能学会说话，也从未喜欢过发生在自己身上的一切。他的老师曾经描述过这样一个场景：晚饭后，他坐在窗边专心致志地喝水，"仿佛在这幸福的时刻，这个大自然的孩子试图把失去自由后仅存的两件开心事——喝一杯清澈的水和看到太阳及乡村景色——结合起来"。[42]

同时，野蛮的伊甸园内，充满了邪恶的蛇。休伦人在欧洲疾病的蹂躏下几乎灭绝。商业和传染病也侵蚀了南太平洋。然而，尽管结果令人失望，在某些哲学思想中，"高贵的野蛮人"还是可以融入普通人，天生智慧的观念使人民主权的思想合法化。如果没有休伦人、南太平洋岛民和狼孩，法国大革命将是不可想象的。[43]

其中一个结果是，"高贵的野蛮人"使一个历久弥新、重现活力的观念更加活跃了：人人天生平等。"人人平等"是古代斯多亚学派所提倡的原则。他们的理由是，人生而平等，不平等是历史上的意外，国家应设法纠正这些不平等。许多古老的宗教思想在早期基督教中得到了很好的阐述，这些思想启发了一种观念：所有人在神的眼中都是平等的，社会应忠于上帝，努力配合实现这一愿景。一些思想家更进一步，要求机会平等、权力平等或物质幸福平等，

第七章　全球的启蒙：联合世界中的思想联合

偶尔也有一些社会短暂支持过这样的主张。在实践中，共产主义往往随之产生，因为公有制是防止财产不平等分配的唯一绝对保证。

从15世纪到19世纪，欧洲和美洲开启了许多建立平等乌托邦的工程，通常是由基督教传统中的宗教狂热分子发起的。大多数这样的工程都犯下了严重的错误。例如1525年，再洗礼派先知莱顿的扬（Jan of Leiden）开始在明斯特建立自己设计的乌托邦时，权力的腐败使他变成了一个可怕的暴君，他后宫无数、批准纵欲以及大肆屠杀。结局往往是暴力的。当平等派利用英国内战，重新创造他们想象中的信徒平等时，他们的工程以血腥镇压告终。其余很多努力出于其自身的不切实际而逐渐消失。19世纪社会主义者在美国中西部建造的边远乌托邦，如今已是一片废墟。威廉·S.吉尔伯特和阿瑟·沙利文在他们共同创作的喜剧《威尼斯舟子》(*The Gondoliers*)中，淋漓尽致地讽刺了平均主义：

> 伯爵、侯爵和公爵，
> 新郎、管家和厨师，
> 存钱在库茨银行的贵族，
> 清洗靴子的贵族……
> 所有人都是平等的。

不曾有人认真地建议要求年龄、脑力、美貌、身材、肥胖、体力或运气的平等：有些不公平现象是自然而然的。试图弥补其影响是高尚的，但追求平等的高尚往往是居高临下的。

尽管如此，在18世纪的某个时间点，如果国家愿意保证平等，平等似乎是可以实现的。在某些方面，这种观点是合理的：国家总在解决严重的不平等，那为什么不能解决所有的不平等？对于那些相信所有人天生平等的人来说，国家是该原则的执行者；对于那些不相信的人来说，政府有一个道德角色，负责调节"竞争场"，纠正强弱、贫富之间的不平衡。这个观念很危险，因为以牺牲自由为代价的平等可能是专制的。

国家的这一职能在重要性上超越所有其他方面，这个观念最早来自让-雅克·卢梭的思想。18世纪下半叶，与百科全书派分道扬镳的思想家中，卢梭是最有影响力的。他是一个不安分的超级流浪者，热爱底层生活和不雅的乐趣。他两次正式改变宗教信仰，但一次也没有表现出真诚。他背叛情人、与朋友反目并最终遗弃了自己的孩子。他一生只沉迷于自己的世界。1750年，在一篇获奖论文中，他否定了启蒙运动最神圣的原则之———"艺术和科学造福了人类"。竟然有人可以将这个话题提出来，这本身就说明了开明乐观主义的幻灭已经到了何种程度。卢梭谴责财产和国家。除了断言人类在自然原始的状态下是善良的之外，他没有提供任何解决方案。伏尔泰非常厌恶卢梭的思想。读过卢梭的著作后，伏尔泰评价道："一个想重新用四肢行走的人。"卢梭放弃了其他启蒙运动的普遍观点，包括进步观。"我敢剥去人性的外衣，"他声称，"表明所谓的进步是所有痛苦的源泉。"[44] 他期望浪漫主义者在启蒙运动后足够敏感，在某些方面更重视感觉和直觉而非理性。在法国大革命的缔造者和参与民众心中，他是杰出的英雄，人们围绕着巴士底狱废墟游行时高举他的肖像，求助于他的"圣名"，将他的头像画在革命的隐喻作品里。[45]

卢梭将国家视为一个公司，甚至是一种有机体，个人身份被淹没在其中。他受到自然学家关于猩猩（卢梭称之为大猩猩，而且他和许多同样不清楚状况的评论者一样，将其归为人属）习性报告的启发，想象了一种前社会的自然状态，在这种状态下，人类是孤独的流浪者。[46] 他认为，在一个不可挽回的时刻，一种行为产生了，让"人从此成为人……成为社会的真正基础。人民变成了一个整体……我们每个人都把自己和自身所有的权力置于一个总体意志的最高指导之下"。公民身份是友爱——一种好似血脉相连的纽带。任何被迫服从公共意志的人都将"被迫获得自由……任何拒绝服从公共意志的人都将被整个社会强迫服从"。[47] 卢梭对如何在道德上为这一明显危险的学说进行辩护含糊其词。在 18 世纪末，康德提出一个清晰的辩解理由。他不愿意改变，像猩猩一样孤独，而且据说他有着枯燥的固定习惯，基本只在家乡柯尼斯堡附近熟悉的小路上徘徊。然而，他的思想却变化无穷，浩瀚无边。他建议用理性取代个人意愿或兴趣，从而确定客观的目标，每个人都能看到这些目标的价值。

服从公共意志将会为了他人的自由而限制一个人的自由。理论上，"公共意志"不同于全体一致、局部利益和个人偏好。然而实际上，"公共意志"仅意味着"多数暴政"。正如卢梭所承认的那样，"大多数人的选票总是约束着剩下的人"。他想取缔政党，因为"国家内部不应该出现偏私的团体"。[48] 按卢梭的逻辑，工会、宗教团体和改革派都不允许存在，这就成了极权主义的许可证。它影响的所有运动或政府——法国的雅各宾派和巴黎公社、现代的法西斯和纳粹、全民投票选出的专制主义者——都压制个人自由。然而卢梭对自由的热情，使他的许多读者很难看出其实他的思想是压制自由的。革命者采纳了他 1762 年一部作品的开首语："人生而自由，却无往不在枷锁之中！"比起摆脱枷锁，他们更轻易抛弃这句标语。

普遍权利：人权与女权

卢梭确实赞同启蒙运动的一个主流原则：我们现在所说的人权。这个理念是从人人天生平等推论出来的。这是可以让国民变为公民的炼金术。在帮助美国叛军抵抗英国王室统治的过程中，支持各种激进事业的政治理论家托马斯·潘恩提出了一种观点：有些自由在国家管辖范围之外，这些权利太重要，不能由国家来支配。激进的思想家长期探索如何限制统治者对臣民享有的绝对权力，潘恩的论断标志着这个探索过程达到了顶峰。法国和美国的革命者抓住了这一观点。但主张人权比定义人权简单。美国《独立宣言》称其为"生命、自由及追求幸福的权利"。所有国家都忽视了第一项"生命"：在它们认为合适的情况下，它们依然会将人处死。起初，第二和第三项权利似乎过于模糊，无法改变历史进程。由于不同的人对自由和幸福的主张相互冲突，因此可以忽略它们。在法国，革命者热情地响应了《独立宣言》。然而，压制自由的政府一再无视该宣言捍卫的权利，直到20世纪已经过去很久。拿破仑堪称始作俑者：他成功地实行暴政——包括合法却不公的死刑、操纵法律和血腥镇压——同时在崇拜者的眼中却体现出革命的原则：时至今日，一个自由主义者的书房如果不配备拿破仑半身青铜像，似乎都不完整。即使在美国，奴隶及其后裔也长期被剥夺《独立宣言》所规定的普遍权利。

所有人都享有平等权利的观念对世界产生了意想不到的影响。在19世纪末和20世纪，它成为"美国梦"的基础。根据美国梦，每个人都可以在国家的鼓励（而不是常见的干涉）下追求所谓的幸福，其形式是物质的繁荣。由此带来的一部分结果是，美国成为最富有因而最强大的国家。到了千禧年之交，美国已经成为世界上大多数人公认的典范，各地纷纷仿效能够实现美国梦的制度——自由市场、民主宪政和法治。[49]

在同一时期，大多数国家在1975年至1983年的"赫尔辛基进程"（Helsinki Process）中以不同程度的诚意和承诺签署了一项协议，进一步界定了人权：免遭任意逮捕、酷刑和征用的权利；家庭完整的权利；出于文化、宗教和经济目的建立和平协会的权利；参与政治的权利，以及在不影响公共秩序的范围内自我表达的权利；免于因种族、性别、信仰、疾病或残疾而受到迫害的权利；受教育的权利；以及基本的住房、健康和生活水平的权利。然而，生命和自由（美国开国元勋主张的其他人权要素）是否算作人权仍然存在争议：生命，是因为关于罪犯、未出生者和安乐死者是否应该被包括在内长期存在争议；自由，是因为存在权力的不平等。面对掠夺性国家、犯罪组织和富有的公司，这两项权利都无法得到保证。宣扬人权的言论几乎所向披靡，在现实中却难以见效。女工仍然常常受到不公平待遇；儿童与亲人一起生活的权利往往失去国家的支持，父母抚养子女的权利也常被剥夺；如果没有原国家明确拒绝的文件，移民就无法让其劳动获得与实际价值相符的回报，甚至无法逃避实际上的奴役。员工往往没有集体谈判权，因为法律总是禁止他们这样做，因此他们没什么机会为自己争取利益。犯罪受害者往往只能根据其财富或影响力得到相应的保护或补救。尤其是，对战争、致命疏忽、堕胎、安乐死和死刑的受害者侈谈人权，并无益处。

法国革命者常把不可剥夺的权利称为"人与公民的权利"。女性的权利和公民身份也由此得到了新的关注。有观点认为女性构成了一个社会阶级，这个阶级在历史上受到压迫，理应得到解放。孔多塞的妻子在革命的巴黎开了一家沙龙，客人们在那里对这种观点进行了批判而非讨论。奥兰普·德古热（Olympe de Gouges）和玛丽·沃斯通克拉夫特（Mary Wollstonecraft）在1792年创作的两部作品《妇女和女性公民权利宣言》(*Déclaration des droits de la femme et de la citoyenne*)以及《女权辩护》(*A Vindication of the Rights of Women*)中，开创了新的传统，至今仍被女权主义所认可。两位女作家一生贫困，爱情生活曲折，都悲惨地结束了一生。德古热因捍卫法国国王而被判死刑，送上断头台。沃斯通克拉夫特死于产后并发症。两人都拒绝此前女性提倡的整个传统，这种传统颂扬所谓女性的美德。相反，德古热和沃斯通克拉夫特都承认自己有恶习，并指责男性的压迫。她们反对为了平等而奉承。"女人也可以踩上脚手架，"德古热说，"女人也应该能登上参政席。"[50]

起初，这种影响几乎无人察觉。然而，逐渐地，在19世纪和20世纪，越来越多的男性开始支持女权主义，并以此作为将女性重新纳入劳动力市场的理由，从而更有效地利用她们的生产力。两次世界大战表明，在以前为男性保留或男性享有特权的领域中，也需要女性参与其中并有效地做出贡献。男女两性都开始常常称颂女汉子，对于女性也适合从事那些要求高的"男人的工作"赞不绝口。1946年的一天，让-保罗·萨特那特立独行的情人西蒙娜·德·波伏瓦发表了一个新观点，她说："我开始反思自己，让我惊讶的是，我不得不说的第一句话是'我是一个女人'。"[51]在20世纪后半叶，至少在西方和其他受西方思潮影响的群体中，人们普遍认为女性可以在各个领域履行领导责任，这并不是因为她们和男性一样，而是因为她们是人类，（在我们可能会称之为极端分子的女权主义者看来）甚至是因为她们是女性。

一些女权主义者声称能够迫使男性改变规则，以对女性有利。更常见的情况是，这些女权主义者向女性发出呼吁，敦促她们充分利用必然会出现的变化和机会。随后产生了意想不到的影响：通过与男性竞争，女性放弃了一些传统优势——来自男性的尊重和许多非正式权力；加入劳动力队伍之后，她们作为家庭主妇和母亲的角色又增加了另一层剥削，随之而来的是压力和过度劳累。有些妇女想留在家里，专心照顾丈夫和孩子，却发现自己处于双重不利的地位：被男人剥削，被"姐妹"嘲讽。社会仍然需要找到适当的平衡点：解放所有女性，让她们过上自己想要的生活，而不必遵循两种性别的知识分子为她们设计的角色。

走向民主：欧洲的反对与美国的探索

人民主权、平等、普遍权利、公共意志：启蒙运动在这些方面得出的合理结论，就是民主。1793年，革命的法国短暂出现过一部民主宪法，主要由孔多塞起草。普遍的男性选举权（孔多塞希望包括女性，但在同僚的警告下选择了屈服）、频繁的选举和全民投票是其中的基本要素。但是，在民主制度中，用狄德罗的话说，"人民可能会疯，但始终是主人"。[52] 疯狂和控制是一种令人畏惧的结合。没有法治的民主就是专政。法国革命宪法甚至还未生效，一场政变就让马克西米连·罗伯斯比尔上台执政了。在战争和恐怖的紧急情况下，美德（在罗伯斯比尔口中，这个词意味着暴力）将提供理智无法提供的决定性方向。仅仅四个月后，宪法便被中止。恐怖使启蒙运动陷入血泊之中。大多数欧洲精英花了将近一百年的时间才克服了"民主"这个名称所激发的厌恶。法国革命民主的命运预示着20世纪的例子：法西斯和纳粹主义通过选举获得成功，个人崇拜通过领袖魅力实现，公民投票和全民公决遭到滥用。

不过，美国相对不受那些摧毁了欧洲启蒙运动的恐怖事件的影响。美国宪法的构建遵循的原则与孔多塞所遵循的原则相同，受启蒙运动同等程度的影响。除了蓄奴州外，美国几乎没有暴力，逐渐扩大的选举权则能够使美国成为一个民主国家，美国也确实成了这样的国家。最终，世界上大多数国家都开始效仿这种让人安心的模式。这种模式似乎表明，普通人可以获得权力，而无须把权力交给独裁者，也不用靠流血来夺取权力。我们今天所知道的民主制度——由法治下的普选或接近普选的选举产生的代议制政府——是美国的发明。试图将其追溯到古希腊的同名体系或法国大革命，是不切实际的浪漫主义。是什么让它成为具有美国特色的制度，这一点有很多争议。激进的新教在美国比激进派逃离的旧国家更为兴旺，它可能促成了共同决策和拒绝等级制度的传统；[53] 逃离当局的人在边境聚集，社区不得不自我管理，这可能也有利于民主制度的产生。[54] 真正具有决定性的是这个事实：尊重人民主权和民间智慧的启蒙运动在欧洲失败了，但在美国幸存下来。

尽管美国的民主制度日趋成熟，但欧洲几乎所有人都反对它。谨言慎行的思想家们不愿支持一个为柏拉图和亚里士多德所谴责的体系。卢梭对其非常憎恶。他认为，一旦选出代表，"人民就被奴役了……如果有一个众神之国，它将以民主的方式统治自己。如此完美的政府不适合人类"。[55] 埃德蒙·伯克是18世纪末英国政治道德的代言人，他称这一制度为"世界上最无耻的制度"。[56] 就连曾经是倡导者的伊曼努尔·康德也在1795年背弃了民主，称其为多数人的专制。19世纪的欧洲政治史是被支撑起来的"腐朽大厦",民主被推迟,精英们感受到死囚车里的恐怖和暴民的威胁。

相比之下,在美国,民主"刚刚成长起来":欧洲访客从旁观察,提炼其理念,并以令人信服的方式推荐给本国读者。19世纪30年代,当睿智的法国观察家亚历克西·德·托克维尔前往美国研究民主时,美国当时已经拥有了模范的民主选举权(罗得岛州除外,那里对选民的财产要求仍然相当严格),因为几乎所有成年白人男性都有投票权。然而,托克维尔凭其聪明才智,意识到民主意味着比广泛的选举权更深刻和微妙的东西:"一个所有人都视法律为自己的成果,都毫不犹豫地热爱和服从的社会",在这个社会里,"阶级之间会建立起一种男子气概的自信和一种互惠的屈尊态度,既不会傲慢,也不会下贱"。与此同时,"公民自由结社"将"保护国家免受暴政和特权的危害"。他总结说,民主是不可避免的。"统治着美国社会的民主","正在欧洲迅速掌握权力",旧统治阶级的责任是做出相应调整:"引导民主,重塑信仰,净化道德,规范行动"——简而言之,就是在不破坏民主的情况下驯服民主。[57]

美国从未完美地证明过这一理论。托克维尔坦率地指出了美国的如下缺点,其中一些至今仍很明显:政府的高成本和低效率,公务员的唯利是图和无知,政治的夸大其词,墨守成规以制衡个人主义的倾向,思想上不具备说服力的泛神论的威胁,"多数暴政"的危险,极端唯物主义和宗教狂热之间的紧张关系,渴望权力的富豪统治集团的崛起带来的威胁。19世纪80年代,牛津大学法学教授詹姆斯·布赖斯补充了托克维尔的观点。他指出了更多的缺陷,例如该制度让法官和治安官商议投票,必然会出现腐败,但他认为美国模式是一种必然，也有其可取之处。民主还是瑕不掩瑜的。这可以用经济来计算，也可以用在新改造的荒原上建起的众多宏伟的纪念式建筑来衡量。民主制度的成就包括公民精神的力量、对法律越发普遍的尊重、物质进步的前景，最重要的是，机会均等解放了人们的活力，让人们更加愿意努力。在19世纪的最后30年和20世纪的第一个10年里，宪政改革将使大多数欧洲国家以及日本和前欧洲殖民地的其他国家，按照美国所代表的路线走向民主。[58]

革命的幻灭表明，自由和平等很难结合。平等妨碍自由。自由产生不平等。与此同时，科学揭示了启蒙运动的另一个核心矛盾：自由与宇宙的机械论观点相悖。当政治思想家们在社会和经济中释放容易造成混乱的自由时，科学家们正在宇宙中寻求秩序，试图破解机器的工作原理：一个规则完善的系统，如果人们了解其原理，就可以做出准确的预测，甚至控制结果。

感官的证据：经验主义与科学

直到18世纪，大多数科学研究都始于以下假想：外部现实作用于大脑，大脑随之记录通过感知获得的信息。对于古代思想家来说，这一理论的局限性非常明显。我们很难挑战我们感官的证据，因为我们别无选择。但感官可能是唯一的现实。为什么要假设它们由超越感官的存在激活？到17世纪末，约翰·洛克驳回了这种反对意见，或者说拒绝认真对待这种意见。他帮助建立了英国经验主义的一个传统，即简单地断言所感知的就是真实的。他如此总结自己的观点："在这里［洛克指的是我们所居住的世界］，人的知识没法超越其经验。"[59]

对于大多数人而言，这个传统已发展为一种态度，即公认要尊重证据：与其确信我们自己的现实为真并质疑其他一切的真实性，不如先假设世界是存在的。然后，我们就有机会去理解了。经验主义是否意味着不凭借经验我们将一无所知？洛克认为确实如此；但是也可以抱有适度的经验主义态度，认为虽然经验是对知识的合理检验，但可能会有事实超出检验的范围。洛克的理论主导了18世纪关于如何区分真伪的思考。在19世纪，它在各种相互竞争的观念中幸存下来。到了20世纪，洛克的哲学风靡全球，尤其在逻辑实证主义者中盛行，20世纪20年代的维也纳学派要求任何有意义的主张都要得到感官经验的验证。但是，洛克所倡导的传统主要影响的是科学而不是哲学：18世纪科学的飞跃是被感官经验支配的领域推动的。从那以后，科学家们普遍倾向于采用（洛克意义上的）经验主义的求知方法。[60]

科学将感知的范围扩展到了以前太遥远或太封闭的地方。伽利略通过望远镜发现了木星的卫星。马兰·梅森在研究声速时，听到了以前没有人注意到的谐波。罗伯特·胡克在点燃的灯芯发出的气味中嗅出"亚硝气"，后来安托万·拉瓦锡将氧气分离出来并将其点燃，证明了氧气的存在。安东尼·范·列文虎克通过显微镜观察到了微生物。牛顿可以从一束光中得出彩虹，也可以通过一个苹果的重量发现约束宇宙的力量。路易吉·伽伐尼（Luigi Galvani）感觉到指尖电流的刺激，发现尸体可以在电流的作用下抽搐。弗里德里希·梅斯梅尔（Friedrich Mesmer）认为催眠是一种可测量的"动物磁性"。本杰明·富兰克林通过危及生命的风筝和钥匙演示，证明闪电是一种电。他们的成功使经验主义哲学家的呐喊变得可信："不可感知的事物绝不会出现于头脑中！"

投入科学和实践常识是所谓"工业革命"背景的一部分，而"工业革命"旨在发展机械生产方法并采用新动力源产生的能量。虽然工业化不是一个观念，但在某种意义上，机械化是。在某种程度上，它起源于人类不可思议的想象力，人类凭借这种能力可以想象产生巨大力量的微小动力源，就像传递身体力量的线状肌腱一样。蒸汽是自然界这样的动力源中第一个被"利用"来代替人力的，它属于相当明显的例子：尽管需要一定的想象力才能相信它可以使机器运转并推动物体，但仍可以看到并感觉到它的能量。在18世纪60年代，詹姆斯·瓦特应用了一项"纯"科学的发现——不可见而且只有在实验中才可探测的大气压——使蒸汽动力成为现实。[61]

细菌可能是新科学发现的以前不可见的作用因素中最令人吃惊的。细菌理论是一个既适用于神学也适用于科学的思想。它使生命的起源变得神秘，却阐明了腐烂和疾病的根源。生命若不是由上帝创造的，就一定是自发出现的。至少，据我们所知，几千年来每个思考过这个问题的人都是这么想的。对古埃及人来说，生命来自尼罗河第一次洪水的淤泥。美索不达米亚人的传说很像许多现代科学家所喜欢的叙述：生命是在旋转的原始云雾与液滴中，与矿物元素盐结合而自发形成的。为了想象"由水生的神"，苏美尔诗人描绘出由底格里斯河和幼发拉底河泛滥的冲积泥形成的生命形象：用语是宗教的，观念是科学的。在神学的挑战下，常识继续认为腐烂物质上的霉菌和蠕虫是自发出现的。

因此，当微生物在列文虎克的显微镜下变得可见时，似乎没有必要询问它们的来源。微生物世界以明显的证据表明生命是自发出现的，这让无神论者感到振奋。上帝的存在——或者至少是他那创造生命的独特能力——正在受到威胁。然后，在1799年，借助一个强大的显微镜，拉扎罗·斯帕兰扎尼观察到了裂变：细胞通过分裂繁殖。他证明出来，如果细菌——用当时流行的拉丁文词语则是微生物（animalculi），他本人则称之为病菌——在加热时被杀死，它们将无法在密封的环境中再次出现。路易·巴斯德后来说："这些发酵物（如此称呼是有道理的），似乎是有生命的，所有物体的表面、空气和水中都存在大量的微生物；生命自发出现的理论是不合事实的。"[62] 斯帕兰扎尼总结认为，活的有机体并不是凭空出现的：它们只能在已经存在的环境中生长。世界上没有已知的生命自发出现的例子。

科学仍在努力应对其影响。据我们所知，被称为古菌的单细胞生命，是地球最初的生命形式。关于它们的最早证据可追溯到地球出现5亿年后，甚至更早。它们并非一直存在。那么它们来自何方？埃及人和苏美尔人的科学假定生命来自化学上的意外。学者们仍在寻找证据，但迄今为止仍没有结果。

细菌理论也产生了巨大的实际影响：它通过一种在密封容器中保存食品的新方法，几乎立刻改变了食品工业。从长远来看，它为征服许多疾病开辟了道路。显然，细菌不仅会让食物腐烂，还会使身体生病。[63]

在某种程度上，科学的成功鼓励了人们对宗教的不信任。感官的证据都是真实的。这些证据都来自真实的物体（除了声音和颜色，以及实验可以证实的例外）。例如，叮当声是钟存在的证据，热感代表靠近了火，臭味代表有某种气体存在。从洛克那里，18世纪的激进分子继承了一种观点，相信浪费时间思考超出科学观察范围的东西（如果有的话）就是"虚度光阴"。但是，我们现在称之为科学主义的这种态度并不能满足所有用科学去解决问题的人。苏格兰哲学家大卫·休谟在洛克去世几年后出生，他也认为，说不可觉知的事物是真实的，属于无稽之谈，但他指出，感知除了能证明自己存在之外，不能成为其他任何事物存在的真正证据——感知是由事物引发的，这是一个无法验证的假设。18世纪30年代，著名的伦敦传教士艾萨克·瓦茨将洛克的作品改编成宗教读物，崇尚无言的"判断"（可以感知但难以言表）以及物质层面的感知。到18世纪末，康德推断，是思维的结构，而不是它之外的任何现实，决定了我们唯一能认识的世界。与此同时，许多科学家，如莫佩尔蒂，从无神论回归到宗教，或者变得对科学无法触及的真相更感兴趣。斯帕兰扎尼的工作使上帝在创造生命的过程中又有了一席之地。此外，教会知道如何击败不信教者。审查制度不起作用。但是，越过知识分子的头脑向普通人发起的呼吁是卓有成效的。尽管启蒙运动对宗教充满敌意，但18世纪依然是西方宗教复兴的一个时期。

"温暖的心"：宗教和浪漫主义的回应

　　基督教有了新的受众。1722年，亲岑道夫伯爵体验到一种不同寻常的使命感。在他位于德意志东部的庄园里，他建造了"主护村"（village of Herrnhut）。作为一个避难所，受迫害的基督徒可以在那里享受到上帝的爱。它成为热诚传教的中心。亲岑道夫的例子只是18世纪不计其数的运动之一，旨在为普通人提供一种情感上而非思想上的解决生活问题的方法：这些运动用这种方法证明，感情比理性更有力，对某些人来说，宗教比科学更温暖人心。来自美国马萨诸塞州的乔纳森·爱德华兹是基督教复兴主义的伟大鼓舞者之一，他说："我们的人并不需要太多……动脑子，更需要……触动心灵。"他的会众以知识分子憎恶的方式净化自己的感情。一位参与爱德华兹布道的人说:"满是呜咽,以致牧师不得不停止——尖叫声和哭泣声不绝于耳又奇妙无比。"[64]

布道是所有这些运动的信息技术。1738年,约翰·卫斯理怀着一颗"异常温暖的心",向英格兰和威尔士的工人们布道。那一年,他行走八千英里,一次次在露天向成千上万的会众布道。他传达的是一种情绪而不是信息——一种耶稣如何通过传递爱来改变生活的感觉。艾萨克·瓦茨的朋友乔治·惠特菲尔德在英国的美洲殖民地召集会众,在那里,"许多人像渴求正义的人一样热泪盈眶",波士顿仿佛成为"天堂之门"。[65] 天主教福音派采取了类似的手段来对付同样的敌人:唯物主义、理性主义、冷漠和形式化的宗教。在那不勒斯的穷人心目中,阿方索·玛里亚·德·利古奥里(Alfonso Maria de Liguori)就像《圣经》的先知一样。1765年,教宗批准信奉耶稣的圣心(Sacred Heart of Jesus)——神爱的流血象征。一些欧洲君主不怀好意地与宗教复兴合作,以此分散人们对政治的注意力,并利用教会作为控制社会的媒介。普鲁士国王弗里德里希二世思想开明,喜欢在餐桌旁接待哲学家们,也乐见其人民和军队信仰宗教。他建立了数百个军队神职,并要求学校教授宗教,这是采纳了他曾经的朋友伏尔泰的建议:"如果上帝不存在,就必须创造他。"伏尔泰更关心的是上帝应该约束国王而不是平民,但他意识到,"完整地保留希望和恐惧"是实现社会和平的最佳方式。[66]

音乐也有助于平息理性主义,部分原因在于音乐可以在不表达明确意思的情况下激发情感。在18世纪,上帝似乎拥有所有最好的曲子。艾萨克·瓦茨感人肺腑的赞美诗让所有歌手自惭形秽。约翰·卫斯理的弟弟查尔斯让会众在爱中感受到天堂般的欢乐。约翰·塞巴斯蒂安·巴赫的受难曲感染了所有宗教传统的听众。1741年，格奥尔格·弗里德里希·亨德尔在其创作的歌剧里引用了一段《圣经》经文，对怀疑论者做出了有效的回应：上帝"被藐视，被人厌弃"，但"我知道我的救赎主活着……我这皮肉灭绝之后，我必在肉体之外得见神"。比起共济会，莫扎特对教会更加虔诚。1791年，莫扎特辞世，留下未完成的伟大《安魂曲》——正是他战胜死亡的不朽之作。

人无须博学，就可以欣赏音乐。当然，在18世纪的大部分时间里，作曲家们写曲时采用了精确的数学对位法（比如有理数谐波），这反映了启蒙运动的价值。但音乐即将作为一种通用语言获得胜利，这要归功于文化史和思想史的深层潮流。莫扎特悄无声息地长眠于贫民窟的坟墓里，而当贝多芬于1827年去世时，成千上万的人出席了他的葬礼，其下葬的盛况不输王侯。[67]在此期间，浪漫主义开始挑战启蒙的感知。

在欧洲，18世纪被认为是"理性的时代"。但18世纪的失败——战争、暴政、对自身的失望——表明，光靠理性是不够的。直觉至少和理性有同样的地位。感受像思想一样重要。大自然仍然可以教导文明。基督徒和其敌人对自然的看法是有一致之处的，即大自然似乎比人类智慧构造的一切都更美丽，也更可怕。1755年，里斯本附近的一场地震动摇了伏尔泰对进步的信心。欧洲最大的城市之一，拥有近20万人口的里斯本，被夷为平地。激进的哲学家响应了百科全书派重要思想家霍尔巴赫1770年发出的以"回归自然"来取代上帝的呼吁："它会……从你心里驱除妨碍你的恐惧……驱除使你与人疏远的仇恨，你本该爱他们。"[68]"感性"成了回应情感的口号，而情感被看得甚至比理性更重要。

值得记住的是，18世纪的探索使新的自然奇迹不断浮现，于是人类凭头脑和双手创造的一切相形见绌。新世界的景观引发了18世纪人们称之为"浪漫主义"的回应。现代学者似乎无法就这个词的真正含义达成共识。但到了18世纪下半叶，浪漫主义在欧洲越来越常见，人们谈论得越来越多，而且这趋势维持了下去，此后浪漫主义在世界上还越来越占主导地位。浪漫主义重视想象、直觉、情感、灵感甚至激情，同时也把理性和科学知识视为真理和行为的指导，不过在极端情况下，浪漫主义更看重前面几项。浪漫主义者声称他们更喜欢自然而不是艺术，或者至少希望艺术能够呼应自然。西班牙两位年轻探险家豪尔赫·胡安（Jorge Juan）和安东尼奥·德·乌略亚（Antonio de Ulloa）发表的报告中的插图，清楚地显示了浪漫主义与全球探索和发现新奇迹之间的联系。这两位探险家在18世纪30年代跨越赤道，他们的目标和当年莫佩尔蒂前往北极的目标一致：确定地球的形状。他们把科学图表和未驯服的大自然令人产生敬畏感的图像结合在一起。例如，他们绘制的厄瓜多尔科托帕希火山喷发的画面，背景中描绘了山坡上弧光的奇景，既准确还原了当时的场面，又富于粗犷的浪漫。科学插图属于最早的浪漫主义作品，这点颇具讽刺意义。

在那个时代最伟大的科学家之一亚历山大·冯·洪堡的作品中，科学与浪漫的结合也很明显，他的目标是"欣赏千姿百态的大自然的宏伟和壮丽"。1802年，当他试图爬上科托帕希火山的姊妹峰钦博拉索山时，他的最佳时机来临了。当时钦博拉索山被认为是世界上最高的山峰，是尚未有人征服过的万物之巅。洪堡几乎快要登顶了，却因海拔高度感到不适，饱受寒冷折磨，鼻子和嘴里流血不止，不得不回头。他的受苦和受挫的故事正符合浪漫主义作家在欧洲开始颂扬的主题。英国诗人约翰·济慈称颂"未臻于极乐"的恋人。1800年,内敛但颇具影响力的德国诗人诺瓦利斯创造了浪漫主义最有力的象征之一——蓝花。这是一种永远无法摘下的虚无缥缈的花,从此它象征着对浪漫的向往。对遥不可及事物的崇拜,无法实现的渴望,是浪漫主义的核心:在洪堡美洲冒险之旅的一幅插图中,他弯腰在钦博拉索山脚下摘了一朵花。他对自己所见风景的描绘,大大激发了新世纪浪漫主义画家的灵感。[69]

浪漫主义不仅仅是对理性和古典主义几乎被神化的一种反应,它也将普遍的情感重新融入了受过教育的人的价值观和品味中。正如华兹华斯和柯勒律治所说,浪漫主义诗歌是"普通人的语言"。它的伟大出自质朴,源自孤独而不是城市,来自群山而不是宫殿。其美学崇尚壮丽的自然之美,而不是文雅和拘谨。其宗教是"热情",这在旧制度的名流场里是一个肮脏的词,却吸引了成千上万的人参与"传道"。浪漫主义的音乐打乱了传统旋律的气氛。浪漫主义的戏剧和歌剧借鉴了街头表演者的魅力。其先驱者是约翰·戈特弗里德·赫尔德,他收集民间故事,并颂扬"我们所谓的野蛮人"的"真正诗歌"的道德力量。他说:人民创造诗歌。浪漫主义的教育价值观教导我们,未受教育者的激情胜过用心设计的精致。浪漫主义时期的肖像画,往往描绘的是富家小姐们穿着农民的衣服,以自然田园风光为背景,表情自然,充满浪漫。"人民"作为一种创造的力量进入欧洲历史,并开始以自己的形象重塑他们的主人:文化,至少是一些文化,可以自下而上发展,而不是仅仅从贵族和高级资产阶级那里向下渗透。19世纪是浪漫主义的世纪,它将唤醒民主、社会主义、工业化、全面战争和有远见卓识的精英支持的"反对阶级划分"的"人民大众"。[70]

第七章　全球的启蒙:联合世界中的思想联合　　333

CHAPTER EIGHT

The Climacteric of Progress:
Nineteenth-Century Certainties

第八章

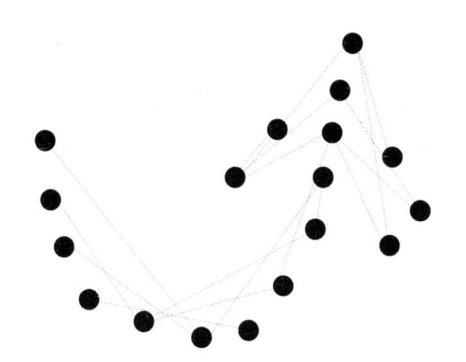

进步的转变：
19 世纪的确定性

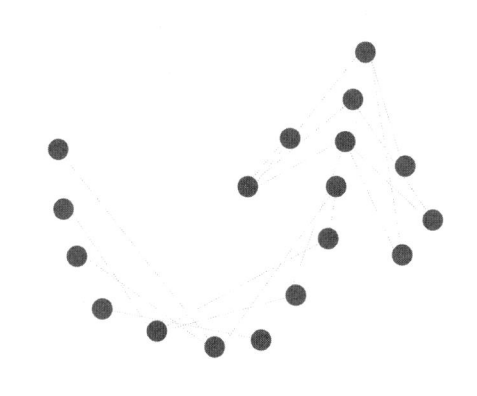

普通人诉诸流血行动。"高贵的野蛮人"恢复原样。法国大革命为启蒙运动蒙上阴影。在1798年的巴黎，埃蒂安-加斯帕尔·罗贝尔（Étienne-Gaspard Robert）上演了一场怪诞的灯光秀，怪兽的影子在幕布上若隐若现，或在滚滚浓烟中明灭不定。与此同时，为了展示新的直流电的能力，科学怪人的前身让尸体抽搐，刺激现场观众。弗朗西斯科·戈雅的一幅画作中，在理性沉睡的噩梦里，夜晚的生物拍打着翅膀尖叫着，即便是在理性最警觉的时候，魔鬼也会出现。* 通过丑

---

* 此处描述的画作应为戈雅创作的铜版画《理性沉睡，心魔生焉》（*The Sleep of Reason Produces Monsters*）。——译者注

第八章 进步的转变：19世纪的确定性　　337

陋的科学实验，或是"以自由之名犯下的罪行"折磨的头脑，似乎可以看到现代性有多么可怕。

整个文化的转变，在涌入贝多芬音乐的不和谐音符里可以听到，在戈雅画作的扭曲变形中可以看到。启蒙运动之后，19世纪欧洲的主流状态从之前的理性、冷静、超脱、精确、自满、有序和独断，转变为浪漫、感性、热情、天真、怀旧、混乱和自我批判。尽管这是个血腥的世纪，但人们没有屈服，坚持对进步的信念，不过此时人们是对未来满怀期待，不再对其所处的时代本身感到满意。随着启蒙运动逐渐结束，进步依稀可辨，但并不明显。巴里为皇家文艺学会创作"人类文化进步"系列画作的约60年后，托马斯·科尔构思了类似的系列作品"帝国的历程"（Course of Empire），为拜伦勋爵的诗句充当插图：

> 所有的人类故事都有寓意；
> 但都是历史的重现。
> 首先是自由，然后是荣耀——如若失败，
> 接下来是财富、罪恶、腐败——最后是野蛮。

巴里的系列画最后在极乐世界中达到顶峰，而科尔的画作则从野蛮到文明，经过堕落的富足，最后走到荒芜。

19世纪的时代概述

19世纪的完美主义者认为，过去的黄金时代（早期乌托邦的构想）并未实现，真正的黄金时代还没有到来。人们不能再依靠理

性来取得进步。启蒙运动的崩塌摧毁了理性之家，暴露了人类的暴力和非理性。剩下的都是"曲木"，决然造不出"任何笔直的东西"：此话出自一个伟大的跨时代人物，他经历了从启蒙运动到浪漫主义的过渡，批判理性，赞颂直觉，他就是伊曼努尔·康德。[1]

取代理性的巨大非人力量似乎正在推动进步：自然规律、历史规律、经济规律、生物学规律、"铁血政策"。其结果是一幅机械化、残酷化的世界图景。科学技术的惊人成就维持了进步的假象。蒸汽驱动的工业化极大地增强了劳动力。科学继续揭示以前看不见的真相，它让微生物进入视野，操纵气体，测量以前不为人知的力，如磁力、电力和大气压力，找到物种之间的联系，发掘化石来探测地球的古老程度。英国的记者和政治家们把进步称为"改良的征程"——这样的说法会让人对当时不规范行业的喧嚣和混乱产生误解。每一种进步都可服务于恶：服务于战争或剥削。智力和道德没有任何预期的改进，真正的进步全部发生于物质层面，并且基本只有特权人群和特定的地方从中获益。就像在此之前的启蒙运动一样，19世纪的"进步时代"被鲜血溶解，消失在第一次世界大战的灾难和20世纪的恐怖事件中。

这些恐怖事件来自19世纪的各种观念：民族主义、军国主义、崇尚暴力、种族血统、科学至上、历史必然性以及对国家的崇拜。关于本章中的思想，一个令人胆寒的事实是，其中大多数思想产生了骇人的效果。它们塑造了未来，即使当时影响力很小。这并不奇怪：一个想法从产生到形成影响总有一个时间差。就精英阶层而言，工厂是在仍处于文艺复兴时期的世界里兴盛起来的；正如威廉·赫兹里特（William Hazlitt）所观察到的，精英们"总是在谈论希腊人和罗马人"。[2] 雄心勃勃、好奇心盛、志向高远的19世纪

第八章 进步的转变：19世纪的确定性

科学家很像艺术家和从事高等数学研究的人：工作基本都不具有实际意义。正如我们所看到的，科学可以促进工业发展。但是，使工业化成为可能的技术进步（焦炭冶炼，机械纺纱，蒸汽机和蒸汽驱动的织布机），其发明者都是以自助为目的的英雄：没有多少或根本没有系统科学知识的自学成才的工匠和工程师。最终，科学还是被工业的目的劫持了——被金钱买来以从事"有用的研究"，因为要符合社会责任的要求而转移研究方向——但直至19世纪快要结束的时候才发生这种情况。

改造19世纪世界的所有技术创新都始于西方。几乎所有其他领域的创新也是如此。亚洲出现的创新，是对其不习惯的白人主宰的局面的回应或调整——接受或拒绝白人的劝告或榜样。19世纪初，威廉·布莱克仍能将欧洲描绘成在非洲和美洲肩并肩的支持下于各大洲之间领舞的角色。但欧洲迫使其他各大洲效仿自己或对自己卑躬屈膝。尽管西方的观念有时要花很长的时间才能影响欧洲以外的社会，使其发生转变，但这些观念通过示范或强加于人，都迅速传播开去，标志并巩固了欧洲在战争和商品方面日益增长的优势。欧洲的文化影响力和商业帝国主义扩大了政治霸权的范围。前所未有的人口增加、工业发展和技术进步拉开了新的差距。工业化地区和正在进行工业化的地区遥遥领先。尽管欧洲的霸权很短暂，但欧洲奇迹是19世纪最显著的特征：长期商业热潮、帝国战略和科学成就的顶峰。

人口的力量：人口学与马尔萨斯式的焦虑

首先应该来看人口变化，因为人口是其他一切的基础。对人口统计学事实进行一个简要总结,有助于解释观察者为回应这些事实而提出的理论。

尽管实现了机械化,但人力仍然是最有用和适应性最强的自然资源。在19世纪,人口增长最快的地区是欧洲和北美洲——人们常说的"西方",或"大西洋文明",它像罗马帝国拥抱地中海一样环绕大西洋。在大约1750年到大约1850年间,中国的人口翻了一番;欧洲的人口几乎翻了一番;美洲的人口翻了一番又一番。对于战争和工作,人是最重要的,尽管西方在调用其他资源方面也领先于其他各地,特别是在增加粮食和矿产资源方面。

所有人都意识到,全球人口分布的变化有利于西方。但没有人能够证明它是如何影响工业化的。历史学家和经济学家竞相寻找使工业化成为可能的条件。他们通常会提到顺利的金融机构、良好的政治环境、有商业头脑的精英阶层,以及获取煤炭的渠道(用于冶炼和产生蒸汽)。这些都是相关因素,甚至都是决定性因素。然而,还没有哪个获得广泛支持的理论能够解释机械化的巨大悖论:为什么在人口激增的地方和时期会发生机械化?在劳动力充足,因供过于求而极为廉价的情况下,为什么还要付出巨大的成本去费劲研发机器呢?在我看来,人口之所以关键,是因为劳动力和需求之间的关系。超过某个还无法确定的阈值之后,大量的劳动力会抑制机械化:在前工业化世界中,中国和印度这两大最勤劳、最有生产力的经济体就是如此。但没到这个阈值时,我认为,人口的增长会产生更多对商品的需求而非生产商品所需的人力。劳动力供应和商品需求的平衡是工业化的必要条件。英国是第一个满足这种平衡的国家,19世纪,比利时和欧洲的另一些国家紧随其后,然后是美国和日本。

第八章 进步的转变:19世纪的确定性

虽然前所未有的人口增长相对集中于西方，但它是发生在全世界范围内的。人口加速增长始于 18 世纪，当时可食用生物群的跨洋洲际交换极大地促进了世界的食品供应，与此同时，出于不明原因（或许可归因于微生物世界的随机突变），全球的疾病环境也发生了有利于人类的变化。起初很难看到效果。许多 18 世纪后期的分析家坚信，统计数据体现的趋势与实际情况是相反的，这也许是因为他们注意到了农村人口的减少，而这其实是城镇人口相对较快增长的一种附带现象。即使是那些早期发现这一趋势的人，也不知道从长远来看的结果，他们在困惑中往往不能自圆其说。有一种很有影响但其实错误的观念就是由此而来的：人口过剩的观念。

人太多了？在 1798 年英国牧师托马斯·马尔萨斯提出这一想法之前，没人相信有这回事。在此之前，人口增加保证了更多的经济活动，更多的财富，更多的人力，更强的实力。马尔萨斯的声音不过是对荒野的呼唤。他带着焦急的慈悲心凝视着一个危险重重的新世界，在这个世界里只有灾难才能缓解人口过剩。他在著作《人口原理》中，引用了孔多塞侯爵的统计数据。孔多塞是一个极端乐观主义者，将不断增长的人口视为一种进步，马尔萨斯却通过一个灰暗的镜头重新过滤了同样的数据。他的结论是，人类注定会遭受灾难，因为人口数量的增长远远快于粮食的增长。"人口的力量无限大于地球维持人类生存的力量……如果不加以控制，人口就会呈几何级数增长。生活资料却只以算术级数增加。"[3] 只有"自然调配"——世界末日般的饥荒、瘟疫、战争和灾难——才能将人口保持在世界供养得起的水平上。

马尔萨斯写得如此令人信服，以至于世界上的精英们都惊慌失措地对他深信不疑。威廉·赫兹里特表示，马尔萨斯的观点"为那根可以撬动地球的杠杆提供了支点"。⁴ 灾难性的后果包括战争和帝国主义的冒险，这是由于人们害怕空间耗竭：德国对"生存空间"的追求，以及人口学家帕特里克·科洪（Patrick Colquhoun）在 1814 年敦促英国采取的"唯一拯救手段"，即"殖民化"，都是拜这种恐惧所赐。20 世纪中叶，随着世界人口的激增，一股新的马尔萨斯恐惧浪潮席卷全球，结果再次是灾难性的。20 世纪 60 年代的所谓"绿色革命"向全世界喷洒农药和化肥，试图种出更多的粮食。"工厂化养殖"导致杂货店的货架上堆满了以残忍的方式饲养、喂养不良、药物过量的牲畜的尸体。一些国家实行强制的家庭人口限制政策，包括绝育计划和廉价或免费的堕胎；避孕研究吸引了大量投资，也引发了不少道德质疑和医疗副作用。

马尔萨斯式的焦虑被证明是错误的：人口统计数据在波动。没有永久的趋势。人口过剩极为罕见；经验表明，随着世界上富足的人口比例越来越高，人类的出生率降低了。⁵ 但是在 19 世纪，马尔萨斯充满厄运的神谕似乎是合理的，他指出的事实无可辩驳，他的预言似乎是可信的。每个思想家都读过马尔萨斯的著作，几乎都从中有所收获。一些人认同他的末日焦虑，另一些人则采纳了他的唯物主义假设、他的统计方法、他的环境决定论或他认为充满竞争或冲突的生活所具有的斗争模式。在最广泛的层面上，他挑战了人类对进步必然性的信心。19 世纪西方乃至全世界的政治思想，都是对如何保持进步这个问题的一系列回应：如何避免或战胜灾难，是将灾难作为治病的泻药而接受它，还是说将灾难看作一个重新开始的机会。

左右两派具有同样的创造精神。在极端的情况下，他们似乎很难区分，因为政治是呈马蹄形的，两个终端几乎会碰到彼此。在外缘，有说服力的理论家可能会持相反观点，而他们都倾向于把自己的观点强加于人。因此，在讨论社会主义之前，我们先从保守主义和自由主义开始，但当我们评价国家的崇拜者以及反对他们的无政府主义者和基督教政治思想家的学说时，我们将在左派和右派之间来回讨论，最后再来探究在吸引力和影响力方面最终胜过该时期所有其他政治思想的民族主义的崛起。

社会秩序与个人自由：保守主义、功利主义与自由主义

保守主义虽然名字如此，但它其实孕育了许多新思想，而即便是保守主义，也属于没有把握地望向未来的世界的一部分。保守主义最好分层来理解，通过三个层次来解读。它通常源自悲观的见解：不愿意彻底改变现状，以防情况恶化。在较深的层面上，由于人类似乎糟糕到不可救药的地步，必须加以限制，悲观主义激发了另一种保守主义——威权主义，它认为秩序高于自由，国家权力高于臣民自由。此外与之重叠的还有一种保守的传统，认为国家或其他一些集体（如"种族"或"民族"）高于个人，其理由通常是个体的身份不够完美，除非作为集体身份的一部分。

然而，这些架构并不是英国政治家埃德蒙·伯克在1790年所设想的样子。与自那以后的主流保守主义一样，他关心的是维护进步和进行改革以求生存。伯克对受害者和弱者有着强烈的同情，但因法国大革命的过激而产生了退缩。他说，时间是"伟大的导师"，习俗或传统是稳定的源泉。[6] 秩序是必不可少的，但重要的并不是秩序本身：真正重要的是使所有臣民有均等的机会来行使自由。一个国家必须在必要时愿意自我改革。否则，革命和罪恶就会随之而

来。1834年，罗伯特·皮尔创立英国保守党时，将这种平衡奉为圭臬。该党的纲领是，改革需要改革的地方，保留不需要改革的地方——这是一个能够灵活承受变化的方案。1849年，在一系列受挫的革命震惊了欧洲精英之后，法国保守主义信徒阿方斯·卡尔（Alphonse Karr）这样说道："越是改变，越是老样子。"现代大多数成功的政府都采取了大体保守的策略，尽管他们并不完全承认。那些选择革命或反抗的人很少能持续很长时间。

保守主义最初是为了共同利益而管理自然特别是管理人性的一种方式：因此，它与我们现在认为是社会民主的议程相距不远，这些议程部署了适度的监管，以保护原本自由的市场不受腐败、暴利、剥削的影响，不出现收入或特权的严重不平等，也不被其他滥用自由的行为侵害。对意识形态的不信任是伯克传递给现代保守主义的另一个特征。他宣称和平胜于真理。他将"形而上学的成就"痛斥为"难以摆脱的困境"，并将其理论化为"一个行为不端的国家的必然症状"。[7]

保守主义从未假装以科学为基础，即基于可验证的数据并产生可预测的效果。然而，马尔萨斯的统计方法使社会科学成为可以想象的：基于可靠事实制定的政策可以产生有保障的结果。这样的探索真的可能让人抓狂：奥古斯特·孔德，马尔萨斯口中的所谓"社会学"或"社会科学"的先驱者，有一段时间被关进了疯人院。在他于1830年开始发表的演讲中（当时他正因自我诊断的精神错乱和学术停滞而挣扎），他预言科学和人文思想会形成新的统一，尽管他不确定如何构架或锻造它。随着社会学在19世纪余下时间里的发展，社会学被右翼人士所青睐，成为一种使社会变革变得可控的尝试。直到后来，社会学家才成为流行的神话中毛发茂密、衣着宽松、戴着护肘的左派知识分子刻板印象的同义词。

然而，与此同时，英国哲学家杰里米·边沁想到了一种在决策过程中实现孔德所渴望的那种统一的方法。现如今，边沁被视为世俗的圣人，这很符合他的一个身份：一所没有礼拜堂的学院的创始人——"没有翅膀的天使"。[8]他的遗体至今仍在伦敦大学学院展出，作为对学生的鼓励。他的"功利主义"是不信教者的信条。他设计了一种计算幸福的方法。他把善定义为快乐多于不快乐。他为国家设定的目标是实现"最大多数的最大幸福"。这并不是当时大多数人所理解的自由主义，因为边沁认为社会的"功利"高于个人自由；但他的哲学是激进的，因为它提出了一种评估社会制度的新方法，而无须参照或尊重其上古、权威或过去的成功记录。该学说故意不敬虔并持唯物论立场：边沁的幸福标准是快乐，邪恶标志是痛苦。

边沁主义产生了立竿见影的效果。他的英国追随者们对国家进行了重组，消除了刑法中毫无意义的痛苦，同时却给那些据说不配享有后来所谓"公共利益"的人施加了新型的痛苦。济贫法试图通过使流浪者和被驱逐者的不幸无法让人忍受来减少其人数。英国的官僚机构重新配备了优秀的应试者。即使在名义上是右翼的政府领导下，自由至上主义的偏见也不能完全将公共利益从立法者的优先考虑中抹去。进入 20 世纪很久以后，边沁主义依然是英国占有压倒性优势的激进传统，即使在它自称为社会主义的时候。[9]

边沁是英国统治阶级中最能言善辩的成员，参与了从浪漫主义退回理性的过程。他和朋友试图用严谨、理性和科学的方式思考如何管理社会。然而，最大多数的最大幸福往往意味着某些人需要做出牺牲。这种大多数的利益让部分个体丧失权利的做法，完全违背人权。不是只有边沁主义者愿意牺牲自由来追求据说更大的善。我们将看到，崇拜钢铁意志和超人的德国人也有着同样的倾向。托马斯·卡莱尔在1881年去世之前一直是英国最有影响力的道德主义者，他把德国的思想灌输给相信"盎格鲁-撒克逊人"本质统一的英国人，并认为"压迫人类中的下流货色"是有道理的。[10]

尽管如此，英国右派仍然是"文明的"——总体上，他们不愿意打击自由或削弱个人主义。边沁最突出、最忠诚的信徒约翰·斯图尔特·穆勒让保守派一直不忘关注自由。穆勒从未停止认可功利主义哲学的某些方面，也许是因为他忘不了来自父亲的教诲。"最有效的行善方式，"长期担任边沁秘书的老穆勒曾经解释道，"就是……完全根据行为增加幸福感、减少痛苦感的倾向，来判断其是否应被称颂。"[11] 他的这一方案阐明了慈善事业在美国的运作方式，用荣誉来奖励百万富翁，以换取私人财产对公共利益的投资。

然而，年轻的约翰·斯图尔特·穆勒却无法完全摆脱对浪漫的向往。20岁时，他开始对父亲的权威失去信心，在此之前他对采用边沁所有主张的完美世界满怀憧憬。而彼时的他为这种憧憬感到恐惧，并开始退缩。穆勒先是修正，然后拒绝了功利主义，最终还是将自由放在了最高的位置上。穆勒用普遍范畴的"个体"取代了边沁的"最大多数"。"个体是自己和自己身心的主宰。"穆勒认为，个人的自由必须是绝对的，除非它侵犯了他人的自由。他断言，"个体自由必须如此受到限制：人不能让自己成为伤害他人的一方……只有在一种情况下，可以向任何文明社会成员行使权力而不顾其意愿，那便是防止其伤害他人"——而不是为了"让其更快乐"或"因为在他人看来，这样做是明智甚至正确的"。[12] 如果

第八章　进步的转变：19世纪的确定性　　347

说我们现在认为19世纪的英国是一个伟大的自由社会——我是指最初的欧洲意义上的自由，源于西班牙，最准确的意思是"专注于个人的自由"——这很大程度上是受到穆勒的影响。对于阿斯奎斯勋爵（英国"一战"时的首相，支持者们称赞他的耐心，而反对者们则谴责他的拖拉）来说，穆勒是"早期维多利亚时代思想的传播者"。[13]

然而，穆勒的个人主义从未低估社会的需求。他写道："社会并非建立在契约之上，而且……通过发明契约来推卸社会责任，不会达到任何良好目的。"但"为了保护社会"，公民"应得到利益回报"；因此，公民必须尊重他人的权利，为国家贡献合理的税收和服务。[14] 穆勒的自由主义也并非完美。有时，穆勒会在赞颂和诋毁社会主义的两个极端之间摇摆。由于穆勒的影响，英国的政治精英们采用了所谓改良的自由主义传统，该传统坚决拥护改革，并出人意料地帮助英国未卷入其他大多数欧洲国家的暴力革命。[15]

阶级的激流：被忽视的女性、儿童，以及社会主义

边沁与穆勒的冲突说明了工业化社会的矛盾。一方面，机器的发明者需要自由，经济和商业战略的设计者，还有商业的组织者也必须是自由的，以实现效率最大化。工人也需要解放，获得闲暇，以补偿其劳累的日常工作。另一方面，为了共同利益，或者至少为了"最大多数"的利益，资本主义必须受到约束。矛盾的是，工业既是资本主义的产物，也是集体利益高于个人的象征：工厂把个人安置在一个更大的整体中，市场通过集中投资来运作。没有齿轮，机器就不能运转。通过模拟工业，社会也可以遵循可控制

的流程来运作，如流水线或商业算法。机械过程成为人际关系的模型。正如我们将看到的，许多19世纪的新思想和新语言将个人淹没在"大众"和"阶级"之中，并在更广的范围内，淹没在"种族"的议题之中。

在我们探索这些笼统而虚幻的范畴之前，有两个真正的群体值得我们暂停脚步，系统化的时代思想往往忽略了这两个群体：妇女和儿童。在工业化的冲击下，这两个群体都值得重新审视。剥削儿童和妇女的劳动是工业化早期阶段的丑行；然而，机械化逐渐将这些效率较低的群体赶出了劳动力市场。男人将女人捧上了显要地位。成年人不再把孩子当作小大人，而是当作一个社会的不同阶层，几乎是人类的一个亚种。被艺术家和广告商神化的妇女和儿童被关在家中的神龛里：E.M. 福斯特的小说《印度之行》中有一句名言："妇女和儿童，是让男人失去理智的两个词。"在艺术家精心打造女性气质或天使般童年的作品中，欧洲式的理想化令人称羡，但这种理想化在妇女和儿童仍然作为男人的生产帮手的文化里，是很难让人理解的。

被理想化也有弊端。社会把孩子从工厂中解放出来，又试图把他们限制在学校里。扫地的孩子并没有自然变成查尔斯·金斯莱饱含深情想象出的"水孩子"*；童年的浪漫理想更多是强行实现的，而不是被劝诱出来的。1879年，亨里克·易卜生在他最著名的戏剧《玩偶之家》中描写了女性的困境，把她们塑造成类似于儿童的角色。对于女性来说，从神坛上跌落将伤痕累累，比如奥古斯塔

---

* 《水孩子》是金斯莱所著的一部儿童文学作品，描述了扫烟囱的孤儿汤姆成为海底世界的水孩子，最终成熟的故事。——译者注

斯·艾格（Augustus Egg）的三联画中背叛丈夫的女人经历了堕落和困顿的三个阶段，《曼侬》和《茶花女》的女主人公下场也很悲惨。其中那个堕落的女人玛格丽特成为当时最受欢迎的人物角色。《玩偶之家》和弗朗西丝·霍奇森·伯内特的《秘密花园》其实是压迫性的禁锢，20世纪欧洲的妇女儿童一直试图从中脱逃。[16]

然而，关于妇女和儿童的新思想不多见。他们和男性个体一样，没有区别地统一归在大多数知识分子关注的阶级和大众的范畴中。在19世纪的欧洲，政治观点的冲突是人类对立哲学之间更激烈冲突的回声。"人"是猿还是天使？[17]人是上帝的形象还是亚当的后人？人内心的善良会在自由中显现，还是会被必须加以控制的邪恶腐蚀？政治中的恐惧和希望发生了冲突。在本节的其余部分，我们会登上另外两者发生碰撞的大舞台：社会主义和同类思想的碰撞。

社会主义是乐观主义的一种极致形式。在1899年的米兰，出身资产阶级的朱塞佩·佩利扎（Giuseppe Pellizza）带着愧疚之情信奉了社会主义，开始了他关于这个主题的大量象征性绘画。在作品《第四等级》(Il quarto stato)中，他描绘了一大批工人在昂首前进，用画家本人的话说，"像激流一样，冲垮道路上的每一个障碍，渴望正义"。[18]他们的步伐是永不停歇的，他们的精神是坚定不移的，他们的团结令人生畏。但是，除了画布前景中有个妇人，好像正在为了某件私事，对着身边同样站在队伍前方的、粗犷的领导者央求着什么之外，所有其他人都是一张面无表情、毫无个性的脸。他们就像一个上了自动发条的巨人那样移动，以机械的节奏缓慢地迈着沉重的步伐。

再没有任何艺术作品能更好地表达社会主义核心的宏伟和气

势：由令人沮丧的决定论激发的崇高人性。在社会主义历史上，高尚和人性是最先提倡的。有人将其简化为"平等与博爱"；早期的社会主义集体试图在分享和合作的实践中体现这样的品质（见第六章"新的政治思想：主权国家和国际秩序"）。在伊卡里亚岛，（此地乌托邦的建立者希望）嫉妒、犯罪、愤怒、敌对和欲望会随着废除财产所有制而消失。夏尔·傅立叶计划举办的性狂欢，将根据平等原则进行组织。[19]

这样的试验以失败告终，但是，按照社会主义路线改革整个社会的想法吸引了对财富分配不均感到不平或愤怒的人们。伊卡洛斯[*]带着托马斯·霍吉斯金的空想社会主义从空中跌落了。霍吉斯金赞同我们稍后将谈到的大卫·李嘉图的观点，即工人的劳动增加了大多数商品的价值，因此工人应该从利润中获得最大份额。这是一种资本主义式的社会主义，在这样的制度中理想是要付出代价的。当社会主义经济学成为传统，路易·勃朗使其政治纲领也成为传统。1839年，勃朗提出"各尽所能，按需分配"的口号，让大多数社会主义者相信，可以通过国家把自己的理想付诸实现。英国人约翰·罗斯金，苦行僧般生活的艺术评论家和维多利亚时代的审美权威，也对这些观点表示赞同。对他来说，"一个国家的首要职责是确保每个在这里出生的孩子都能得到良好的住房、衣服、食物和教育"。[20] 国家权力的增加必然只会帮助有需要的人。同时，马克思预言社会主义通过阶级斗争最终必然取得胜利；随着经济权力

---

[*] 伊卡洛斯（Icarus），希腊神话中代达罗斯的儿子，与代达罗斯使用蜡和羽毛造的翼逃离克里特岛时，因飞得太高，双翼上的蜡遭太阳熔化，他跌落水中丧生，被埋葬在一个海岛上，该海岛即为伊卡里亚岛。——译者注

第八章　进步的转变：19世纪的确定性

从资本转移到劳动力，遭到雇主剥削和贬低的愤怒工人将站起来夺取权力。早期的社会主义试验是和平的。除了荒野的空地，没有土地可征服；除了自私和贪婪，人类没有敌人。[21]

从某种意义上说，社会主义者仍在努力通过新的方法追求古希腊的理想，即建立一个使人品行高洁的国家。然而，无论在哪里尝试，社会主义都未能取得其预期的积极道德效果。社会主义的拥护者认为他们可以诉诸事实证据——经济证据或历史证据——并将其学说表述为"科学的"。李嘉图从未成为社会主义者，但他试图在不带偏见的情况下，通过类比自然规律来确定经济规律，在他的著作中提出了所谓的经济证据。1817年，他认识到一个经济学原理，即劳动会为产品增值，并将该原理转化为一条经济学定律。[22]

李嘉图认为，劳动是"一切价值的基础"，"劳动的相对数量……几乎完全决定了商品的相对价值"。[23] 这个形式粗糙的理论是错误的。资本会影响商品的交换价值，而资本并不总是储存在劳动力中，因为极其宝贵的自然资产几乎可以立即变为现金。感知或呈现商品的方式会影响人们愿意为之付出的钱（李嘉图承认存在稀有价值，但只是将其作为一种短期扭曲现象，并引用了艺术品和"特殊品质的葡萄酒"作为例子）。然而，李嘉图的原则是正确的。他从中得出了违反直觉和相互矛盾的结论。如果劳动对利润的贡献最大，人们会期望工资很高；因此，李嘉图认为工资可以"留给市场的公平竞争和自由竞争，而绝不能受到立法机构的干预"。另一方面，他预见到资本家会保持低工资，以实现利润最大化。"如果利润不下降，劳动价值就不可能上升。"[24]

卡尔·马克思也赞同李嘉图的观点，但事实证明，至少在21世纪初以前现实有另一番样子。我曾经认为，这是因为资本家认识到，支付工人合理的工资也符合资本家自身利益，不仅有利于确保产业和平、避免革命，而且有利于提高生产力和增加需求。然而，似乎更有可能的是，20世纪可怕的毁灭性战争将社会责任强加给了企业家，或迫使他们接受政府为了社会凝聚力和国家生存而进行的严格管制。[25]

不过李嘉图的观点还是影响很广。李嘉图劳动思想的精髓，即劳动价值论和资本与劳动之间长期利益冲突的思想，经过马克思的发展，激发了19世纪末欧洲和20世纪全世界的革命。

马克思认为他的社会主张和政治主张是以科学经济学为基础的。但是马克思的思想更多受到了他的历史研究的影响。根据马克思的唯物史观，历史的每一次进步都是先前的两个相互冲突的事件或趋势的综合。马克思的论点来自黑格尔。黑格尔曾在新教神学院学习，在19世纪初普鲁士王国的临时大学体系中取得了举足轻重的地位。黑格尔认为，一切都是其他事物的一部分；因此，如果 x 是 y 的一部分，就必须理解 y，才能合理地思考 x，然后才能知道 $x+y$——仅这一综合本身就非常有意义。这似乎并不起眼：以这种观点，任何事物都不能孤立地去思考。马克思主义不仅是辩证的，也是唯物的：变革由经济驱动（而非黑格尔认为的由精神或思想驱动）。马克思预言，政治权力最终将由掌握财富来源的人掌握。例如，在封建制度下，土地是生产资料，所以地主有统治权。在资本主义时代，钱是最重要的；所以金融家在管理国家。正如李嘉图所阐明的，在工业化条件下，劳动为产品增加价值；因此，工人将在"无产阶级专政"中统治未来的社会。马克思还描述了进一步的、最终的综合：在一个无阶级的社会中，国家会"消亡"；每个人都会平等地分享财富；财产是共有的。

第八章　进步的转变：19世纪的确定性

在通往这种终极的圆满状态的过程中，马克思所设想的从一种社会类型到另一种社会类型的每一次转变都要经过阶级斗争：统治阶级将始终努力保持权力，而新兴阶级则将努力夺取权力。由于马克思接受李嘉图的论点，即雇主将尽其所能地剥削工人，因此马克思认为随后工人必将反击。马克思写道："资产阶级不仅锻造了置自身于死地的武器；它还产生了将要运用这种武器的人——现代的工人，即无产者。"[26] 因此，马克思倾向于认同他所处时代的认为冲突是好事并有利于进步的思想家。马克思主义帮助引发了革命，这种革命有时成功地改变了社会，但共产主义理想距离完全实现似乎还有一定的距离。

至少到目前为止，马克思的预言尚未成真。按照马克思的说法，第一次无产阶级大革命应该发生在美国这个资本主义的先锋社会。但事实上，美国从未发生过大规模马克思主义革命，而20世纪初的伟大革命，都是在中国和墨西哥等基本上没有工业化的环境中发生的传统农民起义。马克思主义者一度将苏联视为马克思主义的实践典范，但1917年十月革命时的俄国只有极少数零散的地区出现了工业化。而即使在苏联，社会主义也并未完全按马克思的设想发展。[27]

"绝对"的意识：国家的胜利和英雄的崇拜

马克思希望"消亡"的国家，对他同时代的大多数人来说，是保持进步的最佳手段。在某种程度上，国家的赋权发生在观念领域之外：物质层面的偶发事件使国家变得不可阻挡。人口增长让军队和警察的实力得以加强，新技术则使命令能够被迅速传递和无情地执行。税收、统计和情报得以积累。惩罚手段成倍增加。暴力越来越成为国家的特权（最终几乎被国家垄断）。国家在武器数量和开销上都远超个人、传统机构、协会和地区权力结构。在19世纪与其他权力来源的几乎所有对抗中，国家都取得了胜利，战胜的包括部落、宗族和其他亲属群体，教会和其他取代世俗权力的神权，贵族和上流阶级，贸易集团，地方和地区党派，土匪头目，非法黑手党和共济会。在19世纪下半叶德国、日本、意大利和美国的内战中，都是中央集权者取得胜利。

思想家们支持这样的趋势，号召进一步增加国家权力，认定绝对主权是可取的或必然的，宣称国家不会犯错。我们可以从黑格尔开始依次探讨他们的贡献，然后在下一节中讨论持不同意见者和国家的反对者（或者说敌人，如果对象是教会的话）的思想。

黑格尔开创了国家崇拜以及诸多19世纪主流思想的哲学起点：他称之为唯心主义的哲学体系。如果把它改名为"观念主义"（idea-ism），也许更容易理解，因为在日常语言中，"唯心主义"（idealism，又译理想主义）意味着一种以远大抱负为目标的生活方式，而黑格尔的思想则不同：只有观念是存在的。古代印度、中国和希腊的哲学家都曾提出过与黑格尔相似的观念。有些人用"唯心主义"一词来表示柏拉图表面上相似的理论，即只有观念上的形式才是真实的（见第四章"悲观主义与哲人王"）。柏拉图影响了黑格尔，但后者的直接灵感来源是乔治·贝克莱主教。18世纪早期爱尔兰教会的闲差为贝克莱提供了充足的思考时间。贝克莱想用形而上学来反驳唯物主义，用上帝来反对约翰·洛克。他首先研究了常识性的假设——物质对象是真实的。他认为，这种假设来自我们在头脑中感知物质对象的方式。而精神上的认知是我们唯一有证据表明为真的现实。因此,我们无法知道在自己思想之外是否还有真实的事物,"也不可能存在任何东西,在我们的头脑之外……因为我们要用头脑来感知它们"。也许根本就没有石头,只有石头的概念。塞缪尔·约翰逊声称可以通过把石头踢走来驳斥这一理论。[28]

然而,唯心主义并不是那么容易被踢走的。黑格尔拓展了贝克莱的观点。在他典型的、富有挑战性的冗长叙述中,他赞扬了"观念的概念……其对象就是观念本身……是绝对的、全部的真理,即思考自己的观念"。[29]黑格尔采取了一种不易言传却又刻意给人留下深刻印象的策略:他让自己的思想和语言都晦涩难懂。致力于成为知识分子的人往往会高估晦涩的意义,甚至推崇难以理解的文字。我们都容易把复杂误认为深刻。伯特兰·罗素曾经讲过一个故事,剑桥三一学院的理事会曾就是否继续为先锋哲学家路德维希·维特根斯坦提供奖学金一事征求他的意见,因为他们无法理解其著作。罗素回答说,他也无法理解。因此他建议为了保险起见,还是继续提供奖学金。学术界流传着一则趣闻,说两位研究人员做了两次内容相同的演讲,一次是用能让人听懂的语言,一次是用让人听不懂的语言。他们收集了听众对两种演讲的意见,结果如预想中的那样令人沮丧。黑格尔的意思可以简单表述为:我们的所知都位于头脑中。唯一可验证的经验就是精神经验。精神之外的一切只能通过推断来认识。

对思想本质的一种看似无害且和现实无关的思考是如何影响政治和现实生活的?黑格尔在哲学家中激起了一场激烈的、至今仍悬而未决的争论:是否有可能将"物自体"与我们脑中关于这些事物的思想区分开来?与过去的许多理论争鸣一样(例如关于古代的神学奥秘或17世纪牧师的合适着装的辩论),乍一看似乎很难看出这场纷争的来龙去脉，因为认知反映了超越其自身的现实这一假设作为有效的推测似乎是必然会出现的。然而，这场辩论之所以重要，是因为它对社会的组织和行为产生了重要的影响。否认我们思想之外的任何事物的存在是一条绝望的死胡同，无政府主义者（见本章"反对国家：无政府主义和'公民不服从'"）、主观主义者和其他极端个人主义者都挤在这条胡同中。为了逃离这条死胡同，一些哲学家提出了实际上要毁灭自我的概念：要想成为现实，思想必须是集体的。这种主张满足了社会和国家的社团主义和极权主义理论。最终，唯心主义将其支持者引入一种现代一元论中，根据该一元论，唯一的现实就是"绝对"（the absolute），即我们大家共有的意识。自我是其他一切的一部分。

这个说法听起来是善意的，但是会被那些声称体现或代表绝对意识的权力追求者所利用。黑格尔赋予国家一种超越现实的特殊使命。他那个时代的德语滥用大写，他用起大写更是毫无顾忌，称"国家是地球上存在的神圣观念"（The State is the Divine Idea as it exists on Earth.）。[30]黑格尔真心如此认为，尽管听上去有些言过其实。他认为，国家意志——实际上是精英或统治者的意志——就是卢梭笔下的"公共意志"（见第七章"从'高贵的野蛮人'到'普通人'：人生而平等"）。它超越公民个体的需求，甚至超过所有人的需求。黑格尔认为讨论个体毫无意义。20世纪末的保守派女英雄玛格丽特·撒切尔据称曾经说过"社会是不存在的"，意思是只有组成社会的个体才有价值。黑格尔则持相反的观点：个体是不完整的，除非在其所属的政治集体的背景下。但是，大写字母"S"的State（国家）是完美的。这个论断是不完全合乎逻辑的，因为国家是一个更广泛的共同体——整个世界共同体的一部分；但黑格尔忽略了这一点。[31]

他的主张被证明对同时代人和后人具有奇特的吸引力，也许是因为他证实了已经开始的、国家权力趋于无限的趋势。传统上，独立于国家的机构——比如中世纪欧洲的教会——可以通过颁布自然法或神法来约束国家。但是在黑格尔的时代，"实在法"（国家为自己制定的法律）是至高无上的，并且是不可挑战的。

黑格尔认为，大多数人都没有能力实现有价值的成就，我们都是历史的玩物，是控制我们生活且不可逃避的巨大非人力量的玩物。然而，偶尔，会出现具有非凡智慧或才华的"世界历史人物"，可以体现"时代精神"，在不改变历史进程的情况下，推动历史的步伐。因此，自封的"英雄"和"超人"应运而生，站出来代表其他人诠释"绝对"。倾向于反英雄的21世纪知识分子很难理解19世纪是一个英雄崇拜的时代。卡莱尔在德国人的影响下做了很多思考，他认为历史不过是对伟人成就的记录。他认为英雄崇拜是一种自我完善的世俗宗教。他写道："人类在这个世界上所取得的成就的历史，归根结底是伟人的历史……对英雄的崇拜是对伟人的超然敬仰……归根结底，没有其他值得敬仰的东西……社会是建立在对英雄的崇拜之上的。"[32] 社会的基础是忠诚和"对真正伟大之人的钦佩"。时间不能造就伟大，伟大的人是自我成就的。并非历史造就英雄，而是英雄造就历史。就连思想开明的历史学家雅各布·布克哈特（其对文艺复兴的看法几乎在后人对美学问题的所有思考中都有所回响），也认为"伟人"凭借意志的力量塑造了他们所处时代的事迹。[33]

这些想法很难与19世纪末迅速发展的民主相协调。大多数学者认为，这样的超人根本只存在于崇拜者的头脑之内。"世界历史不过是伟人的传记"这句话现在看来似乎有些过时、离奇、古怪或带有抱怨色彩,这取决于你对专制或欺凌者的害怕程度。卡莱尔曾说:"无论我们看待伟人的方式有多么不完美,我们都不可能不从他们身上汲取些什么。伟人就是闪光的喷泉,在他身边美好而愉快。那光可以照亮世界,驱散世界的黑暗……一种自然的光,因神赐的能力而闪耀。"[34] 读到这句话,人们会产生怜悯、嘲笑或厌恶情绪。卡莱尔将民主定义为"永远找不到任何英雄来统治的绝望"。[35] 民主却已使英雄显得过时。如今,我们可能更赞同赫伯特·斯宾塞对卡莱尔的反驳:"必须承认,一个伟人的诞生取决于一系列复杂的影响,这些影响使他所属的民族得以出现,使这个民族慢慢形成的社会状态得以出现……在他塑造自己的社会之前,他的社会必然先塑造他。"[36]

然而,在19世纪,个人崇拜重塑了整个文化。英国小学生流行模仿威灵顿公爵。奥托·冯·俾斯麦成了德国人的榜样。拿破仑·波拿巴任第一执政官之前默默无闻,但以他之名产生的英雄主义呼声激发了众人的崇拜。在美洲,神话抹去了乔治·华盛顿和西蒙·玻利瓦尔的人性弱点。黑格尔自己的英雄崇拜则是血腥的专制。英雄为团体服务——政党、国家、运动。只有圣人才能代表全世界的美德。随着大众普遍认为英雄已取代圣人,世界变得越来越糟。[37] 由于相信伟人可以拯救社会,民主政体将越来越多的权力交给了他们的领导者,在20世纪的许多情况下,屈服于煽动和独裁者。[38]

超人崇拜的危险本应在弗里德里希·尼采的作品中显露无遗。尼采是一位失意而偏狭的哲学教授,在19世纪后半叶的大部分时间里,他颠覆或反转了他所厌恶的所有传统思维,直到他的批判能力简化为反对,他的愤怒变成偏执,天才陷入妄想——他在信中表示自己要被钉上十字架,要求德国皇帝自我牺牲,并敦促欧洲开战。他认为,"我们文明的无政府崩溃"是为拿破仑这样的超人付出的一个小代价——就是这个拿破仑,以征服者的身份来到年轻的黑格尔的家乡,激励了这个神学院的学生。尼采补充道:"小人物的不幸没有意义,除非让强人感受到。"他认为"艺术家暴君"是最高尚的人,而"残酷的精神化和深入化"是最高的文化形式。这听起来像是讽刺性的挑衅,尤其众所周知,尼禄是这两种特质的体现:这个疯癫自负的罗马皇帝,成了虐待狂的代名词,据说他对自己的死去感到遗憾,因为他的死也代表了艺术的损失。然而,尼采是完全真诚的。"我教你如何成为超人,"他如此宣称,"人是必须要被战胜的。"[39]

尼采的道德哲学似乎在鼓励渴望权力的剥削者滥用权力。他的"主人道德"很简单,即通过否认真理的存在来解决真理的问题:只要一种解释更能让选择者自我实现,它就优于另一种解释;同样的原则也适用于道德。尼采提出,所有的道德体系都是暴政。"带着这个想法来思考一切道德:[它]……教导人们憎恨放任者,憎恨一切过大的自由,让人们从根本上受限于狭隘的视野和最近的工作——其实是教导我们缩小视角,从某种意义上讲是愚蠢的。""爱邻人"只是基督教对"惧邻人"的委婉说法。"所有这些道德,"他问道,"除了……对抗热情,还有何用?"尼采在他那个时代是孤独的,但也注定代表了未来。[40]

在主要著于19世纪80年代的作品中,尼采呼吁将复仇、愤怒和欲望重新归类为美德;他的建议还包括采用奴隶制、让妇女服从"鞭打"、通过光荣而血腥的战争来改良人类、消灭数以百万计的劣等人、消除基督教及其对弱者可鄙的照顾,以及奉行"强权即公理"的伦理观。他以征服者必然优于受害者为理由,声称这些都具有科学的正当性。"我……满心期待着，"他写道，"有一天生活会比以往任何时候都富于邪恶和痛苦。"[41] 所有这些使尼采成为希特勒最欣赏的哲学家。但是希特勒误解了尼采。尼采的仇恨之广，足以把国家也包括进去；他钦佩个人的力量，最厌恶国家强加的那种道德。就像许多被希特勒误读的伟大思想家一样，尼采的作品也被扭曲，并被迫为纳粹主义服务。[42]

在19世纪中叶，道德哲学进一步助长了超人崇拜：自主的观念和"意志"的至高无上。"意志"是一个超理性的心智领域，各种冲动凝聚其中，在道德上优于理性和良知。这种野蛮思维的支持者很难说真正将其实现了。阿图尔·叔本华是一个隐居的、自我放纵的、倾向于神秘主义的人。像其他许多哲学家一样，他想将某些无可争议的真实的事物划分出来：物质、精神、自我、灵魂、思想、上帝。叔本华突然想到了"意志"。这个词的意思是难以捉摸的，甚至对他来说也是如此，但叔本华显然认为可以把意志与理性或道德区分开来。通过"一条地下通道和近似背叛的秘密盟友"，他获得了如此独特的自我认识，令人信服。对于大多数人来说，叔本华所认定的人生目的，以及意志所寻求的命运，都是令人沮丧的：一切的灭绝——叔本华声称，就是佛陀所说的涅槃。通常只有边缘人、愤世嫉俗者和失败者才会拥护无条件的虚无主义。但其实叔本华并不是字面上的意思：他的目的类似其他神秘主义，是神秘的上升，首先是放弃外部世界，之后走向欣喜的自我实现（当然，他那刻薄、乖戾的灵魂是理解不了的）；然而，一些读者回以对毁灭的渴望，就像G.K.切斯特顿的小说《错误的形状》中塑造的不关心是非的虚无主义者。"**我**什么都不想要，"他说，"我**什么**都不想要。我什么都**不想要**。"重音的变化标志着从自我主义到意志主义，再到虚无主义的道路。

尼采将叔本华的信息传递给了20世纪即将崛起的超人。他在这个过程中还对其进行了改动，暗示意志也包括斗争的冲动。只有通过某些人的胜利和对另一些人的统治，才能解决问题。"世界就是权力意志，"尼采对潜在的超人喊道，"别无其他！而且，你也是权力意志——别无其他！"[43]对希特勒和墨索里尼这样的人来说，这正是帝国主义和发动侵略战争的正当理由。莱妮·里芬施塔尔给她为希特勒制作的声名狼藉的宣传片取名为《意志的胜利》，这是她对元首自我形象19世纪谱系的致敬。[44]

反对国家：无政府主义和"公民不服从"

尼采和叔本华都没想到——甚至没有预见到——自己的学说在后来会以那样的方式被操纵，来加强国家的权力。每一次使国家和超人凌驾于法律之上的变化都增加了不公正的前景。这种结果经常发生在民主国家；在独裁国家，这是正常的。因此可以理解，一些19世纪的思想家带着不同程度的排斥，反对那些崇拜或理想化国家的学说。

例如，无政府主义是一个古老得不可思议的理想，它和所有政治思想一样，始于对人性的假设。如果人类天生具备道德和理性，那么人类应该能够在没有国家的情况下融洽相处。从亚里士多德第一次把国家上升为美德载体的那一刻起，无政府主义在西方传统中就有了一个坏名声。然而，在18世纪的欧洲，对进步和改良的信念似乎使无国家的世界成为可能。1793年，玛丽·沃斯通克拉夫特未来的丈夫威廉·戈德温提议废除所有法律，理由是这些法律是野蛮状态下拙劣妥协的古老产物，而进步已经将这种妥协淘汰。小型自治社区可以通过面对面的讨论解决所有冲突。皮埃尔-约瑟夫·蒲鲁东又向前迈进一步。作为印刷工，他的职业满足了他对书籍的大量需求。1840年，他发明了"无政府主义"一词，意思是一个基于互惠原则运作的社会，就像一个互助或相互合作的社会。随后出现了许多类似的实验社区，但没有一个规模能与传统国家相媲美。与此同时，国家权力的倡导者成了社会主义的主流：社会民主主义者主张通过动员群众来占领国家；曾有官僚家族传统的资产阶级知识分子路易·勃朗，其追随者相信一个强大的监管性国家能够实现革命抱负。无政府主义者被边缘化为左派异端分子；俄国著名无政府主义者米哈伊尔·巴枯宁，19世纪40年代至70年代一直在欧洲大陆游走，引领无政府主义运动，在其著作的影响下，无政府主义者越来越转向似乎唯一可行的替代革命的方案：恐怖组织的暴力。

在19世纪初党派纷争的革命倡导者中，卡洛·比安科（Carlo Bianco）脱颖而出，他提倡"思想而非心灵的冷酷恐怖主义"，[45] 以捍卫遭到压迫的受害者。但他那个时代的大多数革命者都是反感恐怖行径的理想主义者。他们希望反抗是合乎道德的：以敌人的武装部队为目标，不针对中立或无辜的平民。"行动宣传"*的倡导者约翰·莫斯特（Johann Most）表示反对。整个精英阶层——贵族、教士和资本家的"爬虫族系"——连同他们的家庭、仆人和所有与他们有来往的人，在莫斯特看来，都是合法的受害者，可以毫无

---

* "行动宣传"（Propaganda of the deed），是一种具体的政治行动，旨在对他人起到示范作用，成为革命的催化剂。——译者注

顾忌地杀掉。任何参与其中的人都是崇高事业的牺牲品。1884年，莫斯特出版了一本有关如何在教堂、宴会厅和公共场所引爆炸弹的手册。他还主张消灭警察，理由是这些"猪"不是完整的人。从那以后，憎恨警察和杀害警察的人——那些太过愚蠢而根本无法读懂莫斯特，甚至教育程度太低、都没听说过莫斯特的人，开始满口莫斯特的用语。[46]

莫斯特自称为社会主义者，但采用他学说的大部分是民族主义恐怖分子。第一个以恐怖为主要手段的运动（最终以"马其顿内部革命组织"之名为人所知）始于1893年。其创始人之一达米扬·格鲁耶夫（Damjan Gruev）总结了理由，他写道："为了取得巨大的成就，必须有强大的力量。自由很伟大：它需要伟大的牺牲。"格鲁耶夫狡猾的言语掩盖了一个重要事实：很多无辜的人也会被炸死。他的口号是："恐怖的结束好于无尽的恐怖。"[47]马其顿革命者预见并实践了后世恐怖分子的方法：谋杀、抢劫和掠夺，以胁迫社区为他们提供资金、庇护和补给。[48]

恐怖主义的思想继续产生影响。"解放斗争"往往会演变成目标不明确的暴力行动。罪犯（尤其是毒贩和敲诈勒索者）会模仿恐怖分子，摆出政治姿态并伪装成革命者。在20世纪末哥伦比亚和北爱尔兰的毒品战争中，很难将犯罪动机与政治动机区分开。2001年摧毁纽约世贸中心的恐怖武装的意识形态是令人困惑的（这还是往好了说）：一群反对西化的所谓殉道者，其实过着消费主义的奢侈生活，并在实施自己的"壮举"前喝得酩酊大醉。虚无主义不是一种政治信条，而是一种心理失常；自杀式炸弹袭击者更像是他们所追求的目标的牺牲品，而不是其倡导者。恐怖主义似乎满足了其实践者对暴力、秘密、自尊和反抗的心理渴望，而不是满足思想需要或实际需要。

无政府主义在为20世纪早期的意识形态斗争贡献了鲁莽的理想主义，有时甚至是疯狂的暴力之后，渐渐退出了政治前线。彼得·克鲁泡特金是其最后一位伟大的理论家。他的《互助论》（1902）是对社会达尔文主义的有力回击，他认为人类的天性是合作而非竞争，人类物种的进化优势就在于我们的合作本性。克鲁泡特金解释说："力图确立统治地位和雇科学家来维持这种地位的教士、军事首领和法官等少数群体向人们灌输了思想，随着人类的头脑从中解放出来，一种社会的概念出现了，在这种社会中，这些占统治地位的少数人不再有生存的空间。"[49] 社会胁迫是不必要的，而且会适得其反。

在1936—1939年的西班牙内战中，无政府主义的最后一场伟大的战斗是反对极权主义的防御战，以失败告终。无政府主义者给1968年学生革命运动留下诸多言语上的遗产，但实际效果甚微。然而，无政府主义的传统仍然有可能（尽管没有得到证实）帮助解释20世纪后期的一大显著发展：欧洲政治左派对自由的关注日益增强。大多数分析人士认为，自由至上主义右翼影响了左派思想，但无政府主义可能也起到了同样的作用。当然，更为关注从人的尺度解决社会问题的"共产主义式"方案，而不再关注过去共产主义者和社会主义者所倡导的宏伟规划，已经成为现代左翼的一大主题。[50]

无论如何，从长远来看，对国家权力的非暴力挑战似乎更加切实可行，或许也更为有效。亨利·戴维·梭罗在19世纪40年代提出了"公民不服从"（civil disobedience）的思想。他是一个完全不切实际的人，一个不可救药的浪漫主义者，他提倡并在很长一段时间内"在树林里"自给自足,但他的思想改变了世界。他的拥护者包括20世纪一些充满活力的人物:圣雄甘地、埃玛·戈尔德曼以及马丁·路德·金。在梭罗撰写的关于政治的最重要的一篇文章里,他表达了对南北战争前美国的两大不公正现象的不满:奴隶制对黑人的摧残,以及分裂了墨西哥的战争贩子行径。梭罗决定"悄悄地向国家宣战",放弃效忠,拒绝一切压迫和剥削无辜人民的行为。他认为,如果所有正义的人都这样做,国家将被迫改变。"如果只有两种选择,要么把所有正义的人关进监狱,要么放弃战争和奴隶制,国家将毫不犹豫地做出选择。"[51] 梭罗因逃税而入狱,但"有人出面并结清了税款"。他被监禁一晚后就被释放了。

他称赞了美国体制的优点:"即使是美国和美国政府,在很多方面也非常令人钦佩和罕见,这值得感激。"此外,他承认公民有义务去做"国家要求人们做的好事"。但是他发现了民主的局限性:公民将权力移交给国家。然而,良知仍然是个体责任,不能委托给民选代表。梭罗认为,与其让国家保持不公正状态,不如解散它。"这个民族必须停止奴役,停止对墨西哥发动战争,尽管这会使人们不再作为一个民族而存在。"

梭罗坚持拥护两个主张。第一,在不公正的情况下,公民不服从是一种责任,反映了基督教长期以来抵抗暴君的正义传统。在邪恶和暴虐的统治者治下,阿奎那认可人民的叛乱权和个人的弑君权。17世纪的英国法官约翰·布拉德肖曾援引一句格言"对暴君的叛逆,就是对上帝的顺服"来为最终导致英国内战的叛乱辩护。本杰明·富兰克林把这句话的含义涵盖在美国国玺的格言中,托马斯·杰弗逊将其作为自己的座右铭。然而,梭罗的第二个主张是全新的。他坚持认为,政治上的不服从必须是非暴力的,而且不能给抵抗者之外的人带去不利影响。梭罗的这一规定，是甘地在印度对英国统治进行"道德抵抗"运动和马丁·路德·金在美国开展"非暴力不合作"民权活动的基础。两者都在未诉诸暴力的情况下取得成功。21世纪初，世界上最受尊敬的政治哲学家之一约翰·罗尔斯认可并扩展了这一学说。他说，如果多数人否认少数人的平等权利，那么梭罗主张的"公民不服从"在民主国家就是正当的。[52]

无政府主义和"公民不服从"只能在没能力无情镇压它们的国家取得成功。事实证明，不可能在国家内部建立以非暴力的方式确保自由的可靠机构。未经选举产生的精英或国家元首会像一切权力过大的少数派一样滥用权力。在武装力量保障体制的地方，国家往往会被军事独裁者推翻。各政党经常通过轮流执政或联合分享权力，合谋以利用选民。如果积累了足够的支持和财富来挑战既有的精英阶层，工会通常会从独立甚至是反叛开始，但是大多数国家已经通过合并、削弱或废除工会来应对。有些制度通过在联邦、地区和地方当局之间下放和分散权力来防止专制。但权力下放地区的管理者同样可能出现问题。例如，在2015年的加泰罗尼亚，这种危险就变得非常明显。当时，少数派政府无视该地的大多数选民，试图中止宪法，征收税款，并独享在该领土范围内制定和废除法律的资格。2017年，由少数票选出的加泰罗尼亚地方政府试图通过动员其支持者参加全民投票，将主权移交给自己，实际上是发动了一次政变。为了应对暴政倍增和产生许多小规模专制政权的危险，天主教政治传统发明了"权力自主原则"（subsidiarity）的概念，根据这一概念，唯一合法的政治决策是尽可能由受影响社群为自己做出的实际决策。然而，在现实中，资源的悬殊意味着财力雄厚和装备齐全的机构几乎总是在冲突中获胜。

"第三条道路"：基督教政治

在所有其他对暴政的监督都大打折扣后，教会仍然存在。教会在中世纪确实约束了统治者。但是，宗教改革导致教会与国家勾结或由国家管理，此后，即使在天主教国家，几乎所有对抗都以限制和妥协告终，将权力移交到世俗之手。在20世纪末，教宗约翰-保罗二世的超凡魅力和个人道德权威为他提供了机会，在他的祖国波兰挑战强权统治。但是，他的成就能否复制是值得怀疑的。如今，即使在教众较多的国家中，教会也无法在涉及基督教良知最高价值的问题（包括保护不可侵犯的生命和神圣的婚姻）上取得足够的服从，无法在冲突中占上风。

然而，在19世纪，天主教思想家一直在坚持寻找新的方式，来概念化教会对世界影响力的渴望。其结果是产生了大量的新思想，包括彻底改善教会在日益世俗化、日益多元化的社会中的地位。教宗利奥十三世于1878年开始担任罗马教宗，他的前任对世界的蔑视，使教宗名声大噪。教宗庇护九世既不屈服于武力，也不接受变革。他谴责了当时几乎所有的社会变革和政治革新。撤离世俗的意大利王国之后，他避居至梵蒂冈，给自己打造了一个虚拟战壕，足不出户。对于他的崇拜者和许多中立的旁观者来说，他的顽固就像是一种不受妥协亵渎的神圣使命。他的主教同伴们以"教宗无谬误"来报答他。教宗利奥十三世继承了这一独特的优势，并

---

* "教宗无谬误"（papal infallibility），1869年庇护九世正式制定的信条。总括来说，所谓教宗无谬误，并不是指他所说的每一句话都绝对正确，只有他代表教会所宣告的关于信仰和道德的训令，才列入无误的范围。——译者注

利用它移动到了更有利的地位上，因而得以与政府合作，将庇护九世谴责的危险所造成的损害降到最低。教宗利奥十三世说，他想要"实行一项伟大的政策"，其实就是在后来被称为"适应时代"（Aggiornamento）的措施中更新信徒的职责。尽管并非出于自愿，他却成功了：他在不了解甚至不太喜欢现代化的情况下促进了现代化。然而，他似乎已经意识到，在日益民主的时代，大量的天主教平信徒才是教会最有价值的盟友。他不喜欢共和主义，但让神职人员配合共和主义。他无法否定过去几个世纪奴隶制的合法性，因为当时教会认可奴隶制，但他禁止未来继续使用奴隶制。他担心工会的力量，但他授权工会并鼓励天主教徒建立工会。他不能放弃财产（教会有太多的财产），但他可以提醒社会主义者，基督徒也被要求承担社会责任。他不支持社会主义，但他谴责赤裸裸的个人主义。教宗利奥十三世主持下的教会，没有道义上的怯懦，是一个真正的慈善教会。他过世后，罗马的政治风尚变得不同，总是有神职人员感觉到他们无法掌控变化，因此试图阻止改变。在20世纪，其中一些人愿意在政治权利方面与压迫性政权和威权主义合作。然而，"Aggiornamento"是无法毁灭的。长远来看，教宗利奥十三世开创的传统最终还是会取得胜利。教会已在适应世界的变化，同时仍坚持永恒的真理。[53]

与教会历史上常见的一样，天主教思想家超越了教宗，将社会主义基督教化，并与支持所谓社会福音的新教徒一起，开创了一种政治上令人不安的基督教社会教义。他们要求国家体现正义，追随圣母马利亚所赞美的上帝，因为他"叫饥饿的得饱美食，叫富足的空手回去"。早期基督教是弃绝国家的。中世纪基督教建立了另类的教会国家。在世俗时代，现代基督教面临的挑战是，找到一种

第八章　进步的转变：19世纪的确定性　　369

既能影响政治，又不参与政治，也不会被其腐化的方法。基督徒有可能为现代工业民主国家所代表的所有主要政治趋势做出贡献。基督教是保守的，因为它宣扬绝对道德。它又是自由的（从这个词的真正意义上讲），因为它强调个人的至高价值，并确认良知的至上地位。它是社会主义的，因为它要求为社会服务，表现出"对穷人的偏心"，并推崇使徒和早期教会的共同生活。因此，在当今这个共产主义似乎行不通、资本主义则无法令人满意的世界中，这也许是当前急切寻求的"第三条道路"的一条可行途径。

在19世纪的方案中，一条令人信服或至少可行的通往"第三条道路"的途径，是将社会主义的共产主义价值观与坚持个人道德责任相结合。对于在英国圣公会传统中被称为"基督教社会主义"，在某些新教徒传统中被称为"社会福音"，以及在天主教中被称为"天主教工团主义"或"社会天主教"的运动而言，19世纪40年代是决定性的10年。凡是工业化和城市化把未听闻福音的工人聚集在一起的地方，虔诚的教士和主教们就会在那里建立新的教区。英国国教牧师F.D. 莫里斯讨论"基督教社会主义"，因此被赶出伦敦大学。与此同时，在巴黎，天主教仁爱修会身体力行，在穷人中间传教。阿夫尔大主教*手中挥舞着无效的橄榄枝，倒在1848年革命现场的路障旁。

教宗利奥十三世让教会与现代世界和平相处后，天主教神父更容易参与到工人的政治运动中，主教们也因为希望从共产主义中"拯救"工人而鼓励这样的行动。但不可阻挡的是，天主教政治团

---

* 阿夫尔大主教（Denis-Auguste Affre，1793—1848），巴黎大主教，1848年巴黎工人六月起义中被流弹击中身亡。——译者注

体和工会在平信徒的领导下不断壮大。其中一些形成了群众运动，成为选举成功的政党。然而，社会天主教在教会中仍然是少数派。直到20世纪60年代，它才在教宗约翰二十三世的领导下征服了正统观念。在约翰1961年的教宗通谕《慈母与导师》中，他勾勒了对国家的一种展望，希望国家通过承担社会责任和"使个人能够行使个人权利"来提升自由。他认可了国家在卫生、教育、住房、工作方面的作用，也支持国家资助人们闲暇时的创造性活动和建设性活动。"权力自主原则"并不是目前天主教社会理论中唯一的政治口号："共同利益"（common good）也是一个。如果世俗社会主义政党不见起色，基督教传统中的政治可能会复兴。[54]

浪漫的渴望：民族主义及其美国变体

19世纪大多数强化国家权力的思想——黑格尔的唯心主义，叔本华的"意志"，卢梭的"公共意志"和尼采的超人形象——现在看上去都是荒谬或肮脏的。在20世纪末，国家开始衰落——至少在经济控制方面。原因在于五种趋势：主权在一个更加紧密联系的世界里相互分享；公民和历史性团体抵抗入侵性政府；人们开始拥护与领土无关的事物，特别是在互联网的在线社区中；许多宗教组织和慈善组织本着"无国界医生"的精神，对国家边界漠不关心；还有我们将在下一章看到的，新的政治思想和经济思想认为繁荣昌盛与限制政府有关。然而，事实证明，19世纪支持国家合法性的一个思想源泉十分强大：民族主义。

即使是最激昂的民族主义者也无法就"民族是什么"达成统一意见，没有哪两位分析人士列出的民族概念能完全一致。通常认为，赫尔德开创了民族主义思想的现代传统，他用 peoples 指"民族"是因为他那个时代的德语不区分民族（peoples）与国家（nations）这两个概念。年代近些的民族主义者用 nation 作为各种实体的代名词：国家（state）、历史性团体、种族。赫尔德的概念是，拥有相同语言、历史经验和认同感的民族会构成一个不可分割的整体，〔用芬兰民族主义者 A.I. 阿维森（A.I. Arwidsson）的话来说〕通过"比一切外部纽带都更强大和牢固的心灵与灵魂的纽带"相联系。[55] 黑格尔将"人民"（Volk）视为一种理想———种超然的、不变的现实。尽管某些倡导者宣称民族主义得到了历史和科学的验证，但民族主义通常以神秘或浪漫的语言表达，似乎不适合实际目的。由于对无法实现的目标充满浪漫的向往，民族主义注定要自我挫败。确实，正如济慈的《希腊古瓮颂》中恋人的热情一样，它终将因"修成正果"而消逝。将所有说德语的人团结在大一统帝国内的未酬壮志，滋养了德意志人的民族主义。塞尔维亚人的民族主义则是由无穷无尽的痛苦哺育的。即使在法国这个"沙文主义"的国度，这片几乎宣称"不问对错，祖国就是祖国"的土地，要不是其统治者没能占领让自己满意的疆界，民族主义也不会那样强大。

由于民族主义是一种浪漫的渴望，而不是连贯的政治纲领，因此音乐最能表达这种渴望。捷克作曲家贝德里赫·斯美塔那的交响诗作品《我的祖国》，以及让·西贝柳斯的交响诗《芬兰颂》，已经超越了他们的时代，这是任何民族主义文学未曾达到的。长远来看，威尔第的歌剧《纳布科》中满怀憧憬的奴隶的轻快合唱，可能比政治家和记者的所有激励更能让意大利人感受到"祖国如此可爱，如此迷惘"。民族主义属于浪漫主义诗人所宣扬的"感觉而非思想"的价值观。民族主义的修辞充满了神秘主义。"上帝的声音"告诉朱塞佩·马志尼（为统一意大利而战的共和主义斗士），民族国家为个人提供的框架有可能让人实现道德上的完善。据说西蒙·玻利瓦尔曾在钦博拉索山经历一次"谵妄"，当时"哥伦比亚之神附身于……被奇特而神圣的火焰"点燃的他。[56]

民族主义者坚持认为，每个人都必须属于这样一个民族，每个民族都必须集体维护自己的身份，追求自己的命运，捍卫自己的权利。这些说法都没什么意义。民族主义显然是错误的：碰巧有共同背景或相同语言的人之间没有内在的精神纽带，他们的群体仅仅是其选择成为的样子而已。一位极其专注于民族主义的研究者得出结论："有观点称，民族是上帝赐予的一种对人进行分类的自然方式，是一种固有的但长期未能实现的政治命运，这是一种迷思……民族主义往往会抹杀原有的文化。"[57]即使民族是一种合理的分类，属于某个民族也不一定意味着有任何义务。然而，人们还是倾向于相信这种无稽之谈，至今仍然如此。

作为一种毫无逻辑的观念，民族主义产生了惊人的影响。它为19世纪和20世纪的大多数战争提供合理性，并鼓励人们带着"民族自决"的原则参与其中。它在第一次世界大战后重塑了欧洲，在欧洲帝国撤退后重塑了整个世界。在全球化和国际化的今天，民族主义应该已无足轻重。然而，一些把持着自己国家最高权力的政客，和一些从过去的身份中寻求安慰的选民，重新发现了民族主义。人们对国际化、移民和多元文化主义的不耐烦使民族主义政党再次在欧洲兴起，从而威胁到文化多元性，并给欧洲统一的前景蒙上阴影。我们不应该感到惊讶。吸引或驱使人们形成更大帝国或联盟的凝集过程总会引起裂变反应。因此，在20世纪末和21世纪初的欧洲，分裂主义者寻找或建立自己的国家，粉碎了南斯拉夫和苏联，分裂了塞尔维亚和捷克斯洛伐克，将西班牙、比利时和英国置于危险中，甚至让意大利、芬兰、法国和德国的未来也充满隐忧。[58] 在世界其他地区，历史基础不一定稳固的新兴民族主义，已经动摇或粉碎了去殖民化之后留下的超级大国。伊拉克、叙利亚和利比亚看起来很脆弱。而分别从印度尼西亚、索马里和苏丹分离出来的东帝汶、"索马里兰"和南苏丹也没有变得稳定。

实际上，误称自己为民族国家的国家似乎注定要相互竞争。它们必须在自我辩护或自我分化中保持自信，或在对抗其他国家真正的侵略或他们担心会发生的侵略时具有侵略性。19世纪初，法国和俄国的铁蹄踏遍德意志。恐惧和怨恨激起了民族主义者的虚张声势：他们声称，就像所有历史上最优秀的受害者一样，德意志人比他们的征服者优越。在许多德意志人看来，德意志必须团结起来，组织起来，进行反击。民族主义哲学家制定了方案。19世纪初，柏林大学的第一任校长约翰·戈特利布·费希特在《对德意志民族的演讲》中宣称，德意志身份永恒不变。"拥有品德者就是德意志人"，二者无疑是"一回事"。Volksgeist，即"民族精神"，本质上是善，是无法超越的文明。黑格尔认为，德意志人已经取代了希腊人和罗马人，成为"精神史发展的最后阶段……德意志精神是新世界的精神。其目的是实现绝对真理，即自由的无限自决"。[59] 这听起来很宏伟，也有点吓人。除了用当时的思潮解释之外，没有任何合理的理由。

民族主义话语从未面对一个基本问题：谁属于德意志民族？有很多人从语言的角度为其给出定义，诗人恩斯特·莫里茨·阿恩特（Ernst Moritz Arndt）便是其中之一："哪里回响着德语，用德语歌颂着天堂的上帝，哪里就是德国。"[60] 这种夸张的说法并不能满足从种族角度下定义的人，正如我们将看到的那样，从种族角度定义民族在 19 世纪越来越盛行。许多（有时甚至是大多数）德国人开始认为犹太人和斯拉夫人骨子里还是异族人，即使他们优雅地讲着一口流利的德语。然而，同样普遍的一个假设是，德国政府有权统治讲德语的任何地方，即使当地只有少数人说德语。其影响是爆炸性的：数百年来的移民已使讲德语的少数民族散布在多瑙河沿岸和伏尔加河谷南部。德语群体已经渗过所有边界，包括法国和比利时的边界。民族主义是一种煽动暴力的观念，民族国家则是一种保证它的观念。[61]

英国作为民族国家的凝聚力甚至不如德国。但这并没有阻止大不列颠（通常指的就是英国）优越论的构想者提出同样虚幻的观念。托马斯·巴宾顿·麦考莱作为一名政治家，曾帮助设计英国对印度的统治；作为一名历史学家，曾帮助把英国历史神话打造成进步的故事。他认为，自己属于"世界上有史以来最伟大、最文明的民族"。[62] 1848 年 11 月，他坐在书房里，用当时欧洲其他地方流血的革命者来衡量自己国家的优越性，"房屋被子弹打出凹痕，水沟里流淌着鲜血"。他经常做噩梦，梦见欧洲像没落的罗马帝国一样，被未开化的大众推动的新兴野蛮主义所吞没。同时，他相信现实的确是在进步的，而人从长远来看也会变完美的。英国的命运是开拓进步，走向完美：整个英国历史，在麦考莱眼中，一直在带头接近这样的完满状态，自从盎格鲁-撒克逊人把诞生于日耳曼森林的自由传统带到不列颠尼亚便是如此了。在这里，罗马帝国及基督教信仰产生的文明影响与自由结合在一起。英国的邻国在进步的道路上一直落后。英国早就发生了当时震撼其他国家的宪政和专制之间的斗争。英国人在一个半世纪以前就解决了这场纷争，支持了"英国政体中的大众元素"。17世纪的革命确立了如下原则：国王的统治权和"地主选举郡议员的权利，以及法官授予人身保护令的权利"没有半点不同。[63] 麦考莱还犯了一个错误，他的美国追随者经常重复这一错误：他认为政治制度会带来经济成果。他认为，宪政使英国成为"世界工厂"，成为世界上最辽阔帝国的"母国"，成为世界瞩目的焦点。到19世纪末，塞西尔·罗得斯提出了一种截然不同但得到广泛认同的分析，在无数鼓吹帝国主义的学童读物和通俗小说中得到了回应："英国人是极其完好的种族，而且……纯洁无瑕，纤尘不染。"[64]

我们可以在其他欧洲国家中举出许多类似英国和德国的例子，但从长远来看，世界上最具影响力的民族主义是美国的民族主义。在美国，民族主义理论家们不得不格外努力，才能将这片多元移民的土地揉搓搅拌成一个具有可信的民族特征的混合体，用伊斯雷尔·赞格威尔（Israel Zangwil）的话来说，成为"上帝的熔炉"。[65]

观念有时要花很长时间才能从头脑中走出来，进入这个世界。美国还在经历建国革命的时候，一些美洲人就开始想象在整个西半球缔造统一的联邦，但这似乎是一个在现实中无法实现的愿景。一开始，美国希望向西延伸，跨越整个大陆，而此前的探索已经表明这块大陆极为广阔，因此这一希望似乎也谈不上符合实际。殖民地设计者自信地宣称拥有从大西洋到太平洋之间的领土，因为他们无法了解美洲的真实规模。到1793年，这样的幻想已经站不住脚了。这一年，亚历山大·麦肯齐在仍由英国统治的地区穿越了北美：于是，这个羽翼未丰的共和国不得不急着占领整个大陆。路易斯安那购买*让这一想法在理论上有了可行性，而1803年的一次横贯大陆的探险摸索出了一条路线。然而，首先必须解决路上的墨西哥人和印第安人。在19世纪三四十年代极度仇视墨西哥并与之作战的那段时期，记者约翰·奥沙利文听到了神圣的召唤，"在神分配给我们的大洲上，让我们自由发展，使每年成倍增长的百万人口盖满它吧"。"天定命运"（manifest destiny）将把大西洋到太平洋之间的广袤之地包围在一个共和"帝国"之内——在早期的美国，人们愿意称之为"帝国"。美国未来成为超级大国的愿景就是从这个观念中诞生的。根据1845年的《美国期刊》，"我们，美国人民，是地球上最独立、最聪明、最道德和最幸福的人"。这种自鸣得意与德国人和英国人别无二致。

美国人要穿过一个充满敌意的环境。北美中西部没有长期受冰川作用影响，所以不像其他地方那样塑造过土地和密布森林，因此所谓的"美洲大荒漠"占据了密西西比流域的可开发土地和太平洋沿岸之间的大部分地区。那里几乎没有任何可供人类食用的植物生长；除了零星的小块土地，前工业时代的翻土耕种工具面对坚硬的土壤束手无策。在詹姆斯·费尼莫尔·库柏看来，这是一个没有未来的地方，"一个辽阔却无法维持稠密人口的地区"。然后钢犁开始铲入草地。步枪开始驱赶当地人和杀死水牛，侵占土地进行殖民。得益于机械加工的板材和廉价的钉子，"芝加哥式"轻型木构架房屋构成的城市在寸草不生的地面上崛起。从1850年引进轻型

---

* 路易斯安那购买（Louisiana Purchase），美国于1803年以1 500万美元的价格向法国购买密西西比河与落基山脉之间的路易斯安那，面积约为82.8万平方千米。此次收购使美国领土显著扩张。——译者注

第八章　进步的转变：19世纪的确定性

谷物升降机开始，铁路将谷物运送到大型面粉厂，这些面粉厂将谷物加工成适销对路的商品。小麦，一种人类可以食用的谷物，代替了水牛啃食的青草。北美最未被充分利用的资源——空间——将被用于生产，吸收大批移民。大草原成了世界粮仓和城市竞技场，美国成为人口大国。美国所创造的财富让其在经济上领先于所有竞争对手。美国和加拿大（稍微逊色）成为横跨大陆的国家和现实世界的强国，对粮食价格拥有控制权。[66]

美国例外主义（exceptionalism）是对美国民族主义的补充。二者少了彼此都不完整。例外主义吸引了19世纪的探索者，他们对为什么美国的人口、经济和军事增长超过其他国家感到困惑。但是，构建一个无与伦比、独一无二的国家的观念始于美国早期，具有"拓荒精神"——为天选之民开拓应许之地的高涨热情。19世纪的经历和一些希望及宣传是相符的。美国先后成为模范共和国、模范民主国家、新兴帝国、吸引移民的国家、早熟的工业化国家和超级大国。

天主教改革家艾萨克·海克尔神父（Fr Isaac Hecker）提出了一种极端形式的例外主义。宗教狂热总是潜伏在这个观念的底层：清教徒理想中的山巅之城[*]，摩门教徒幻想中的耶稣脚下的圣地。海克尔神父为例外主义装点上天主教的色彩。他认为，由于神圣恩典的逐步丰富伴随着现代进步，因此基督教在美国比在其他地方更容易实现完美。教宗利奥十三世谴责这种"美国主义"，认为这是一种傲慢的企图，为美国设计了一种特殊的天主教形式，并把教堂涂

---

[*] 山巅之城（City upon a hill），出自《马太福音》5:14，是清教徒信仰的目标。——译者注

成红色、白色和蓝色。它使美国人难以意识到我们要仰赖上帝,并使引导灵魂的教会成为多余。

教宗的怀疑是可以理解的。两种相关的异端学说帮助塑造了美国的自我形象:我称它们为"独行侠"(Lone Ranger)异端和"唐老鸭"(Donald Duck)异端。前者认为,从纳蒂·本波(Natty Bumppo)到兰博(Rambo)[*],美式英雄都是社会需要但不需要社会的局外人:他们做了男人必须做的事情,在危机的边缘拯救社会,孤身一人,对枪战和决斗满不在乎。与此同时,唐老鸭异端将冲动神圣化,将其视为生性善良的证据,或是"真实"这一被高估的美国美德的证据,这种自以为是的信念常常使唐老鸭陷入困境。[67]只有当一个人相信人是善良的,或者唐老鸭相信鸭子是善良的,个人自由的美国梦才是正当的。唐老鸭的内心是温暖、友好和善良的,尽管他身上有个人主义者的过多恶习——非理性的自立、固执己见的吵闹、动不动就开枪、脾气暴躁和使人不快的自信。同样的恶习,同样的对冲动的放任,使得美国的政策制定者不时地"轰炸"人民,但总是自诩带着良好初衷。其他的后果包括:一个自我感觉良好的社会,在这个社会里,个人内疚感消失,自我满足感蔓延。心理治疗取代了忏悔。寻找自我扼杀了自责。美国的观察家经常注意到缺乏远见的爱国主义、病态的宗教信仰和对自己权利的矛盾坚持。我们认为的美国特有的美德——公民意识、睦邻价值观、真正热爱自由和民主——其实是人类的美德,只是在美国广受赞誉。无论如何,如果说美国曾经是例外的话,现在绝不再是例

---

[*] 本波是《皮袜子故事集》一书中的主人公,兰博是电影《第一滴血》男主角。——译者注

外，因为世界其他国家都在努力模仿它的成功之处。[68]

反美主义（Anti-Americanism）是美国例外主义的反面。认为自己特别好的人在他人眼中往往显得特别坏。随着美国实力逐渐超越其他国家，美国遭到的怨恨也随之增长。第二次世界大战后，美国的势力一直延伸到共产主义势力的边界；山姆大叔不断干涉其他国家的事务，将世界大部分地区视为自己的后院，并出于美国的利益将非法政权合法化。热狗和硬摇滚这种垃圾文化的吸引力，既让人反感，又让人无法抗拒。美国大兵令人厌烦地提醒着欧洲的无能，"收入过高，性欲过剩，无处不在"。美国的友善政策，如支持因战争而衰弱的欧洲经济体，也很少能引起感激。[69]

从1958年起，法国总统戴高乐成为反美主义的英雄和代言人：他就是大衮庙里的参孙，推开柱子，大力驱逐非利士人。因为他依附美国却不愿屈服，所以比起美国的对手发出的谴责美国的宣传，戴高乐的批评更为有力。更令人信服的是（从美国人的角度来看则是令人不安的），道德上坚定、政治上中立的群体发出的责难声越来越大。在越南战争期间，来自西方内部，特别是来自美国内部的挑战变得尖锐起来；另一种挑战来自"第三世界"。20世纪70年代，随着美国开始摆脱越南的创伤，流亡的伊朗毛拉阿亚图拉·霍梅尼成为声音最响亮的批评者。他痛恨其他现代化形式，却是大众传播的大师。他传递的简单观念是：世界分为压迫者和被剥削者。美国就是"大魔王"，用唯物主义的诱惑腐蚀人类，用野蛮的武力唆使人类作恶。

由于美国自称为资本主义的拥护者，成功地在全球与各种意识形态为敌，这一讽刺完全是美国自找的。此外，美国社会也有不可否认的缺陷，美国国内的评论家对这一点心知肚明。"垃圾资本主义"因为丑陋的城市扩张和在大众市场上赚钱的廉价、俗气的产品，违背了品味准则。美国把庸俗名流凌驾于圣贤和圣人之上，并选出其中一位为总统。这个国家毫无羞耻地表现出过分的财富特权、选择性反自由主义、愚蠢的大众文化、停滞不前的政治、对个人权利的矛盾坚持，以及笼罩着美国的暴躁和无知。世界似乎忘记了，其他群体也有大量这样的恶习。然而，美国的每一个外交政策失误和充当全球警察时的不当行为都会使反美主义更加严重。"'流氓国家'实际上已经向世界宣战，"20世纪末世界上最受尊敬的剧作家哈罗德·品特宣布，"它只懂一种语言——炸弹和死亡。"[70] 美国的负面形象滋生了不满情绪并招来了恐怖分子。

西方以外的世界：中国、日本、印度和伊斯兰世界

对于受到西方影响的人来说，反美主义是一种应对和压制侵略性的种族中心主义思想的手段。在19世纪，中国、日本、印度和伊斯兰世界的思想家们——这些文化有着自己的独立传统——努力通过提出自己的准民族主义来进行适应。

中国在心理上对欧洲的优越感毫无准备，先是体现在战争中，然后是在财富方面。当19世纪开始时，中国依然完全相信"中土"拥有神圣的使命。这个世界上人口最多的国家正在蓬勃发展，这个世界上最大的经济体与世界其他地区的贸易保持了顺差。这个世界上最古老的帝国依然所向无敌。西方的"蛮夷"表现出了可利用的奇技淫巧，并在世界其他地方赢得了战争；但在中国，他们仍然胆怯，愿意合作，并在皇帝的仁慈许可下，活动受限在广州的一个海滨地区。西方工业化的威胁还不明显。坚不可摧的中国经济面临

的唯一危险是，外国贸易商发现了一种其市场足以影响总体贸易的产品：鸦片。中国试图禁止进口这种毒品，但英国的舰队和军队化解了来自中国的阻力。中国似乎在震惊中陷入了衰落，直至最近才重新崛起。

1861年11月，熟谙历史的监察御史魏睦庭写了一份备忘录，阐述了之后被称为自强的原则。他强调有必要学习和赶上最新的"西洋"武器，但他指出，西方的火力来源于火药——这是外国人从蒙古人那里学来的技术，而蒙古人是从中原学到的。在19世纪余下的时间里，他的观点成为中国知识阶层的老生常谈。魏睦庭继续强调，让中国饱受摧残的大部分军事和海事技术都来源于中国发明但未经改良的技术。奇怪的是，他的论点使人联想到如今的西方辩护者谴责日本人对西方技术的"模仿"。也可能的确如此：研究中国技术传播的西方历史学家现在也在说类似的话。魏睦庭认为，一旦中国恢复了失去的科学，它将再次恢复其传统的强大地位。

中国人所理解的自强的本质是"中体西用"，即可以向西方学习表面的技术，但不能损害中国传统的基础。新的军械所、造船厂和专业化学堂在传统社会的边缘摇摇欲坠。名臣曾国藩被普遍认为在19世纪60年代镇压太平天国运动的过程中起了关键作用，他的观点近似于西方的保守主义。"前世所袭误者，可以自我更之；前世所未及者，可以自我创之。"[71]然而，他坚持认为，中国朝廷的统治和礼仪是完美的，政治衰落是道德沦丧的产物。"礼义"高于"权宜"。[72]

在19世纪50年代，日本也被迫开放市场，使西方侵略者得以接触其文化。但日本方面的反应是积极的：言语中充满愤恨，但热情地接受西方的影响。1868年明治维新时成功的革命者承诺"攘夷"和"富国强兵",同时发动所谓的"王政复古"。[73]但实际上,新政策的主要制定者大久保利通转向了西方模式。新的统治阶级承认外国条约,不再束发,乘坐马车,挥舞着遮阳伞,大力发展铁路和重工业。按照西方思路设计的军事改革动员了应征入伍的群众,以颠覆武士这一世袭阶级,使中央政府的官僚受益。日本成了东方的大英帝国或普鲁士。[74]

按拉迪亚德·吉卜林的说法:"亚洲,即使采用了西方的方法,也不会因此文明化。亚洲背负了太多东西,亚洲也太古老了。"[75]即使在他那个时代,这一说法也似乎失之偏颇。今天的亚洲复兴是自强的最新阶段:中国沿海的蓬勃发展;日本的崛起;韩国、新加坡和中国香港"小龙经济"的腾飞;印度作为潜在大国的新形象;东南亚许多地区经济活动的快速增长。其中很多地方口号没有改变:选择性西化,捍卫"亚洲价值观",决心在经济实力的较量中与西方平起平坐或超越西方。

东方对西方霸权的适应一直是有选择的。例如,在19世纪早期的印度,拉加·拉姆·莫罕·罗易就是著名的西化典范。他说的西方指的是启蒙运动时的欧洲。他将人性理想化,给学生介绍伏尔泰的思想,当加尔各答的主教误以为他皈依基督教并为此祝贺他时,他回答说,他并没有"放下一种迷信去接受另一种"。[76]然而,他并非仅是模仿西方的方法。他的理性主义和自由主义起源于伊斯兰和波斯传统,早于他对西方著述的接触。他在1829年创立的社团,后来被称为梵社,为由于西方工业化的迅猛发展而陷入困境,却渴望在不丧失传统和身份的情况下迎头赶上的社会提供了现代化的典范。

在19世纪的印度，文化交流很常见，加尔各答印度教学院的先生们在雅典式柱廊下互相引用莎士比亚的文字，而英国官员则"入乡随俗"，在梵文经典中寻找西方无法获得的智慧。罗易开创的传统的下一个杰出人物伊斯瓦尔·钱德拉·维迪耶萨伽尔（Isvar Chandra Vidyasagar，1820—1891）直到进入中年才开始学习英语。他并没有将西方视为可仿效的典范，而是整理了印度古代文献，以支持他赞成寡妇再婚、反对一夫多妻制或提倡在分配学校名额时放宽种姓限制的主张。另一方面，他驳斥了一些虔诚的婆罗门宣称的每一个西方思想都起源于印度的说法。1846年，他辞去了加尔各答梵文学院的秘书职务，因为专家们反对他提出的新课程，其中包括"西方的科学和文明"。然而，在他看来，他对改革的承诺是振兴孟加拉本土传统的一部分。他说："如果让学生们熟悉英国文学，他们将会成为启蒙孟加拉文艺复兴的最优秀、最能干的栋梁。"[77]这听起来像是对麦考莱在英国政府中负责印度事务时所倡导的帝国计划的屈服：使英语成为印度的学术语言，就像以前英国人的学术语言是拉丁语一样。但是维迪耶萨伽尔是正确的。在接下来一代人的时间里，孟加拉文艺复兴就像之前的欧洲文艺复兴一样，重新确立了本土语言的地位。

像之前的许多外族野蛮征服者一样，侵占印度的英国人为南亚次大陆长期积累的历史沉淀中增添了一层文化。相比于中国和日本，西方的传统在印度更容易被吸收而没有屈从感，因为"雅利安人"的神话——数千年前散布在欧亚大陆，据说最早使用印欧语系的人——创造了将印度和欧洲文化视为同类、同一起源的可能性。斯瓦米·维韦卡南达（又译辨喜）坚定地认为印度思想和欧洲思想是平等的，称柏拉图和亚里士多德为宗师（gurus）。因此，印度可以接受选择性的西化而不会牺牲自己的身份和尊严。[78]

在伊斯兰世界中，西方的影响力更难被接受。从19世纪30年代到70年代，埃及试图工业化和效法帝国主义，渴望在非洲内陆建立自己的帝国，但部分由于西方实业家的保护性反制策略，埃及最终破产，实际上沦为法国和英国的商业筹码。加马鲁丁·阿富汗尼是19世纪晚期伊斯兰知识分子"觉醒"的伟大奠基人之一，他面临着一个典型的不确定问题，即如何吸收西方的思想。他不断被流放和驱逐，因为他在每个避难国家都与东道主闹翻。他的思想和行为多有矛盾之处。在埃及，他拿着政府的养老金，要求颠覆宪法。对他在印度的英国资助人来说，他既是敌人又是顾问。他流亡波斯时为国王服务，结果被指控与刺客密谋对付主人。他在埃及创立了共济会式协会，但坚持认为宗教是社会唯一健全的基础。他希望穆斯林拥抱现代科学，但谴责达尔文的无神论和唯物主义。在开罗邮局咖啡馆宽敞的角桌上，他的演讲取悦了杰出的咖啡阶级。他的布道在海得拉巴和加尔各答吸引了信徒。他支持议会制民主，却又坚称《古兰经》的政治学说已经足够。自那时起，穆斯林领导人一直面临类似的困境。传统的伊斯兰律法和社会可以与技术进步和科学进步共存，这的确是事实。理性的穆斯林总是这么说。然而，现代化的恶魔总是把"先知之路"扭曲成一条指向西方的弯路。[79]

奋斗与生存：社会达尔文主义及其灾难后果

到目前为止，我们提到的政治思想家都是从历史或哲学出发，为社会开良药。奥古斯特·孔德所寻求的科学基础仍然难以找到。1859年，一位生物学家发表了一份关于物种起源的研究，这似乎让社会学有了真正成为科学的光明前景。

查尔斯·达尔文没有想到这份研究会带来如此深远的影响。有机生命吸引了他的注意力。到了19世纪中叶，大多数科学家已经相信，生命是从顶多几种原始形式演变而来的。但达尔文所说的"谜中之谜"——新物种是如何产生的——仍然存在。对世界进行分类的综合方案有很多。乔治·艾略特在1871—1872年创作的小说《米德尔马契》中，通过其中人物的痴迷对此进行了讽刺：卡索邦先生口中的"所有神话的钥匙"，利德盖特医生寻找的"所有生命组织的共同基础"。达尔文也对所有有机生命普遍的联系感兴趣。1832年达尔文到达火地岛时，他似乎已经朝着形成自己的体系迈出了明确的第一步。在那里，他遇到了"处于最底层和最野蛮状态的人"。当地人首先让他明白，人和其他动物一样是动物——因为火地岛人似乎并不具备人类的理性，他们肮脏、赤裸、抽着鼻子，毫无神选之子的印记。达尔文发现，"野蛮人和文明人之间的差别，比野生动物和驯养动物之间的差别更大"。[80]火地岛人为他上的第二节课是，环境会塑造人类。岛上的居民完全适应了寒冷的气候，他们可以赤身裸体地忍受严寒。不久之后，在加拉帕戈斯群岛，达尔文观察到微小的环境差异如何导致显著的生物突变。回到英国，在猎鸟、赛鸽和家畜中，他意识到大自然会像饲养者一样选择品种。最能适应环境的品种可以幸存下来并传递其特性。达尔文认为大自然的斗争是可怕的，部分原因在于，他自己病弱的后代也是受害者。在现实生活中，他最喜欢的女儿安妮不幸在10岁时去世，他为女儿写下悼文：生者会更健康，也最能享受生活。根据《物种起源》，"高等动物是从自然斗争中，从饥荒和死亡中直接产生的"。[81]自然选择并不能解释进化的每一个事实。进化过程中会出现随机的突变——它们是自然选择的原材料，但对自然选择而言是不可控的。不影响功能的改变会保留下来，不会被竞争筛掉。交配习惯可能会变化无常，不服从自然选择的固定法则。进化论被剥削者滥用，被崇拜者推上神坛。但是，在符合所有这些条件和保持谨慎的基础上，自然选择是真理。物种是自然起源的，不必用神来解释它们之间的差异。[82]

随着达尔文的理论被接受，其他思想家提出了后来被称为"社会达尔文主义"的变体：社会，如物种一样，会根据其能否成功适应特定环境中的相互竞争而发展或消失。社会学家对进化论的理解可能有三个误导性的假设：第一，社会与生物一样，受到相同的遗传规律的支配，因为社会有着像生物一样的生命，从婴儿期到成熟和衰老，再到死亡，把特征传给后继社会，就像传给后代一样；第二，像某些动植物一样，随着时间的推移，一些社会变得更加复杂（尽管这种说法大致上是正确的，但它不一定是任何自然规律或必然机制的结果）；第三，达尔文所说的"生存斗争"会自然倾向于他的一位极有影响力的读者所说的"适者生存"。首先提出该说法的赫伯特·斯宾塞对此解释如下：

> 那些正在努力实现使人类幸福的伟大计划的力量，不考虑任何附带的痛苦，以消灭猛兽和无用的反刍动物那样的坚决态度，消灭人类中被视为阻碍的那些部分。不管是人还是畜生，障碍都必须消除。[83]

斯宾塞声称自己早于达尔文提出此说，而不是追随达尔文。[84] 这一说法是错误的，但无论如何，其效果都是使两位思想家（不管顺序为何）一同成为社会达尔文主义的重要人物。[85] 斯宾塞也会展现同理心并赞颂和平——但要先承认不关心道德的大自然压倒性的力量。他几乎没有接受过正式的学术训练，也从不对专业化的需求感到困扰。他把自己想象成一名科学家——他多少接受过一点工程学方面的专业训练——而他在科学、社会学和哲学方面的著作中充满了博学者骨子里的自信和目中无人。但是他获得了巨大的影响力，这也许是因为他断言进步是必然的，他的同时代人由此感到欣慰并接受了他。他希望实现孔德所寻求的综合，将科学与人文融合在"社会科学"中。斯宾塞经常说，自己的目标是为基于生物学事实的社会政策提供信息，这让人想起孔德（他想找到能够"重组"社会的科学）。

结果，他鼓励了政治领导人和政策制定者从达尔文主义中得出危险的推断。例如，主战论者对这种观点津津乐道：冲突是自然的，而且——因为它促进适者生存——是进步的。进一步挖掘斯宾塞的著作，还可能会给大屠杀找到借口：消除不被社会承认的或弱小的人，对社会是有益的，因此"劣等"种族被公正地消灭了。斯宾塞的弟子爱德华·摩尔一生大部分时间都在日本教书，正是由于他，东亚、中亚、南亚和东南亚在教学时，让进化论与这些原则密不可分地裹搅在一起。从1879年起，摩尔版本的达尔文主义开始有日文译本：[86] 该作品将其学说传给了附近地区的读者。与此同时，开创犯罪学的切萨雷·龙勃罗梭让世界上的大多数人相信，犯罪行为是遗传性的，并且可以从罪犯的返祖特征中检测出来——他认为，罪犯通常具有原始的、新猿人的脸孔和身体，而选择性繁殖可以消除这些特征。[87] 哈佛大学教授路易·阿加西（Louis Agassiz）主导了19世纪末的美国人类学，他认为进化正在驱使种族成为不同的物种，跨族结合的后代必然会承受生育能力下降和身心天生虚弱的痛苦。[88] 希特勒将这扭曲的传统转向了最终的方向："战争是自然选择强者和消灭弱者的必要条件。"[89]

为此怪罪达尔文是不公平的。相反，达尔文认为造物的标准都是一致的，这暗含了对人类一致性的维护。他憎恶奴隶制。然而，他很难逃脱他那个时代所有的思想陷阱。19世纪的西方，每个人都必须适应按照种族划分和堆叠的世界。达尔文认为，如果帝国主义继续孤立黑人，黑人就会进化成一个独立的物种；他们已经注定要灭绝。他写道："当两个种族的人相遇时，他们的行为就像两种动物。他们会争斗、相互撕咬……但随之而来的是更致命的斗争，也就是说，看谁拥有最合适的组织或本能……来赢得胜利。"[90] 他还认为体质、性格或智力较弱的人应该为了让人类血统变强而避免繁衍后代。社会达尔文主义和科学达尔文主义之间没有明确的界限：这两种主义的奠基人都是达尔文。

从生物学领域投射到社会中后，自然选择理论很好地契合了当时西方政治思想中的三股潮流：战争论、帝国主义论和种族论。认为生存斗争会带来积极影响的观念，似乎证实了为战争辩护的人一直以来的看法：冲突是好事。当瓦泰尔写下18世纪中叶伟大的战争法教科书时，他认为读者会同意，战争令人不快但必不可少，受到文明规范和慈善义务的制约。[91] 黑格尔表示反对。他认为，战争让我们意识到，物品和个体生命是无关紧要的。"通过战争的力量，"黑格尔早在没人能够用达尔文的理论来支持相同的结论之前就说过，"国家的伦理健康得到维护。"[92] 认为战争有益的观念有着古老的根源，来自斯巴达战士国家的神话，亚里士多德、柏拉图和其他大多数探讨伦理和政治的经典作家都声称钦佩斯巴达公民的坚忍和无私。中世纪的骑士传统——战士的职业被认为有资格上天堂——可能也有所贡献，因为，毫无疑问，宗教传统认为，为某种信仰或其他目的而战是一件神圣的事（见第五章"宗教与战争：骑士精神、'圣战'和贵族身份的重塑"）。

令人惊讶的是，也许，战争有益这一观点与公民民兵的传统也颇有渊源，而且这种联系通过军事训练得到了加强，因为军事训练会让人感受到相互之间的责任和对国家的承诺。美国独立战争中的大陆军体现了这一传统。本着同样的精神，法国大革命实行了大规模征兵制。自那以后，战争开始由"武装国家"发动，而并非只由专门的精英阶层发动。拿破仑认为战争是"美好而简单的"，动员了自古以来欧洲前所未有的大规模人口。拿破仑的战争是无节制的暴力，与前一个世纪相对绅士的遭遇战不同，当时的将军们更关心如何保存自己的部队，而不是消灭敌人。全面战争——在整个社会之间积极发动的战争，全民皆兵，处处为敌——颠覆了通常的顺序：它先成为实践，然后才形成观念。

卡尔·冯·克劳塞维茨在1832年出版的遗作《战争论》中将其表述为"绝对战争"。克劳塞维茨曾效命于普鲁士军队，与法国革命军和拿破仑军作战。他认为，国家之间的利益此消彼长，因此它们难免倾向于相互作战。理性行为是根据其目的进行调整的行为。因此，交战的唯一理性方式是"将暴力行为发挥到极致"。克劳塞维茨认为，手下留情是错误的，因为"毫无保留地使用武力，不受血腥动摇的人，必然会取得优势"。他主张通过消耗和全面破坏来"拖垮"敌人。这一理论最终导致军队炮击和轰炸城市，以毁灭平民的士气。最终目的是让敌人永久解除武装（尽管公平地说，克劳塞维茨确实曾经指出，这并非绝对必要的）。信奉他的好战分子，包括他的书出版后一个半世纪里欧洲和美洲的所有军事组织和政治机构，都认为在战争中，当己方占优势时应要求对方无条件投降，己方处于劣势时则应顽强抵抗，如果最后取得胜利，则应提出严苛的惩罚性条件。他的影响使战争恶化，使受害者成倍增加，破坏扩大，并鼓励先发制人的攻击。[93]

然而，克劳塞维茨和格劳秀斯有一个共同的目标（见第六章"新的政治思想：主权国家和国际秩序"）：一旦发动战争，他愿意用无限量的肉来喂养战争之狗。但他坚持一个先决条件：不应该为战争而战争，而应该为了某个以其他方式无法实现的政治目的而战争。他最著名的一句话是"战争只是其他形式政策的延续"。[94]然而，实际上，他坚信战争无处不在和不可避免。与此同时，黑格尔的观点鼓励了欧洲新一轮的战争崇拜浪潮。[95]当老毛奇的祖国在1870年进攻法国时，这位普鲁士总参谋长声称"永久和平"是"一个梦，甚至不是一个令人愉快的梦。战争是上帝秩序的必要组成部分"。[96] 1910年，未来主义（将机器、速度、危险、失眠、"暴力、残忍和不公正"理想化的艺术运动）的创始人承诺用艺术来"美化战争——世界上唯一的保障卫生的方法"。[97]个人风格和部分思想深受未来主义影响的墨索里尼曾写道，仅仅是战争，"就能让所有人的能量都提升到最高层次，并在那些有勇气面对战争的人身上烙下高尚的痕迹"。[98]

战场扩大后，战争给整个社会都带来了毁灭性威胁，这激起了和平主义者的反抗。19世纪60年代是关键的警示性的10年。巴拉圭大约三分之二的成年男性人口在与邻国的战争中丧生。中国的观察家估计，太平天国运动中损失的总人数为2 000万。美国内战死亡人数超过75万，1870年普法战争光法国死亡人数就超过50

万。摄影和战场报道使战争的恐怖历历在目。然而,和平运动规模小,影响力小,也缺乏实际的补救措施,除了 19 世纪末最成功的武器制造商之一阿尔弗雷德·诺贝尔提出的一个构想。他的大多数和平主义同人希望通过完善国际法来促进和平;另一些人则更偏执地提出,要通过教育或优生学来改善人性——消除或压制人的暴力本能。诺贝尔对此表示反对。"如果战争对国内的民众像对前线的部队一样致命,那么战争将会立即终止。"[99] 他梦想着有一种超级武器,能够可怕到让人们吓到保持和平,这与他作为炸药专家的职业很相符(也许是为了安抚自己的良知)。当他创立和平奖时,他希望能够奖励创造出这种超级武器的发明家。这个观念似乎有悖常理,却和古老的名言"汝欲和平,必先备战"的逻辑相一致。

诺贝尔没有想到,还存在一种疯子或狂热分子,对他们来说,没什么破坏有震慑力,也没有什么武器太过残忍。然而,即便违背或然性权衡*,原子弹确实有助于保持 20 世纪下半叶"相互保证毁灭"的平衡。核扩散现在已使不安全局势重新抬头。也许以色列与伊朗,或印度与巴基斯坦之间相互制约的区域平衡,将在缩影中再现美国和苏联之间的和平;但是流氓国家或恐怖组织发动核战争的前景令人担忧。[100]

19 世纪晚期,在达尔文提出一个似乎具有决定性意义的论点之前,战争的倡导者们有很多支持战争的论点。但正如我们所看到的,进化论可以塑造社会思想。达尔文对优生学的影响就是一个很好的例子。优生学本身并不是什么新鲜事物。柏拉图认为,只有完

---

* 或然性权衡(balance of probabilities),指某事发生的可能性大于不发生的可能性。——译者注

美的个体才能组成完美的社会：最好的公民应该大力孕育，残障和畸形的人应该灭绝。这样的计划是不会奏效的：人们关于什么是理想的精神品质或身体素质没有持久的共识，个人的价值也取决于其他无法估量的因素。环境条件与遗传特征交织在一起，使我们成为现在的模样。遗传显然很重要：正如我们在上文（见第二章"想象秩序：大冰期时代的政治思想"）所见，上万年前就有人注意到了这一点，但直至现代出现遗传理论，才有令人信服的答案来解释，为什么某些外貌、能力、怪癖、疾病和缺陷会沿家族传递。

柏拉图坦率而残酷的建议被束之高阁。然而，在19世纪的欧洲和北美，它又得到复兴。达尔文主义有一种形式，暗示人类的能动性有可能会增加自然选择的优势，因而推动了优生学的形成。1885年，达尔文的表弟弗朗西斯·高尔顿提出了他称之为优生学的观点：通过选择性地控制生育，过滤掉不良的心理特质和道德素质，这样人类物种就可以得到完善。他说："如果我们把花费于改善牛马品种的成本和痛苦的二十分之一，用于改善人类，我们将会打造出多少天才！"1904年，他坚持认为，优生学"确保代表人类的是最适合生存的种群，以此与自然形成合作"。[101]

几十年内，优生学成为正统学说。在早期美国部分地区，被正式归类为弱智、罪犯甚至（在某些情况下）酗酒的人是没有权利结婚的。到1926年，美国近一半的州已经对其中某些类别的人实施强制绝育。优生观念在纳粹德国得到了最热烈的采纳，该国的法律遵循了其指示：阻止人们生育最好的方法就是杀死他们。通往乌托邦的道路是消灭所有被国家视为基因低劣的人，包括犹太人、吉卜赛人和同性恋者。与此同时，希特勒试图通过现在被称为"设计繁殖"的方法，来完善他认为的最优秀的种族——让他们眼中最纯正的德国人身体的精子和子宫匹配起来。高大、强壮、蓝眼睛、金发的"人类小白鼠"的孩子,平均而言,在成为公民、担任领导或过艰苦的生活方面,似乎并没有比其他人表现得更好或更差。

对纳粹主义的憎恶使得优生学在之后几个世代都不受欢迎。但是这个概念现在又以一种新的形式出现了:基因工程现在可以将社会认可的类型复制出个体。被认为具有特殊能力或天赋的男性,长期以来一直提供商用的精液,主要面向的是那些愿意购买遗传上优越的受精来源的潜在母亲。理论上,由于基因的分离,"不良"的特征现在可以从胎儿的遗传物质中消除。其后果无从估量,但是迄今为止的人类记录表明,每一项技术进步都可能被邪恶利用。[102]

优生学和种族主义紧密相连。种族主义是一个被极度滥用的名词。我用这个词来表示这样一种信条,该信条认为某些人种由于属于一个具有种族遗传缺陷的群体,必然低其他人种一等。在这个词较弱的意义上,种族主义是对异己的偏见,对"不纯血统"的排斥,对肤色差异的敏感,对狭隘的道德共同体的支持,(在当前的一类种族主义变体中)仅仅愿意将个体划入以种族界定的语言单位或研究单位中。这样的种族主义十分古老,其起源已不可考。[103]然而,在19世纪,一种新的种族主义出现了,基于所谓客观的、可量化的、可科学验证的差异。从某些方面来看,它是启蒙科学的一个意外结果,非常注重分类和测量。植物分类学为种族主义者提供了一个模型。存在着各种分类方法——根据肤色、头发类型、鼻子形状、血型(当血清学的发展使之成为可能),以及最重要的颅骨测量数据。18世纪晚期,根据颅骨大小和形状对人类进行的分类提供了一些数据,这些数据似乎将智力与肤色联系起来(见第七章"从'高贵的野蛮人'到'普通人':人生而平等")。18

世纪晚期，来自荷兰莱顿城的解剖学家皮埃特罗·坎佩尔（Petrus Camper）将他收集的头骨"按顺序"排列，一端是"猿、猩猩、黑人"，另一端是中亚人和欧洲人。坎佩尔从未赞成过种族主义，但他的方法显然有一个潜在的思路：不仅希望根据外表或身体特征对人类进行分类，而且还希望根据优势和劣势对人类进行排名。1774 年，牙买加种植园主爱德华·朗（Edward Long）以黑人"狭隘的智力"和"兽性的气味"为由为蓄奴辩护。同年，亨利·霍姆（Henry Home）更进一步：他认为人类构成了一个属，黑人和白人属于其中不同的物种。当时这一说法得到了科学的支持。在 18 世纪 90 年代，查尔斯·怀特提出了一个"相比于人类的野蛮低劣"指数，该指数将黑人排在仅略高于猴子的地方，尤其是他称之为"霍屯督人"的群体，在被认为是人类的人中排名"最低"。更笼统地说，他发现"非洲人在所有方面都不同于欧洲人，这种特殊性使非洲人更接近猿类"。[104]

19 世纪的科学积累了更多支持种族主义的证据。与达尔文同年去世的戈宾诺伯爵制定了一个种族排行榜，其中"雅利安人"排名第一，黑人排名最低。格雷戈尔·孟德尔是一位善良而温柔的奥地利修士，他在用豌豆进行的实验中发现了遗传学规律，于两年后去世。直到 19 世纪末，人们才开始探究他的著作可能产生的影响，不过随之加以滥用。在达尔文和戈宾诺的推波助澜下，从孟德尔的实验中推导出的结论帮助种族主义完善了所谓科学的依据。遗传学解释了劣质特性是如何在世系中代代相传的。白人势力恰逢最有渗透力和影响最广泛的时期，正好搭上了科学理论的顺风车。劣等种族注定会因自然选择而灭绝，为了进步也可以主动将其消灭。

可能会有人反对种族主义是永恒和普遍的这一说法。在此值得回顾一下（见第六章"重新定义人类"），在大多数语言中，"人类"（human being）一词仅表示部落或群体的成员，外来者被归类为野兽或恶魔。蔑视异己是排斥陌生人的常见机制。19世纪所谓的"种族"（race）一词，其含义之前已经涵盖于"谱系"（lineage）和"血统纯洁"（purity of blood）等概念中了。然而，这些种族主义的先兆，没有一个背后带着科学的说服力，也不曾拥有力量造成如此多的压迫和死亡。[105]

黑人不是唯一的受害者。反犹主义在19世纪变本加厉。鉴于犹太人对人类的贡献，特别是在思想、艺术和科学方面，反犹主义很难令人理解。基督教的反犹主义尤其令人困惑，因为耶稣的母亲、使徒，以及基督教信仰和奉献的所有起点都是犹太人。尼采确实经常对犹太人的成就表示钦佩，但他也认为，犹太人对基督教的贡献表明，他们是"生而为奴的民族"，他们对天堂的召唤和祈祷，对尼采来说，标志着"奴隶道德反叛的开始"。[106] 一种得到充分支持的观点是，反犹主义起源于基督教，发展于中世纪，当时犹太人与其他一些"外来者"团体和欧洲的贫民区居民一起遭受迫害，而且迫害频率增高，程度日益加深。但是，犹太人从18世纪的启蒙运动中受益，获得了部分"人权"（尽管没有完全得到解放），并且在许多情况下，他们从犹太人聚居地发展成为社会主流。无论如何，19世纪出现的反犹主义是全新的。随着犹太人数量的增加，社会也对之越发不能容忍。反犹暴力在19世纪初是零星的，从70年代的俄国和80年代的波兰开始变得普遍。随后这种反犹暴力蔓延到德国，在90年代甚至蔓延到法国，而犹太人之前似乎在法国社会各阶层都融合得不错，也已站稳脚跟。这种暴力的蔓延在一定程度上是由于难民人数的压力。

经济困难时期总是会加剧少数群体的痛苦。在20世纪二三十年代遭受经济困扰的欧洲，反犹主义无法遏制地蔓延。政客利用了这一点。他们中有些人似乎相信自己的言辞，并真心地将犹太人视为损害福利或安全的人种。对右派人士来说，犹太人是难以消灭的共产主义者；对左派人士来说，犹太人是不可救药的资本家。反犹主义政权一直试图通过消除犹太人来"解决"犹太人的问题——通常是通过隔离犹太人居住区、强迫皈依或大规模驱逐犹太人等方法。纳粹对犹太人实行种族清洗的"最终解决方案"将这一长期传统推向了极端。大约600万犹太人在历史上最蓄意的种族灭绝行动中丧生。在苏联边界以西的整个欧洲，幸存下来的犹太人不到200万人。这是欧洲社会自断手足的行为，遭到清洗的族群对人类的精神生活、艺术和财富曾做出无与伦比的贡献。[107]

进步的平衡：寻找一种新信仰

19世纪初，随着拿破仑的事业接近尾声，世界从革命的恐怖和战争的灾难中走出来，英国乃至世界上最滑稽的小说家之一托马斯·洛夫·皮科克写下了他的第一本书。《黑德朗大厅》(*Headlong Hall*)描写的是当时的对立思潮代表人物之间的对话。在故事开始时，我们了解到：

> 受邀的来宾来自大都市的不同地方，已在霍利黑德邮车的四个角落坐定。这四个人分别是，福斯特先生，一个完美主义者；埃斯科特先生，一个颓废论者；詹基森先生，一个现状维护者；以及加斯特牧师，虽然他既不是哲学家，也不是一个有

品味的人，但他的一篇关于火鸡馅料艺术的博学论文，赢得了乡绅的喜爱，没有他，圣诞晚会就不完整。

福斯特先生认为，"我们所看到的一切都证明了人类在所有生活艺术方面的进步，并显示出人类正逐渐走向无限完美的状态"。福斯特先生一直反对进步的幻觉，他对马尔萨斯进行了猛烈的讽刺："您所谓的进步只遵循单比，而它们所产生的分裂的需求和不自然的欲望则是以复比发展的……直到整个物种最终不得不被其自身无限的愚蠢和卑鄙所毁灭。"

到19世纪末，他们的争论仍未解决。这个世界也许是一台机器，但它是进步的工厂，还是像上帝的磨坊一样无限接近停滞？*物质进步是否腐蚀了永恒的价值观？技术增强仅仅扩大了邪恶的范围吗？巨大的非人力量是否正在将世界引向自由无法企及的终点，如果是，那么福兮祸兮？

有一段时间，上帝似乎都成了进步的牺牲品。在19世纪初，皮埃尔-西蒙·拉普拉斯曾提出用粒子的吸引和排斥原理来解释物理世界中每一个已知现象，他吹嘘说，自己已让上帝沦为一个不必要的假设。在19世纪中叶前后的多佛尔海滨，诗人马修·阿诺德遗憾地听到了"信仰之海"发出的"漫长而退却的咆哮"。进化使上帝作为新物种的创造者的角色变得多余。1890年，人类学家詹姆斯·弗雷泽爵士出版了《金枝》一书——事实上，它似乎就

---

* "上帝的磨坊"源自西方的一句谚语：The mills of the gods grind slowly, but they grind exceeding fine，即上帝的磨坊磨得很慢却极细，比喻天网恢恢，疏而不漏。——译者注

是卡索邦先生所追求的虚构的"所有神话的钥匙"。弗雷泽将基督教视为一个不起眼的神话——众多神话中的一个系列——并预言：科学将取代宗教。对理性和科学的呼吁在每个时代都在为无神论提供合理的依据。即使对信徒来说，相信或接受人类可以乃至必须在没有神帮助的情况下自力更生，也一直是我们无法依靠神来达成目的时的一种实际手段。然而，直到19世纪，才产生一种观念将这些线索结合起来，开创出一种无神论者的准宗教，与真正的宗教相抗衡。

一个早期的迹象是在革命时期的法国发起的对至高存在的崇拜（见第七章"理性的崇拜：《百科全书》与启蒙思想家"）。尽管它昙花一现，以可笑的失败而告终，但它有可能是第一个从零开始的反基督教的宗教运动。然而，又过了半个多世纪，奥古斯特·孔德才提出"人道教"（人类宗教），该宗教的世俗圣徒包括亚当·斯密和弗里德里希二世。基督教福音传道者在劳动工人贫民窟的成功，越来越多地提醒了改宗的无神论者反击的必要性和机会。与此同时，在基督教内部，一位论派（Unitarian）以激进的形式否认了耶稣的神性，它催生了持不同意见的会众，使怀疑论超越了原有的界限；在投身于社会福利的过程中，他们发现了一种可以超越信仰的精神。最后，达尔文主义介入其中，提出进化的非人力量如何取代上帝的威严。如果科学能够解释物种多样性这种"神秘"（用达尔文的话来说）的问题，那么对于那些易受新信仰影响的人来说，它也许还能解释其他一切。

在新的准宗教运动中，最具影响力的是伦理文化学会（Ethical Societies）的运动，该学会作为一种"新宗教"，由费利克斯·阿德勒于1876年在纽约创办。他的目的是把道德行为建立在人道价值观上，而不是建立在上帝的榜样、教条或诫命之上。他说："道德即法律，是真正宗教的基础。"[108] 改变原有的信仰，最终皈依一位论的牧师蒙丘尔·康韦（Moncure Conway）将这场运动带到了英国。它的影响力越大，就越不像一个宗教，尽管1957年美国高等法院的一项裁决赋予伦理文化学会宗教的权利和地位，英国人文主义协会（British Humanists）也争取在BBC（英国广播公司）的节目中与享有特权的宗教获得平等的广播时间。[109]

对明白人而言，可能用不着细说了。现代人文主义传统与所谓的文艺复兴学科无关，后者取代了神学和逻辑学，更注重"人文学科"（修辞学、语法、历史、文学和道德哲学）。这种"文艺复兴人文主义"的流行，与所谓的世俗主义的侵蚀无关。这是对日益增长的民事律师和公务员的培训需求的回应。[110] 不应将宗教排斥主义者的人本主义与"新人文主义"（New Humanism）相混淆，"新人文主义"是20世纪中叶的恐怖时期之后一场运动的名称，重新确认对人类价值和道德本质的信念。

关于上帝已死的说法总是为时过早。与前一个世纪一样，19世纪末几乎所有传统中的复兴主义都回应了无神论和世俗宗教。1896年，安东·布鲁克纳在创作他的第九交响曲时去世，他在复活的信仰的辉煌结尾中消除了宗教的疑虑。与此同时，一种新的宗教模仿科学，声称在我们即将看到的下个世纪，确定性将会被证明是一种错觉。长老会普林斯顿神学院的院长查尔斯·贺智（Charles Hodge）曾给达尔文写过一封回信，信中他并没有驳斥进化论，而是告知达尔文《圣经》的字面解读可以与科学定律相媲美甚至超越之。1886年，德怀特·莱曼·穆迪以同样的理论基础，在芝加哥建立了一所神学院。他承认，自然可以揭示有关上帝的真相，但

《圣经》可以压倒一切其他证据。在普林斯顿和芝加哥跟随贺智和穆迪的神学家试图模仿天文台和实验室的方法,将关于神的研究植根于不可争议的事实。[111] 没有人成功地寻找到确定性,但这种追寻还在继续。然而,在 19 世纪马上就要结束的时候,科学迈入的实验领域使其开始无法再做出准确的预测,而我们即将探讨的正是这样的领域。

CHAPTER NINE

The Revenge of Chaos:
Unstitching Certainty

第九章

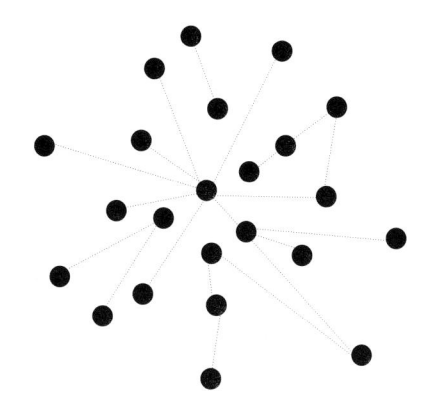

混乱的报复：
给确定性拆线

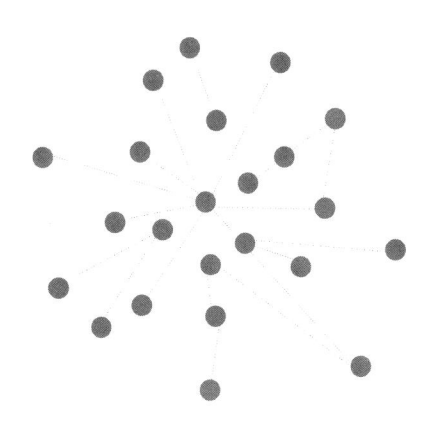

当我和其他专业人士一起参加项目、座谈会或会议时,我发现历史学家往往是逃避现实的人。对当下的厌恶和对未来的恐惧驱使他们回到过去。"你最想生活在历史的哪个时代?"这是一个很吸引人的问题,可以用于设计一个游戏,让玩家们通过越发离奇和揭示自己内心的选择,在野蛮或血腥、光荣或华丽的时代之间相互较量。亲爱的读者,你会选择哪个时代?作为一个带着典型知识分子气质的人,我热爱变革的动荡,对创新思维感到兴奋,并享受面对颠覆性思想时的困惑。我认为,最好的时代应该是第一次世界大战爆发前的15年左右。

20世纪早期既是一块墓地,也是一个摇篮:长期存在的确定性的墓地，不同的、不自信的文明的摇篮。一系列令人震惊、令人不安的新思想和新发现挑战了支撑前几个世纪西方主流文化趋势的诸多观念，并从西方延伸到全世界：生活方式、心理状态、权力分配和财富分配。一场突如其来的知识反革命推翻了启蒙运动和科学传统的确定性。到了1914年，世界似乎变得支离破碎，混乱不堪，充满了反叛，情绪化，热衷于性，还有可怕的技术。尽管20世纪前15年的思想家们预见到了这个世纪余下部分的大多数宏大主题，但在政治领域，新世纪的任何新思想都不足以完全瓦解上一个世纪的遗产。20世纪，各种意识形态的对峙，是19世纪起源的各种思想之争。

大多数历史书把第一次世界大战前的几年视为一个比较平淡的惯性时期——浪漫主义时代的金色余晖，随之变成血红色。好像第一次世界大战的战壕应该为随后发生的一切负责。在一个伤痕累累的世界里，人们必须重新开始思考，因为旧秩序在缠绕的铁丝网、散兵坑和弹坑里，都已消失不见。因此，我们很难跨过战壕，复原20世纪初的真实面目，将其视为革命性思想在历史上最集中爆发的时代。因此，我们必须从1900年左右开始，首先考察科学思想，因为科学为其他学科制定了纲领，并支配了思想的层级。

理解相对论是理解其他一切的关键，因为爱因斯坦的思想重塑了后来的观念：在他完善自己思想的那些年里产生了颠覆性的后果，人们的反应是支持虚假的确定性和危险的秩序，此外相对论和相对主义也发生了重叠。相对论及其背景和影响值得用一小章的笔墨来写：它是本书最后一章所述的20世纪其他思想的前奏。从科学和数学开始，然后转向哲学、语言学、人类学、心理学和艺术，最后我们将探讨政治上的回应。令人惊讶的是，一些艺术家对政治上的回应起到了影响。首先来讲一讲爱因斯坦的重要前辈：亨利·柏格森以及亨利·庞加莱。如果没有他们，爱因斯坦的工作将不可想象，或者至少无法令人信服。

确定性的瓦解：相对论及其产生的大环境

进入新世纪之初，19世纪的确定性就开始瓦解。出生于达尔文发表《物种起源》那一年的亨利·柏格森试图超越达尔文的思想。从小，柏格森就是那种早熟得有些烦人的小孩，好像一出生就是中年人似的。他勤奋好学，戴着笨重的眼镜，举止成熟。他神秘地远离同辈和同学。他优秀的头脑从一个惊人的大脑门上凸起。[1] 没有什么学术难题能难倒他。当他选择哲学时，他的数学老师感到被背叛了。他声称，自己对拉丁语和希腊语的精通能够使他超越当时语言的局限去阅读和思考。像所有法国专业知识分子一样，他必须接受惩罚性的持久教育并在中学里接受教授学徒制。最后，他实现了自己的诺言，成了所处时代的伟大名师。

柏格森吸收了英国的实用主义。尽管他用深奥的、形而上学的法语思考，但他也喜欢处理高难度的科学数据。例如，他研究心智，首先从观察严重脑损伤患者（工业事故和战争的受害者）记忆的延续性入手；然而，这些证据使他得出结论：心智是一个形而上学的实体，胜于大脑。他相信直觉是真理的源头，但应将直觉立足于经验。他有鉴赏家的眼光，经常引用艺术作为感知如何改变现实的证据。毫不奇怪，他喜欢印象派，这个画派用思维中抽象出来的微妙形式取代了感官经验等清晰事实。他更喜欢问题而不是答案，也不喜欢用斩钉截铁的解决方案来糟蹋好的问题。[2]

他成为当时最受尊敬的哲学家之一。他的作品销量数以万计，这在那时似乎是非常惊人的成绩。在巴黎高等师范学校或法兰西学院，热切的观众都会提早赶到，才能确保有一个听他上课的位置。有些美国贵妇为了听他一场演讲，穿越了整个大西洋，虽然迟到了，但她们对整个演讲大厅的气氛表示很满意。西奥多·罗斯福对柏格森的作品知之甚少，因为柏格森的文字出了名地晦涩，但罗斯福还是邀请了这位天才成为总统早餐的座上宾。

柏格森在其公认的杰作《创造进化论》中，对宇宙的动力进行了描述和命名。他将其称为"生命冲动"，它不像进化论那样从内部控制自然，也不像上帝那样从外部控制自然。它是一种精神力量，具有重新安排事物的力量。它与某些浪漫主义者和魔术师所追求的"世界灵魂"有何不同，这一点从未有人弄清楚，甚至对柏格森来说也是如此。他提出这个概念是为了表达，我们保留的自由可用以创造一个不同于科学预测的未来。他不同意进化是科学定律的说法，而是将其重新定义为生命实体创造性意愿的表达，生命实体之所以发生变化，是因为它们想要改变。

批评者指责柏格森是非理性主义者，认为他抨击科学，将客观现实表达为精神建构，将目的归结为不经思考的创造。然而，他的思想受到发现科学决定论具有约束、抑制或威胁作用的人们的欢迎。例如，他让那些害怕或怀疑当时先知发出的威胁的人感到安慰，那些先知预言了所谓不可避免的无产阶级革命，或雅利安人霸权，或宇宙进入热寂状态，所有生命体消亡[*]。柏格森是20世纪第

---

[*] 根据热力学第二定律，当宇宙的熵达到最大值时，宇宙中的其他有效能量已经全数转化为热能。——译者注

一位预言混沌复苏的人,第一位构建混乱的人,因为他描述了一个主体可以自由行事的世界。他说:"智慧就是生命……把自己置于自身之外,采用无组织自然的方法……以实际上支配自然。"[3]

如果说柏格森版本的进化论看起来相当神秘,那么他的另外一个观念［他称之为"绵延"(duration)］更具影响力,尽管几乎同样难以理解——部分原因是其模糊的定义:"当我们的内在自我让自己生存时……当它有意回避在当前状态与先前状态之间建立分隔时,我们延续的意识状态所采取的形式。"[4] 这一看似深奥的观念也影响了现实生活,它维护自由,反对社会理论家和科学理论家中盛行的决定论,并恢复对自由意志的信仰。在我们窥探柏格森的内心,仔细分析他提出这一概念的过程后(幸运的是,他提供了一段说明),"绵延"这个概念变得可以理解了。他的理论始于早年认真教学校的男学生们埃利亚学派,特别是芝诺悖论(见第四章"超越感官的世界:理性主义与逻辑")的时候。他突然意识到——至少,他将自己的洞见表现为一种突然直觉的结果,就像一个宗教皈依者描述的"觉悟时刻"——在芝诺的想象中,所有比赛、行程和飞行的箭,或者在任何时间的流逝或变化的情节中,瞬间都是不可分离或连续的。它们是持续不断的。它们以连点成线的方式构成时间。当我们把时间说成是由瞬间组成的(如物质由单个原子构成),我们的思维就"由于与空间产生联系而被扭曲和贬低"。时间不是原子化的事件构成的"简史",而是一种精神构造。柏格森坦言:

> 我承认,我们通常认为时间类似于空间,进而判断我们在时间中的位置。我们不希望听到生命深处传来不断的嗡鸣声。但这就是真正的"绵延"所处的层面……无论是在我们内部

还是外部，无论是在我还是在外部物体中，现实都是不断的变化。

他说，那些固执己见的人可能会认为这种想法令人"头晕目眩"。然而，柏格森却觉得欣慰，因为它解决了芝诺使全世界都感到困惑的悖论。[5]到此时为止，柏格森的时间观与1 500年前的奥古斯丁的时间观十分相似（见第五章"道德问题：宗教伦理思想的发展与分歧"）。但是柏格森更进一步。更确切地说，他认为时间是记忆的产物，它不同于感知，因此"是一种独立于物质的力量。如果说，精神是一种现实，那么它就存在于记忆的现象中，我们可以试探着与它接触"。根据柏格森的说法，构建时间并非人类的专属倾向。万物皆如此："任何有生命的地方，都会有一本开放的登记册，上面刻着时间。"[6]有人可能会如此描述：未来只是我们尚未经历的过去。对于那些已经理解，或自认为理解"绵延"的人来说，它是一个有用的概念。正如我们将看到的，它帮助塑造了我们理解语言的革命，发起这场革命的费迪南·德·索绪尔在1907年的演讲中提出，文本是口语的一种绵延，词语在其中如瞬间一样，是不可分割的。许多有创造力的作家直接从柏格森那里获得类似的灵感，他们感到自己从按时间叙事的规矩中获得解放。"意识流"文学——威廉·詹姆斯在阅读柏格森之后创造的一个术语——就是其中的结果之一。[7]

柏格森坚持的进一步见解帮助塑造了20世纪大部分时间的主流思想。例如，他观察到，现实和体验是相同的。他说，"变化是存在的，但是不存在变化的'事物'"，就像旋律独立于演奏它的弦乐器和记载它的曲谱一样。变化是存在的，但这只是因为我们体验到了它。柏格森认为，体验是一种精神过程，这与大多数哲学家的看法是一样的，并且挑战了唯物主义。我们的感官传递它；我们的大脑记录它；但是它发生在另一个地方，发生于自我当中一个超越的部分，我们称之为"心智"。柏格森对未来的意义甚至更重要，他为爱因斯坦铺平了道路，这条路笔直而坦荡。很难想象一个像相对论那样具有颠覆性的理论能成功打入并非毫无防备的头脑。柏格森使他的读者坚信这样一种观念，即时间可能不是科学家和哲学家先前设想的绝对的、外部的现实。可能"一切皆为所想"。在一个被柏格森的思想所震撼的世界里，爱因斯坦关于时间可以随着观察者的速度而改变的观点，带给人的震惊程度只是稍多而已。柏格森还预见到爱因斯坦思维中的许多不重要的论点，这要归功于他对火车类比的喜爱。例如，在解释"绵延"时，他指出，我们倾向于"将变化视为一系列彼此相继的状态"，就像坐在火车上的旅客认为自己已经停下来，是因为另一列火车正以同样的速度朝相反的方向驶过一样。错误的认知似乎会阻止连续的过程。

像柏格森一样揭示混沌的年轻法国数学家亨利·庞加莱，是从柏格森到爱因斯坦的中间环节。庞加莱动摇了牛顿宇宙论的基础。在19世纪90年代末，他勾勒了一个新的科学范式的开端。当时他正在研究一个近代科学未能解决的问题：如何模拟两个以上相互依存的天体的运动。他的解决方案暴露了牛顿假设的不足。他提出了双曲线无限后弯并无穷相交的模型。他预见了半个多世纪后，即20世纪六七十年代科学呈现宇宙的方式，那时，我们将看到，混沌理论和分形研究多么直接地参考了庞加莱的发现。庞加莱将科学推向了复杂、递归和混沌的自然界运作方式。

他接着质疑科学方法的基本假定：假设与证据之间的联系。他指出，科学家各怀目的。许多假设都能符合实验结果。科学家们根据惯例，甚至是根据"个人的癖好"来进行选择。[8] 庞加莱以牛顿定律作为例子，包括传统的空间和时间概念。质疑牛顿这件事已经够惊人了。把空间和时间也一并提出更令人费解，因为时间和空间一直是公认的在宇宙中固定的成分与配置。对于圣奥古斯丁来说，恒定的时间是造物的框架。牛顿假设可以用同样的计时器和标尺测量整个宇宙的时间和空间。康德在 19 世纪初开创其直觉理论（见第八章"19 世纪的时代概述"）时举出的我们不依赖理性便知为真的关键例子，就是时间和空间的绝对本质。就像一个异教徒把一个信条驳得体无完肤一样，庞加莱提出了许多理由来质疑之前一切被认为理所当然的事情。他把牛顿比作"一个尴尬的神学家……被束缚在相互矛盾的命题中"。[9]

他变得举世闻名，广受追捧，广受报道。他的书卖了成千上万本。他经常站上万众瞩目的讲台，就像一个现代的电视专家出现在谈话节目中。一如往常，当一个深刻的思考者成为公众的宠儿时，听众听到的往往比他说的要多。因此不出所料，他声称自己被误会了。庞加莱说过，"科学事实是由科学家创造的"，并且"科学仅由惯例构成……因此科学无法给我们任何真相；它只能作为我们的行动准则"。[10] 他亲口说读者误解了他这句话的意思。在庞加莱的听众耳中回荡的科学，似乎没有比诗歌或神话更可以验证。但科学史上结满了误解带来的果实。重要的是人们如何解读庞加莱，而不是他未能成功传达的思想。柏格森和庞加莱让世界陷入不确定性，也软化了人们对激进反应的抵触。这种新氛围的最大受益者就是爱因斯坦。

1902 年，庞加莱发表了对传统科学思想的批判。三年后，爱爱因斯坦从他默默无闻的平凡岗位中横空出世,像一个地道里的挖矿人,引爆了一个可怕的炸弹。当时他正在瑞士专利局担任二级技术员。学术界的钩心斗角将他排挤在学术界之外。但这也许是一种好的安排。爱因斯坦无须对任何人溜须拍马,也不用维护有声望的老教授的错误。不受学术束缚的他,充满创造力。在柏格森和庞加莱创造的世界里,肯定有人愿意接纳他的思想。

相对论通过改变我们看待世界的方式改变了世界。在19世纪90年代,实验发现了光的特性中令人费解的异常现象:对运动物体进行测量时,无论发射光源的物体运动速度是快是慢,光速似乎从来没有变化过。大部分实验者将此归咎于不精确的测量结果。如果发射一枚导弹,其速度会随着推进力的增加而增加;那么光速为什么不会产生同样的变化?爱因斯坦给出了一个理论上的答案:如果光速是恒定的,他推断,时间和距离则肯定与之相对。当速度接近光速时,时间变慢,距离变短。这一推论是合乎逻辑的,但它是如此违反直觉,与所有人以前的想法都大相径庭,如果庞加莱没有开放思想,用崭新的方式思考时空的可能性,爱因斯坦的这一推论很可能被回避或被摒弃。即便如此,爱因斯坦的主张还是具有极大的挑衅性,其成功也令人非常不安。对于以前似乎无可置疑的事实,他做出大胆假设:人们从前之所以认为空间和时间是绝对的,只是因为与时间相比,我们的速度不够快。爱因斯坦最生动的例子是在一次公开演讲中回答一个来自听众的问题时,当场提出的一个悖谬:一对双胞胎中的哥哥以超高速外出旅行,等他回来时,会比双胞胎弟弟更年轻。

在爱因斯坦的宇宙里,每一个表象都具有欺骗性。质量和能量可以相互转换。平行线可以相交。自牛顿以来盛行的物理秩序概

第九章 混乱的报复:给确定性拆线

念纯属误导。常识性的感知不复存在,好像爱丽丝掉进兔子洞,进入仙境。然而,爱因斯坦理论启发的每一次实验似乎都证实了其有效性。英国小说家C.P. 斯诺一直致力于让前沿科学变得通俗易懂,他说:"爱因斯坦……作为科学的象征,20世纪的智慧大师……希望的代言人……突然出现在公众的意识中。"[11] 他改变了人们感知现实和测量宇宙的方式。不知是福是祸,他使将质量转化为能量的实践研究成为可能。长期影响之一是产生了核能。[12]

此外,相对论有助于解开新的悖谬。爱因斯坦重新描绘宇宙全景的时候,其他科学家正在研究构成宇宙的细节。在1911年出版的著作中,欧内斯特·卢瑟福剖开了原子,揭示了更小粒子的存在,并展示了它们的机制,这是以前的原子探索者几乎没有想到过的:那些围绕着原子核转动的电子,其不规则的运动方式,过去的物理学绝无可能追踪或预测。物理学家们已经在努力研究光的明显二象性:它究竟是由波还是由粒子组成的?理解所有证据的最好方法,就是承认光的波粒二象性。新出现的"量子力学"论述消除了原有的相干性的概念。诺贝尔奖获得者、丹麦物理学家尼尔斯·玻尔认为,量子和光一样,也具有自相矛盾的本质。

流沙之上:从相对论到相对主义

相对论颠覆整个世界图景的时候,哲学上的不安感侵蚀了人们对各种思想传统框架的信心:关于语言、现实以及它们之间关系的概念,都受到了冲击。然而,向相对主义的转变始于一种为确定性服务的自我颠覆主义:实用主义。

在日常用语中,"实用主义"只是指一种务实的生活方式。在

19世纪末期的美国，威廉·詹姆斯提升了实践效率的地位，使其不仅成为效用的标准，而且成为道德和真理的标准。他与柏格森和庞加莱都属于20世纪头十年读者最多的知识分子。威廉·詹姆斯的祖父事业有成，威廉的父亲继承了数目多到对其有害的大笔财富，涉猎了神秘主义和社会主义，曾在伦敦雅典娜俱乐部于赫伯特·斯宾塞身边的光滑绿色皮革扶手椅上小睡。威廉和他的父亲一样，是一个善于思考的人，也和他的祖父一样，是一个资本家。不靠双手养活自己时，他会感到内疚。他想要一种独特的美国哲学，以反映商业和喧嚣的价值。他的小说家兄弟亨利·詹姆斯因亲英主义而闻名于世（或说臭名昭著），这让威廉颇感烦恼。他鼓吹爱国主义，抵制亨利将他欧洲化的尝试，总是带着对家乡的感激之情躲回"我自己的祖国"。

他是无法坚持从事任何职业的博学家。他有资格成为一名医生，但他不愿行医。自己身体状况欠佳，却觉得药品都是骗人的。他以心理学家的身份闻名，却在与自我诊断的精神错乱症状做斗争。他曾尝试过画画，但由于视力不好而不得不放弃。他是个工作狂，却知道只有休息才能自救。他提倡"讲求实际"的哲学，又对基督教科学产生过兴趣；他从事心理学研究，撰写断想式散文，也会突然沉迷于神秘主义。他赞美理性，称颂感性，但更偏爱事实。在对崇高和不可言喻的美好心灰意冷后，他转向了葛擂硬先生*的肮脏世界，"只有事实，仅此而已"。实用主义包含了他的许多偏见，其内容包括美国主义、实际性、模糊的宗教信仰和对事实的尊重，基

---

* 葛擂硬先生（Mr Gradgrind），狄更斯小说《艰难时世》的主人公，以功利主义作为生活原则。——译者注

第九章　混乱的报复：给确定性拆线　　415

本与他对世界的看法是一致的。在他1907年的畅销书中，他发展并推广了查尔斯·桑德斯·皮尔斯于19世纪70年代首次提出的"旧的思维方式"：哲学应该是有用的。詹姆斯说，实际上，有用能让真理真实，让正义正确。"实用主义者……会追求具体和充分，追求事实、行动和权力。"[13]柏格森称赞他发现了"未来的哲学"。[14]

詹姆斯从不想成为激进分子。他一直在寻找相信上帝的理由，认为"如果从最广泛的意义上说，上帝的假设能令人满意地发挥作用，那么上帝为真"。[15]但对一个人或一个群体有效的东西对其他人可能毫无用处。通过将真理简化为符合特定目的的行为，詹姆斯放弃了之前所有知识的公认基础：认为真理与现实相符的假设。他在一开始为基督教辩护，最后他通过把真理相对化来颠覆基督教。[16]

语言学也采取了类似的方法，从坚实的基础转向知识流沙。起初，语言学几乎是秘密的，没有进行宣传，甚至没有著作。对于我们当中想说出真理的人而言，语言是我们指称现实的尝试。然而，20世纪语言学的发展似乎表明，至少在一段时间内，这种尝试是注定要失败的。1907年1月，也就是詹姆斯发表《实用主义》的那一年，费迪南·德·索绪尔在始于日内瓦的演讲中把语言学推往了新的方向。他介绍了社会性语言（说给他人的"言语"）和主观语言（只有思想才能知晓的"语言"）之间的区别。他的性格影响了他交流的方式。他上课时像亚里士多德一样，似乎平平淡淡，却又带着一种自然的魅力。学生整理的笔记是其思想唯一存留下来的记录，这为专家们留下了讨论其准确性的空间。一般听众所理解的他，认为语言的效用源于文本或发言中每个词与所有其他词的关系。特定词语没有任何意义，除非相互结合。赋予语言意义的是它们之间关系的结构，它超越一切特定的文本，延伸到语言的其他部分。因此，语言表达的意义超出了作者的控制范围。它永远不完整，因为语言总是在变化，词语之间的关系总是在重新形成。意义是由文化建构的，而不是根植于现实。读者拥有自主性，当他们在书页和记忆之间处理文本时，会重塑和扭曲文本。索绪尔的思想经过很长一段时间才走出课堂，刊印成书并成为教学方法，但后来逐渐成为正统的语言学思想。大多数读者读到的他的作品都经过了一系列编辑重组——相当于进行了一场学术上的传话游戏。正如我们将在下一章中看到的，读者通常读到的信息是，语言并不会传达任何关于现实的可靠的东西，也不会传达除了自身之外的任何东西。[17]

把这种对索绪尔的解读和对庞加莱、柏格森、威廉·詹姆斯、爱因斯坦和量子力学的大众解读放在一起：空间和时间都不是固定的；科学的主张不可完全依赖；宇宙的基本物质的运作方式，是不可预测和无法解释的；真理是相对的；语言与现实脱节。确定性瓦解了，相对主义和相对论则交织在一起。

这两者之间的科学和哲学破坏了承袭下来的正统观念。与此同时，人类学和心理学也产生了同样具有毁灭性的异端学说。自弗朗茨·博厄斯在美国发起人类学的革命之后，这场革命逐渐从美国传播开来。这位在西方自由主义传统中被低估的英雄是德裔犹太人，他成了美国人类学的元老和领袖。他推翻了一种假设，这个假设让科学家投入了信仰，让帝国投入了努力，让金融家投入了资金：某些民族和某些社会在进化中地位更优越。和达尔文一样，他的研究对象也是在西方被视为原始的族群。但不同的是，南美火地岛人让达尔文不齿，而因纽特人却激发了博厄斯的灵感。19世纪80年代，他和因纽特人一起在巴芬岛上工作，他开始欣赏他们的实践智慧和富有创意的想象力。他把自己的洞察变成实地考察工作者的守则，也是很好的生活准则：同理心是理解的核心。为了看到不同文化引人注意的独特之处，人类学家必须努力以他所融入的族群的观念去思考。于是，每一种决定论都变得不再吸引人，所有冒险的泛化推论也变得不再令人信服。因为似乎没有单一的原因足以解释所观察到的多样性。

博厄斯是一名实地考察工作者，后来成为博物馆馆长，他总是与他想了解的人和手工艺品保持着联系。他派学生从纽约的课堂出发，坐上通往西方的火车，一路研究美洲原住民的生活。研究结果证明，过去和当时人类学家所说的"原始头脑"是不存在的。无论我们周围的物质条件、技术实力、社会复杂程度或成熟度如何，我们都拥有同样的心智条件。贾雷德·戴蒙德对此有一个巧妙的说法："新几内亚的天才和纽约的一样多。"[18] 博厄斯揭示了种族主义颅相学的谬误——根据颅相学，某些种族的头骨比其他种族的更适合发展智力。在世界上最大、发展最快、最有影响力的人类学系*，他宣布，认为人可以根据所谓的心智"发展程度"来分出高低是不对的。他总结说，不同文化中的人们有着不同的观念，不是因为有些人有更好的脑力，而是因为每一种思想都反映了它所继承的传统、它周围的社会以及它所处的环境。在1911年的演讲中，博厄斯总结了他通过自己的研究或指导学生的研究得出的认识：

> 建立起部落信仰的个体，其心态与文明化的哲学家是完全一样的……我们认为自己的文明有价值，是因为这样一个事实：我们是这个文明的一员，并且从我们出生时起，它就一直

---

* 此即哥伦比亚大学的人类学系。——译者注

控制着我们的所有行为；但完全可以想见，也许还存在其他的文明，它们或许建立在不同的传统上，建立在不同的情感和理性的平衡之上，其价值不亚于我们的文明，尽管我们可能无法欣赏它们的价值，因为我们未曾在它们的影响下成长……人类学研究开创的评价人类活动的一般理论教导我们，要拥有比现在更高的包容度。[19]

这是非常委婉的说法。传统上用来支持种族主义或帝国主义的论据——某些民族由于种族因素不可摆脱劣等地位，帝国如父母对子女或监护人对低能者那样享有监护权——不再站得住脚。相反，博厄斯使得重新评估文化之间的关系成为可能。我们现在说的文化相对主义，成为对人类社会进行严肃研究的唯一可信基础。有些文化可能比其他文化更优秀，但只有当相互比较的文化具有相似的价值观时，才能下这样的判断。这是一个很难满足的条件。文化相对主义认为，每一种文化都必须以其自己的方式来判断。

人类学的实地调查研究积累了大量的多样性数据（19世纪粗糙的等级制方案很难处理这些数据），因而强化了相对主义倾向，但文化相对主义花了一段时间才传播到受博厄斯直接影响的圈子之外。早在20世纪的头十年，英国人类学家就成为第一批接受博厄斯教导的外国人。法国也很快开始积极回应，这是人类学家在世界范围内享有最崇高声望的国家。相对主义从那里开始广为传播。它帮助削弱了帝国并建立了多元文化的社会，但它也提出了尚待解决的思想问题和实践问题。如果说在客观上没有哪种文化比另一种文化更好，那么当它们对道德的理解发生冲突时会发生什么？食人、杀婴、焚烧寡妇、性别歧视、猎取头颅、乱伦、堕胎、女性割礼和包办婚姻等等，是否都能在文化相对主义的范畴内得到包容？界限该如何设定？[20]

潜意识的暴政：颠覆对自我的理解

当博厄斯和他的学生们进行研究时，西格蒙德·弗洛伊德的心理学对文化的自主性产生了一种奇怪的、意外的促进作用。这令人惊讶，因为弗洛伊德并不特别认可文化差异。弗洛伊德的目标是通过揭示普遍的欲望来解释个人行为。然而，关键的是，弗洛伊德把注意力集中在普遍性和个体上，就让文化在两者之间的空白处获得了自我解释的空间。弗洛伊德的心理学声称揭露了潜意识的世界，它的传播质疑了传统的经验观念，特别是关于性和童年的观念。

弗洛伊德成了20世纪的典范和导师。他甚至比博厄斯更颠覆科学正统，因为他的发现或主张超越了社会之间的关系，挑战了个人对自我的理解。弗洛伊德认为人类的许多动机都是潜意识的，这违背了关于责任、身份、人格、良知和心态的传统假设。他进入潜意识的旅程始于1896年他对自己进行的一项实验，当时他暴露了自己的所谓"俄狄浦斯情结（恋母情结）"：他认为这是一种压抑的冲动，他相信所有的男孩都有这种冲动，想要取代自己的父亲。这是一系列无意识欲望中的第一位，弗洛伊德认为这些欲望是人类心理的组成部分。在随后的几年里，他发展出一种被称为精神分析的方法，旨在让患者意识到潜意识的冲动：通过催眠或通过触发自由联想的记忆效应（这是弗洛伊德最喜欢的方法），精神分析师可以帮助病人找回压抑的感觉，缓解神经症状。病人们从弗洛伊德（或者从他的导师约瑟夫·布洛伊尔）的沙发上站起来时，走路比之前更自在了。就在几年前，女性会被视为歇斯底里的装病者而被解雇，弗洛伊德将这作为具有指导意义的案例研究，对重新评估女性在社会中的作用产生了良性影响。

弗洛伊德的"科学"似乎是有效的，但未能通过最严格的测试：当卡尔·波普尔问如何分辨一个人是否有俄狄浦斯情结时，精神分析学派转移了这个问题。他们表现得像一个宗教派别或边缘政治团体，谴责彼此的错误，并将持异议者驱逐出自我选举的机构。无论如何，弗洛伊德肯定低估了文化在塑造心理方面的作用，也低估了文化在不同时间和地点改变经验的影响方面的作用。"无论是弗洛伊德［Freud］，还是弗罗伊德［Froid］，"G.K. 切斯特顿说，"我都把他的名字读成'Fraud'［欺诈］。"严格意义上讲，精神分析不是科学。[21] 不过，精神分析能在某些患者身上取得功效，这比得到科学同行的认可更重要。弗洛伊德以引人入胜的散文方式表达其思想，这份天才让他声名显赫。从来自战前维也纳几个议员的证据来看，他似乎能够阐明人类的处境。他的说法令人震惊，不仅因为他对上流社会大多数人不愿提及的性冲动持坦率态度，更根本的原因是，他实际上是在告诉人们，"如果没有我的帮助，你不知道也不会知道自己为什么会有这样的行为，因为你的动机来源于无意识"。他指出，每个孩子在青春期前都经历过性发育的共同阶段，而每个成年人都压抑着类似的幻想或经历。弗洛伊德甚至似乎为宗教的敌人提供了他们十分渴望实现的目标：可以解释上帝的科学。在他极有影响力的著作《图腾与禁忌》中，他写道："在最本质层面，上帝不过是一位崇高的父亲。"[22] 弗洛伊德思想的潜在道德后果是惊人的：如果我们不能自己认识到自身行为的原因，那么我们自我改造的力量也是有限的。个人道德责任这一概念是值得怀疑的。我们可以不再有罪恶感，将自己的缺陷和不检点的行为归咎于我们的成长过程。

在弗洛伊德的影响下，内省成为现代西方的一种仪式，它定义了我们的文化，就像舞蹈或手势可能会定义另一种文化一样。压抑成了当今时代的恶魔，分析师则扮演了驱魔师的角色。其结果之一是形成一种"感觉良好的社会"，这种社会可以消除罪恶感、羞耻感、自我怀疑和自责。性坦诚也是弗洛伊德带来的习惯。将大脑代谢失衡或化学失衡作为根深蒂固的精神障碍来对待的做法也源自弗洛伊德，这种做法在20世纪的大部分时间里广泛存在，至今仍在精神科医生中极为普遍。弗洛伊德发起的价值观革命——反抗压抑、提倡坦率、放松抑制——持续的时间已经超过了他自己的判断。善恶效果的多寡已难以估算。精神分析和其他受弗洛伊德影响的心理治疗学派帮助了千百万人，也折磨了千百万人——它使一些人摆脱了压抑，也导致一些人陷入幻觉或无益的治疗。[23]

弗洛伊德强调童年经历的潜意识影响，使教育成为心理学家的乐园，尽管美国犹太作家艾萨克·巴什维斯·辛格曾经说过，"儿童对心理学毫无用处"。瑞典女权主义者爱伦·凯（Ellen Key）于1909年宣布重新发现了童年：儿童和成人完全不同。这种似乎显而易见的真理反映了童年观念在19世纪西方发展的状态（参见第八章"阶级的激流：被忽视的女性、儿童，以及社会主义"）。然而，儿童死亡模式的变化激发了研究领域的新举措。我在英国教书时，学校回廊里摆满了纪念碑，纪念19世纪在这所学校死去的令人痛心的大批男孩。我还记得自己漫步在这古老的回廊里时心中的那份感慨。在这样的年代，对如此转瞬即逝的生命投入太多是没有意义的。但是随着更多的孩子不再因童年疾病而早夭，儿童成了应给予时间、情感和研究的对象。[24]最有影响力的研究者是瑞士博学者让·皮亚杰。你可以在几代学龄儿童身上看出他留下的影响，这些孩子没机会尝试有挑战性的任务，因为皮亚杰说他们没有这个能力。他本人其实是个神童，但和许多容易幻灭的教育专家一样，他对孩子的期许很低。1920年，他自认为取得了一个突破，有助于处理智商测试早期实验的结果。在他看来，孩子们犯的错表明他们的心理过程是独特的，而且在结构上与成人不同。他为解释这一点而设计的理论，与精神发展阶段学说惊人地相似，后者已在博厄斯搜集的强大证据面前被人类学家所否定。皮亚杰读弗洛伊德和爱伦·凯的著作，比读博厄斯的作品更多。在他看来，"精神发展"更适个人而非社会。随着人们的成长，它发生在可预见的普遍阶段。他很有可能错了。他认为普遍成立的东西大多受到文化的制约。我们在成长过程中获得的习惯，是由经验塑造和文化强加的。人们越来越认识到，孩子们不是从同一个模子里面出来的。

尽管如此，皮亚杰还是很有说服力，甚至在今天的学校课程安排上仍带有他的印记：按照年龄对孩子进行分类，并为每个阶段的每个孩子设置同类的课程、相同的难度和几乎相同的科目。这可能会拖慢一些孩子的成长，或是让一些孩子感到不太友好，而如果允许他们按自己的步调成熟，他们的天赋可能对整个社会更为有益。一些学校和学院已经意识到这一点，开始对那些"天赋异禀"的孩子做出特别安排，把他们转到比同龄人标准更高的大孩子的班上。除了这些例外情况，现行制度对儿童从根本上讲是不公平的，因为它提供了一个可疑的理论基础，认为儿童在本质上不如成年人；这几乎和历史上假设某个按种族界定的群体处于劣等地位一样不公平。有些孩子表现出比许多成年人更值得称赞的特征，包括那些通常认为成熟后才具备的特征。[25]

第九章　混乱的报复：给确定性拆线

动荡的世界与现代主义艺术

伴随着 20 世纪初在科学、哲学、语言学、人类学和心理学等领域涌现出的新思想,其他领域也发生了许多新变化。一个更大的现象正在发生:在每一个可测量的领域都出现了空前迅速的变化。各种统计数据——人口和经济上的——都出现了飞跃。20 世纪的特色科学——工业技术,进入了一个新的阶段。如同 19 世纪是蒸汽时代一样,20 世纪将是电气时代。1901 年,马可尼首次成功传送远距离无线电信号。1903 年,莱特兄弟第一次成功飞行。1907 年,酚醛塑料被发明出来。实现 20 世纪生活方式的另一些要素(粒子加速器、钢筋混凝土摩天大楼,甚至汉堡包和可口可乐)在第一次世界大战爆发前也已具备。19 世纪末的发明创造,如电话、汽车、打字机,都已变得司空见惯。

在政治方面,新世纪也开启了惊人的新局面。1901 年,挪威和新西兰出现了世界上最早的完全成熟的民主国家——"完全成熟"是从女性享有与男性平等的政治权利这个角度来讲的。1904 年,日本对俄国的军事胜利证实了白人帝国是可以战胜的——要不是证据(毛利人成功抵抗英国,埃塞俄比亚成功反抗意大利)遭到怀疑或禁止公布,这一事实本应显而易见。在日本的鼓舞下,各种独立运动一跃而起。与此同时,积极分子在争取种族平等的斗争中崭露头角。1911 年,第一次大规模的"群众起义"开始了:墨西哥革命和中国辛亥革命。中国辛亥革命推翻了一个统治时间超过 250 年的王朝,结束了几千年的政治延续性。墨西哥革命推翻的是地位几乎同样牢固的主宰者:土地所有者和教会。

20 世纪初世界的动荡所带来的不安,可以从当时画家的作品中（很直观地）观察到。在 20 世纪，画家们倾向于（以前所未有的程度）不再画直接看到的东西，而是追求表现出科学和哲学所描绘的东西。艺术革命记录下了科学和哲学所造成的震动和冲击。1907 年，立体派以绘画呈现了一个破碎的世界，仿佛置身于一面颤抖的镜子里。该运动的发起人巴勃罗·毕加索和乔治·布拉克似乎证实了原子论所提出的构想：世界无序而不可控，由无法完好契合的碎片组成。他们说自己没听说过爱因斯坦，但是通过媒体知道相对论。当他们尝试从不同的角度捕捉难以捉摸的现实时，他们表现出那个年代典型的焦虑：一幅熟悉的世界图景的解体。皮特·蒙德里安的绘画完美地捕捉到了现代对直角的偏爱，将布吉-伍吉爵士乐（boogie-woogie）的节奏表现为直线网格，将曼哈顿的百老汇表现为一条直线。而即便是蒙德里安，在 20 世纪第二个十年初期，也有过"颤抖的镜子"阶段。之前，他用浪漫的笔触描绘故乡荷兰的河岸。现在，他以分散的色块描绘河景。1911 年，俄国画家瓦西里·康定斯基读到卢瑟福对原子的描述："［原子们］带着可怕的力量，仿佛世界末日已经来临。一切都变得透明，没有力量和确定性。"[26] 这使他形成了一种新的风格，这种风格弃绝了一切让人联想到真实物体的再现。康定斯基开创的完全"抽象"的艺术传统，描绘的物体无从辨认，甚至根本谈不上是物体，在 20 世纪余下的时间里，这种艺术传统占据了主导地位。在法国，马塞尔·杜尚总是说自己在科学方面的专业知识很少，但他也试图再现爱因斯坦的世界。他对自己的雕塑杰作《大玻璃》的解读，显示出他对相对论的深入研究。在他 1912 年的画作《下楼梯的裸女》中，现实中的楼梯如手风琴的褶皱一样展开，杜尚表示，这是"通过对运动的抽象呈现，对时间和空间"进行表现。与此同时，爵士乐的切分音和无调性音乐（由奥地利作曲家阿诺德·勋伯格从1908年起在维也纳开创）颠覆了过去音乐上的和谐，正如量子力学彻底改变了秩序观念一样。人类学对当时艺术的影响甚至比科学的影响更为明显，艺术家们不再痴迷于传统的大量艺术品——希腊雕像、古典名家，取而代之的是带有民族色彩的小物件和插画等。毕加索、布拉克、康斯坦丁·布朗库西，以及康定斯基与其同人组成的青骑士社，仿效太平洋和非洲的"原始"雕塑，展示了异域美学的魅力，并从以前所谓的"野蛮人"的思想中汲取灵感。毕加索笔下的一些面孔，似乎被故意画成非洲人的方形面具，带着棱角或呈细长形。安德烈·德兰在《浴女们》中，把人物描绘得如同粗糙雕刻的神像，羞辱了传统海滩肖像中沐浴的美人。一些尚古主义者的模仿对象来自帝国掳掠的陈列在画廊和博物馆里的艺术品，还有些来自1903年保罗·高更去世后的回顾展。19世纪90年代，高更自愿来到塔希提岛，在那里度过的岁月使其雕塑和绘画染上了异国情调，其作品因过于真实而失去了浪漫色彩。随着美洲和澳大利亚的鉴赏家重新发现"本土"艺术，其影响范围不断扩大。

暴力的秩序：未来主义与法西斯主义

回应并非难以预料。疯狂的变化威胁着任何并非一无所有的人。在20世纪早期的思维大震荡之后，在人们混乱的头脑中，最大的问题是如何消除失序和恢复信心。菲利波·托马索·马里内蒂（意大利花花公子、商人和喜欢讽刺的知识分子）很早就做出了有力的回应。1909年，他为志同道合的艺术家发表了一份宣言。当时，大多数艺术家都宣扬"现代主义"：该理论认为新胜于旧。马里内蒂更进一步。他认为：未来一定会超越现在。因此，他支持"未来主义"。他认为仅仅超越过去的遗产是不够的。未来主义者必须摒弃传统，消除其残余，践踏其痕迹。马里内蒂宣布："未来已然开始。"听起来像是胡说八道，或者是陈词滥调，但在某种程度上，他是对的。他为20世纪余下时间里不断加速的变化步伐想出了一个生动的比喻。

马里内蒂拒绝人们在一个混乱的环境中通常渴望获得的所有明显的舒适感：连贯、和谐、自由、道德和传统语言。对他来说，舒适在艺术上毫无用处。未来主义反而美化战争、力量、混乱和毁灭，这些是迫使人类进入新生的方式。未来主义者颂扬机器之美、力量之德和胡言乱语的句法。未来主义者摒弃旧的价值观，包括敏感、善良和脆弱，而选择了无情、坦率和强大。他们画出了"力线"（lines of force）——象征着强迫——还画出了疯狂运作的机器。之前的艺术家曾试图捕捉工业活力的速度和节奏，但未能成功：透纳笔下的蒸汽船模糊不清，而凡·高的船则是死气沉沉地静止不动。未来主义者超越了他们，仿效物理学家分裂原子，将运动分解成其组成元素，并模仿电影将每秒分为若干帧画面来连续展示的方式体现运动。新型内燃机所带来的速度上的刺激，代表了时代的精神，正在飞驰般远离过去。

未来主义团结了20世纪最激进政治的拥护者，主要是法西斯主义者（认为国家应该为强者服务）。共产主义者憎恨法西斯主义者，与之战斗，首先是在民间，后来当他们接管国家，规模扩大为史无前例的战争。激进政治的拥护者一致认为，进步的作用是摧毁过去。人们常说，第一次世界大战的爆发是由于领导人的"失误"和犯错。确实如此。但是战争的一个令人震惊的特点是，崇尚武力的人对战争是多么痴迷和欢迎。

战争几乎总是促使事态朝着它们已经前进的方向发展。因此，第一次世界大战加快了技术发展并削弱了精英阶层。那一代欧洲的天生领袖中有相当一部分人消失了。这导致了欧洲历史的混乱和不连续。毁灭和绝望使公民无依无靠，没有人为平定的局势努力，废墟之上也没有忠诚可言；因此，可怕的金钱开销和惊人的死亡率换来的不是和平，而是政治革命。在欧洲或其边界上出现了12个新的主权国家，或实际上拥有主权国家地位的政权。超级大国轰然倒塌。国家边界发生改变。海外殖民地被瓜分和交换。这场战争一举摧毁了俄国、德国、奥匈帝国和奥斯曼帝国。甚至连英国也失去了一条腿：1916年在爱尔兰爆发的起义和内战，以6年后该岛大部分地区的实际独立而告终。巨大的移民潮重新分配了民族。战后，超过100万的土耳其人和希腊人越过疯狂地重新划定的边界，转移到安全地带。欧洲各个帝国的狼狈样子让世界各殖民地的人民兴奋不已，他们急切地盼望着下一场欧洲战争及早到来。《印度之行》[*]中英雄的遗言是："我们的时代到来了，我们应该把每个该死的英国人都扔下海。"

战后贫困导致极端主义。20世纪二三十年代欧洲和美洲的金融灾难似乎表明，西方正陷入困境。它造成的衰落比导致战争与破坏和平的腐败政治更为严重。西方文明找碴挑错的时代开始了。反犹主义者把世界的艰难时期归咎于犹太人，谜一般的理由是"全世界的犹太人"控制着世界经济，剥削着非犹太人，使他们难以获取自己的财富。优生学的倡导者声称，不科学的繁殖是世界苦难

---

[*] 《印度之行》，英国作家E. M.福斯特的小说，出版于1924年。——译者注

的原因：这样会鼓励"劣等"阶级和种族以及"弱小"或"有精神缺陷"的个体生育像父母一样软弱无用的孩子，从而削弱了整个社会。反教权主义者指责教会颠覆科学，削弱大众，鼓励弱者。共产主义者指责资本家，资本家指责共产主义者。人们指责的一些事情太过离谱，以至于在理性上令人难以置信，但煽动者的喧闹声足以淹没理智。千百万贫困者和悲惨的人相信他们的主张。扩音器政治（politics of the megaphone）——尖锐的言辞、过分的简单化、预言性的幻想和草率的谩骂——吸引了渴望解决问题的选民，不管解决手段是多么简化、过激或所谓的"终极"。复仇成为最简单的正义形式，人们也欣然接受用替罪羊来取代自我牺牲。

根据流传最广的分析，所谓的"体制"就是最好的责怪对象。马克思的预言似乎正在实现。穷人越来越穷，资本主义的失败将驱使穷人走向革命。民主是一场灾难。需要一个威权主义的领导者，才能强迫人们为了共同的利益而合作。也许只有极权主义政府才能伸张正义，对生活的每一个领域负责，包括商品的生产和分配。时机一到，意识形态便应运而生。

法西斯主义是偏爱强权、秩序、国家和战争的政治偏见，其价值体系将群体置于个人之前，权威置于自由之前，凝聚力置于多样性之前，复仇置于和解之前，报复置于同情之前，强者霸权置于保卫弱者之前。法西斯主义认为废除不服从官方意见者、持不同政见者、不合群者和颠覆者的权利是正当的。尽管它完全是思想的产物，但它只是由一堆观念堆砌起来的，就像垃圾场压缩机里的废铁那样被压合在一起：这是一种意识形态的虚构，由许多不牢靠地互相扣住的共同传统、独裁传统和极权传统拼凑而成。法西斯主义的信条可以被归类为一种独立发展的学说，或是一种寻求意识形态的精神状态，或仅仅是无原则机会主义的俗称。在古罗马，"法西斯"是一捆棍子，中间有一把斧头，地方长官巡行时，会有人手持这种束棒为其开道，作为他们享有的鞭打和斩首权力的象征。贝尼托·墨索里尼把这个沾满鲜血的执法机关的标志作为他所在政党的"徽标"，表达了法西斯主义的本质：棍棒的威力和斧头的刀口。陆军制服的颜色也许会改变、会褪色，军队仪式的形式、礼炮的角度也许会改变、会下降，但人们依然可以通过因恐惧而冒出的冷汗，以及铁蹄的践踏留下的痕迹，从感受上觉察出它的影响。法西斯莫名其妙的神秘论调甚至可以蛊惑那些憎恨或害怕它的人。英国社会主义领袖安奈林·比万因经常用晦涩难懂的格言式语句而出名，却没有高德温和尤吉·贝拉*的幽默感，他说："法西斯主义不是一个新的秩序，它是拒绝诞生的未来。"[27]

纳粹主义拥有所有这些特征，同时还有法西斯主义所不具备的特征。法西斯分子通常是反宗教的，而纳粹却积极地模仿宗教。纳粹主义用历史取代天意。对纳粹来说，历史是一种非人的强大推动力，其"进程"无人能阻挡。人的生命不过是玩物，就像蛇之于獴，老鼠之于猫。历史就像饥饿的女神一样，要求人类自我献祭，靠吞噬渎神的种族来让自己更强。千禧年主义（见第七章"更好的未来：对进步的信心"）的框架和语言很适合纳粹。历史将会实现一个"千年帝国"。精心安排的仪式，圣殿和圣所，偶像和圣徒，游行和狂欢，赞美诗和圣歌，完整形成了准宗教的崇拜和礼拜仪式。

---

* 高德温（Sam Goldwyn，1879—1974），波兰出生的犹太裔美国电影制片人，米高梅影片公司的创始人之一；尤吉·贝拉（Yogi Berra，1925—2015），美国职业棒球大联盟前球员、教练与球队经理。两人都以爱说俏皮话而著称。——译者注

与所有非理性教条一样，纳粹主义要求其追随者不假思索地遵从指示，服从永远不会犯错的元首。纳粹幻想通过恢复古老的民间异教来取代基督教。他们中的一些人把"追寻家园"（Heimatschutz）变成了一条神秘的小径，穿过石圈通向韦沃尔斯堡城堡（Wewelsburg Castle），海因里希·希姆莱认为，贯穿德国和世界的中心的地球灵线（ley line）会在此相交。[28]

以牺牲人性和怜悯为代价的秩序意识形态总结了现代性的矛盾：技术进步，道德却倒退，至少看上去停滞不前。有时，在像我这样的资产阶级知识分子相聚的晚宴或学术会议上，我会惊讶地听到有人对道德进步充满信心：例如，发达国家报道的暴力事件有所减少，往往被误认为是教育者的努力产生回报的证据。然而，事实上，这只是表明，暴力已经转化为不会在统计中留下证据的形式——例如，国家的胁迫，以及老年人或未出生的人的"终结"。也可能是，我们对越来越多传统上禁止的行为——特别是在品味和穿着方面——给予了适当的宽容，这让正人君子感到欣慰；但是不宽容及其所滋生的愤怒之和，或许并没有减少。聒噪的小个子在第二次世界大战中失败了，但拥有一个终极解决方案的吸引力并没有完全消失。随着社会的混乱和复杂性变得越来越棘手，变化的步伐越来越具有威胁性，选民们又回过头来选择了威权主义：更稳定的治安，更严格的刑罚，对恐怖分子的酷刑，隔离墙、驱逐和排斥，以及国际上的自我隔离，不参与国际组织。在某些方面，威权主义已经成为一种能够超越传统竞争对手的意识形态。我写作本书之时，人们因混乱感到困惑，因无知变得幼稚，从复杂的世事中逃向狂热和教条。极权主义也许还没有耗尽它的吸引力。

CHAPTER TEN

The Age of Uncertainty:
Twentieth-Century Hesitancies

第十章

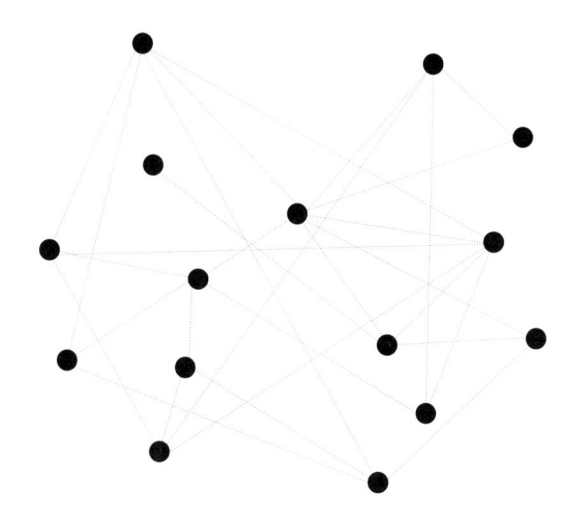

不确定的时代:
20 世纪的踌躇

心智活动可以反映外在发生的事。19世纪末以来，外部世界的加速变化对思维产生了剧烈的影响：某些人产生了不切实际的希望，另一些人产生了令人不安的恐惧，到处都充满困惑和迷茫。在衡量变化时，我们过去常常以万年、千年、世纪或世代为单位。到了现在，连一个星期都很漫长，此外并非只在政治上如此（据说此话出自哈罗德·威尔逊），而是在每一种文化中都是如此。以失控的速度发生的变化，使过去似乎更难以追踪，未来更不可预测，现在则难以理解。不确定性令人心绪不宁。选民们在绝望中寄希望于在推特上大放厥词的煽动者，狡猾的政客们解决社会问题的方法就是抛出圆滑而简化的安慰剂。

第十章　不确定的时代：20世纪的踌躇

想要了解为应对这样的局面而产生的观念，就必须要了解变化的大背景。首先来看一下全球消费，这是在不久以前的过去最能体现变化加速的领域。在20世纪，它增至将近20倍。与此同时，人口仅增长至4倍。工业化和城市化使得消费失控地猛增，这也许是不可持续的。人们应停下来反思以下事实：人均消费的增加，而不是人口的增加，在绝大多数情况下是造成人为环境压力的原因。疯狂消费主要是富人的错。最近的人口增长主要集中在穷人群体。与此同时，生产不可避免地随着消费而增长；富有的消费者可使用的产品范围以令人眼花缭乱的程度成倍扩增，特别是在技术创新，医疗服务和补救措施，以及金融和商业工具方面。世界人口的增长重新引发了马尔萨斯式的忧虑，并不时在一些国家促使实施干预性的人口控制方案。[1]但是，人数（特别是穷人的数量）并不是他们所面临的大多数问题的罪魁祸首。如果我们放弃一些贪欲，就可以容纳更多的人口。[2]

在一些较为发达的地区，人们不太费力就可以利用各种医疗技术手段延续生命和对抗死亡，寿命在20世纪被空前地延长。（我们不应该期望这种延长会持续下去，更不要说期待寿命进一步延长了：20世纪战争的幸存者在逆境中变得更加坚强，他们的子孙后代可能就没那么有韧劲了。）与大多数延长的体验不同，寿命的延长似乎不会放慢速度。随着时间的流逝，事件变得越来越看不清，就像树篱在高速列车窗外变得一片模糊。当我还是个孩子的时候，科幻小说中最受欢迎的航海家们挣扎着适应的陌生世界与他们自己的时代相去甚远，因此其风俗习惯也与他们熟悉的相去甚远。到我头发花白时，BBC播出的一个英雄片，其背景不过是40年前而已。对于21世纪初的年轻观众来说，20世纪70年代被描绘成一个几乎难以忍受的原始时代，竟然没有家用电脑、家用游戏机和手机等显然不可或缺的设备。这个节目让我感觉自己像是个穿越时空的旅行者。现在，每个人都像瑞普·凡·温克尔[*]，不过我们只需睡一个晚上就能体验到他的经历。我们几乎每天醒来都会发现，人们的举止、时尚、态度、环境、价值观，甚至道德观都发生了面目全非的变化。

在动荡的世界里，因不稳定而受到影响的人正在遭受"未来的冲击"。[3] 恐惧、困惑和怨恨侵蚀了他们的安全感、幸福感和对未来的信心。当人们感受到变化的威胁时，他们会伸手去抓熟悉的事物，就像一个孩子紧紧抓住奶嘴。人们在不理解发生于自己身上的事情时，就会变得惊慌失措。最好的例子是1789年夏天法国的农村，当时农民们在大恐慌下，高举着草叉和火把攻击那些被怀疑囤积粮食的人。当今时代，类似的做法是将仇恨转向难民、移民和少数族裔，或者抓住宗教狂热或政治极端主义提供的虚妄慰藉。此时，知识分子们则在"后现代"策略中寻求庇护：冷漠，道德失范，道德相对主义和科学不确定性，拥抱混乱，对一切不以为意。

本章好像一个开拓的探险家在不确定的海洋中航行。首先要来研究的是在第一次世界大战前相对主义的基础上进一步发展或补充的思想，这些思想削弱了传统的确定性。然后，我们将转向20世纪的哲学和观点，它们反映了新出现的犹豫不决，或是代表了一种

---

[*] 瑞普·凡·温克尔（Rip Van Winkle），美国作家华盛顿·欧文创作的同名短篇小说的主人公。温克尔喝了仙酒后昏睡过去，一觉醒来，已是20年后。——译者注

第十章 不确定的时代：20世纪的踌躇

探索，尝试为被遗弃的、边缘化的过去世界观找到（易变但耐久的）替代者。它们就是存在主义和后现代主义，伴随着一个令人惊讶的结果：西方思想越来越受到来自亚洲的影响。接下来我们会考察不死守某种意识形态的思想者的政治思想和经济思想，最后在本章结束时回顾一些基本没有成功但仍未彻底消失的尝试，这些尝试的目标是重新确立教条，并恢复原有的自信，伴随这种尝试的是令人惊讶的两位同伴：科学主义和宗教激进主义。

不确定的世界：二战前后

临近19世纪末的时候，每一种可测量的变化都跳出了表格图纸。当时的人们注意到了。弗朗茨·博厄斯的学生亚历山大·戈登威泽（Alexander Goldenweiser）研究图腾，担心机器人的出现，他认为文化变革会在平静阶段之间的涌动中"突然发生"，有点像斯蒂芬·杰·古尔德就进化过程提出的"间断平衡"理论那样。博厄斯本人指出，"变化在以越来越快的速度增长"。[4] 流行诗人胡戈·冯·霍夫曼斯塔尔在1905年评论道："我们这个时代的本质是多样性和不确定性……一些基础确实松动了，其他时代认为这些基础是牢固的。"[5] 1917年，博厄斯的另一个学生罗伯特·洛伊（Robert Lowie）假设存在一个"临界值"，超过这个临界值，也就是在"极其缓慢的成长"之后，文化会"飞速前进，不停加快"。[6] 到1919年，用《纽约时报》的风格来说，"动荡的精神"已经"入侵了科学"。[7]

进一步的矛盾堆积于量子世界。科学家在观察电子时注意到，亚原子粒子会以其动量不允许的方式在不同位置之间移动，其实际速度明显不同于计算的速度,最终到达的也是它们按说不可能到达的位置。尼尔斯·玻尔和他的德国同事维尔纳·海森伯在紧张的合作中共同定义了这一现象:"不确定性"或"测不准"。他们展开的辩论引发了一场思想革命。思考这一点的科学家们意识到,由于宏观物体的世界与亚原子的世界是连续的,不确定性会造成两个领域的实验都失效。观察者也是所有实验的一部分,因此所有观察结果都不客观。科学家们回到了他们的前辈炼金术士的水平,后者在群星摇摆不定的影响下进行复杂到不切实际的蒸馏,而他们永远无法重复相同的实验条件,因此也永远无法预见实验的结果。

当科学家们承认自己的不确定性时,他们鼓舞了其他学科的从业者也如此行动。人文和社会研究领域的学者对科学充满期待,因为科学得到了更多的关注,赢得了更多的声望,还调动了更多的研究资金。科学是其他人渴望的客观性的基准,是他们工作真实性的保证。在20世纪,哲学家、历史学家、人类学家、社会学家、经济学家、语言学家,甚至一些研究文学和神学的人都宣称,他们打算摆脱自己学科的主观性。他们开始自诩为客观的科学家。然而这一切都是虚妄的。他们与严格意义上的科学家的共同点,正与他们自己所希望的相反:他们都会裹入并影响自己的发现。客观性是一种幻想。

我们通常会努力挽回或拯救失去的信心。人们在20世纪20年代确实说过,一定会出现可靠的路标来帮助我们避开我们在确定性墓地中自掘的坑。例如,逻辑,它难道不是一个绝对正确的指南吗?数学呢?数字当然不受变化的影响,也不受量子矛盾的影响。伯特兰·罗素和艾尔弗雷德·诺思·怀特海就是这么认为的。在第一次世界大战之前，他们证明逻辑和数学本质上是相似的、完全可用统一标准衡量的系统，他们对自己的论证很满意，其他几乎所有对此进行过思考的人也感到很满意。

然而，在1931年，库尔特·哥德尔提出了以自己的名字命名的定理，证明了这种理论是错误的。数学和逻辑可能具有完备性，也可能具有一致性，但它们不可能同时具备这两个性质。它们不可避免地包括无法证明真假的命题。为了说明哥德尔的想法，杰出的人工智能爱好者侯世达引用了天才的平面设计师M.C.艾舍尔的画作。艾舍尔想找到在平面上表示复杂维度的方法，在20世纪30年代开始阅读数学著作。他专攻的主题是缠结的结构，他利用这样的结构，（用他自己的话来说）揭开了不可能存在的系统的面纱：只通向自己的楼梯，源头在自己的瀑布，互相画出彼此的双手。[8]

哥德尔相信数学，但是他的研究成果摧毁了他人的信仰。如柏拉图或毕达哥拉斯一样，他确信数字作为客观实体存在，独立于思想。即使没有人数数，数字依然存在。然而，哥德尔的定理却使与此相反的观点更为可信。康德认为数字是通过理解而为人所知的，哥德尔接受这一观点，但他又促使其他人对该观点产生怀疑。他让我们无法确定数字究竟是被人发现的，还是被人发明的。乔治·布洛斯（George Boolos）在一篇绝妙的短文中声称"简单明了"地概括了哥德尔的论点，并得出结论："无法证明不能证明二加二等于五。"这一没头没脑的算式表明"数学并不是胡言乱语"。[9]有些读者则认为数学的确是胡言乱语。

除了破坏罗素和怀特海理解算术和逻辑相互映射性的传统方式之外，哥德尔还激起了意料之外的最终影响：数学哲学家开始设计违背逻辑的新算术,就像人们创造出违背传统物理的非欧几里得几何学一样。直觉主义数学在极端情况下,相当于宣称每个人都有自己的数学。对一个人或一群人来说,证据可能暂时令人满意,但永远无法确定。范式或假设会改变。

这样的新起点是可以想象的,因为庞加莱已指出,人们对各种知识的认同是短暂的。但他的大多数读者还是相信数字是真实的。例如,最早和最具影响力的直觉主义者之一,阿姆斯特丹的布劳威尔认为,他可以从时间的流逝中凭直觉知道数字的存在:每一个连续的时刻都被加到数字的序列中。如果像我们所见,柏格森对时间的重新解释(视其为一种心理建构)与布劳威尔的见解扞格不入,那么哥德尔的成果将更具颠覆性。它挑战了柏拉图的信念,即对数字的研究"一定会强迫大脑使用纯粹的思想来获得真理"。现在,既不能假定算术具有纯粹性,也不能假定其具有真实性;柏拉图还说过,"使人们信任测量和计算的,一定是灵魂的最好部分",[10] 但这种信任现在看来是错的。失去信任而且不敢再有信任,这是一种可怕的损失。哥德尔的研究对世界带来的影响,就像乘客在以为不会漏水的船上发现了白蚁时那样:可以想见的震惊。如果数学和逻辑都漏洞百出,世界就是一艘蠢货之船。令他愤怒的是,他"因为被误解而受到敬佩"。自封的追随者们无视他最深刻的信念,而拥护他对混沌的认可。[11]

有些人想继续相信进步、理性、确定性等曾经广为认可,现已摇摇欲坠或轰然倒塌的理念,对他们来说,20 世纪 30 年代是一个糟糕的年代。在西方世界,这些信念曾经似乎是明智的,此时的西方却经历了明显没有规律的、不可预测的危机:经济崩溃、萧条、尘暴、社会暴力、不断增加的犯罪、反复爆发的战争威胁,最重要的可能是不可调和的意识形态之间的冲突,这些意识形态都想消灭自己的对手。

随着第二次世界大战的爆发,那些已经渐行渐远的理念变得不堪一击。二战使之前任何一场战争的破坏性都相形见绌。炸弹将大城市夷为平地。意识形态和种族差异激发的杀戮欲导致了人为的大屠杀。死亡人数超过3 000万。工业生产出大规模杀伤性武器。科学扭曲成为种族伪科学。进化演变成筛除弱者和不受欢迎者的正当理由。古老的理想被凶残扭曲。当时,进步表现为种族优生的形式;乌托邦是一个可以驱逐和抛弃敌人的天堂;民族主义则成为使仇恨神圣化和维护战争的借口。

纳粹指责犹太人是社会弊病的罪魁祸首,他们开始有计划地除掉犹太人,把他们赶进死亡集中营,在密闭室中用毒气毒死他们。大屠杀伴随着毫无意义的残酷:千百万人在所谓的科学实验中挨饿、受折磨和被奴役。战争或恐惧点燃了仇恨,使人丧失了同理心。德国和日本的科学家和医生在人体上进行实验,以发现更有效的杀戮方法。这些暴行表明,最文明的社会、受教育程度最高的人口和纪律最严明的军队,其实和野蛮人没有什么不同。没有一个种族灭绝的例子能与纳粹针对犹太人的行动相提并论,但并不是说没有其他类似的尝试。任何艺术和语言都无法表达纳粹死亡集中营的可怕,虽然人们从照片中或许可以隐约感觉到邪恶,在这些照片中,死亡集中营的卫兵在战争的最后几个星期里将受尽折磨的瘦弱死者的尸体堆在一起:这是在盟军到达之前消灭幸存者并销毁证据的绝望尝试。他们拆除了焚化炉,剩下饿死的、丧命于斑疹伤寒的尸体被丢在地上或留在浅坑里腐烂。犹太裔意大利作家普里莫·莱维曾写下极为真实的回忆录，他试图通过勾勒个体的苦难来展现大屠杀的记忆——比如，一个女人"像一只冬天的青蛙，没有头发，没有名字，眼睛空空，子宫冰冷"。他请求读者将这些画面刻入"心中，无论在家里或在街上，即将入睡还是正在起床，都牢记在心。反复讲给孩子们听"。[12]

各国政府和公共教育机构也共同努力，以保持对大屠杀和其他暴行的记忆。我们知道人类的记忆力是多么匮乏（见第一章"不佳的记忆力"），不过遗忘也许是我们的专长。否认犹太人大屠杀的奇怪心理在20世纪末的西方极为普遍：拒绝承认纳粹曾经犯下大规模恶行，无视从理性上说无可争议的证据。许多欧洲国家试图通过取缔否认者的言论来控制他们。大多数思考这个问题的人从明显的事实中得到了明显的教训：文明也可能是野蛮的。进步终归是不可靠的。科学对道德没有积极影响。纳粹主义的失败似乎也并没有使世界变得更好。其他意识形态的规模甚至更大的不人道行为被一点一点揭露，这也削弱了人们对于世界问题可以解决的信心。

与此同时，科学界也有一个赎罪般的说法：科学帮助结束了对日战争。1945年8月，美国飞机向广岛和长崎投下原子弹，几乎摧毁了这两座城市，造成22万多人死亡，大批幸存者深受辐射之苦。但是科学有多少功劳呢？参与制造和"交付"原子弹的人们一直在良知中挣扎，其中包括天主教飞行员威廉·P.雷诺兹（我在圣母大学担任的讲席教授职位就是以他的名字命名的）和罗伯特·奥本海默，他是原子战争研究的幕后推动者，后来退入神秘主义。[13]科技拥有释放邪恶的强大力量，人们在道德上抵御邪恶的力量却弱得可怜，二者之间的差距十分醒目。

第十章 不确定的时代：20世纪的踌躇

思想的避难所：从存在主义到后现代主义

新的或"另类"的想法为那些幻想破灭的人提供了避难所。奥本海默转而阅读印度教经文。我们将看到，他为西方 20 世纪余下的时间设定了一种趋势。对于大多数想从失败的学说中解脱出来的人来说，存在主义更具吸引力。存在主义是一种古老而又新潮的哲学，是法兰克福的思想家（当前学术界统称其为"法兰克福学派"）在 20 世纪三四十年代发展出来的，当时他们正在努力寻找马克思主义和资本主义的替代方案。他们认为"异化"是社会的大问题，因为经济竞争和目光短浅的物质主义使群体间产生分裂，留下了躁动不安、四处迁徙的个体。马堡大学的天才马丁·海德格尔提出，我们应接受生与死之间的存在是我们唯一不变的东西；然后，生命可以作为一个自我实现、"生成"的过程来经历。我们会随着生命历程的发展而改变。海德格尔认为，每个人都是其个体存在的牧羊人，而不是创造者或工程师。然而，到 1945 年，海德格尔因与纳粹产生联系而染上污点，他的敏锐观察在很大程度上被忽视了。让-保罗·萨特重新提出存在主义，将其作为战后时代的"新信条"。

萨特说，"人，只是一种情境"，或者"只是他对自己的看法，别无他物……是将自己推向未来并意识到自己在想象未来的存在"。自我建构并非只是个人选择的问题：每个个体的行为都是"模范行为"，是对我们希望人类成为什么样子的一种表达。然而，萨特认为，任何这样的表达都不可能是客观的。上帝不存在；一切都是允许的，"因此人是孤独的，没有任何东西可以依附……如果存在真的先于本质，就没有任何东西可以通过固定的……人性来解释。换句话说，没有决定论，人是自由的，人就是自由"。只有承认这一点是正确的，道德才是正当的。[14] 在20世纪五六十年代，萨特版本的存在主义满足了受过良好教育的西方年轻人的普遍假设，他们在第二次世界大战后掌握了未来。存在主义者可以用自省在自己周围筑起护墙，从丑陋的世界中退回安全的地带。谴责他们堕落的批评者实际上并非大错特错：当时还年轻的我们曾利用存在主义来为每一种形式的自我放纵辩护，称其为"生成"自己的过程当中的一部分——性滥交、革命暴力、无视礼仪、滥用毒品、藐视法律等，这些都是存在主义者典型的恶习。如果没有存在主义，千百万人采取或模仿的生活方式，如"垮掉的一代"以及20世纪60年代的性放纵，将是无法想象的。20世纪末自由至上主义者对社会规划的抗议大概也是如此。[15]

当然，并不是每个思想家都畏缩在自我主义中，屈服于幻灭的哲学，或者不再相信确定性是客观可证实的。法兰克福学派的对手——战前的维也纳学派——留下的幸存者和信徒，是反对怀疑的突出人物。他们代表所谓的"逻辑实证主义"发起了长期的顽强抵抗。逻辑实证主义重新确认了对经验知识的信念，也就是对科学的信念。我记得曾在电视上（在当时，电视还是一种带教育意义的智能媒介）看到逻辑实证主义的公众人物和代言人、牛津大学的弗雷迪·艾耶尔教授谴责形而上学的空洞。在美国，约翰·杜威和他的追随者试图复兴实用主义，以此作为与世界相处的切实可行的方式，并对其进行了重新阐述，试图消除威廉·詹姆斯的实用主义中有害的相对主义（见第九章"流沙之上：从相对论到相对主义"）。

对实证主义的挑战来自其异端门徒之一。奎因来自美国中西部，讲究实事求是。他继承了一些让美国更伟大的实用主义：他希

第十章　不确定的时代：20世纪的踌躇　　445

望哲学能够在现实世界、物质世界或如他所说的"自然"世界中发挥作用。他像所有哲学系的学生一样,深入柏拉图的洞穴,离开时除了对无法证实的主张的乏味猜测外,什么也没看到。他是20世纪30年代的典型人物,当时他开始成为一名专业哲学家。他认为科学是学术界的女王,甘愿向科学俯首鞠躬,并希望哲学也具备科学性,就像许多历史学家和社会学家希望实践"社会科学"那样;像其他推崇以科学手段寻求真理的人一样,奎因也对不确定性大感震惊,从直觉思维中退缩。他的用词非常精简,凡是他认为含义模糊因而有害的词,如"信念"和"思想",都会被他像对待肿瘤一样切掉,或像培养皿里的杆菌那样被保留下来,只用于修辞。人们会觉得,他希望把交流限制在可用符号逻辑记法表示的句子中。实证主义之所以吸引他,也许是因为它推崇可证明的事实和实证检验。他将"思想的闪烁"比作"眼睑的颤动",将"信念的状态"比作"勇气的状态"。[16] 但以他的标准来看,实证主义者对无法经过科学检验的假定真理还是太过宽容了。他在1950年读给其他哲学家的两篇论文中,推翻了实证主义者接受普遍命题的基础:尽管无法证明,但它们是关于定义、用法或"意义"(meaning)的问题——而"意义"也是奎因反对使用的词。有一个经典的例子是,人们可以同意"所有单身汉都未婚"这一命题为真,因为它从字面上就是这个意思,但不可以在没有证据的情况下同意"克里夫·理查德是单身汉"这一命题为真。* 奎因谴责这种区分,称其是错误的。他的论点的核心就是对"意义"的否定:

---

* 克里夫·理查德(Cliff Richard)是英国流行歌手,他有一首歌名为《单身汉》(*Bachelor Boy*)。——译者注

"单身汉"一词在这里讨论的句子中代表"未婚男子",但其本身没有任何意义。

为什么奎因的论点很重要?这使他产生了一种新的思考方式:通过将命题与整个经验联系起来,并判断它在物质世界中是否有意义,或者是否能帮助我们理解物质世界,来检验该命题是否为真。然而,很少有读者追随他后期的学说。大多数人推断出两个相互矛盾的结论之一。有些人求助于科学来证明这些普遍表述的正确性,仿佛科学检验足以验证甚至很有说服力地验证这些表述是否成立,就像物理定律或数学公理那样。另一些人则完全放弃形而上学,理由是奎因已经表明,不可能提出一个必然为真或本质为真的命题。无论哪种方式,科学似乎都在接管哲学,就像一个垄断者那样占据了真理的市场。[17]

然而,语言哲学家使实证主义及其分支显得肤浅和不尽如人意。路德维希·维特根斯坦的作品非常具有象征意义。他是罗素的一个不守规矩的学生。在剑桥大学罗素的一堂讨论课上,维特根斯坦拒绝承认"桌下没有河马",以表明主张的独立性。[18] 罗素认为这个聪明的年轻人又可气又让人钦佩。这是一个年轻的反对者放弃逻辑实证主义的方式。维特根斯坦继续表现出不受博学干扰的才智:他的方法是独立思考问题,不让自己的头脑因为阅读先哲的作品而受到阻碍。

1953年,维特根斯坦发表了《哲学研究》。印刷的书页仍然有讲义的感觉。但是与亚里士多德和索绪尔不同,维特根斯坦是自己写下来的,他似乎不信任自己的学生有能力准确理解他的意思。他没有解答那些读者可能会提出的问题,而是留下了许多悬而未决的疑问。一种具有潜在的毁灭性的病毒感染了他的著作。维特根斯坦对学生们说："我的目的，就是教你们从一种伪装的胡说八道，变成一种明显的胡说八道。"他令人信服地辩称，我们理解语言并不是因为它符合现实，而是因为它遵守使用规则。维特根斯坦想象一个学生问："所以您是说，人类的共识决定了什么是真什么是假？"还有："您到底是不是真心认为，除了人类行为以外，一切都是虚构的？"这些都是威廉·詹姆斯和费迪南·德·索绪尔所预料到的怀疑主义形式。维特根斯坦试图与他们保持距离："如果我确实提过虚构，那也是一种语法虚构。"然而，正如我们已在庞加莱和哥德尔的例子中看到的，作家作品的影响往往会超出其本意。在维特根斯坦将他所谓的"对象的模型和名称"加以区别后，他把语言和意义分开了。[19]

几年后，法国哲学家雅克·德里达成为索绪尔最激进的解读者。他是一个具有独创性的思想家，一直处于不起眼的位置上，这让他变成了一个尖酸刻薄的人，甚至是一个愤怒的人。在德里达版本的索绪尔思想中，阅读和误读、解读和误解是无法区分的双胞胎。语言并不是指任何超越它们的现实，而是仅指语言自身。因为意义是由文化产生的，所以我们被困在文化假设中，这些假设为我们使用的语言赋予了意义。为了政治正确，过激的语言改革往往采纳或遵循着德里达的见解：例如，即使是在引用历史文献的时候，也不要使用历史上含有侮辱性的词语或表述，例如"瘸子""黑鬼""矬子""疯子"；或者要求使用新的表述，例如"残障人士"或"发育受限"；或发起女权运动，要求废除通性词，比如"man"（人）和"he"（他），因为这些词也代表了男性，因此暗示了对男性的偏袒。[20]

然而，所谓的后现代主义不仅仅是"语言转向"。语言的无法描述的问题与科学的不确定性共同引发的结果是，人们不再相信知识可轻易获得，甚至怀疑知识根本就是不存在的。令人痛心的事件和新的机遇促使人们从现代主义当中抽身：战争、种族灭绝、广岛、与建筑有关的现代运动创造的俗丽乌托邦、战后欧洲人过度规划的沉闷社会。被异化的人必须重新夺回文化：电子娱乐的突破性技术帮助他们做到了这一点。

在某种程度上，这种背景下的后现代主义看起来像是一种代际效应。婴儿潮一代可以推翻失败的一代，接受适合后殖民、多元文化、多元化时代的情感。在一个拥挤的世界和地球村中，生命的毗连性和脆弱性鼓励存在多元视角，或说需要有多元视角，就像邻居采纳或尝试彼此的观点一样。必须避免给价值排序，不是因为这样做是错误的，而是因为价值序列是冲突的。后现代的感受反映难以捉摸的、不确定的、不存在的、未定义的、易逝的、沉默的、不可表达的、无意义的、不可归类的、不可量化的、直觉的、讽刺的、不可解释的、随机的、变形的、超越的、不连贯的、模棱两可的、混乱的、多样的、五光十色的：棱角分明的现代感受无法涵盖的一切。从这种角度看，后现代主义是根据它对其他"霸权"思维方式的预测而产生的：它是我们所处的历史背景实施的一种由社会建构、文化设计的方案。夏尔·波德莱尔在其著名的诗句中，把现代定义为"短暂的、易逝的、偶然的艺术的一半，艺术的另一半是永恒不变"。很想修改这句话，将后现代主义形容为短暂的、易逝的、偶然的现代的一半，而现代的另一半是永恒不变。[21]

20世纪60年代发生的特定事件使后现代主义得以具体化。研究者们开始意识到，关于宇宙的主流科学图景是被矛盾撕裂的，例如，相对论和量子论——20世纪最宝贵的思想成就——不可能同时是正确的。简·雅各布斯的作品表达了体现在建筑和城市规划中的现代乌托邦理想的幻灭。[22] 托马斯·库恩和混沌理论完成了20世纪的科学反革命。从过去继承下来的有序的宇宙图景被我们今天的生活图景所取代：混乱而矛盾，充满不可观察的事件、不可追踪的粒子、不可查明的原因和不可预测的影响。天主教会是世界上最大、最有影响力的教会，它的贡献常常得不到承认。但在第二次梵蒂冈公会议上，之前最自信的人类信心宝库放下戒备：教会许可了礼拜式的多元化，对信仰的多样性表现出前所未有的尊重，并通过使主教的地位更接近教宗，以及使平信徒的地位更接近神职人员，在其宗教权威结构上做出了妥协。

传统与时局的结合产生了短暂的后现代时期，它使学术界和艺术界充满动荡且深受影响，对于知识分子和艺术家主宰的文明而言，它完全可以成为我们用于划分历史的一个时期。然而，如果说曾经出现过后现代时期，它似乎已经合乎情理地消失了。20世纪90年代及以后，世界迅速从后现代主义转向"死后主义"（postmortemism）。被后现代主义者誉为大师的文学评论家伊哈布·哈桑在怠倦中退缩，谴责他的崇拜者"走错了方向"。[23] 德里达的弟子、爱讲笑话的哲学家让-弗朗索瓦·利奥塔是另一位后现代主义英雄，他耸耸肩或撇撇嘴，告诉我们（显然是讽刺）：一切都是玩笑。德里达自己重新发现了马克思主义的优点，并拥抱了马克思主义的"幽灵"。学识渊博的查尔斯·詹克斯重新定义了后现代主义（他在20世纪70年代作为建筑理论家和实践者的工作帮助普及了这一术语），抹去了一些被认为是定义性的特征：他提议以重建取代解构，抨击拙劣的模仿，并恢复了艺术、建筑和文学领域中经典现代派的地位。许多后现代主义者似乎已经对"真实的回归"做出一定让步。[24]

科学危机：科学主义的冲击与幻灭

人们对科学产生的幻灭加深了。1970年，法国遗传学家雅克·莫诺称："现代社会已经变得像瘾君子一样依赖科学。"[25] 瘾君子会改变自己的习惯。20世纪末，一个转折点到来。

在20世纪的大部分时间里，科学为其他学科、政治甚至宗教制定了议程。以前，科学家要对赞助人或民众的要求做出回应，而如今科学的发展推动了各个领域的变化，不再听命于任何其他计划。科学家们对生命和宇宙真相的揭示博得了人们的敬佩，也使科学收获了威望。然而，正如我们在上一章中所看到的，逆流使怀疑和猜疑不断涌现：新的科学氛围和哲学氛围使人们不再那样相信关于语言、现实和两者之间联系的传统观念。尽管如此，大学和研究院所中规模越来越大、成本越来越高的科学机构仍能指导他们的金主（政府和大型企业），或者能够获得足够的财富和独立性，来设定自己的目标并推行自己的计划。

结果是一把双刃剑。新技术带来的问题和它们解决的问题一样多：随着科学将人类的力量延伸到生死领域而带来的道德问题，随着技术的发展而出现的实际问题。科学似乎用基因取代了精灵。灵长类学和遗传学模糊了人类和其他动物之间的界限，机器人技术和人工智能研究打破了人类和机器之间的障碍。道德选择被简化为进化的偶然事件，或是屈服于基因决定的结果。科学使人类成为实验的对象。残酷的政权滥用生物学为种族主义辩护，滥用精神病学来监禁不同政见者。科学主义否认一切非科学的价值观，并用自己的方式变得像所有宗教一样教条主义。随着科学力量的增长，人们开始害怕它。"科学焦虑症"几乎成了一种公认的神经症。[26]

在这些事件的影响下，科学极强的自毁能力越发明显了。普通人和科学领域以外的知识分子对科学家失去了信心，不再那样期待科学家解决世界的问题和揭示宇宙的秘密了。实践中的失败进一步削弱了人们对科学的敬畏。尽管科学为世界创造了奇迹，特别是在医学和通信领域，但消费者似乎从未感到满意。每次前进都会产生副作用。机器加剧了战争，耗尽了环境，让生活在炸弹阴影下的生命更为无望。它们穿透了天空，污染了大地。科学似乎非常擅长搞破坏，这与提高生活质量和增加幸福感是完全相悖的。它没有使人变得更好。相反，飞速进步的科学所起的作用比过去更糟了。它没有使人类普遍受益，而是体现或导致了西方压倒性的优势。对基本秩序或总体秩序的探索似乎只证明宇宙混乱不堪，各种影响难以预测，干预措施经常出错。甚至医学上的进步也成了一把双刃剑。旨在维系患者生命的治疗提高了某些病原体的耐药性。健康成为一种可购买的商品，加剧了不平等。成本有时超过了收益。在繁荣的国家，在公众期望和公众需求的重压下，医疗供给越发吃力。威廉·戈尔丁1954年的小说《蝇王》中注定下场悲惨的英雄角色"猪崽"说："生命是科学的。"其余的角色杀死了他，恢复了本能和野蛮，这证明他的话是错的。

到20世纪末，科学辩护者与其他道路的倡导者之间出现了分歧（有时称为文化战争）。量子科学鼓励了神秘主义的复兴——根据美国神学家大卫·格里芬创造的一个术语，这是科学的"复魅"。[27] 反对科学的声音开始出现，坚持"猪崽"观点的人，和重新信仰上帝的人或转而崇拜宗教导师及煽动者的人之间产生了冲突。怀疑主义或漠不关心胜过了所有自封的救世主的吸引力，在西方尤其如此。

对科学自满的回应：环保主义、混沌理论和东方智慧

尽管环保主义依赖于科学生态学，但它也是一种对科学家自满情绪的回应。科学以化肥和农药的形式产生的有害影响，毒害了人们，污染了土地。结果，环保主义在20世纪60年代突然变成了一场大众运动。然而，作为一种观念，它有着很古老的血统。所有的社会都奉行我们或许可称之为"切实环保主义"的理念：开发自己的环境，制定合理的规范以保护自己所需要的资源。即使是"理想环保主义"，也已经存在了很长的时间。这种理想化的环保主义相信，自然值得去保护，是因为其本身的价值，而非因为它对人类有用。在神化自然的古代宗教传统，例如耆那教、佛教、印度教、道教以及西方古典异教中，都有强调保护自然的部分。神圣的生态学（换句话说，就是人类接受自己在自然界中只占据一个平凡的位置，需要顺从甚至崇拜其他动物、树木和岩石），属于我们可以在人类和人科祖先身上发现的最早的思想（见第二章）。在现代，18世纪晚期浪漫主义者的敏锐感受使环境重新变为优先考虑的对象，他们将自然视为世俗道德指南（见第七章"'温暖的心'：宗教和浪漫主义的回应"）。与此同时，这种观念在欧洲帝国主义者当中也得到了发展，他们对看管遥远的伊甸园充满敬畏之心。[28]

这种氛围一直延续至19世纪。那些想保留猎杀场所和猎物的狩猎爱好者，以及从早期工业化的有毒城镇、矿山和工厂中逃走的人，尤其支持这种观念。约翰·韦斯利·鲍威尔探索大峡谷，以及西奥多·罗斯福呼吁建立国家公园，都是出于对"荒野"的热爱。但是，全球工业化对食物和燃料的需求太过贪婪，没有给环保留下余地。然而，疯狂的消费主义必然会激起人们的反应，即使人们只

是担心耗尽地球的资源。20世纪遇到了"阳光下的新事物"——环境破坏过于持久而广泛，以至于生物圈似乎难以为继。[29] 1955年去世的耶稣会伟大博学家德日进是最早观察到或说预测到这种威胁的人，他的洞见鲜为人知，也罕有响应。在当时，科学出版物开始揭示人们担忧的原因，但环保主义名声不佳，被认为是过于天真的浪漫主义怪癖，更糟的是还被当成了一些著名纳粹分子的疯狂主张，这些纳粹分子抱有关于"血与土"相互净化的离奇观念。[30] 为了在政治领域推广理念，筹集资金，发起一场运动，并掌握一些权力，环保主义需要一个具有公关天赋的"吹哨人"。1962年，她出现了：蕾切尔·卡森。

工业化和集约化农业仍在世界范围内传播：对大多数人来说，自然界的敌人太熟悉了，似乎没有威胁。两种新的情况结合在一起，加剧了威胁并改变了人们的想法。首先，在世界上未完全开发的地区，去殖民化赋予了精英阶层权力，这些人急于模仿工业化的西方，以赶上富得流油的经济大国。其次，世界人口急剧增加。为了满足日益增长的需求，新的耕作方法使化肥和杀虫剂遍布农田。1962年出版的《寂静的春天》是卡森对滥用杀虫剂的谴责。她的直接受众是美国人，但她的影响却传遍世界，因为她憧憬着春天"随着鸟儿的返回不期而至"，而黎明"寂静得不可思议"。

环保主义利用环境污染大做文章，并在气候辩论中大出风头。它成为科学家的正统观念和政客的花言巧语。神秘主义者和古怪的先知们都支持它。普通人面对夸张的厄运难逃的预言畏缩不前。从环境破坏、化石燃料、农用化学品和工厂化农场中所获取的利益，遭人唾弃。尽管活动家和学者们努力让全球公众对深层生态（即无关利益的生态）感兴趣，但环保主义仍然主要属于传统的类型，更渴望为人类服务，而不是为自然服务。似乎只有当我们自己的物种需要的时候，自然保护才广受关注。但是，人类已经减少或制止了一些有害的做法，例如大坝建设、"温室气体"排放、不可持续的林业以及不受监管的城市化，此外还加强了对化学污染物的检测。与最悲观的前景相比，生物圈似乎更有弹性，资源更加丰富，技术对需求的反应也更加迅速。可怕的预言也许会成真——灾难性的变暖、新的大冰期、新的瘟疫时代、传统能源的枯竭——但这样的结果很可能并非完全由人类活动造成。[31]

20世纪60年代，公众对于未来科学能够带来确定性的信心降到了最低点，部分原因是卡森的影响，部分原因是美国科学哲学家托马斯·库恩的著作所带来的回响。1960年，他发表了有史以来最具影响力的科学史著作之一，认为科学革命不是新数据的结果，而是他所说的范式（paradigm）转换：改变了看待世界的方式，出现了描述世界的新图像或语言。库恩让全世界又注射了一次类似于庞加莱的那种"怀疑血清"。库恩和其前辈一样，总是否定大多数人的推论：科学的发现不依赖于客观事实，而取决于研究者的观点。但在范式转换的世界里，进一步的不确定性软化了以前不可动摇的科学事实。[32]

混沌理论引发了更多的复杂问题。科学家们最早的目标是学习"自然规律"（见第二章"怀疑感官：动摇原始自发的唯物主义"和第六章"科学革命：现代科学的诞生"），以预测（并可能因此管控）世界的运行方式。在20世纪80年代，混沌理论通过使不可预测性科学化，让科学家们产生了敬畏和绝望；对可预测性的寻找突然间似乎成了错误的追求。混沌理论首先在气象学上产生轰动。天气总是无法预测，这使气象学家感到非常痛苦和沮丧。数据永远无法得出确定的结论。但是气象学家们揭示了一个事实，即一个很小的起因会产生巨大的后果。在引发全世界的想象的一幅图景中，蝴蝶拍打翅膀可能会引发一系列事件，最终导致台风或海啸：在混沌理论所揭示的分析层面上，原因似乎不可考究，影响也不可追踪。这个模型似乎普遍适用：如果超越临界质量，一根稻草可以压断骆驼的背，一颗尘埃会引发雪崩。难以解释的突然波动会扰乱市场，破坏生态系统，颠覆政治稳定，摧毁文明，阻碍对宇宙秩序的探索，入侵自牛顿时代以来的传统科学圣地——钟摆的摆动和引力的作用。对于20世纪晚期的受害者们来说，混沌的扭曲似乎会随复杂程度而变化：一个系统越依赖于各种各样的相互关联的部分，就越有可能因为一些也许看不见却深嵌其中的微小变化而崩溃。这个想法引起诸多共鸣。混沌成为科学界为数不多的大多数人都听说过甚至可能声称自己理解的话题之一。

在科学界，由此产生的影响是矛盾的。一方面，混沌促使人们寻求更深层次或更高层次的连贯性，这种连贯性会让混沌类似于西班牙作家何塞·路易斯·桑佩德罗（José Luis Sampedro）在一则短篇小说中呈现的那样：一位星际旅行者来到马德里观光，将足球比赛误认为是宇宙的一种仪式，在这种仪式中，裁判的干预代表系统秩序中的随机干扰。如果观众停留足够长的时间，或者了解过足球的规则，就会意识到裁判是整个体系的重要组成部分。同样，正确理解的混沌也可能是一种自然规律，并可以预测。另一方面，混沌的发现促成了一种假设，即自然终归是不可控制的。

其他最近的发现和推测也令人产生同样的怀疑。正如诺贝尔奖获得者菲利普·安德森指出的，似乎不存在普遍适用的自然秩序："在一个层面上有效的普遍原则"，你不能指望"它在所有层面上发挥作用……科学是自我削弱的，进步越快，对其自身有效性的质疑就越多，大多数人对它的信心也就越少"。[33] 例如，要了解进化的速度，我们必须承认并非所有事件都有原因。它们可以是随机发生的，并且确实会随机发生。严格来说，随机是无法解释的。随机突变就是忽然发生的：这就是随机。没有这样的突变，进化就不可能发生。在我们目前的认知范围内，还有许多其他现象无法解释。量子物理学只能用完全自相矛盾的公式来描述。亚原子粒子完全违背了人们之前认定的运动定律。数学家们现在所说的分形（fractal）扭曲了曾经被认为是模式的东西，比如雪花或蜘蛛网的结构，或者蝴蝶翅膀的结构：艾舍尔的版画似乎预言了这一令人印象深刻的事实。

在第二次世界大战之后的几十年里，当科学主义瓦解时，西方重新发现了其他选择："东方智慧"、另类医学和非西方民族的传统科学。在西方影响下已经被取代或黯然失色的传统开始复兴，并削弱了西方在科学上的优势。最早的迹象之一出现在1947年，玻尔在丹麦封爵时，选择道家太极标志作为盾徽。在盾徽上的图形中，波浪状曲线将一个圆划分成阴和阳两个部分，阴中有阳，阳中有阴。他选用这个图案，是因为它作为对宇宙的描述，似乎预示了他所主导的量子物理学。他的盾徽上还附有一句箴言："对立即互补。"大约在同一时间，在因战争的恐怖而幻灭的西方，我们之前提过的奥本海默（见本章"不确定的世界：二战前后"）只是众多转向东方的西方科学家中的一位，他研读古代印度文献，以寻求安慰和洞见。

然后，又一次发生了重要书籍改变人们想法的情况，西方对世界其他地区，特别是对中国的看法产生了真正的转变。作者是一位生物化学家，有着坚定的基督教信仰和带来苦恼的社会良知：这个人就是英国人李约瑟，他曾在第二次世界大战期间在中国重庆任中英科学合作馆馆长。1956年，他开始出版《中国科学技术史》一书的第一卷，在书中他不仅表明，尽管近代中国科学声誉不佳，但中国拥有自己的科学传统，而且还阐明，西方人直到17世纪才从中国那里学到了其大部分技术成就的皮毛。实际上，西方人所认为的西方馈赠世界的大部分东西，都来自中国，或者最初依赖于中国的创新或传播。让我们来思考一些关键的实例：现代通信完全依赖于中国的发明——纸和印刷术——直到电子信息技术出现。西方的火力在19世纪迫使世界其他国家暂时屈服，依靠的是火药，中国早在西方之前就把它发明出来了。现代基础设施依赖于中国的桥梁技术和工程技术。如果没有指南针、舵和分隔舱室的舱壁，西方的海上霸主地位是不可想象的，而在西方人获得它们之前的很长一段时间里，这些发明就是中国航海传统的一部分。如果西方工业家不使用中国的高炉技术，就不可能发生工业革命。中世纪到达中国的西方旅行者见到纸币时惊叹不已，而如果没有纸币，资本主义将是不可想象的。即使是作为西方科学理论基础的经验主义，在中国的历史也比西方更长、更为连贯。与此同时，印度科学家也表示本国的科学思想有悠久的历史（甚至有全球性的影响力）。

在20世纪上半叶，世界其他地区只能忍受西方的霸权或尝试模仿它。20世纪60年代，这种局势发生了转变。印度成为年轻的西方游客和朝圣者青睐的目的地，这些人意在寻找与本国文化不同的价值观。披头士乐队坐在马赫什瑜伽师（Maharishi Mahesh Yogi）的脚边，并试图将锡塔琴*加入乐队的演奏。当时西欧的资产

---

* 锡塔琴是一种形似吉他的印度弦乐器。——译者注

阶级青年是如此热衷于到印度旅行，我觉得自己好像是我们这一代人中唯一一个待在家里的人。道家对自然的描述为一些西方人提供了"另类"（当时的流行语）的解释宇宙的模型，其中一位比较奇特的代表是小熊维尼。[34]

甚至连医学这个20世纪初西方霸权最耀眼的领域也受到了影响。随同西方军队出征并执行"文明化任务"的医生向"当地"治疗师学习。亚马孙森林居民、中国农民和南亚萨满巫师的药方让西方人大为震撼，民族植物学随之开始流行。20世纪末，随着"另类"生活方式风行一时，影响的方向显著逆转。替代医学疗法使西方患者转向印度草药和中国针灸，就像20世纪初，亚洲学生在早先潮流的影响下前往西方接受医学教育一样。现在，中国和印度的医生去欧美进修和在本国学习的倾向相差无几。20世纪80年代，世界卫生组织发现了传统治疗师在为非洲弱势人群提供医疗保健方面的价值。急于摆脱殖民阴影的政府对此表示了认可。1985年，尼日利亚在医院和保健中心推行了替代医疗相关的方案。南非和其他非洲国家紧随其后。

增长与繁荣：后意识形态的政治经济思想

科学并不是失败的唯一源头，也不是祛魅的唯一焦点。随着尚存意识形态的崩溃，以及自信的社会药方灾难性的破产，政治学和经济学也失败了。在极右意识形态引发的战争结束后，这种意识形态只能吸引疯子和精神失常者。

在缺乏可靠的意识形态的情况下，西方的经济共识和政治共识又落回平稳的期望上：实现经济增长和提供社会福利。约翰·梅纳德·凯恩斯是在形成共识的过程中做出最大贡献的思想家。他极其善于与财富打交道，并将概率研究转化为精明的投资（这对于一位专业的经济学家来说是不寻常的）。得益于他在英国容忍度较高的社会和政治体制中所受的教育和建立的友谊，他成了自信的化身，并将这份自信投射到确保世界未来繁荣的乐观方案中。

凯恩斯主义是对20世纪20年代工业化经济中资本主义自满的一种回应。汽车成为大众消费品。高楼大厦"高耸入云"。[35]数百万股东组成的金字塔被几个"法老"控制。[36]蓬勃发展的市场带来了全民富裕的前景。1929年，世界主要市场崩溃，银行体系土崩瓦解或摇摇欲坠。世界进入了现代最悲惨和最持久的衰退。显而易见的事实突然摆在眼前：资本主义需要被控制、去除或抛弃。在美国，富兰克林·D.罗斯福总统提出了"新政"，要求政府在市场上采取主动。反对者谴责该计划，称其是社会主义方案，但它实际上是一种修补政策，掩盖了破损处，但没有破坏资本主义。

凯恩斯对此进行了全面的重新思考，为随后的资本主义改革提供了理论支持。有观点认为，市场不借助外力便可生产社会所需的产品，满足社会的就业需求，凯恩斯对这一观点提出了质疑。他解释说，储蓄固定了部分财富和部分经济潜力；此外，错误的预期扭曲了市场：人们在乐观中过度消费，而在恐慌中消费不足。通过向公共事业和基础设施建设提供贷款，政府和机构可以让失业人员重返工作岗位，同时也可以发展经济潜力，一旦潜力实现，就可以产生税收，回过头来填补项目的成本。这一思想出现在凯恩斯1936年的《就业、利息和货币通论》中。在很长一段时间里，凯恩斯主义似乎适用于所有奉行该理念的政府。它成为正统观念，证明更高水平的公共支出在全世界都是合理的。

然而，经济学是一门变化无常的科学，其规律很少能长期生效。在20世纪下半叶，发达国家的主流经济政策在"计划"和"市场"之间摇摆不定，将二者视为互补的灵丹妙药。事实证明，公共支出并不比市场更合理。在20世纪30年代的紧急情况下，它拯救了尝试该政策的社会，但在稳定时期，它造成了浪费，抑制了生产，扼杀了企业。20世纪80年代，凯恩斯主义成为一种普遍愿望的牺牲品，这种愿望是"夺回国家"、放松经济管制和重振市场。随之而来的是垃圾资本主义、市场动荡和贫富悬殊的时代，人们不得不重新学习凯恩斯主义的一些劝诫。我们的学习似乎还是滞后了。2008年，放松监管导致了一场新的全球经济崩溃，人们更喜欢用"崩盘"（meltdown）这个词。尽管美国政府采取了广泛的凯恩斯主义应对措施，通过借贷和支出来摆脱危机，但大多数其他国家的政府更喜欢前凯恩斯主义的"紧缩"方案，压缩支出，限制借贷，争取金融安全。世界刚刚开始复苏，2016年，美国总统选举便把一个决心再次放松管制的政府推上了台（尽管矛盾的是，该政府承诺大力投资基础设施）。[37]

激进分子想象的未来从未实现。所有的期望都在史上最血腥的战争中消失。即使在美国或法兰西共和国这种在革命中建立起来，并由真正的民主机构来管理的国家中，普通百姓也从未在自己的生活或他们所组成的社会中获得过权力。经历过众多失望之后，一个适度仁慈的国家能带来多少益处？国家可以在经济衰退中管理经济，为了战争而操纵社会，这表明国家并未完全发挥出潜力。权力就像莫里哀笔下某个角色对食物的贪恋一样，令人欲壑难填，一些政治家窥见了利用权力做好事的机会，或者至少是为了自己的利益而维护社会和平。也许，即使不能实现古代哲学家梦想中的美德（见第四章"善恶之分：道德与政治"至"奴隶制"），他们至少可以推动社会福利的进步。德国在19世纪80年代推出了一项政府管理的保险计划，但实现全民福利是一个更激进的想法，由剑桥大学经济学家阿瑟·庇古在20世纪20年代提出：国家可以向富人征税，为穷人提供福利，有点像古代专制政府强制重新分配，以保证粮食供应。凯恩斯主张通过大量公共开支来振兴奄奄一息的经济，与这种想法是一致的。它最有效的阐释者是英国经济学家威廉·贝弗里奇。

第二次世界大战期间，英国政府委托他起草改进社会保险的计划。贝弗里奇更进一步，想象了一个"更美好的新世界"，在这个世界里，国家保险金和税收的结合将为全民医疗、失业福利和退休养老金提供资金。他宣称："胜利的目的是生活在一个比旧世界更美好的世界里。"[38] 很少有政府报告在国内如此受欢迎或在国外有如此大的影响力。这个想法鼓励了罗斯福总统许诺人民一个"免于匮乏"的未来。希特勒的死忠分子也称赞这个想法。战后英国政府以近乎跨党派的一致意见通过了这项法案。[39]

没有实行像贝弗里奇设计的那种宏观计划的社会，很难称得上是现代社会或公正的社会；但是，从过去到现在，一直有人以自由和尊重市场的名义强烈质疑国家在财富再分配、减轻贫困和保障医疗保健方面发挥作用的限度。一方面，普遍的福利为个人生活提供了安全和公正，使社会更加稳定和团结；另一方面，这样的措施代价高昂。在20世纪末和21世纪初，有两种情况威胁着福利国家，即使是在西欧、加拿大、澳大利亚和新西兰等福利制度最完善的国家也是如此。首先，通货膨胀使未来变得不安全，因为每一代人都在努力支付照顾老人的费用。其次，即使通胀表面上得到控制，发达社会的人口平衡也开始发生惊人的变化。劳动力年龄越来越大，退休人口的比例开始变得无法负担。很明显，没有足够的年轻人、有生产力的人来支付不断上升的社会福利成本。各国政府在不破坏福利国家的情况下，尝试了各种应对方式；尽管从20世纪60年代开始，美国总统和立法者不时做出努力，但美国从未推出一套全面的国家医疗体系。即使奥巴马总统的计划（在保守主义的冷嘲热讽下实施）也忽略了一些最穷的公民，没能让国家进入医疗保险行业的地盘。此时人们普遍转向以保险为基础的福利观，依照这种观念，大多数人重新为自己的退休负起责任，并在一定程度上承担了自己的医疗费用和失业金。在这种背景下，奥巴马医改的问题是可以理解的。国家解决的是余下的边缘性情况。

与国家福利有关的困境折射出的是一个更大的问题：国家普遍存在的缺陷和效率低下。为人民提供住所的国家建立了毫无生气的反乌托邦。工业国有化后，生产率通常会下降。受监管的市场抑制了增长。计划过度的社会运作不良。国家管理环境的努力通常导致浪费和退化。在20世纪后半叶的大部分时间里，计划经济体制基本以失败告终。斯堪的纳维亚半岛的混合经济体在国家的高度参与下，表现也没有好到哪里去：它们旨在实现全民福利，结果却产生了自杀性乌托邦，到处都是沮丧而感到孤立的个体。其他选择也没能通过历史的考验——无政府主义、自由至上主义、不受限制的市场。

保守主义名声不佳。"我不知道，"凯恩斯说，"哪种情况会使一个人变得更保守：只了解现在，还是只了解过去。"[40] 尽管如此，在20世纪下半叶启发出政治和经济领域最有希望的新思想的传统来自右翼。这些思想大多由哈耶克提出。他巧妙地兼顾了自由与社会正义，调整了二者之间的平衡，这通常会推翻政治保守主义。埃德蒙·伯克（见第八章"社会秩序与个人自由：保守主义、功利主义与自由主义"）对他自己在 18 世纪末开创，后来由哈耶克完善的传统有过这样的评价："在一部思想一致的作品中将相互对立的自由和限制这两种元素融合在一起，需要聪敏、强大而善于整合的头脑深思熟虑。"[41] 哈耶克就拥有满足这些条件的头脑。他为保守主义给出了可能最佳的理由：大多数政府的政策都是好心办坏事。因此，治理程度最低的政府是最好的。由于改善社会的努力往往会使情况变得更糟，所以最明智的做法是谦虚地、一点一点地解决不完美的地方。此外，哈耶克也认同传统基督教对个人主义的偏见。罪恶和善行要求个人承担责任，而"社会正义"则削弱了这种责任。1944 年的《通往奴役之路》宣告了哈耶克的主要思想："自发的社会秩序"不是由有意识的计划产生的，而是从长期的历史中产生的，历史中丰富的经验和调整是政府的短期干预无法模仿的。他认为，社会秩序是自发产生的（没有要求必须确立"社会契约"），而当社会秩序自发形成时，法律就是它的本质："人类自然历史的一部分……与社会是同步的"，因此高于国家。哈耶克说："它不是任何政府权威创造出来的，当然也不是来自君主的命令。"[42] 法治凌驾于统治者的命令之上——这是自亚里士多德以来西方传统中高度遵循、不断强调（却鲜有人听从）的建议。只有法律才能对自由设定适当的限制。哈耶克认为："如果个人能够自由地利用自己的知识和资源，以获得最大的利益，那么他们就必须要在已知和可预测的法律规则的背景下这样做。"[43] 对于这种学说而言，致命的问题是："谁来决定这些自然法则是什么，如果不是国家的话？"宗教至上，像伊朗伊斯兰共和国那样？还是非选任的法官，例如在 20 世纪后期因与人权有关的国际法律体系的兴起而获得权力的人?

在过度计划的年代,哈耶克的声音如同旷野中无人理睬的呼喊。然而,在20世纪70年代,随着20世纪最后20年发达国家的政治主流倾向右转,他作为"保守主义转向"的理论家重新出现于人们的视野中,大有征服世界之势。他的主要影响在于经济生活层面,这要归功于20世纪50年代他在芝加哥大学短暂任教时,开始在芝加哥学派经济学家中吸引的崇拜者。这所大学资金充足,因此自成体系。它位于芝加哥边缘地带,只有教授们彼此陪伴。它与主流学术界很少往来,有羡慕的,也有漠然处之的。所以这里是异端人士培养异见的好地方。芝加哥学派的经济学家当中,米尔顿·弗里德曼是最有发言权、最有说服力的人,可以抗衡经济正统观念。他们重申了自由市场的重要性,认为它是实现繁荣的不可替代的方式。20世纪70年代,他们成为各国政府放弃监管、对计划经济的失败感到绝望时的依靠。[44]

处在转折点上的科学:机器智能、遗传密码与语言结构

当混沌与连贯性难分胜负时,两者都蓬勃发展。不确定性使人们想逃回可预测的宇宙。因此,每一种决定论的倡导者都发现后现代世界以矛盾的方式与他们的追求相符。人们开始频繁尝试把机器和有机体作为简化复杂思想或行为的模型,并用虚假的确信来代替诚实的困惑。一种方法是尝试以大脑来取代心智——寻找能使思想的飘忽不定变得可理解和可预测的化学模式、电模式和机械模式。

为了理解人工智能(人们开始以此来称呼上述尝试所涉及的对象),我们有必要探索其19世纪的背景。现代技术的一个伟大追

求就是研制出一种可以帮助人类思考的机器，其灵感源于这样的观念，即头脑是某种机器，而思想是机械的产物。乔治·布尔属于我们已经见过的那类维多利亚时代知识分子（见第八章"奋斗与生存：社会达尔文主义及其灾难后果"），他试图通过"思维规律"来系统化知识。他成长于爱尔兰相对偏僻的环境，接受的正规教育并不完整而且十分有限；他以为自己得出了许多数学发现，实际上其中大部分已经为世界其他地方所熟悉。然而他是一个无师自通的天才。在他十几岁的时候，他就开始在二进制——用两位数字代替现代世界中通常使用的十位来计数——方面做出具有启发性的工作。他的努力使查尔斯·巴贝奇产生了一个新的想法。

从 1828 年起，巴贝奇开始担任剑桥大学的卢卡斯数学讲席教授，这一职位曾经由牛顿担任，后来斯蒂芬·霍金也担任过。当他看到布尔的著作时，他正试图通过机械方面的计算从天文表中消除人为误差。当时，可以商用的机器已经存在，能够执行简单的算术功能。巴贝奇希望在复杂的三角运算中使用类似的方法，不是通过改进机器，而是通过简化三角运算来实现。把三角运算转换成加减法后，就可以把它交给机器齿轮和轮子来操作了。如果成功的话，他的工作会使天文表变得可靠，从而彻底改变航海和帝国的制图工作。1833 年，布尔的数据使巴贝奇放弃了他设想的相对简单的"差分机"的制造工作，并提出了他所谓的"分析机"计划。尽管是由机械操作的，但它以二进制系统进行了范围和速度都极为惊人的计算，为现代计算机的诞生打下了基础。像早期的电子计算机一样，卡片上打的孔操控着巴贝奇的设备。他的新计划比老计划更优秀，但由于官僚主义一贯的目光短浅，英国政府撤回了赞助。巴贝奇不得不自掏腰包继续研究。

尽管拜伦的女儿、天才的业余数学家埃达·洛夫莱斯（Ada Lovelace）提供了帮助，巴贝奇仍无法完善自己的机器。需要电力才能充分发挥其潜力；早期在曼彻斯特和哈佛制作的模型有小舞厅那么大，因此用处有限，但计算机与微电子技术（缩小机器的体积）以及电信技术（通过电话线和无线电信号让机器彼此连接，使其得以交换数据）同时迅速发展。到了21世纪初，电脑屏幕通向了地球村，使人们几乎能够即时取得联系。优势和劣势都有重要影响：信息爆炸导致头脑难以负荷，让一代人变得思维迟钝，但互联网却使工作效率成倍增长，传播知识，并为自由服务。

计算机革命的发展速度和范围引出了一个问题：它还能走多远。机器或许可以模仿人类的思维，这增加了人类的希望和恐惧。关于人工智能是威胁还是希望，争议越来越多。智能机器人激起了无限的期待。1950年，人工智能研究者崇敬的密码学大师艾伦·图灵写道："我相信，到本世纪末，文字的使用和受过教育者的普遍看法将发生巨大变化，人们将能够谈论机器思维，而不必担心遭到反驳。"[45] 图灵预测的条件至今尚未满足，这些条件可能是不现实的。人类的智能从根本上讲可能是非机械的：在人类的机器里有一个幽灵。但计算机即使无法取代人类的思维，也能影响和感染思维。计算机会摧毁记忆，还是扩展记忆的范围？它们在使信息倍增的时候，会使知识逐渐消失吗？它们会拓展人们之间的关系，还是会让反社会的人更孤僻？它们是严重缩短了注意力集中的时间，还是使多线程任务成为可能？它们会激发新艺术还是会破坏旧艺术？它们是在榨取同情还是在开阔视野？如果上述各种说法全部成立，那么如何取得平衡？我们才刚刚开始研究网络如何影响人的心理状态。[46]

第十章 不确定的时代：20世纪的踌躇

人类可能不是机器，但人是有机体，受进化规律的制约。这就是人类的全部吗？遗传学填补了达尔文在进化论中没有描述的空白。对于任何理性和客观的学者来说，达尔文对物种起源的描述都是基本正确的，但是没人能解释将一种谱系与另一种谱系区分开的突变是如何在世代之间传递的。格雷戈尔·孟德尔在奥地利的修道院花园里种下的豌豆，为此提供了解答。20世纪初，T.H. 摩尔根在纽约市中心的一个实验室里饲养果蝇，确认并传播了孟德尔的解释。基因填补了进化过程中所谓的缺失环节：解释后代如何继承父母的特质。这一发现使进化变得不可挑战，只有那些孤陋寡闻的蒙昧无知者会向其叫阵。它还促使热心的支持者对这一理论抱有过高的期望，并将其延展到思想和文化等领域，可是用进化论来解释这些领域的变化是很糟糕的选择。

在20世纪下半叶，DNA的解码推动了这一趋势，并在此过程中深刻影响了人类的自我认知。1944年，埃尔温·薛定谔在都柏林的演讲中表达了对基因本质的思考，开始了这场革命。薛定谔估计DNA是一种蛋白质，结果却证明DNA是一种酸，但他对DNA外形的预测却相当准确。他预测DNA就像基本单位组成的链条，如同代码的元素一样连接在一起。人们正在寻找生命的"基本要素"，尤其是在英国剑桥的弗朗西斯·克里克的实验室中。詹姆斯·沃森在芝加哥大学生物系念书时阅读过薛定谔的著作，后来加入了克里克的团队。当他看到DNA的X射线照片时，他意识到，薛定谔预测的结构有可能是真的。在伦敦的一个合作实验室里，罗莎琳德·富兰克林对克里克和沃森正在形成的想法做出了至关重要的贡献，并帮忙得到了展示DNA结构的照片。剑桥大学的研究小组因为不公平地对待富兰克林而受到道德上的批评，但不可否认他们的发现是正确的。研究结果令人振奋不已。他们发现个体遗传密码中的基因与某些疾病有关,这为疾病治疗和预防开辟了新的途径。更具革命性的是,很多种行为,甚至是所有种类的行为,或许都可以通过改变遗传密码来调节。基因的力量引发了关于人类本质的新思考,即人类由基因模式决定,受牢不可破的密码控制。

因此,性格似乎是可以计算的。至少,遗传研究似乎证实,我们的性情比传统上认为的更加与遗传相关。人格可以排列成一串分子,个性就像"猜王后"游戏里倒扣的纸牌一样换来换去。认知科学家对人类大脑进行了更多的探索性分析,促进了类似的唯物主义思维的发展。神经科学研究揭示的电化学过程表明,思考的时候,突触会被激活,蛋白质会释放出来。这些测量显示的可能是思维产生的影响或副作用,而不是其原因或成分,这应该是很明显的。但至少允许我们认为,传统上被归类为心智功能的一切可能都发生在大脑内部。心智和灵魂这样的非物质成分越来越难找到空间了。弗朗西斯·克里克宣布:"灵魂已经消失。"[47]

同时,实验者修改了人类以外物种的遗传密码,以获得有利于我们的结果:例如,生产出更大的粮食作物,或者培养出更优良、更温顺、更可口或更易包装的动物,以供人类食用。这些领域的工作取得了令人瞩目的成功,这引发了人们对世界被重塑的担忧,就好像这样的世界是由弗兰肯斯坦或莫罗博士打造的一样。过去,人类曾经扭转进化的方向:通过发明农业(见第三章"思考土地:农业的发明")和在地球上转移生物群(见第六章开篇部分)。人类现在有能力做出最大限度的干预,能够以"不自然"的方式进行选择,不是根据什么最适合环境,而是根据什么最符合人类设计的方案。例如,我们知道存在"定制婴儿"的市场。精子库已经开始赚钱了。初衷良好的机器人妇产科会修改婴儿的基因，以预防遗传病。技术发明出来却得不到应用，对于技术而言是最不正常的事情。一些社会（在其他地方则是一些个体）将按照过去时代优生学设定的路线来改造人类（见第八章"奋斗与生存：社会达尔文主义及其灾难后果"）。道德上可疑的空想家们已在畅谈疾病和畸形彻底消失的世界。[48]

遗传学包含了一个悖论：每个人的天性都是与生俱来的，但可以被操纵。那么，康德曾经说过的那句使西方人极为动情的格言——"人有一种自决的力量，不受任何身体上的胁迫的影响"——是否也是错误的？若没有这样的信念，个人主义是站不住脚的。决定论会使基督教变得无足轻重。基于个人责任的法律体系将会崩溃。当然，这个世界已经熟悉了决定论的思想，这种思想把性格和潜力与不可避免的决定性遗传联系在一起。例如，颅骨学通过测量头骨和推断大脑大小，会将个体分入"罪犯"等级和"低级"种族（见第八章"奋斗与生存：社会达尔文主义及其灾难后果"）。因此，19世纪对于相对智力的判断是不可靠的。然而，在1905年，为了分辨出有学习问题的孩子，阿尔弗雷德·比奈提出了一种新的方法：一种简单而公正的测试，目的不是确定孩子们有多少知识，而是揭示他们的学习能力的大小。几年内，智商（与年龄相关且可测量的"一般智力"）的概念就获得了普遍的信任。这种信任可能是错误的：实际上，智力测验仅能预测一小部分技能的熟练程度。我还记得，我的一些优秀的学生在智商测验中表现得并不突出。然而智商成了暴政的新理由。到第一次世界大战爆发之时，政策制定者尤其用它来证明优生学的正当性，将移民挡在美国之外，并用它在美国军队中挑选晋升候选人。它成为发达国家社会分化的标准方式，将提前接受教育或接受特权教育的受益者挑选出来。这些测试永远不可能是完全客观的，结果也不可靠；然而，即使在20世纪后半叶，当批评家开始指出其问题时，教育心理学家也只是调整这个想法，而不是彻底抛弃它。

智商问题与20世纪最具政治色彩的科学争论一起引发了关于"先天与后天"的论战，这场论战在右派和左派之间展开。后一阵营认为社会变革会对我们的道德品质和集体成就产生正面影响。他们的反对者则提出，有证据表明，性格和能力在很大程度上是遗传的，因此不可通过社会工程加以调整。社会激进主义的拥护者与保守主义者争执不休，后者不愿意在考虑不周的情况下贸然改革，认为这样会使情况恶化。尽管智商的证据很难令人信服，但各种不同的解读在20世纪60年代后期加剧了争论。加州大学伯克利分校的阿瑟·詹森声称，80%的智力是遗传的，他还顺便提到，黑人的基因不如白人。哈佛大学的克里斯托弗·詹克斯等人使用类似的智商统计数据，得出的结论却是遗传对智商的作用微乎其微。在同一类数据的支持下，20世纪90年代，这场较量的激烈程度不减，此时理查德·J.赫恩斯坦和查尔斯·默里引爆了一枚社会学炸弹。在《钟形曲线：美国社会中的智力与阶层结构》一书中，作者认为，通过遗传形成的认知精英阶级正统治着注定处于底层的下层阶级（其中黑人的比例极高）。他们预言未来会产生认知阶级之间的冲突。

与此同时，哈佛大学天才昆虫学家爱德华·威尔逊提出的一种"新的综合"（new synthesis）的社会生物学，加剧了相关争论。威尔逊迅速拥有了一批科学上的拥趸，他们认为不同社会之间的差异是由进化的需要所决定的，因此这些社会可以相应地进行排序，就像我们在进化的层面上对"高级"或"低级"造物的排序那样。[49]

动物学家和生态学家经常通过他们研究的其他物种来推断人类的情况。黑猩猩和其他灵长类动物适用于这一目的，因为从进化角度说它们与人类密切相关。然而，物种之间的亲缘关系越远，这种方法就越没有效果。威尔逊最有影响力的前辈是奥地利动物学家康拉德·洛伦茨，他将自己对人类的理解建立在对海鸥和鹅的研究上。在第二次世界大战之前和期间，他启发了一代人对暴力的进化背景的研究。他发现，在争夺食物和性的竞争中，他观察的鸟类决心越来越坚定，攻击性越来越强。他怀疑，在人类身上，暴力的本能也会压倒相反的力量。对纳粹主义的热情让洛伦茨蒙上污点。学术评论家对他所选的数据提出了质疑。然而他还是获得了诺贝尔奖，并产生巨大的影响力，特别是当他的主要作品在20世纪60年代被译成英文并广为流传时。

洛伦茨以海鸥和鹅作为例子，蚂蚁和蜜蜂则是威尔逊的样本。威尔逊认为，人类与昆虫的区别主要在于人类存在个体间的竞争，而蚂蚁和蜜蜂则更具社会性：它们是为集体利益发挥功能的。他经常坚称，生物和环境的限制并没有损害人类的自由，但他的书似乎是用铁皮装订的，几乎毫无灵活性，他的论文版式很挤，字里行间没有自由的空间。他想象来自另一个星球的访客将人类和地球上所有其他物种放在一起分类，并将"人文学科与社会科学缩小为生物学的专门分支"。[50]

通过将人与蚂蚁做比较，威尔逊认为，他所说的"灵活性"或人类文化之间的差异，是随着互动的增加，个体行为差异"在群体层面上放大"的结果。他的想法似乎很有说服力：彼此交流的集体所展示的文化多样性，与其规模和数量以及彼此间的交流范围有关。然而，威尔逊错误地认为基因的传播会引起文化的变化。

他回应的是那个时代最新的数据。1975年他完成自己最具影响力的著作《社会生物学》时，研究人员已经发现或者说相信自己发现了内向、神经症、运动能力、精神病和许多其他人类变量的基因。威尔逊推断出了一种进一步的理论上的可能性，尽管从未出现过直接的证据：进化"坚定地选择"了具有社会灵活性的基因。[51]

在威尔逊提出这种观点之后的几十年里，大多数新的实证证据表明，他的观点需要做两个修正：首先，基因以不可预测的各种组合以及微妙而复杂的方式影响行为，其中涉及的偶然性难以用简单的模式检测。其次，行为反过来也影响基因。后天获得的特征可以通过遗传来传递。例如，母鼠的忽视会导致其后代的基因发生改变，这些后代会成长为紧张、易怒的成年鼠，而得到母亲精心照顾的婴儿也会出于同样的原因发展出冷静的特质。在关于社会生物学的争论中，大多数人仍然维持了两个基本的信念：一是个人可以塑造自我，二是社会值得改善。然而，仍然有人怀疑，基因会使个人之间和社会之间永远存在差异，使平等成为一种无法实现的理想。其结果是抑制了改革，鼓励了21世纪初盛行的保守主义。[52]

一段时间以来，美国语言学家、哲学家诺姆·乔姆斯基的工作似乎支持发动反击，以恢复确定性的地位。他在政治和语言学方面都很激进。从20世纪50年代中期开始，乔姆斯基便一直坚持认为语言并非仅是文化带来的结果：它是人类心智的根深蒂固的特性。他的立足点是，孩子们很快便能轻松学会语言。他指出："孩子们只通过积极的证据学习语言（不需要纠正，或者说与纠正无关），而且……从各种复杂的情况来看，不需要有相关的经验。"[53]儿童以他们没有听说过的方式组合单词的能力给乔姆斯基留下了深刻的印象。他认为，与一切语言共有的"深层结构"（词性以及规范词语之间联系方式的语法和句法）相比，语言之间的差异似乎是很表面的。乔姆斯基在解释这些非凡的发现时假设语言和大脑是联系在一起的：语言的结构天生就嵌入了我们的思维方式，所以人很容易学会说话，说"它是自然产生的"完全没有问题。当乔姆斯基在1957年提出这一看法时，它是具有革命性的，因为当时流行的正统观念支持的是另一种观点。我们在第九章曾经探讨过这一观点：弗洛伊德的精神病学、萨特的哲学和皮亚杰的教育理论都认为，成长是从一块白板开始的。行为主义赞同一个类似的理念（该理念在被乔姆斯基推翻之前十分流行），即我们学习如何行动、说话和思考，是由于条件作用：我们以社会认可或不认可的形式对刺激做出反应。乔姆斯基所确定的语言能力，至少从他早期的思考来看，是超出进化的范围的。他不愿意称语言为本能，并拒绝提供进化论的解释。如果他表述自己思想的方式是正确的，那么我们成为今日的自己，既非纯粹由于后天的经验，又非完全由于先天的遗传，同时也不是二者相结合的结果。我们的一部分天性是大脑固有的。乔姆斯基接着提出，其他类型的学习可能在以下方面与语言相似："这同样适用于其他领域，在这些领域中，人类能够在经验的触发和塑造作用下获得组织缜密的丰富系统化知识，类似的观念很可能还与我们如何获得科学知识的研究有关……这是因为我们的心理构成。"[54]

乔姆斯基驳斥的一种观点认为，人类发明语言是为了弥补我们缺乏的进化技能，这种观点表示："动物本能的丰富程度和特异性……解释了它们为何在某些领域取得显著成就，而在另一些领域缺乏能力……而人类，缺乏这种……本能结构，可以自由地思考、说话和发现。"乔姆斯基则认为，尽管作为一个物种，我们倾向于为自己拥有语言能力而感到庆幸，一些人甚至声称语言能力是人类的独特成就，但语言能力其实可能与其他物种的特殊技能差不多。比如，猎豹的专长是速度，牛的特殊能力是反刍，人的独特本领则是用符号来交流。[55]

历史的教训：教条主义与多元主义的较量

我喜欢不确定性。谨慎、猜疑、自我怀疑、试探：这些是我们在寻求真理的过程中的立足点。当人们对自己无比确信时，我才感到担心。错误的确定比不确定更糟糕。然而，后者孕育了前者。

在20世纪的社会思想和政治思想中，新教条主义与科学的新决定论是互补的。改变可能是好事。风险总是有的。为了摆脱不确定性，选民会屈从于聒噪的小个子和轻率的解决方案。宗教转变为教条主义和激进主义。民众把矛头指向了以移民和国际机构为首的对象，因为他们认为这些因素造成了所谓的变化。残酷而代价高昂的战争始于对资源枯竭的恐惧。这些都是极端的变化形式，往往是暴力的，并且总是带来危险，人们出于保守的原因而接受它们，只为了保留熟悉的生活方式。即使是近期发生的革命也常常令人沮丧地带有怀旧性，渴望回到一个平等、道德、和谐、和平、伟大或生态平衡的黄金时代，而这样的时代通常只存在于神话里。20世纪最让人印象深刻的革命者呼吁回归原始共产主义或无政府主义，回归中世纪伊斯兰教的荣耀，回归使徒的美德，或回归工业化之前那个时代的天真无邪。

宗教发挥了令人惊讶的作用。在20世纪的大部分时间里，世俗的先知预言了它的灭亡。他们认为，物质上的繁荣可以代替上帝来满足穷人。教育会使本来愚昧无知的人不再时刻惦记着上帝。对宇宙的科学解释会使上帝变得多余。但是在政治失败和科学幻灭之后，宗教为任何希望宇宙和谐而适宜生活的人保留了下来，宗教复兴的时机已经成熟。到20世纪末，无神论不再是世界上最引人注目的趋势。宗教激进主义成了世界上规模最大的运动，也许还是最危险的运动。没有人会感到惊讶：宗教激进主义，和科学主义以及狂妄的政治意识形态一样，也是20世纪对不确定性的一种回应——人们选择的错误的确定性之一。

如我们所见，宗教激进主义始于芝加哥和普林斯顿的新教神学院，是德国学术界对《圣经》的批判性阅读所致。像其他书籍一样，《圣经》也带有其成书年代的烙印。《圣经》的作者（你愿意的话，也可以称呼他们为神意的人类传递者）和编者的想法扭曲了文本。然而，宗教激进主义者阅读《圣经》时，却似乎认为其中的信息不含有历史背景的成分和人为的失误，把对文本的解读误当成不可挑战的真理。这种信仰建立在文本之上。没有任何批判性的诠释可以解构它。没有任何科学证据可以否认它。任何所谓的神圣经文都可以引发纯字面意义的教条主义解读，而且确实经常有人这样做。

宗教激进主义是现代的：起源于不久以前，在更晚近的年代产生了吸引力。尽管其断言看起来有悖常理，但不难理解为什么宗教激进主义在现代世界兴起并盛行，而且从未丧失其吸引力。研究这一主题的重要权威卡伦·阿姆斯特朗认为，它也是科学的，至少渴望是科学的，因为它认为宗教可以还原到与不可否认的事实有关系的层面上。[56] 它是毫无魅力、单调乏味的，是被剥夺了魅惑力的宗教。它代表了现代性，模仿着科学，反映着恐惧：宗教激进主义者表达了对世界末日的恐惧，对"大撒旦"和"敌基督"的恐惧，对混乱和陌生的恐惧，尤其是对世俗主义的恐惧。

尽管属于不同的传统，但共同的过激行为使它们拥有容易辨认的特点：好战，对多元主义抱有敌意，坚决将政治与宗教混为一谈。其中的极端分子会向社会宣战。然而，大多数宗教激进主义者都是善良的普通人，平时努力与邪恶的世界共存，像我们大多数人一样，把信仰留在宗教场所的门口。

然而，宗教激进主义是有害的。怀疑是所有信仰的必要组成部分。"我信不足，求主帮助"是自圣安瑟伦以来每个有头脑的基督徒都应该有的祈祷。任何否认怀疑的人都应该听三次鸡叫。[*]理性是一种神圣的天赋；如果像18世纪的马格莱顿派新教徒那样，认为理性是邪恶的陷阱因而压抑它，便无异于思想上的自断手足。宗教激进主义需要封闭的头脑，而且需要人搁置批判的能力，因此对我而言，它似乎不能算是宗教。新教激进主义有一个明显的错误认识，认为《圣经》不是经由人手而成的，没有沾染人类的缺陷。宗教激进主义者在经典中读到维护暴力、恐怖行为和以血腥的手段要求道德服从与思想顺从的部分，便肆意扭曲了经文的本意。某些宗教激进主义派别要求绝对服从，有偏执的规矩，摧毁个人的身份认同，对所谓的敌人发起仇恨行动或暴力行动，使人回想起早期的法西斯主义组织。他们如果获得权力，就会使所有其他人的生活变得痛苦。同时，他们还猎杀女巫，焚烧书籍，散播恐怖。[57]

宗教激进主义低估了多样性。对不确定性的一种迥然不同的反应是宗教多元主义，它在20世纪有着类似的长达一个世纪的历史。印度教的伟大发言人、宗教多元主义的使徒斯瓦米·维韦卡南达在

---

[*] 典出《新约全书》。耶稣在最后的晚餐上对彼得说："今夜鸡叫以先，你要三次不认我。"（《马太福音》26:34）——译者注

第十章　不确定的时代：20世纪的踌躇　　477

1902年去世前发出了这一呼吁，当时还没有人能预言确定性的崩溃。他颂扬了所有宗教的智慧，并主张"万法归一"。与相对主义相比，这种方法有着明显的优势：它鼓励经验的多样化——这是我们学习和成长的方式。在呼吁多元文化和多元世界的过程中，它压倒了相对主义。对于信奉特定宗教的人来说，这代表着对世俗主义的致命让步：如果没有理由偏爱众多宗教当中的某一种，为什么纯世俗的哲学不能成为同样好的选择呢？在多元信仰的彩虹中，为什么不能加入更多层次的色彩呢？[58]

在宗教占主导地位的地方，他们会成为胜利者。在地位动摇时，他们则意识到普遍主义（ecumenism）的优势。在他们统治的地方，他们可以迫害别人；在他们被迫害的地方，他们则大声呼吁宽容。在19世纪与世俗主义（见第八章"进步的平衡：寻找一种新信仰"）的斗争失败后，对立的基督教团体开始表现出对"广泛的普遍主义"的渴望，把各种信仰的人聚集在一起。1910年的爱丁堡会议旨在让新教传教士协会彼此合作，并发出号召。天主教会一直对基督教的普遍主义保持着冷漠态度，直到20世纪60年代，当时会众的不断减少引发了改革的情绪。在20世纪后期，特别的"神圣联盟"（holy alliances）开始携手对抗反宗教的价值观，例如天主教徒、浸信会教徒和穆斯林联合起来反对美国放宽堕胎法，或试图合作影响世界卫生组织的节育政策。跨信仰组织共同努力促进人权和限制基因工程。分歧不大的信仰给愿意为宗教代言或争取宗教选民的公众人物开辟了新的政治空间。美国总统罗纳德·里根似乎不知道自己的建议具有自我破坏的性质，他敦促听众信奉某种宗教，但他认为，无论是哪种宗教都无关紧要。威尔士亲王在多元文化的英国提出自己扮演着"信仰捍卫者"的角色。

宗教多元主义在最近有着令人印象深刻的历史。但它能否持续下去？宗教仇恨和相互暴力对抗的丑闻，在宗教历史上曾经如此不堪，但它们似乎是可以克服的。然而，宗教在彼此之间每找到一个共同点，它们主张自身独特价值的基础便缩小一分。[59] 从21世纪迄今发生的事件来看，信仰内的仇恨比信仰间的爱更强大。什叶派和逊尼派互为仇敌。天主教徒中支持自由主义的人，在大多数社会问题上，似乎与世俗的人文主义者有更多的共同点，而非与教宗至上主义者或保守的新教徒更有共同点。穆斯林是缅甸佛教"圣战"的受害者。在叙利亚和伊拉克的部分地区，基督徒面临着被达伊沙*狂热分子消灭或驱逐的命运。就像伊丽莎白·巴雷特·勃朗宁笔下蹄声渐响的神一样，宗教战争不断地传播毁灭和散布禁令，使那些认为自己早就埋葬了嗜血之神的世俗掘墓人感到困惑。

宗教多元主义与世俗多元主义有着相似的悠久历史。甚至在弗朗茨·博厄斯和他的学生们开始为文化相对主义积累证据之前，一个此前属于主流以外的地方就出现了未来的多元主义的早期迹象。古巴在19世纪的大部分时间里似乎都落后于时代：奴隶制在那里挥之不去。人民一直在呼吁独立，但总是不成功。但在美国人的帮助下，1898年的革命者终于粉碎了西班牙帝国并阻止了美国的接管。在新成立的主权国家古巴，知识分子面临着在众多传统、族裔和不同肤色的群体当中建立一个国家的问题。学者们——首先是白人社会学家费尔南多·奥尔蒂斯，然后是越来越多的黑人学者——以与白人平等的方式对待黑人文化。奥尔蒂斯在狱中采访罪犯并对其进行侧写的过程中，开始认识到黑人对国家的贡献，并为此而感

---

* 达伊沙是阿拉伯语国家对"伊斯兰国"极端组织的蔑称。——译者注

第十章　不确定的时代：20世纪的踌躇

激黑人。巧合的是，正如我们所看到的，在美国和欧洲，是白人音乐家发现了爵士乐，也是白人艺术家开始尊重和模仿"部落"艺术。在20世纪30年代的法属西非，"黑人意识"（Négritude）找到了出色的代言人——非裔诗人艾梅·塞泽尔（Aimé Césaire）和莱昂·达玛斯（Léon Damas）。人们越来越相信，黑人在西方传统上重视的所有领域中都与白人成就相等——也许在某些方面，他们甚至更为优秀或更早出现。人们发现黑人中也有天才，这鼓舞了殖民地的独立运动。在南非和美国，民权运动受到阻挠却不断壮大，这些地方的黑人在法律上仍然得不到平等地位，种族偏见和残余的社会歧视依然存在。[60]

在这个世界上，已没有任何一个价值体系可以赢得普遍的敬意，各种宣称自己至高无上的信仰已经破灭。20世纪50年代末和60年代白人帝国从非洲的撤退是最明显的结果。考古学和古人类学根据后殖民时代的需要调整了优先关注对象，发掘出重新思考世界史的理由。传统上认为伊甸园这一人类的发源地位于亚洲的东端。伊甸园以东再无别处。20世纪初的科学判定可辨认的最早人类化石发现于中国和爪哇，似乎证实了这一冒险的假设。但它其实是错误的。1959年，路易斯·利基和玛丽·利基夫妇在肯尼亚的奥杜瓦伊峡谷发现了一具似乎正在制造工具的人形遗骸，已经有175万年的历史。他们的发现促使罗伯特·阿德里产生了一个大胆的想法：人类是从东非这一个地方进化出来的，并从那里散布到世界其他地方。更多来自肯尼亚和坦桑尼亚的祖先出现了。20世纪60年代初，脑容量很大的能人（*Homo habilis*）被发现。1984年，人科的晚期物种直立人的骨架显示，100万年前的人族有着和现代人一样的身体，如果当年的某个人穿越到今天，和我们共坐一张长椅或共乘一辆公共汽车,我们可能压根就不会注意。1974年,美国古人类学家唐纳德·约翰逊在埃塞俄比亚进行的发掘工作更令人瞠目结舌:他将自己发现的拥有300万年历史的可直立行走的人族的骨骸称为"露西",这个名字源于当时披头士乐队的一首流行歌:《露西在缀满钻石的天空》("Lucy in the Sky with Diamonds")。这首歌的歌名首字母暗指LSD,也就是容易让人产生幻觉的迷幻药,而在当年,约翰逊的重大发现也有如此致幻的作用。第二年,有人在"露西"附近发现了250万年前的用玄武岩制成的工具。紧接着在1977年,人们发现可追溯到370万年前的可直立行走的人族的脚印。考古学似乎证明阿德里的理论是正确的。当欧洲人从非洲撤退时,非洲人将欧洲中心主义从历史中抹去了。

19世纪的大多数理论家都赞成具有单一宗教、族裔和身份的"一元化"国家。然而,在帝国主义结束之后,多元文化对和平至关重要。重新划定的疆界、无法控制的迁徙和急剧扩张的宗教使得统一性变得不可能。过时的种族主义使得同质化的措施几乎无法实现,在道德上也站不住脚。那些仍在为种族纯洁性或文化一致性而奋斗的国家会遇到"种族清洗"的创伤时期,这是20世纪末对成串的眼泪和无情的屠杀的委婉说法。与此同时,对立的意识形态在民主国家中展开竞争,而使它们维持和平的唯一途径是政治多元化——允许观点或许不可调和的政党以平等的地位进入政治舞台。

大帝国总是包容着生活方式迥异的不同民族。然而,通常每个帝国都有一个主导的文化,其他文化不得不包容它。在20世纪,仅仅包容是不够的。敌意助长了教条主义:如果遭到反对,人们只好坚称唯有自己的观点是正确的。如果想为非理性的主张召集拥护者，人们需要一个敌人来辱骂和担忧。但是，在一个由多元文化社会组成，由大量移民和频繁的文化交流形成的多元文明世界中，仇恨越来越难以承受。我们需要能带来和平、产生合作的观念。我们需要多元化。

在哲学中，多元论认为一元论和二元论（见第三章"世界的图景：一元论对二元论的挑战"）不能概括现实。这一主张在古代就有充分的记载，它有助于启发一种现代信念：一个社会或一个国家可以容纳多种平等的文化，包括宗教、语言、族裔、共同身份、历史记录、价值体系。这一观念逐渐发展壮大。在有人将其表达出来之前，真实的经验就已经给出例证：从萨尔贡大帝开始，几乎每一个大型征服国家和古代帝国都证明了这一点。人们通常认为以赛亚·伯林是多元论的最佳阐释者，他是一位到处漂泊的知识分子，而像他这样因为动荡的时局在世界各地的大学之间奔波的知识分子在20世纪还有很多——就伯林本人的情况来说，他出生于拉脱维亚，最终在牛津大学的公共休息室和伦敦俱乐部获得荣耀的地位。他解释说：

> 有很多价值观是人们可以追求的，人们也确实会追求这些价值观，而且……这些价值观是不同的。它们并不是无限的：人类价值观的数量，在维持自己的人类外表和人类特质的同时可以追求的价值观的数量，是有限的——比如74个，或者122个，或者26个，但都是有限的，不管这个数字是多少。由此造成的不同之处在于，如果一个人追求其中的一种价值观，而我并没有，那么我可以去理解他为什么要追求它，或者站在那个人的角度去设想，如果是我被吸引去追求那种价值观，会是

什么样子。因此，人类是有可能相互理解的。

这种看待世界的方式不同于文化相对主义。比如，多元主义不一定要容忍令人厌恶的行为、错误的主张以及可能让人反感的某些邪教或信条：举例来说，可以不接受纳粹主义和同类相食。多元主义并不禁止价值比较：它允许和平地争论哪种文化是最好的（如果说有的话）。用伯林的话来说，多元主义认为"多元价值是客观的，是人类本质的一部分，而不是人类主观幻想的随意产物"。它有助于多元文化社会变得可以设想和可行。"我可以进入与自己不同的价值体系，"伯林认为，"对于所有人来说，必须具有一些共同的价值观……以及一些不同的价值观。"[61]

具有讽刺意味的是，多元主义必须容纳反多元主义，而反多元主义仍然大量存在。21世纪初，由于对多元文化的反感，"文化融合"政策在西方国家吸引了选票。在这些国家，全球化和其他大规模的凝聚进程使大多数历史性群体越发捍卫自己的文化。说服不同文化的邻国和平共处，在任何地方都变得更加困难。多元国家似乎容易破裂：一些国家以暴力的方式分裂了，如塞尔维亚、苏丹和印度尼西亚。另一些国家经历了和平解体，如捷克共和国和斯洛伐克，或重新协商共处条件，如英国的苏格兰以及西班牙的加泰罗尼亚和巴斯克自治区。尽管如此，多元主义的思想仍然存在，因为它保证了多样化世界唯一可能实现的未来。这是全球人民共有的唯一真正一致的利益。矛盾的是，多元主义也许是唯一能使我们团结起来的学说。[62]

展望　观念的终结？

本书到此所提及的能够产生观念的力量，包括记忆、想象还有交流，在机器人技术、基因技术和虚拟社交的影响下，正在变化。我们这些没有先例的经验，能够激发和催生新思维方式和想法，还是会阻碍或者消灭它们？

我担心有些读者翻开这本书的时候可能乐观地期待看到不断的进步，期待所有观念都是好的。但本书没办法满足这种期待。在我们通过一章一章的考察得出的认识中，有一些在道德上是中性的：心智是重要的；观念是历史的驱动力（不是环境，不是经济，也不是人口，尽管它们都决定着我们的想法）；观念就像艺术品，是想象的产物。另一些结论颠覆了进步的幻觉：很多好的观念是旧的，坏的观念是新的；观念能够生效不是因为它们的优点，而是因为环境允许它们传播和引起人们的注意；真理并不比人们相信的谬误更有影响力；我们头脑中产生的想法可以让我们就像没有头脑那样疯狂。

上帝帮我抵挡了乐观这个小魔鬼，相比于可预测的悲观所致的痛苦，乐观的折磨更微妙和阴险。乐观几乎一直是个叛徒。悲观让人不再失望。很多观念（甚至大多数观念）是邪恶的或有误导性，还有些既邪恶又有误导性。本书之所以有这么多观念要介绍，原因之一就在于每一个被成功采用的观念都有着不可预知的后果，这些后果往往是有害的，因此需要更多的思考作为回应。网络制造了赛博隔离区，想法一致的人们将意见不同的人拒之门外或"拉黑"：如果这种习惯传播得足够远，它将阻断用户之间的对话、辩论和争论，而这些交流恰恰是思想进步的宝贵源泉。最乐观的人自欺到了无视讽刺的地步，想象在未来，人类会通过基因工程使自己长生不老，或将意识下载到人造的机器中，使我们的心智不再受身体腐烂的影响，或通过钻入太空中的虫洞，把我们尚未有机会掠夺或使之变得不适合居住的世界变为殖民地。[1]

然而，有些悲观是过了头的。用杰出的神经科学家苏珊·格林菲尔德的话说，人类心智的前景并不乐观。她认为，"个性化"（personalization）把大脑转化为心智。它依赖于未被技术侵蚀的记忆和未被虚拟阻碍的经验。如果没有记忆来支撑我们的人生叙事，以及如果没有真实的经验来塑造人生，我们将停止传统意义上的思考，并重新回到进化的"爬行动物"阶段。[2] 柏拉图笔下的埃及统治者塔穆斯预计他那个时代的新技术会产生类似的效果（见第三章"思考土地：农业的发明"）。他的预测被证明是不成熟的。理论上，格林菲尔德也许是正确的。不过照目前来看，还没有机器可以取代人类的位置。

人工智能还没有聪明到能让我们放弃思考的地步，或者更准确地说，还不具备足够的想象力或创造力。人工智能的测试还不够严格。通过图灵测试，也就是模仿人类对话者，或者赢一场象棋或者常识比赛，并不需要智慧。要知道，只有性爱机器人会说"不"的时候，智能才算得上是"人工"。虚拟现实太过简陋和粗糙，还不足以让很多人放弃真正的现实。在极为邪恶和专横的精英阶层的领导下，基因改造的威力强大到足以创造出最底层的奴隶或寄生的种族，这些人会被剥夺所有的关键能力。但是，很难理解为什么有人会想要这样发展，或期待实现这种状态，除非是在描绘世界末日的科幻小说里。无论如何，都会有认知层面的大师阶级替普通人思考的。

所以无论好坏，我们都会继续有新的想法，创造新的观念，设计新的应用程序。不过我能想象到，近期新观念加速涌现的特征会告一段落。如果我的论点是正确的，观念会因紧密的文化交流而倍增，孤立则会滋长思想的惰性，那么随着交流的减少，新观念产生的频率想必也会降低。矛盾的是，全球化会导致交流的减少，因为在全球化的世界里，文化交流会消除差异，从而让所有的文化更加彼此相似。到了20世纪末，全球化已经紧密到任何群体都无法置身事外的地步：一旦与外界有过接触，即便是生活在亚马孙热带雨林深处、坚决与世隔绝的族群，也很难再避免接触外界或者消除外界的影响。其中一个后果便是以美国或西欧为模板的全球文化的出现。所有的人穿同样的服装，消费同样的商品，面对同样的政治，听同样的音乐，欣赏同样的画，玩同样的游戏，建立和抛弃同样的关系，说同样的语言，或者尝试说同样的语言。当然，全球化没有替换多样性。它就像养蜂人的网格，许多文化在其中繁衍。每一次发生促进融合的事件，都会有人寻求传统的安慰，试图保护或恢复受到威胁或消失的生活方式。然而长期来看，全球化确实会促进趋同。语言和方言会慢慢消失，或者变成保护政策的对象，就像濒临灭绝的物种一样。传统服饰和艺术退到边缘地带或者博物馆里。宗教会过时。民间习俗和古老的价值观即便不消亡也只能存活在旅游景点。

因为这个趋势代表着人类历史的逆转，所以它很引人注目。想象一下，在我们灭绝很长一段时间以后，也许会有一种我称之为星系博物馆员的生物，从遥远的时空距离之外，用一种我们无法拥有的客观方式，凝望着我们的过去，走进我们自己的故事。在她整理摆放着我们这个世界仅存遗迹的虚拟展柜时，如果请她概括我们的历史，她的回答会很简短，因为对于她所在的星系博物馆而言，来自一个无关紧要的星球的短命物种太不值得一提了。我可以听到她说："你们是有趣的，因为你们的历史发展出许多条道路。而同一星球上其他产生了文化的生物却没有多少多样性。它们的文化仅在有限的范围内有些许的差异。随着时间的推移，它们几乎没什么变化。你们却以惊人的多样性和速度，创造并采用了新的行为方式，包括精神行为。"至少在21世纪之前，我们确实是这样做的。但在那之后，我们的各种文化不再朝形态各异的方向发展，而是以势不可当的方式急剧趋同。从目前的情况来看，迟早我们将只剩下一种世界文化。那时我们就没有谁可以交流和互动了。除非我们在其他星系中发现其他文化，并恢复卓有成效的交流，否则在那一天到来之前，我们将在宇宙中形影相吊。结果并不是观念的终结，而是回归正常的创造性思考的速率，就像本书第一章或第二章里的思想者们那样。他们在孤独中苦思冥想，思考的成果虽然相对较少，但质量也相对出色。

注释

第一章 物质产生思想：观念从何而来？

1 B. Hare and V. Woods, *The Genius of Dogs* (New York: Dutton, 2013), p. xiii.

2 Ch. Adam and P. Tannery, eds., *Oeuvres de Descartes* (Paris: Cerf, 1897–1913), v, p. 277; viii, p. 15.

3 N. Chomsky, *Aspects of the Theory of Syntax* (Cambridge, MA: MIT Press, 1965), pp. 26–7.

4 F. Dostoevsky, *Notes from Underground* (New York: Open Road, 2014), p. 50.

5 A. Fuentes, *The Creative Spark: How Imagination Made Humans Exceptional* (New York: Dutton, 2017); T. Matsuzawa, 'What is uniquely human? A view from comparative cognitive development in humans and chimpanzees', in F. B. M. de Waal and P. F. Ferrari, eds., *The Primate Mind: Built to Connect with Other Minds* (Cambridge, MA: Harvard University Press, 2012), pp. 288–305.

6 G. Miller, *The Mating Mind: How Sexual Choice Shaped the Evolution of Human*

Behaviour (London: Heinemann, 2000); G. Miller, 'Evolution of human music through sexual selection', in N. Wallin et al., eds., *The Origins of Music* (Cambridge, MA: MIT Press, 1999), pp. 329–60.

7. M. R. Bennett and P. M. S. Hacker, *Philosophical Foundations of Neuroscience* (Oxford: Blackwell, 2003); P. Hacker, 'Languages, minds and brains', in C. Blakemore and S. Greenfield, eds., *Mindwaves: Thoughts on Identity, Mind and Consciousness* (Chichester: Wiley, 1987), pp. 485–505.

8. 这种曾经流行的信念现在似乎已经绝迹，我向仍保持这种观念的人们推荐拙著 *A Foot in the River* (Oxford: Oxford University Press, 2015), pp. 90–3 以及其中引用的文献，或者 R. Tallis, *Aping Mankind: Neuromania, Darwinitis and the Misrepresentation of Humanity* (Durham: Acumen, 2011), pp. 163–70。

9. 我在上一本书 *A Foot in the River* 的几页中简短地提出了这个观点。本章的其余大部分内容都在同一基础上进行了更新和重新阐述。

10. R. L. Holloway, 'The evolution of the primate brain: some aspects of quantitative relationships', *Brain Research*, vii (1968), pp. 121–72; R. L. Holloway, 'Brain size, allometry and reorganization: a synthesis', in M. E. Hahn, B. C. Dudek, and C. Jensen, eds., *Development and Evolution of Brain Size* (New York: Academic Press, 1979), pp. 59–88.

11. S. Healy and C. Rowe, 'A critique of comparative studies of brain size', *Proceedings of the Royal Society*, cclxxiv (2007), pp. 453–64.

12. C. Agulhon et al., 'What is the role of astrocyte calcium in neurophysiology?', *Neuron*, lix (2008), pp. 932–46; K. Smith, 'Neuroscience: settling the great glia debate', *Nature*, cccclxviii (2010), pp. 150–62.

13. P. R. Manger et al., 'The mass of the human brain: is it a spandrel?', in S. Reynolds and A. Gallagher, eds., *African Genesis: Perspectives on Hominin Evolution* (Cambridge: Cambridge University Press, 2012), pp. 205–22.

14. T. Grantham and S. Nichols, 'Evolutionary psychology: ultimate explanation and Panglossian predictions', in V. Hardcastle, ed., *Where Biology Meets Psychology: Philosophical Essays* (Cambridge, MA: MIT Press, 1999), pp. 47–88.

15. C. Darwin, *Autobiographies* (London: Penguin, 2002), p. 50.

16. A. R. DeCasien, S. A. Williams, and J. P. Higham, 'Primate brain size is predicted by diet but not sociality', *Nature, Ecology, and Evolution*, i (2017), https://www.nature.com/articles/s41559-017-0112 (accessed 27 May 2017).

17. S. Shultz and R. I. M. Dunbar, 'The evolution of the social brain: anthropoid primates

contrast with other vertebrates', *Proceedings of the Royal Society*, cclxxic (2007), pp. 453–64.
18 F. Fernández-Armesto, *Civilizations: Culture, Ambition, and the Transformation of Nature* (New York: Free Press, 2001).
19 V. S. Ramachandran, *The Tell-tale Brain* (London: Random House, 2012), p. 4.
20 M. Tomasello and H. Rakoczy, 'What makes human cognition unique? From individual to shared to collective intentionality', *Mind and Language*, xviii (2003), pp. 121–47; P. Carruthers, 'Metacognition in animals: a sceptical look', *Mind and Language*, xxiii (2008), pp. 58–89.
21 W. A. Roberts, 'Introduction: cognitive time travel in people and animals', *Learning and Motivation*, xxxvi (2005), pp. 107–9; T. Suddendorf and M. Corballis, 'The evolution of foresight: what is mental time travel and is it uniquely human?', *Behavioural and Brain Sciences*, xxx (2007), pp. 299–313.
22 N. Dickinson and N. S. Clayton, 'Retrospective cognition by food-caching western scrub-jays', *Learning and Motivation*, 36 (2005), pp. 159–76; H. Eichenbaum et al., 'Episodic recollection in animals: "if it walks like a duck and quacks like a duck …"', *Learning and Motivation*, 36 (2005), pp. 190–207.
23 C. D. L. Wynne, *Do Animals Think?* (Princeton and Oxford: Princeton University Press, 2004), p. 230.
24 C. R. Menzel, 'Progress in the study of chimpanzee recall and episodic memory', in H. S. Terrace and J. Metcalfe, eds., *The Missing Link in Cognition: Origins of Self-Reflective Consciousness* (Oxford: Oxford University Press, 2005), pp. 188–224.
25 B. P. Trivedi, 'Scientists rethinking nature of animal memory', *National Geographic Today*, 22 August 2003; C. R. and E. W. Menzil, 'Enquiries concerning chimpanzee understanding', in de Waal and Ferrari, eds., *The Primate Mind*, pp. 265–87.
26 J. Taylor, *Not a Chimp: The Hunt to Find the Genes that Make Us Human* (Oxford: Oxford University Press, 2009), p. 11; S. Inoue and T. Matsuzawa, 'Working memory of numerals in chimpanzees', *Current Biology*, xvii (2007), pp. 1004–5.
27 A. Silberberg and D. Kearns, 'Memory for the order of briefly presented numerals in humans as a function of practice', *Animal Cognition*, xii (2009), pp. 405–7.
28 B. L. Schwartz et al., 'Episodic-like memory in a gorilla: a review and new findings', *Learning and Motivation*, 36 (2005), pp. 226–44.
29 Trivedi, 'Scientists rethinking nature of animal memory'.
30 G. Martin-Ordas et al., 'Keeping track of time: evidence of episodic-like memory in

great apes', *Animal Cognition*, xiii (2010), pp. 331–40; G. Martin-Ordas, C. Atance, and A. Louw, 'The role of episodic and semantic memory in episodic foresight', *Learning and Motivation*, xliii (2012), pp. 209–19.

31 C. F. Martin et al., 'Chimpanzee choice rates in competitive games match equilibrium game theory predictions', *Scientific Reports*, 4, article no. 5182, doi:10.1038/srep05182.

32 F. Yates, *The Art of Memory* (Chicago: University of Chicago Press, 1966), pp. 26–31.

33 K. Danziger, *Marking the Mind: A History of Memory* (Cambridge: Cambridge University Press, 2008), pp. 188–97.

34 D. R. Schacter, *The Seven Sins of Memory* (Boston: Houghton Mifflin, 2001).

35 R. Arp, *Scenario Visualization: An Evolutionary Account of Creative Problem Solving* (Cambridge, MA: MIT Press, 2008).

36 A. W. Crosby, *Throwing Fire: Missile Projection through History* (Cambridge: Cambridge University Press, 2002), p. 30.

37 S. Coren, *How Dogs Think* (New York: Free Press, 2005), p. 11; S. Coren, *Do Dogs Dream? Nearly Everything Your Dog Wants You to Know* (New York: Norton, 2012).

38 P. F. Ferrari and L. Fogassi, 'The mirror neuron system in monkeys and its implications for social cognitive function', in de Waal and Ferrari, eds., *The Primate Mind*, pp. 13–31.

39 M. Gurven et al., 'Food transfers among Hiwi foragers of Venezuela: tests of reciprocity', *Human Ecology*, xxviii (2000), pp. 175–218.

40 H. Kaplan et al., 'The evolution of intelligence and the human life history', *Evolutionary Anthropology*, ix (2000), pp. 156–84; R. Walker et al., 'Age dependency and hunting ability among the Ache of Eastern Paraguay', *Journal of Human Evolution*, xlii (2002), pp. 639–57, at pp. 653–5.

41 J. Bronowski, *The Visionary Eye* (Cambridge, MA: MIT Press, 1978), p. 9.

42 G. Deutscher, *Through the Language Glass: Why the World Looks Different in Other Languages* (New York: Metropolitan, 2010); S. Pinker, *The Language Instinct* (London: Penguin, 1995), pp. 57–63.

43 E. Spelke and S. Hespos, 'Conceptual precursors to language', *Nature*, ccccxxx (2004), pp. 453–6.

44 U. Eco, *Serendipities: Language and Lunacy* (New York: Columbia University Press, 1998), p. 22.

45 T. Maruhashi, 'Feeding behaviour and diet of the Japanese monkey (*Macaca fuscata*

yakui) on Yakushima island, Japan', *Primates*, xxi (1980), pp. 141–60.
46 J. T. Bonner, *The Evolution of Culture in Animals* (Princeton: Princeton University Press, 1989), pp. 72–8.
47 F. de Waal, *Chimpanzee Politics* (Baltimore: Johns Hopkins University Press, 2003), p. 19.
48 J. Goodall, *In the Shadow of Man* (Boston: Houghton Mifflin, 1971), pp. 112–14.
49 J. Goodall, *The Chimpanzees of Gombe: Patterns of Behaviour* (Cambridge, MA: Harvard University Press, 1986), pp. 424–9.
50 R. M. Sapolsky and L. J. Share, 'A Pacific culture among wild baboons: its emergence and transmission', *PLOS*, 13 April 2004, doi:10.1371/journal.pbio.0020106.

第二章　收集思想：农业时代之前的思索

1 R. Leakey and R. Lewin, *Origins Reconsidered: In Search of What Makes Us Human* (New York: Abacus, 1993); C. Renfrew and E. Zubrow, eds., *The Ancient Mind: Elements of Cognitive Archaeology* (Cambridge: Cambridge University Press, 1994).
2 M. Harris, *Cannibals and Kings* (New York: Random House, 1977).
3 A. Courbin, *Le village des cannibales* (Paris: Aubier, 1990).
4 P. Sanday, *Divine Hunger* (Cambridge: Cambridge University Press, 1986), pp. 59–82.
5 Herodotus, *Histories*, bk 3, ch. 38.
6 B. Conklin, *Consuming Grief: Compassionate Cannibalism in an Amazonian Society* (Austin: University of Texas Press, 2001).
7 L. Pancorbo, *El banquete humano: una historia cultural del canibalismo* (Madrid: Siglo XXI, 2008), p. 47.
8 D. L. Hoffmann et al., 'U-Th dating of carbonate crusts reveals Neanderthal origins of Iberian cave art', *Science*, ccclix (2018), pp. 912–15.
9 D. L. Hoffmann et al., eds., 'Symbolic use of marine shells and mineral pigments by Iberian Neanderthals 115,000 years ago', *Science Advances*, iv (2018), no. 2, doi:10.1126/sciadv.aar5255.
10 C. Stringer and C. Gamble, *In Search of the Neanderthals* (New York: Thames and Hudson, 1993); P. Mellars, *The Neanderthal Legacy* (Princeton: Princeton University Press, 1996); E. Trinkaus and P. Shipman, *The Neanderthals: Changing the Image of*

Mankind (New York: Knopf, 1993).

11　C. Gamble, *The Paleolithic Societies of Europe* (Cambridge: Cambridge University Press, 1999), pp. 400–20.

12　I. Kant, *The Groundwork of the Metaphysics of Morals*, 1785 (Cambridge: Cambridge University Press, 2012), and A. MacIntyre, *A Short History of Ethics* (Indianapolis: University of Notre Dame Press, 1998)，这两本书均为基础著作。I. Murdoch, *The Sovereignty of Good* (London: Routledge, 1970)，此书研究了道德是否客观的问题，作者的精彩小说都是关于道德模糊性的。

13　C. Jung, *Man and His Symbols* (New York: Doubleday, 1964).

14　W. T. Fitch, *The Evolution of Language* (Cambridge: Cambridge University Press, 2010); S. Pinker and P. Bloom, 'Natural language and natural selection', *Behavioural and Brain Sciences*, xiii (1990), pp. 707–84.

15　J. Goody, *The Domestication of the Savage Mind* (Cambridge: Cambridge University Press, 1977), pp. 3–7.

16　L. Lévy-Bruhl, *Les fonctions mentales dans les sociétés inférieures* (Paris: Presses Universitaires de France, 1910), p. 377.

17　C. Lévi-Strauss, *The Savage Mind* (London: Weidenfeld, 1962); P. Radin, *Primitive Man as Philosopher* (New York: Appleton, 1927).

18　A. Marshack, *The Roots of Civilization* (London: Weidenfeld, 1972).

19　M. Sahlins, *Stone-Age Economics* (Chicago: Aldine-Atherton, 1972).

20　J. Cook, *Ice-Age Art: Arrival of the Modern Mind* (London: British Museum Press, 2013).

21　C. Henshilwood et al., 'A 100,000-year-old ochre-processing workshop at Blombos Cave, South Africa', *Science*, cccxxxiv (2011), pp. 219–22; L. Wadley, 'Cemented ash as a receptacle or work surface for ochre powder production at Sibudu, South Africa, 58,000 years ago', *Journal of Archaeological Science*, xxxvi (2010), pp. 2397–406.

22　Cook, *Ice-Age Art*.

23　完整的参考资料见 F. Fernández-Armesto, 'Before the farmers: culture and climate from the emergence of *Homo sapiens* to about ten thousand years ago'，in D. Christian, ed., *The Cambridge World History* (Cambridge: Cambridge University Press, 2015), 1, pp. 313–38。

24　L. Niven, 'From carcass to cave: large mammal exploitation during the Aurignacian at Vogelherd, Germany', *Journal of Human Evolution*, 53 (2007), pp. 362–82.

25　A. Malraux, *La tête d'obsidienne* (Paris: Gallimard, 1971), p. 117.

26 H. G. Bandi, *The Art of the Stone Age* (Baden-Baden: Holler, 1961); S. J. Mithen, *Thoughtful Foragers* (Cambridge: Cambridge University Press, 1990).
27 P. M. S. Hacker, 'An intellectual entertainment: thought and language', *Philosophy*, xcii (2017), pp. 271–96; D. M. Armstrong, *A Materialist Theory of the Mind* (London: Routledge, 1968).
28 'Brights movement', https://en.wikipedia.org/wiki/Brights_movement (accessed 22 June 2017).
29 D. Diderot, 'Pensées philosophiques', in *Oeuvres complètes*, ed. J. Assézat and M. Tourneur (Paris: Garnier, 1875), I, p. 166.
30 H. Diels and W. Kranz, *Die Fragmente der Vorsokratiker* (Zurich: Weidmann, 1985), Fragment 177; P. Cartledge, *Democritus* (London: Routledge, 1998), p. 40.
31 B. Russell, *The Problems of Philosophy* (New York and London: Henry Holt and Co., 1912), ch. 1.
32 M. Douglas, *The Lele of the Kasai* (London: Oxford University Press, 1963), pp. 210–12.
33 P. Radin, *Primitive Man as Philosopher* (New York: Dover, 1957), p. 253.
34 T. Nagel, *Mortal Questions* (Cambridge: Cambridge University Press, 1980).
35 Aristotle, *De Anima*, 411, a7–8.
36 J. D. Lewis-Williams, 'Harnessing the brain: vision and shamanism in Upper Palaeolithic western Europe', in M. W. Conkey et al., eds., *Beyond Art: Pleistocene Image and Symbol* (Berkeley: University of California Press, 1996), pp. 321–42; J. D. Lewis-Williams and J. Clottes, *The Shamans of Prehistory: Trance Magic and the Painted Caves* (New York: Abrams, 1998).
37 作者的翻译。
38 R. H. Codrington, *The Melanesians: Studies in Their Anthropology and Folklore* (Oxford: Oxford University Press, 1891)，首先向世界介绍了玛那的概念。Mauss, *A General Theory of Magic* (London: Routledge, 1972)，初版于1902年，对其进行了概括。
39 B. Malinowski, *Magic, Science and Religion* (New York: Doubleday, 1954), pp. 19–20.
40 H. Hubert and M. Mauss, *Sacrifice: Its Nature and Function* (Chicago: University of Chicago Press, 1972), pp. 172–4.
41 L. Thorndike, *A History of Magic and Experimental Science*, 8 vols. (New York: Columbia University Press, 1958).

42 G. Parrinder, *Witchcraft* (Harmondsworth: Penguin, 1958)，心理学角度的经典作品；J. C. Baroja, *The World of the Witches* (London: Phoenix, 2001)，人类学角度的作品，对欧洲的重点探索使人受益匪浅。

43 E. E. Evans-Pritchard, *Witchcraft, Oracles and Magic among the Azande* (London: Oxford University Press, 1929).

44 B. Levack, ed., *Magic and Demonology*, 12 vols. (New York: Garland, 1992)，收集了主要文献。

45 I. Tzvi Abusch, *Mesopotamian Witchcraft: Towards a History and Understanding of Babylonian Witchcraft Beliefs and Literature* (Leiden: Brill, 2002).

46 B. S. Spaeth, 'From goddess to hag: the Greek and the Roman witch in classical literature', in K. B. Stratton and D. S. Kalleres, eds., *Daughters of Hecate: Women and Magic in the Ancient World* (Oxford: Oxford University Press, 2014), pp. 15–27.

47 L. Roper, *Witch Craze: Terror and Fantasy in Baroque Germany* (New Haven: Yale University Press, 2004); Baroja, *The World of the Witches*.

48 Parrinder, *Witchcraft*.

49 G. Hennigsen, *The Witches' Advocate: Basque Witchcraft and the Spanish Inquisition* (Reno: University of Nevada Press, 1980).

50 A. Mar, *Witches of America* (New York: Macmillan, 2015).

51 我想到了 G. Zukav, *The Dancing Wu Li Masters* (New York: Morrow, 1979)。

52 C. Lévi-Strauss, *Totemism* (London: Merlin Press, 1962); E. Durckheim, *The Elementary Forms of Religious Life* (London: Allen and Unwin, 1915); A. Lang, *The Secret of the Totem* (New York: Longmans, Green, and Co., 1905).

53 L. Schele and M. Miller, *The Blood of Kings: Dynasty and Ritual in Maya Art* (Fort Worth: Kimbell Art Museum, 1986).

54 E. Trinkaus et al., *The People of Sungir* (Oxford: Oxford University Press, 2014).

55 K. Flannery and J. Markus, *The Creation of Inequality* (Cambridge, MA: Harvard University Press, 2012); S. Stuurman, *The Invention of Humanity: Equality and Cultural Difference in World History* (Cambridge, MA: Harvard University Press, 2017).

56 M. Sahlins, *Culture and Practical Reason* (Chicago: University of Chicago Press, 1976); P. Wiessner and W. Schiefenhövel, *Food and the Status Quest* (Oxford: Berghahn, 1996) 分别将文化和生态作为使宴会观念得以产生的"原因"；M. Dietler and B. Hayden, *Feasts* (Washington DC: Smithsonian, 2001) 是一本优秀的论文集，涵盖了该领域的佳作；Hayden 在著作 *The Power of Feasts* (Cambridge:

Cambridge University Press, 2014) 中发展了其认为宴会是一种权力手段的理论；M. Jones, *Feast: Why Humans Share Food* (Oxford: Oxford University Press, 2007) 是一份开创性的考古综述。

57 Marshack, *The Roots of Civilization* 对旧石器时代历法和其他计数法的研究极具争议，但其实非常杰出；K. Lippincott et al., *The Story of Time* (London: National Maritime Museum, 2000) 是关于时间这整个主题的最佳综述，进行了全面的展现。J. T. Fraser, *The Voices of Time* (New York: Braziller, 1966) and *Of Time, Passion and Knowledge* (Princeton: Princeton University Press, 1990) 对人类如何努力发明和改进记录时间的策略进行了引人入胜的研究。J. Lindsay, *The Origins of Astrology* (London: Muller, 1971) 作为整体介绍无人能出其右，J.D. North 的争议性作品则对该主题的研究多有启发，尤其是 *Stars, Minds and Fate* (London: Hambledon, 1989) 一书。M. Gauquelin, *Dreams and Illusions of Astrology* (Buffalo: Prometheus, 1969) 揭示了 20 世纪占星术的科学伪装。

58 Plato, *Timaeus*, 47c.

59 S. Giedion, *The Eternal Present* (Oxford: Oxford University Press, 1962) 是具有启发性的入门作品；关于焦拉的证据，见 E. Neumayer, *Prehistoric Indian Rock Paintings* (Delhi: Oxford University Press, 1983)。J. E. Pfeiffer, *The Creative Explosion* (New York: Harper and Row, 1982) 是在旧石器时代人类探索世界秩序的过程中追寻艺术和宗教起源的具有启发性的尝试。

60 K. Whipple et al., eds., *The Cambridge World History of Food*, 2 vols. (Cambridge: Cambridge University Press, 2000), ii, pp. 1502–9.

61 M. Douglas, *Purity and Danger* (London: Routledge, 1984) 包含了关于饮食禁忌的最好研究；M. Harris, *Good to Eat* (New York, Simon and Schuster, 1986) 是从唯物主义出发的生动有趣的研究作品集。

62 F. Fernández-Armesto, *Near a Thousand Tables* (New York: Free Press, 2003).

63 C. Lévi-Strauss, *The Elementary Structures of Kinship* (Paris: Mouton, 1949) 是经典著作,基本顶住了无数攻击；R. Fox, *Kinship and Marriage* (Cambridge: Cambridge University Press, 1967) 是一本出色的、持反对意见的概述。S. Freud, *Totem and Taboo* (Heller: Leipzig and Vienna, 1913) 将乱伦禁忌追溯到心理抑制，是一本令人钦佩的书：伟大但错误。

64 K. Polanyi, *Trade and Economy in the Early Empires* (Glencoe: Free Press, 1957); J. G. D. Clark, *Symbols of Excellence* (New York: Cambridge University Press, 1986); J. W. and E. Leach, eds., *The Kula* (Cambridge: Cambridge University Press, 1983) 是关于美拉尼西亚的最佳指南。

65 K. Polanyi, *The Great Transformation* (New York: Rinehart, 1944), p. 43.
66 L. Pospisil, *Kapauku Papuan Economy* (New Haven: Yale University Press, 1967); B. Malinowski, *Argonauts of the Western Pacific* (London: Routledge, 1932).
67 M. W. Helms, *Ulysses' Sail* (Princeton: Princeton University Press, 2014); M. W. Helms, *Craft and the Kingly Ideal* (Austin: University of Texas Press, 1993).
68 A. Smith, *Wealth of Nations*, bk 1, ch. 4.

第三章　安顿的心灵："文明化"的思想

1 J. M. Chauvet, *Dawn of Art* (New York: Abrams, 1996); J. Clottes, *Return to Chauvet Cave: Excavating the Birthplace of Art* (London: Thames and Hudson, 2003).
2 A. Quiles et al., 'A high-precision chronological model for the decorated Upper Paleolithic cave of Chauvet-Pont d'Arc, Ardèche, France', *Proceedings of the National Academy of Sciences*, cxiii (2016), pp. 4670–5.
3 E. Girard, *Violence and the Sacred* (Baltimore: Johns Hopkins University Press, 1979) 是如此认为的，这是一本不同寻常的经典作品。
4 H. Hubert and M. Mauss, *Sacrifice: Its Nature and Function*, 1898 (Chicago: University of Chicago Press, 1968) 为所有后续著作设立了标杆。现代的概述见 M. F. C. Bourdillon and M. Fortes, eds., *Sacrifice* (London: Academic Press, 1980)。B. Ralph Lewis, *Ritual Sacrifice* (Stroud: Sutton, 2001) 提供了关注人类献祭传统的有用通史。
5 T. Denham et al., eds., *Rethinking Agriculture: Archaeological and Ethnographical Perspectives* (New York: Routledge, 2016), p. 117.
6 我最初是在 *Food: A History* (London: Bloomsbury, 2000) 一书中提出这个观点的。后来这一假设接受了许多检验，结果尚无定论，但具有启发性，比如可以参见 D. Lubell, 'Prehistoric edible land snails in the Circum-Mediterranean: the archaeological evidence', in J.-J. Brugal and J. Desse, eds., *Petits animaux et sociétés humaines: Du complément alimentaire aux resources utilitaires (XXIVe rencontres internationales d'archeologie et d'histoire d'Antibes)* (Antibes: APDCA, 2004), pp. 77–98; A. C. Colonese et al., 'Marine mollusc exploitation in Mediterranean prehistory: an overview', *Quaternary International*, 234 (2011), pp. 86–103; D. Lubell, 'Are land snails a signature for the Mesolithic-Neolithic transition in the Circum-Mediterranean?', in M. Budja, ed., *The Neolithization of Eurasia: Paradigms, Models and Concepts Involved*, Neolithic Studies 11, *Documenta Praehistorica*, xxi (2004), pp. 1–24。

7 D. Rindos, *The Origins of Agriculture: An Evolutionary Perspective* (Orlando: Academic Press, 1984); J. Harlan, *The Living Fields: Our Agricultural Heritage* (Cambridge: Cambridge University Press, 1995), pp. 239–40.

8 R. and L. Coppinger, *What is a Dog?* (Chicago: University of Chicago Press, 2016); B. Hassett, *Built on Bones: 15,000 Years of Urban Life and Death* (London: Bloomsbury, 2017), pp. 65–6.

9 M. N. Cohen, *The Food Crisis in Prehistory: Overpopulation and the Origins of Agriculture* (New Haven: Yale University Press, 1977); E. Boserup, *The Conditions of Agricultural Growth: The Economics of Agrarian Change under Population Pressure* (London: G. Allen and Unwin, 1965).

10 C. O. Sauer, *Agricultural Origins and Dispersals* (New York: American Geographical Society, 1952).

11 C. Darwin, *The Variation of Animals and Plants under Domestication* (New York: Appleton, 1887), p. 327.

12 F. Trentmann, ed., *The Oxford Handbook of the History of Consumption* (Oxford: Oxford University Press, 2014).

13 B. Hayden, 'Were luxury foods the first domesticates? Ethnoarchaeological perspectives from Southeast Asia', *World Archaeology*, xxxiv (1995), pp. 458–69; B. Hayden, 'A new overview of domestication', in T. D. Price and A. Gebauer, eds., *Last Hunters–First Farmers: New Perspectives on the Prehistoric Transition to Agriculture* (Santa Fe: School of American Research Press, 2002), pp. 273–99.

14 Jones, *Feast: Why Humans Share Food*; M. Jones, 'Food globalisation in prehistory: the agrarian foundations of an interconnected continent', *Journal of the British Academy*, iv (2016), pp. 73–87.

15 M. Mead, 'Warfare is only an invention – not a biological necessity', in D. Hunt, ed., *The Dolphin Reader* (Boston: Houghton Mifflin, 1990), pp. 415–21.

16 L. H. Keeley, *War Before Civilization* (Oxford: Oxford University Press, 1996)，书中展现了一幅令人不能不信服的、人类最遥远过去的暴力画面。

17 B. L. Montgomery, *A History of Warfare* (London: World Publishing, 1968), p. 13.

18 J. A. Vazquez, ed., *Classics of International Relations* (Englewood Cliffs, Prentice-Hall, 1990)，此书中有一些基础的文本。R. Ardrey, *The Territorial Imperative* (New York: Atheneum, 1966), and K. Lorenz, *On Aggression* (New York: Harcourt, Brace and World, 1963) 是关于暴力的生物学和社会学层面的经典著作。J. Keegan, *A History of Warfare* (New York: Vintage, 1993), and J. Haas, ed., *The Anthropology of*

War (Cambridge: Cambridge University Press, 1990) 提供了宏观背景下的证据。

19 R. Wrangham and L. Glowacki, 'Intergroup aggression in chimpanzees and war in nomadic hunter-gatherers', *Human Nature*, xxiii (2012), pp. 5–29.

20 Keeley, *War Before Civilization*, p. 37; K. F. Otterbein, *How War Began* (College Station: Texas A. and M. Press, 2004), pp. 11–120.

21 M. Mirazón Lahr et al., 'Inter-group violence among early Holocene hunter-gatherers of West Turkana, Kenya', *Nature*, dxxix (2016), pp. 394–8.

22 C. Meyer et al., 'The massacre mass grave of Schöneck-Kilianstädten reveals new insights into collective violence in Early Neolithic Central Europe', *Proceedings of the National Academy of Sciences*, cxii (2015), pp. 11217–22; L. Keeley and M. Golitko, 'Beating ploughshares back into swords: warfare in the Linearbandkeramik', *Antiquity*, lxxxi (2007), pp. 332–42.

23 J. Harlan, *Crops and Man* (Washington DC: American Society of Agronomy, 1992), p. 36.

24 K. Butzer, *Early Hydraulic Civilization in Egypt: A Study in Cultural Ecology* (Chicago: University of Chicago Press, 1976).

25 K. Thomas, ed., *The Oxford Book of Work* (Oxford: Oxford University Press, 2001) 是一部相当引人入胜又富有启发性的选集。Sahlins, *Stone-Age Economics* 定义了旧石器时代富裕的概念。关于从狩猎采集向农业的过渡及其对日常工作的影响，Harlan, *Crops and Man* 这部作品非常杰出。

26 Aristotle, *Politics*, 1.3.

27 L. W. King, ed., *The Seven Tablets of Creation* (London: Luzac, 1902), i, p. 131.

28 L. Mumford, *The Culture of Cities* (New York: Harcourt, Brace, and Company, 1938) 是必不可少的经典。P. Hall, *Cities in Civilization* (London: Phoenix, 1999) 基本上是专题研究的合集。关于苏美尔人的城市，可参见 G. Leick, *Mesopotamia, the Invention of the City* (London: Allen Lane, 2001)。宏观的现代概述可见 Fernández-Armesto, *Civilizations*。P. Clark, ed., *The Oxford Handbook of Cities in World History* (Oxford: Oxford University Press, 2013) 是一份几乎无所不包的综述。Hassett, *Built on Bones* 可让人快速了解城市人口给他们自己带来的灾难。

29 Aristotle, *Politics*, 3.10.

30 S. Dalley, ed., *Myths from Mesopotamia: Creation, the Flood, Gilgamesh, and Others* (Oxford: Oxford University Press, 1989), p. 273.

31 M. Mann, *The Sources of Social Power*, vol. 1 (Cambridge: Cambridge University Press, 1986) 提供了一个历史知识丰富的社会学家关于国家起源的独到见解。T.

K. Earle, *Chiefdoms* (New York: Cambridge University Press, 1991) 汇集了有用的论文。

32 对史前艺术的二元论解释，见 A. Leroi-Gourham, *Préhistoire de l'art occidental* (Paris: Mazenod, 1965)。

33 *Melanippe the Wise*, in August Nauck, ed., *Euripidis Tragoediae superstites et deperditarum fragmenta* (Leipzig: Teubner, 1854), Fragment 484; W. H. C. Guthrie, *A History of Greek Philosophy* (Cambridge: Cambridge University Press, 1962), i, p. 60.

34 Aristotle, *Physics*, 3.4, 203b.

35 Diels and Kranz, *Fragmente*, ii, Fragment 8.36–7.

36 F. Fernández-Armesto, *Truth: A History* (New York: St Martin's, 1997), p. 36.

37 Taoist Zhuangzi Fung Yu-Lan, *A History of the Chinese Philosophers*, trans. D. Bodde (Princeton: Princeton University Press, 1952), i, p. 223.

38 B. W. Van Nordern, *Introduction to Classical Chinese Philosophy* (Indianapolis: Hackett, 2011), p. 104.

39 D. W. Hamlyn, *Metaphysics* (Cambridge: Cambridge University Press, 1984) 是非常有用的入门作品。一些关键的文本，见 E. Deutsch and J. A. B. van Buitenen, *A Source Book of Vedanta* (Honolulu: University Press of Hawaii, 1971)。J. Fodor and E. Lepore, *Holism: A Shopper's Guide* (Oxford: Blackwell, 1992) 探索了许多哲学层面和实践层面的延伸意义。

40 Evans-Pritchard, *Witchcraft, Oracles and Magic* 是设定了标杆的人类学案例研究。M. Loewe and C. Blacker, *Oracles and Divination* (London: Allen and Unwin, 1981) 涵盖了广泛的古代文化。C. Morgan, *Athletes and Oracles* (Cambridge: Cambridge University Press, 1990) 是关于古希腊神谕的开创性杰出研究。关于中国的后来阶段的研究，参见 Fu-Shih Lin, 'Shaman and politics', in J. Lagerwey and Lü Pengchi, eds., *Early Chinese Religion* (Leiden: Brill, 2010), i, pp. 275–318。

41 J. Breasted, *Ancient Records of Egypt* (Chicago: University of Chicago Press, 1906), 4:55.

42 J. B. Pritchard, ed., *The Ancient Near East: An Anthology of Texts and Pictures* (Princeton: Princeton University Press, 2011), p. 433; M. Lichtheim, *Ancient Egyptian Literature: A Book of Readings, ii: The New Kingdom* (Berkeley: University of California Press, 1976).

43 Breasted, *Ancient Records of Egypt*, 1:747.

44 Pritchard, ed., *The Ancient Near East: An Anthology of Texts and Pictures*, p. 82.

45 P. Roux, *La religion des turcs et mongols* (Paris: Payot, 1984), pp. 110–24; R. Grousset,

The Empire of the Steppes (New Brunswick: Rutgers University Press, 1970) 在中亚研究领域尚无人能及。F. McLynn, *Genghis Khan* (Boston: Da Capo, 2015), and D. Sinor et al., eds., *The Cambridge History of Inner Asia*, 2 vols. (Cambridge: Cambridge University Press, 1999, 2015) 是良好的补充。

46 Plato, *Phaedrus*, 274e–275b.

47 J. Goody, *The Interface between the Written and the Oral* (Cambridge: Cambridge University Press, 1987) 是经典著作; J. Derrida, *Of Grammatology*, trans. G. C. Spivak (Baltimore and London: Johns Hopkins University Press, 1976) 研究了什么是文字; E. A. Havelock, *The Muse Learns to Write* (New Haven: Yale University Press, 1986) 是一份综述; Yates, *The Art of Memory* 关注了记忆术。

48 S. N. Kramer, *The Sumerians* (Chicago: University of Chicago Press, 1963), pp. 336–41; F. R. Steele, 'The Code of Lipit-Ishtar', *American Journal of Archeology*, 52 (1948).

49 J. B. Pritchard, *Archaeology and the Old Testament* (Princeton: Princeton University Press, 1958), p. 211. M. E. J. Richardson, *Hammurabi's Laws* (London: Bloomsbury, 2004) 是关于该法典的杰出研究。H. E. Saggs, *The Babylonians* (Berkeley: University of California Press, 2000), and J. Oates, *Babylon* (London: Thames & Hudson, 1979) 是关于当时历史背景的卓越著作。

50 J. B. Pritchard, ed., *Ancient Near Eastern Texts Relating to the Old Testament* (1969), pp. 8–9; H. Frankfort et al., *The Intellectual Adventure of Ancient Man* (Chicago: University of Chicago Press, 1946), pp. 106–8; B. L. Goff, *Symbols of Ancient Egypt in the Late Period* (The Hague: Mouton, 1979), p. 27.

51 *Shijing*, 1.9 (Odes of Wei), 112.

52 J. Needham, *Science and Civilisation in China* (Cambridge, Cambridge University Press, 1956), ii, p. 105.

53 Pritchard, ed., *Ancient Near Eastern Texts*, pp. 431–4; Lichtheim, *Ancient Egyptian Literature: A Book of Readings, ii: The New Kingdom*, pp. 170–9.

54 The *Mahabharata*, bk 3, section 148.

55 *The Complete Works of Zhuangzi*, ed. B. Watson (New York: Columbia University Press, 2013), pp. 66, 71, 255–6.

56 Ovid, *Metamorphoses*, bk 1, verses 89–112.

57 R. Dworkin, *A Matter of Principle* (Cambridge, MA: Harvard University Press, 1985), and M. Walzer, *Spheres of Justice* (New York: Basic Books, 1983) 均从法学的角度看待平等。R. Nozick, *Anarchy, State and Utopia* (New York: Basic Books,

1974), and F. Hayek, *The Constitution of Liberty* (Chicago: University of Chicago Press, 1960) 则采用了政治哲学的路径。

58 J. D. Evans, *Prehistoric Antiquities of the Maltese Islands* (London: Athlone Press, 1971) 发表了塔尔欣神庙的证据。M. Stone, *When God Was a Woman* (New York: Barnes and Noble, 1976), M. Gimbutas, *The Civilization of the Goddess* (San Francisco: Harper, 1991) and E. W. Gaddon, *The Once and Future Goddess* (New York: Harper, 1989) 提出了女权主义的解读。更多证据参见 B. G. Walker, *The Woman's Dictionary of Symbols and Sacred Objects* (London: HarperCollins, 1988)。M. Warner, *Alone of All Her Sex* (London: Weidenfeld and Nicolson, 1976) 将基督教对圣母马利亚的崇拜与女神崇拜联系起来。

59 F. Nietzsche, *The Antichrist*, ch. 48; F. Nietzsche, *The Anti-Christ, Ecce Homo, Twilight of the Idols and Other Writings*, ed. A. Ridley and J. Norman (Cambridge: Cambridge University Press, 2005), p. 46.

60 Lichtheim, *Ancient Egyptian Literature: A Book of Readings, i: The Old and Middle Kingdoms*, p. 83; B. G. Gunn, *The Wisdom of the East, the Instruction of Ptah-Hotep and the Instruction of Ke'gemni: The Oldest Books in the World* (London: Murray, 1906), ch. 19.

61 Hesiod, *Theogony, Works and Days, Testimonia*, ed. G. W. Most (Cambridge: Cambridge University Press, 2006), pp. 67, 80–2.

62 Richardson, *Hammurabi's Laws*, pp. 164–80.

63 M. Ehrenberg, *Women in Prehistory* (Norman: University of Oklahoma Press, 1989) 是了解考古证据的最佳入门著作。R. Bridenthal et al., eds., *Becoming Visible* (New York: Houghton Mifflin, 1994) 是一本关于重新发现女性历史的开创性作品集。关于婚姻的全球性研究并无佳作，P. Elman, ed., *Jewish Marriage* (London: Soncino Press, 1967), M. A. Rauf, *The Islamic View of Women and the Family* (New York: Speller, 1977), and M. Yalom, *History of the Wife* (London: Pandora, 2001) 提供了选择性比较视角的概观。

64 Frankfurt et al., *The Intellectual Adventure*, p. 100.

65 W. Churchill, *The River War* (London: Longman, 1899), ii, pp. 248–50.

66 J. H. Breasted, *Development of Religion and Thought in Ancient Egypt* (New York: Scribner, 1912), and W. M. Watt, *Freewill and Predestination in Early Islam* (London: Luzac and Co., 1948) 是经典作品。对于各种决定论思维的概观，可参见 P. van Inwagen, *An Essay on Free Will* (Oxford: Clarendon Press, 1983)。

67 I. E. S. Edwards, *The Great Pyramids of Egypt* (London: Penguin, 1993), pp. 245–92.

68 Pyramid text 508. 我引用的翻译出自 R. O. Faulkner, *The Ancient Egyptian Pyramid Texts* (1910)。

69 Pritchard, ed., *Ancient Near Eastern Texts*, p. 36.

70 Frankfort et al., *The Intellectual Adventure of Ancient Man*, p. 106.

71 R. Taylor, *Good and Evil* (New York: Prometheus, 1970) 提供了概述。Pritchard, ed., *Ancient Near Eastern Texts* 涵括了一系列引人入胜的文献。H. Frankfort et al., *Before Philosophy* (Chicago: University of Chicago Press, 1946) 是对古代伦理的富有反思性的研究。W. D. O'Flaherty, *Origins of Evil in Hindu Mythology* (Delhi: Motilal Banarsidass, 1976) 是一份值得关注的案例研究。

72 M. W. Muller, *The Upanishads* (Oxford: Clarendon, 1879) 是经典译本，但收录在 J. Mascaró, *The Upanishads* (New York: Penguin, 1965) 中的选段也翻译出色，通俗易懂。M. W. Muller, *Rig-Veda-Sanhita* (London: Trübnew and Co., 1869) 仍然是标准译本，但 W. Doniger, *The Rig Veda* (London: Penguin, 2005) 选集中的作品也值得欣赏。N. S. Subrahmanian, *Encyclopedia of the Upanishads* (New Delhi: Sterling, 1985), and S. Bhattacharji, *Literature in the Vedic Age*, vol. 2 (Calcutta:K. P. Bagchi, 1986) 是很好的重要现代综述。

73 W. Buck, ed., *Mahabharata* (Berkeley: University of California Press, 1973), 196.

74 关于孟斐斯神学，可参见 S. Quirke, *Ancient Egyptian Religion* (London: British Museum Press, 1973)。

75 Pritchard, ed., *The Ancient Near East: An Anthology of Texts and Pictures*, p. 2.

76 Swami Nikhilānanda, *The Upanishads: Katha, Iśa, Kena, and Mundaka* (New York: Harper, 1949), p. 264.

77 H. H. Price, *Thinking and Experience* (Cambridge, MA: Harvard University Press, 1953) 很好地介绍了思考意味着什么。G. Ryle, *On Thinking* (Oxford: Blackwell, 1979) 提出了一个著名的答案：思想只是大脑中的物理活动和化学活动。参考该书 pp. 4–17。

第四章　伟大的圣哲：第一批著名思想家

1 R. Collins, *The Sociology of Philosophies* (Cambridge, MA: Harvard University Press, 1998); Guthrie, *A History of Greek Philosophy*, and Needham, *Science and Civilisation in China* 是多卷本作品，范围极广，探究了我们提到的文明的思维方式之间的关系；G. E. R. Lloyd, *The Ambitions of Curiosity* (Cambridge: Cambridge University

Press, 2002), and G. E. R. Lloyd and N. Sivin, *The Way and the Word* (New Haven: Yale University Press, 2002) 直接比较了希腊和中国的思想和科学。

2   H. Coward, *Sacred Word and Sacred Text* (Maryknoll: Orbis, 1988), and F. M. Denny and R. L. Taylor, eds., *The Holy Book in Comparative Perspective* (Columbia, SC: University of South Carolina Press, 1985).

3   E. B. Cowell, ed., *The Jataka or Stories of the Buddha's Former Birth*, 7 vols. (Cambridge: Cambridge University Press, 1895–1913), i, 10, 19–20; ii, 89–91; iv,10–12, 86–90.

4   H. Hasan, *A History of Persian Navigation* (London: Methuen and Co., 1928), p. 1.

5   D. T. Potts, *The Arabian Gulf in Antiquity* (Oxford: Oxford University Press, 1991).

6   F. Hirth, 'The story of Chang K'ien, China's pioneer in Western Asia', *Journal of the American Oriental Society*, 37 (1917), pp. 89–116; Ban Gu (Pan Ku), 'The memoir on Chang Ch'ien and Li Kuang-Li', in A. F. P. Hulsewe, *China in Central Asia – The Early Stage: 125 B.C.–A.D. 23* (Leiden: E. J. Brill, 1979) , pp. 211, 219.

7   V. H. Mair, 'Dunhuang as a funnel for Central Asian nomads into China', in G. Seaman, ed., *Ecology and Empire: Nomads in the Cultural Evolution of the Old World* (Los Angeles: University of Southern California, 1989), pp. 143–63.

8   R. Whitfield, S. Whitfield, and N. Agnew, *Cave Temples of Mogao: Art and History on the Silk Road* (Los Angeles: Getty Publications, 2000), p. 18.

9   M. L. West, ed., *The Hymns of Zoroaster* (London: Tauris, 2010).

10 D. Seyfort Ruegg, 'A new publication on the date and historiography of the Buddha's decease', *Bulletin of the School of Oriental and African Studies*, lxii (1999), pp. 82–7.

11 D. R. Bandarkar, *Asoka* (Calcutta: University of Calcutta, 1925), pp. 273–336.

12 E. R. Dodds, *The Greeks and the Irrational* (Berkeley: University of California Press, 1951), pp. 145–6.

13 *Dao De Jing*, part 2, 78.1.

14 R. M. Gale, *Negation and Non-being* (Oxford: Blackwell, 1976) 是一本哲学入门作品。J. D. Barrow, *The Book of Nothing* (London: Jonathon Cape, 2000) 很吸引人，涉及面广，出色地解释了"0"在科学和数学中的意义。R. Kaplan, *The Nothing That Is* (Oxford: Oxford University Press, 1999) 可引领我们了解相关数学问题，引人入胜，清晰简明。

15 R. Mehta, *The Call of the Upanishads* (Delhi: Motilal Banarsidas, 1970), pp. 237–8.

16 R. M. Dancy, *Two Studies in the Early Academy* (Albany: SUNY Press, 1991), pp. 67–70.

17 P. Atkins, *On Being: A Scientist's Exploration of the Great Questions of Existence* (Oxford: Oxford University Press, 2011), p. 17. 我还参考了 R. Shortt, *God is No Thing* (London: Hurst, 2016), p. 42; D. Turner, *Thomas Aquinas: A Portrait* (New Haven: Yale University Press, 2013), p. 142。

18 D. L. Smith, *Folklore of the Winnebago Tribe* (Norman: University of Oklahoma Press, 1997), p. 105.

19 D. Cupitt, *Creation out of Nothing* (London: SCM Press, 1990) 是一个激进的基督教神学家的修正性著作。K. Ward, *Religion and Creation* (Oxford: Clarendon Press, 1996) 采取了一种引人注目的比较方法。P. Atkins, *Conjuring the Universe: The Origins of the Laws of Nature* (Oxford: Oxford University Press, 2018) 尝试了一种唯物主义的解释。

20 J. Miles, *God: A Biography* (New York: Knopf, 1995).

21 E. E. Evans-Pritchard, 'Nuer time-reckoning', *Africa: Journal of the International African Institute*, xii (1939), pp. 189–216.

22 S. J. Gould, *Time's Arrow* (Cambridge, MA: Harvard University Press, 1987) 是有关时间观念的杰出研究，特别参考了现代地质学和古生物学成果。G. J. Whitrow, *Time in History* (Oxford: Oxford University Press, 1989), and S. F. G. Brandon, *History, Time and Deity* (Manchester: Manchester University Press, 1965) 是关于不同文化时间观念的出色比较研究。Lippincott et al., *The Story of Time* 是对时间理论的综合考察。

23 K. Armstrong, *A History of God* (New York: Ballantine, 1994) 对相关观念的历史进行了综述，涵盖领域广泛。L. E. Goodman, *God of Abraham* (Oxford: Oxford University Press, 1996), and R. K. Gnuse, *No Other Gods* (Sheffield: Sheffield Academic Press, 1997) 研究了犹太人上帝观的起源。M. S. Smith, *The Origins of Biblical Monotheism* (Oxford: Oxford. University Press, 2001) 研究的是同一主题，但其修正性见解颇有争议。

24 M. J. Dodds, *The Unchanging God of Love* (Fribourg: Editions Universitaires, 1986) 研究了这种信条以阿奎那的思想展现的形式。

25 *The Essential Samuel Butler*, ed. G. D. H. Cole (London: Cape, 1950), p. 501.

26 Frankfort et al., *The Intellectual Adventure*, p. 61.

27 C. P. Fitzgerald, *China: A Short Cultural History* (Cambridge: Cambridge University Press, 1961), p. 98.《墨子》是同名思想家的文集，有多种英文版本，最近的一本是 D. Burton-Watson, ed., *Mozi: Basic Writings* (New York: Columbia University Press, 2003)。

28 A. Plantinga, 'Free will defense', in M. Black, ed., *Philosophy in America* (Ithaca: Cornell University Press, 1965); A. Plantinga, *God, Freedom and Evil* (The Hague, Eerdmans, 1978).
29 F. Fernández-Armesto, 'How to be human: an historical approach', in M. Jeeves, ed., *Rethinking Human Nature* (Cambridge: Eerdmans, 2010), pp. 11–29.
30 Needham, *Science and Civilisation in China*, ii, p. 23.
31 B. Russell, *History of Western Philosophy* (London: Routledge, 2009), p. 41.
32 比如见 T. Benton, *Natural Relations* (London: Verso, 1993); R.G. Frey, *Interests and Rights: The Case Against Animals* (Oxford: Oxford University Press, 1980); M. Midgley, *Beast and Man* (Hassocks: Harvester, 1980); P. Singer, *Animal Liberation* (New York: Avon, 1990)。
33 A. Weber, *The Çatapatha-Brāhmaṇa in the Mādhyandina-Çākhā, with Extracts from the Commentaries of Sāyaṇa, Harisvāmin and Dvivedāṅga* (Berlin, 1849), I, 3.28.
34 Plato, *Republic*, 514a–520a.
35 Ibid., 479e.
36 Needham, *Science and Civilisation in China*, ii, p. 187.
37 Fernández-Armesto, *Truth: A History* 研究了人类探索真实的历史，将相对主义置于该语境中进行了探讨。R. Scruton, *Modern Philosophy* (London: Allen Lane, 1994) 有力地反驳了相对主义。相对主义在现代得到的最严密辩护是 R. Rorty, *Objectivity, Relativism and Truth* (Cambridge: Cambridge University Press, 1991)。
38 Needham, *Science and Civilisation in China*, ii, p. 49.
39 H. Putnam, *Reason, Truth and History* (Cambridge: Cambridge University Press, 1981), pp. 119–20.
40 W. Burkert, *Lore and Science in Early Pythagoreanism* (Cambridge, MA: Harvard University Press, 1972) 是一部充满新思想的研究。P. Benacerraf and H. Putnam, eds., *Philosophy of Mathematics* (Cambridge: Cambridge University Press, 1983), and J. Bigelow, *The Reality of Numbers* (Oxford: Oxford University Press, 1988) 对数学思维的哲学背景进行了清晰而详尽的介绍。
41 Russell, *History of Western Philosophy*, p. 43.
42 Needham, *Science and Civilisation in China*, ii, p. 82.
43 Russell, *History of Western Philosophy*, p. 44.
44 Needham, *Science and Civilisation in China*, ii, p. 191.
45 Guthrie, *A History of Greek Philosophy*, ii 是伟大的权威作品，内容详尽且可读性强；Plato, *Parmenides* 是定义辩论的对话；Dodds, *The Greeks and the Irrational* 开

创性地揭露了希腊理性主义的局限。

46 H. D. P. Lea, *Zeno of Elea* (Cambridge: Cambridge University Press, 1936); J. Barnes, *The Presocratic Philosophers* (London: Routledge, 1982), pp. 231–95.

47 W. H. C. Guthrie, *Aristotle* (Cambridge: Cambridge University Press, 1981) 精彩地描述了作者与亚里士多德思想的"相遇"。

48 I. Bochenski, *A History of Formal Logic*, trans. I. Thomas (Indianapolis: University of Notre Dame Press, 1961) 是优秀的入门著作；J. Lukasiewicz, *Aristotle's Syllogistic* (Oxford: Clarendon Press, 1957) 提供了有价值的专业阐释；C. Habsmeier, *Science and Civilisation in China* (Cambridge: Cambridge University Press,1998), vii, p. 1 有助于将希腊的逻辑学置于全球背景下理解。

49 Needham, *Science and Civilisation in China*, ii, p. 72.

50 *The Analects of Confucius*, trans. A. Waley (London: Allen and Unwin, 1938), p. 216.

51 Needham, *Science and Civilisation in China*, ii, p. 55.

52 A. Crombie, *Styles of Scientific Thinking* (London: Duckworth, 1994) 是厚重的大部头著作，对西方传统进行了无价的发掘。作者的另一著作 *Science, Art and Nature* (London: Hambledon Press, 1996) 探寻了来自中世纪的传统。

53 N. Sivin, *Medicine, Philosophy and Religion in Ancient China* (Aldershot: Variorum, 1995) 是一本珍贵的论文集，收录的文章探讨了"道"与科学的联系。F. Capra, *The Tao of Physics* (Berkeley: Shambhala, 1975) 是一本脱离正统但颇具影响力的著作，主张从道家角度对现代量子物理学进行解释。

54 J. Longrigg, *Greek Medicine* (London: Duckworth, 1998) 是一本有用的原始资料集。D. Cantor, ed., *Reinventing Hippocrates* (Farnham: Ashgate, 2001) 是一本充满新颖思想的论文集。关于医学整体的历史，可参见 R. Porter, *The Greatest Benefit to Mankind* (New York: W. W. Norton, 1999)，这是一部可读性很强且带有幽默挖苦意味的巨著。

55 Needham, *Science and Civilisation in China*, ii, p. 27.

56 D. J. Rothman, S. Marcus, and S. A. Kiceluk, *Medicine and Western Civilization* (New Brunswick: Rutgers University Press, 1995), pp. 142–3.

57 L. Giles, ed., *Taoist Teachings, Translated from the Book of Lieh-Tzŭ* (London: Murray, 1912), p. 111.

58 对无神论的批判，可参见 J. Maritain, *The Range of Reason* (New York: Scribner, 1952)。为无神论辩护的经典作品有 L. Feuerbach, *Principles of the Philosophy of the Future* (1843) 以及 B. Russell, *Why I Am Not a Christian* (New York: Simon and Schuster, 1967)。J. Thrower, *Western Atheism: A Short History* (Amherst:

Prometheus Books, 1999) 提供了清晰简明的介绍。

59 W. K. C. Guthrie, *The Greek Philosophers from Thales to Aristotle* (London: Routledge, 2013), p. 63.

60 M. O. Goulet-Cazé, 'Religion and the early Cynics', in R. Bracht-Brahman and M.-O. Goulet-Cazé, eds., *The Cynics: The Cynic Movement in Antiquity and Its Legacy* (Berkeley: University of California Press, 1996), pp. 69–74.

61 P. P. Haillie, ed., *Sextus Empiricus: Selections from His Major Writings on Scepticism, Man and God* (Indianapolis: Hackett, 1985), p. 189.

62 W. T. De Bary et al., eds., *Sources of Indian Tradition*, 2 vols. (New York: Columbia University Press, 1958), 2:43.

63 *The Epicurus Reader*, ed. L. Gerson (New York: Hackett, 1994) 涵盖了主要文献。H. Jones, *The Epicurean Tradition* (London: Routledge, 1992) 探究了伊壁鸠鲁在现代的影响。D. J. Furley, *The Greek Cosmologists*, vol. i (Cambridge: Cambridge University Press, 1987) 是有关希腊原子论起源的标准著作。M. Chown, *The Magic Furnace* (London: Vintage, 2000) 是一部生动的原子论通俗史。C. Luthy et al., eds., *Late Medieval and Early Modern Corpuscular Matter Theories* (Leiden: Brill, 2001) 是一部出色的学术论文集，填补了古代和现代原子论之间的空白。

64 Needham, *Science and Civilisation in China*, ii, p. 179.

65 C. P. Fitzgerald, *China: A Short Cultural History* (London: Cresset, 1950), p. 86.

66 P. Mathieson, ed., *Epictetus: The Discourses and Manual* (Oxford: Oxford University Press, 1916), pp. 106–7; Russell, *History of Western Philosophy*, p. 251.

67 A. A. Long, *Hellenistic Philosophy* (Berkeley and Los Angeles: University of California Press, 1974) 关于斯多亚主义的论述尤其精彩。J. Annas and J. Barnes, eds., *The Modes of Scepticism* (Cambridge: Cambridge University Press, 1985) 收录了重要的西方文献。J. Barnes, *The Toils of Scepticism* (Cambridge: Cambridge University Press, 1990) 是引人入胜的解释性作品。

68 J. Legge, ed., *The Chinese Classics*, 5 vols. (London: Trubner, 1861–72), ii, p. 190.

69 Needham, *Science and Civilisation in China*, ii, p. 19.

70 A. MacIntyre, *After Virtue* (London: Duckworth, 1981) 是很好的入门读物。E. O. Wilson, *On Human Nature* (Cambridge, MA: Harvard University Press, 1978) 是有史以来关于这个主题的最唯物主义的著作之一。最与之针锋相对的乐观主义著作可能是 M.J.A.N.C. de Condorcet, *Progrès de l'esprit humain* (1794)，作者是在等待上断头台时写成此书的。

71 H. Wang and L. S. Chang, *The Philosophical Foundations of Han Fei's Political*

Theory (Honolulu: University of Hawaii Press, 1986).

72 C. Ping and D. Bloodworth, *The Chinese Machiavelli* (London: Secker and Warburg, 1976) 是一部流行的中国政治思想史。B. I. Schwartz, *The World of Thought in Ancient China* (Cambridge, MA: Harvard University Press, 1985), and Y. Pines, *Envisioning Eternal Empire: Chinese Political Thought of the Warring States Era* (Honolulu: University of Hawaii Press, 2009) 两部著作介绍了时代背景，也有详细的信息。A. Waley, *Three Ways of Thought in Ancient China* (Palo Alto: Stanford University Press, 1939) 是经典入门著作。S. De Grazia, ed., *Masters of Chinese Political Thought* (New York: Viking, 1973) 也收录了经典译文。

73 *Republic*, 473d.

74 K. Popper, *The Open Society and Its Enemies*, i (Princeton: Princeton University Press, 1945) 是对柏拉图理论的经典批判。C.D.C. Reeve, *Philosopher-Kings* (Princeton: Princeton University Press, 1988), i 是关于这种古代现象的历史研究。M. Schofield, *Saving the City* (London and New York: Routledge, 1999) 研究了古代哲学中哲人王的概念。

75 *The Book of Mencius*, 18.8; Legge, ed., *The Chinese Classics*, v, p. 357. K. Hsiao, *History of Chinese Political Thought* (Princeton: NJ: Princeton University Press, 2015) i, pp. 143–213 关于孟子的论述尤为出色。

76 Aristotle, *Politics*, 4.4.

77 P. Pettit, *Republicanism* (Oxford: Oxford University Press, 1997) 是一部有用的入门著作。A. Oldfield, *Citizenship and Community* (London and New York: Routledge, 1990), and R. Dagger, *Civic Virtues* (Oxford: Oxford University Press, 1997) 宏观地考察了现代共和主义。

78 R. Cavendish, 'The abdication of King Farouk', *History Today*, lii (2002), p. 55.

79 T. Wiedemann, *Greek and Roman Slavery* (Baltimore: Johns Hopkins University Press, 1981) 很好地介绍了古代的背景。A. Pagden, *The Fall of Natural Man* (Cambridge: Cambridge University Press, 1986) 将该学说在近代的演变置于历史背景中进行了考察，L. Hanke, *Aristotle and the American Indians* (London: Hollis and Carter, 1959) 则是研究这种演变本身的经典作品。

80 A. Loombs and J. Burton, eds., *Race in Early Modern England: A Documentary Companion* (New York: Palgrave Macmillan), p. 77; Pagden, *The Fall of Natural Man*, pp. 38–41.

81 F. Bethencourt, *Racisms: From the Crusades to the Twentieth Century* (Princeton: Princeton University Press, 2013).

第五章　思想信仰：宗教时代的观念

1. M. A. Cook, *Early Muslim Dogma* (Cambridge: Cambridge University Press, 1981) 是关于穆斯林思想渊源的极为重要的研究。M. A. Cook, *The Koran: A Very Short Introduction* (Oxford: Oxford University Press, 2000) 是对《古兰经》的最佳介绍。G. A. Vermes 的著作，比如 *Jesus in His Jewish Context* (Minneapolis: Fortress Press, 2003)，尽管被认为过于夸张，却让耶稣作为一个犹太人的身份变得可以让人理解。

2. S. Rebanich, *Jerome* (London: Routledge, 2002), p. 8.

3. Augustine, *Confessions*, ch. 16.

4. R. Lane Fox, *Pagans and Christians: In the Mediterranean World from the Second Century AD to the Conversion of Constantine* (London: Viking, 1986).

5. N. G. Wilson, *Saint Basil on the Value of Greek Literature* (London: Duckworth, 1975), pp. 19–36.

6. Gregory the Great, *Epistles*, 10:34; G. R. Evans, *The Thought of Gregory the Great* (Cambridge: Cambridge University Press, 1986), p. 9.

7. B. Lewis, ed., *Islam* (New York: Harper, 1974), ii, pp. 20–1; W. M. Watt, *The Faith and Practice of Al-Ghazali* (London: Allen and Unwin, 1951), pp. 72–3.

8. S. Billington, *A Social History of the Fool* (Sussex: Harvester, 1984) 试着以简明的方式进行概述。V. K. Janik, *Fools and Jesters* (Westport: Greenwood, 1998) 罗列了相关人物。E.-A. Stewart, *Jesus the Holy Fool* (Lanham: Rowman and Littlefield, 1998) 提供了一个关于耶稣的有趣侧记。

9. W. Heissig, *The Religions of Mongolia* (Berkeley: University of California Press, 1980).

10. M. Rithven, *Historical Atlas of the Islamic World* (Cambridge, MA: Harvard University Press, 2004).

11. R. Bultmann, *Theology of the New Testament* (London: SCM Press, 1955), ii, p. 135.

12. See E. Leach and D. A. Aycock, eds., *Structuralist Interpretations of Biblical Myth* (Cambridge: Cambridge University Press, 1983), especially pp. 7–32; J. Frazer, *The Golden Bough* (New York: Macmillan, 1958), i, pp. 158, 405–45.

13. M. Moosa, *Extremist Shi'ites: The Ghulat Sects* (Syracuse: Syracuse University Press, 1988), p. 188.

14. G. O'Collins, *Incarnation* (London: Continuum, 2002) 对该学说进行了解释，简单明了又充满新颖的思想。B. Hume, *Mystery of the Incarnation* (London: Paraclete,

1999) 对此进行了深入而动人的思考。S. Davis et al., *The Trinity* (Oxford: Oxford University Press, 2002) 是一本优秀的论文集。

15 *Patrologia Latina*, 5.109–16.

16 W. H. Bright, ed., *The Definitions of the Catholic Faith* (Oxford and London: James Parker, 1874) 是一部经典著作。H. Chadwick, *The Early Church* (London: Penguin, 1993) 是最佳历史综述，而 J. Danielou, *A History of Early Christian Doctrine* (London: Darton, Longman, and Todd, 1977) 介绍了神学背景。

17 J. Emminghaus, *The Eucharist* (Collegeville, MN: Liturgical Press, 1978) 是非常好的入门著作。R. Duffy, *Real Presence* (San Francisco: Harper and Row, 1982) 把天主教教义放在圣事的背景下进行了探讨。M. Rubin, *Corpus Christi* (Cambridge: Cambridge University Press, 1991) 是关于中世纪晚期圣餐文化的杰出研究。

18 C. K. Barrett, *Paul* (Louisville: Westminster/John Knox, 1994), and M. Grant, *Saint Paul* (London: Phoenix, 2000) 是关于圣保罗的出色而易读的记述。A. F. Segal, *Paul the Convert* (New Haven: Yale University Press, 1990) 对保罗犹太背景的介绍尤其出彩。读者们还可以参考 J. G. D. Dunn, ed., *The Cambridge Companion to St Paul* (Cambridge: Cambridge University Press, 2003)。

19 *The Fathers of the Church: St Augustine, the Retractions*, trans. M. I. Brogan, R.S.M. (Washington, DC: Catholic University Press, 1968), p. 32.

20 Augustine, *Confessions*, ch. 11.

21 W. Hasker, *God, Time and Knowledge* (Ithaca, NY: Cornell University Press, 1989) 是优秀的入门著作。神学含义可见 J. Farrelly, *Predestination, Grace and Free Will* (Westminster, MD: Newman Press, 1964), and G. Berkouwer, *Divine Election* (Grand Rapids: Eerdmans, 1960)。

22 G. Filoramo, *Gnosticism* (Oxford: Blackwell, 1990); E. Pagels, *The Gnostic Gospels* (London: Weidenfeld and Nicolson, 1980), and M. Marcovich, *Studies in Graeco-Roman Religions and Gnosticism* (Leiden: Brill, 1988) 均为不可或缺的指南。

23 *Contra Haereses*, 1.24.4; H. Bettenson and C. Maunder, eds., *Documents of the Christian Church* (Oxford: Oxford University Press, 2011), p. 38.

24 Augustine, *Confessions*, ch. 2.

25 J. Goody, *The Development of the Family and Marriage in Europe* (Cambridge: Cambridge University Press, 1983), pp. 49–60, 146. P. Brown, *The Body and Society* (New York: Columbia University Press, 1988) 是对基督教禁欲主义早期历史的出色探究。P. Ariès and A. Bejin, *Western Sexuality* (Oxford: Blackwell, 1985) 差不多算是经典了，不过它重点关注的是对传统道德的挑战。

26 J. N. D. Anderson, *Islamic Law in the Modern World* (New York: New York University Press, 1959).

27 G. Fowden, *Qusayr 'Amra: Art and the Umayyad Elite in Late Antique Syria* (Berkeley: University of California Press, 2004).

28 L. Komaroff and S. Carboni, eds., *The Legacy of Genghis Khan: Courtly Art and Culture in Western Asia* (New York: Metropolitan Museum of Art, 2002), pp. 256–353.

29 R. Cormack, *Painting the Soul* (London: Reaktion, 1997) 是生动的入门性综述。作者的另一著作 *Writing in Gold* (New York: Oxford University Press, 1985) 是对拜占庭历史上的偶像的出色研究。T. Ware, *The Orthodox Church* (London: Penguin, 1993) 是关于正教历史的最佳通俗作品。

30 S. Gayk, *Image, Text, and Religious Reform in Fifteenth-Century England* (Cambridge: Cambridge University Press, 2010), pp. 155–88.

31 Plotinus, *Enneads*, 2.9.16; J. S. Hendrix, *Aesthetics and the Philosophy of Spirit* (New York: Lang, 2005), p. 140.

32 关于阿奎那的学说，我主要参考 Turner, *Thomas Aquinas*。

33 Thomas Aquinas, *Summa Contra Gentiles*, 7.1.

34 C. H. Haskins, 'Science at the court of the Emperor Frederick II', *American Historical Review*, xxvii (1922), pp. 669–94.

35 S. Gaukroger, *The Emergence of a Scientific Culture* (Oxford: Oxford University Press, 2006), pp. 59–76.

36 C. H. Haskins, *The Renaissance of the Twelfth Century* (New York: Meridian, 1957) 是关于该主题的开创性著作；A. Crombie, *Robert Grossteste* (Oxford: Clarendon Press, 1953) 是对主要人物的有争议但引人入胜的研究；D. C. Lindberg, *The Beginnings of Western Science* (Chicago: University of Chicago Press, 1992) 令人钦佩地勾勒了总体背景。

37 E. Gilson, *History of Christian Philosophy in the Middle Ages* (New York: Random House, 1955) 是一部经典著作；J. A. Weisheipl, *Friar Thomas d'Aquino* (New York: Doubleday, 1974) 或许仍然是关于阿奎那生平的最佳著作，不过 Turner, *Thomas Aquinas* 也毫不逊色，该书对阿奎那思想的研究是无法超越的；M. M. Adams, *William Ockham* (Indianapolis: University of Notre Dame Press, 1987) 是对奥卡姆最好的整体研究。

38 E. L. Saak, *Creating Augustine* (Oxford: Oxford University Press, 2012), pp. 164–6.

39 Augustine, *Confessions*, 11.3.

40 R. H. Nash, *The Light of the Mind* (Lexington: University Press of Kentucky, 1969) 是对奥古斯丁理论清晰而敏锐的研究; D. Knowles, *What Is Mysticism?* (London: Burns and Oates, 1967) 是介绍神秘主义的最佳快速入门书。

41 D. Sarma, *Readings in Classic Indian Philosophy* (New York: Columbia University Press, 2011), p. 40.

42 H. Dumoulin, *Zen Buddhism: A History*, 2 vols. (Bloomington: World Wisdom, 2005), i, p. 85.

43 Dumoulin, *Zen Buddhism*, and T. Hoover, *Zen Culture* (New York: Random House, 1977) 是优秀的入门著作; R. Pirsig, *Zen and the Art of Motorcycle Maintenance* (London: Vintage, 2004) 是作者横跨美国寻求"良质"学说的朝圣之旅的经典故事。

44 Pirsig, *Zen and the Art of Motorcycle Maintenance*, p. 278.

45 Ambrose, *Epistles*, 20:8.

46 B. Tierney, *The Crisis of Church and State 1050–1300* (Englewood Cliffs: Prentice Hall, 1964), p. 175; Bettenson and Maunder, *Documents of the Christian Church*, p. 121.

47 J. Maritain, *Man and the State* (Washington DC: Catholic University of America Press, 1951) 是一位现代重要思想家对教会与国家关系的经典沉思。R. W. Southern, *Western Society and the Church in the Middle Ages* (London: Penguin, 1970) 是对中世纪教会历史的最佳介绍。A. Murray, *Reason and Society in the Middle Ages* (Oxford: Clarendon Press, 1978) 采取了一种引人入胜的隐晦方式。O. and J. L. O'Donovan, *From Irenaeus to Grotius: A Sourcebook in Christian Political Thought* (Grand Rapids: Eerdmans, 1999) 刊出了最重要的原始资料和优秀的评论。

48 P. Brown, 'The rise and function of the holy man in late antiquity', *Journal of Roman Studies*, lxi (1971), pp. 80–101.

49 Bettenson and Maunder, *Documents of the Christian Church*, p. 121.

50 W. Ullmann, *The Growth of Papal Government in the Middle Ages* (London: Methuen, 1970), and *A History of Political Thought: The Middle Ages* (Middlesex: Penguin, 1965) 浓缩了最高权威的著作。E. Duffy, *Saints and Sinners* (New Haven: Yale University Press, 1997) 是一部鲜活又扎实的教宗史。

51 G. E. R. Lloyd, *Aristotle: The Growth and Structure of His Thought* (Cambridge: Cambridge University Press, 1968), p. 255.

52 Aristotle, *Politics*, 4.3.

53 J. H. Burns and T. Izbicki, eds., *Conciliarism and Papalism* (Cambridge: Cambridge

University Press, 1997) 是重要的文集。J. J. Ryan, *The Apostolic Conciliarism of Jean Gerson* (Atlanta: Scholars, 1998) 关于 15 世纪传统发展的论述很精彩。A. Gewirth, *Marsilius of Padua* (New York: Columbia University Press, 1951) 是对该思想家最好的研究。Marsilius, *Defensor Pacis*, trans. A. Gewirth and C. J. Nedermann (New York: Columbia University Press, 2001) 是两人合作而成的优秀译本。

54 J. Mabbott, *The State and the Citizen* (London: Hutchison's University Library, 1955) 对相关的政治理论进行了很好的介绍。J. Rawls, *A Theory of Justice* (Cambridge, MA: Harvard University Press, 1971) 是使社会契约论与时俱进的一次令人印象深刻的尝试。

55 See P. S. Lewis, *Essays in Later Medieval French History* (London: Hambledon, 1985), pp. 170–86.

56 Ibid., p. 174.

57 J. R. Figgis, *The Divine Right of Kings* (Cambridge: Cambridge University Press, 1922), and M. Wilks, *The Problem of Sovereignty in the Middle Ages* (Cambridge: Cambridge University Press, 2008) 是杰出的研究。Q. Skinner, *The Foundations of Modern Political Thought*, 2 vols. (Cambridge: Cambridge University Press, 1978) 是关于中世纪晚期和近代早期政治的所有重要主题的宝贵指南。

58 M. Keen, *Chivalry* (New Haven: Yale University Press, 1984).

59 P. Binski, *The Painted Chamber at Westminster* (London: Society of Antiquaries, 1986), pp. 13–15.

60 F. Fernández-Armesto, 'Colón y los libros de caballería', in C. Martínez Shaw and C. Pacero Torre, eds., *Cristóbal Colón* (Valladolid: Junta de Castilla y León, 2006), pp. 114–28.

61 F. E. Kingsley, ed., *Charles Kingsley: His Letters and Memories of His Life*, 2 vols. (Cambridge, Cambridge University Press, 2011), 2, p. 461. M. Girouard, *The Return to Camelot* (New Haven: Yale University Press, 1981) 是一本关于 18 世纪到 20 世纪骑士精神复兴的精彩记述，富有启发性。

62 Keen, *Chivalry* 是权威著作；M. G. Vale, *War and Chivalry* (London: Duckworth, 1981) 对骑士精神产生最大影响的时代背景进行了令人印象深刻的探究。

63 B. Lewis, *The Political Language of Islam* (Chicago: University of Chicago Press, 1988), pp. 73–4.

64 C. Hillenbrand, *The Crusades: Islamic Perspectives* (Edinburgh: Edinburgh University Press, 1999), and K. Armstrong, *Holy War* (New York: Anchor, 2001) 均有很强的可读性，而且十分可靠。G. Keppel, *Jihad* (Cambridge, MA: Harvard

University Press, 2001) 是对当代伊斯兰教中圣战观念的值得重视的调查研究。J. Riley-Smith, *What Were the Crusades?* (London: Palgrave Macmillan, 2009) 是对十字军的自我认识的最佳解读。

65 M. Keen, *Nobles, Knights and Men-at-Arms in the Middle Ages* (London: Hambledon, 1986) 收录了作者的有用论文, 尤其是 pp. 187–221。马洛的引文来自 *Tamburlaine the Great*, Act I, Scene 5, 186–90。

66 M. Rady, *Customary Law in Hungary* (Oxford: Oxford University Press, 2015), pp. 15–20.

67 P. O. Kristeller, *Renaissance Thought and Its Sources* (New York: Columbia University Press, 1979) 是无法超越的入门概述。R. Black, *Humanism and Education in Medieval and Renaissance Italy* (Cambridge: Cambridge University Press, 2001) 是详尽而有力的修正性研究, 应与 R. W. Southern, *Scholastic Humanism and the Unification of Europe* (Oxford: Wiley-Blackwell, 2000) 比照。

68 R. W. Bulliett, *Conversion to Islam in the Medieval Period: An Essay in Quantitative History* (Cambridge, MA: Harvard University Press, 1979), pp. 16–32, 64–80.

69 *Selected Works of Ramon Llull*, ed. A. Bonner (Princeton: Princeton University Press, 1985) 是对柳利思想的实用介绍。关于精神征服的争论所用的术语是在 20 世纪三四十年代确定的, 来自 R. Ricard, *The Spiritual Conquest of Mexico* (Berkeley: University of California Press, 1974)。S. Neill, *A History of Christian Missions* (Harmondsworth: Penguin, 1964) 是关于基督教之传播的最好简述。

第六章 回到未来：历经瘟疫和寒潮的思想

1 A. W. Crosby, *The Columbian Exchange* (1972), 现在最好查阅 2003 年版 (Santa Barbara, CA: Greenwood)。

2 虽然目前还没有令人满意的整体研究, 但 J. Belich 正在写的著作也许能填补这个空白。同时可见 W. McNeill, *Plagues and Peoples* (New York: Doubleday, 1976); M. Green, ed., 'Pandemic disease in the medieval world', *Medieval Globe*, i (2014)。

3 H. Lamb, 'The early medieval warm epoch and its sequel', *Palaeogeography, Palaeoclimatology, Palaeoecology*, i (1965), pp. 13–37; H. Lamb, *Climate, History and the Modern World* (London: Routledge, 1995); G. Parker, *Global Crisis: Climate Change and Catastrophe in the Seventeenth Century* (New Haven: Yale University Press, 2013)。

4 相关论文收录于 F. Fernández-Armesto, ed., *The Global Opportunity* (Aldershot: Ashgate, 1998)。*The European Opportunity* (Aldershot: Ashgate, 1998) 则提供了概述。

5 H. Honour, *Chinoiserie: The Vision of Cathay* (New York: Dutton, 1962), p. 94.

6 下一段内容基于 F. Fernández-Armesto, *Amérigo* (Madrid: Tusquets, 2008), pp. 28–31。

7 F. Fernández-Armesto, *Amerigo: The Man Who Gave His Name to America* (New York: Random House, 2007), pp. 6–7.

8 W. Oakeshott, *Classical Inspiration in Medieval Art* (London: Chapman, 1969).

9 J. Goody, *Renaissances: The One or the Many?* (Cambridge: Cambridge University Press, 2009).

10 F. Fernández-Armesto, *Millennium* (London: Bantam House, 1995), p. 59.

11 J. Winckelmann, *Reflections on the Painting and Sculpture of the Greeks* (London: Millar, 1765), p. 4; K. Harloe, *Winckelmann and the Invention of Antiquity* (Oxford: Oxford University Press, 2013). C. H. Rowland et al., eds., *The Place of the Antique in Early Modern Europe* (Chicago: University of Chicago Press, 2000) 是重要的展示目录。F. Haskell, *Taste and the Antique* (New Haven: Yale University Press, 1981), and *Patrons and Painters* (New Haven: Yale University Press, 1980) 浓缩了该领域最杰出学者的著作。

12 *Bacon's Essays*, ed. W. A. Wright (London: Macmillan, 1920), p. 204.

13 以下几段内容援引自 P. Burke, F. Fernández-Armesto, and L. Clossey, 'The Global Renaissance', *Journal of World History*, xxviii (2017), pp. 1–30.

14 F. Fernández-Armesto, *Columbus on Himself* (Indianapolis: Hackett, 2010), p. 223.

15 关于哥伦布的有用著作可参见 W. D. and C. R. Phillips, *The Worlds of Christopher Columbus* (Cambridge: Cambridge University Press, 1992); F. Fernández-Armesto, *Columbus* (London: Duckworth, 1996); and Martínez Shaw and Pacero Torre, eds., *Cristóbal Colón*。E. O'Gorman, *The Invention of America* (Westport: Greenwood, 1972) 是一份有争议却有启发性的研究。

16 D. Goodman and C. Russell, *The Rise of Scientific Europe* (London: Hodder and Stoughton, 1991) 是一份优秀的概述。

17 A. Ben-Zaken, *Cross-Cultural Scientific Exchanges in the Eastern Mediterranean, 1560–1660* (Baltimore: Johns Hopkins University Press, 2010).

18 G. Saliba, *Islamic Science and the Making of the European Renaissance* (Cambridge MA: Harvard University Press, 2007).

19 D. C. Lindberg, *Theories of Vision from Al-kindi to Kepler* (Chicago: University of Chicago Press, 1976), pp. 18–32.

20 H. F. Cohen, *How Modern Science Came into the World. Four Civilizations, One 17th Century Breakthrough* (Amsterdam: Amsterdam University Press, 2010), especially pp. 725–9.

21 G. W. Leibniz, *Novissima Sinica* (Leipzig?, 1699).

22 S. Schapin, *The Scientific Revolution* (Chicago: University of Chicago Press, 1996).

23 R. Evans, *Rudolf II and His World* (Oxford: Oxford University Press, 1973).

24 F. Yates, *Giordano Bruno and the Hermetic Tradition* (Chicago: University of Chicago Press, 1964), and *The Art of Memory* 是重要作品; J. Spence, *The Memory Palace of Matteo Ricci* (New York: Penguin, 1985) 是一份出色的个案研究。

25 F. Bacon, *Novum Organum*, in J. Spedding et al., eds., *The Works of Francis Bacon*, 4 vols. (Cambridge: Cambridge University Press, 2011), iv, p. 237; L. Jardine and A. Stewart, *Hostage to Fortune: The Troubled Life of Francis Bacon* (New York: Hill, 1999).

26 T. H. Huxley, 'Biogenesis and abiogenesis,' in *Collected Essays*, 8 vols. (London: Macmillan, 1893–8), viii, p. 229.

27 K. Popper, *The Logic of Scientific Discovery* (London: Routledge, 2002), pp. 6–19.

28 W. Pagel, *Joan Baptista van Helmont* (Cambridge: Cambridge University Press, 1982), p. 36.

29 R. Foley, *Working Without a Net* (New York and Oxford: Oxford University Press, 1993) 是对笛卡儿的背景和影响的研究，很有启发性。D. Garber, *Descartes Embodied* (Cambridge: Cambridge University Press, 2001) 是一本重要的论文集。S. Gaukroger, *Descartes' System of Natural Philosophy* (Cambridge: Cambridge University Press, 2002) 是对这位哲学家的思想发人深思的研究。

30 *The Philosophical Writings of Descartes*, ed. J. Cottingham, R. Stoothoff, and D. Murdoch (Cambridge: Cambridge University Press, 1984), i, pp. 19, 53, 145–50; ii, pp. 409–17; iii, p. 337; M. D. Wilson, *Descartes* (London: Routledge, 1978), pp. 127–30, 159–74, 264–70.

31 A. Macfarlane and G. Martin, *The Glass Bathyscaphe: Glass and World History* (London: Profile, 2002).

32 Saliba, *Islamic Science*.

33 J. M. Dietz, *Novelties in the Heavens* (Chicago: University of Chicago Press, 1993) 提供了引人入胜的入门概述。A. Koestler, *The Sleepwalkers* (London: Hutchinson, 1968) 是对早期哥白尼传统的精彩叙述，令人着迷。T. Kuhn, *The Copernican Revolution* (Cambridge, MA: Harvard University Press, 2003) 对哥白尼的影响的论

述无与伦比。

34 R. Feldhay, *Galileo and the Church: Political Inquisition or Critical Dialogue* (Cambridge: Cambridge University Press, 1995), pp. 124–70.

35 D. Brewster, *Memoirs of the Life, Writings, and Discoveries of Sir Isaac Newton*, 2 vols. (Edinburgh: Constable, 1855), ii, p. 138. R. Westfall, *The Life of Isaac Newton*, 2 vols. (Cambridge: Cambridge University Press, 1994) 是最好的传记著作，P. Fara, *Newton: The Making of a Genius* (New York: Pan Macmillan, 2011) 是可以与之媲美的作品，篇幅相对较短。M. White, *The Last Sorcerer* (Reading, MA: Perseus, 1998) 是一部颇受欢迎的作品，着重描述了牛顿对炼金术的兴趣。H. Gilbert and D. Gilbert Smith, *Gravity: The Glue of the Universe* (Englewood: Teacher Ideas Press, 1997) 是一部引人入胜的关于重力概念的通俗历史作品。牛顿对自己的描述来自其皇家学会的同行安德鲁·拉姆齐的转述，可参见 J. Spence, *Anecdotes, Observations and Characters, of Books and Men* (London: Murray, 1820), p. 54。

36 Needham, *Science and Civilisation in China*, ii, p. 142.

37 S. Lee, *Great Englishmen of the Sixteenth Century* (London: Constable, 1904), pp. 31–6.

38 J. Carey, ed., *The Faber Book of Utopias* (London: Faber and Faber, 1999) 是一本优秀的选集，我的许多例子都出自此书。K. Kumar, *Utopianism* (Milton Keynes: Open University Press, 1991) 是一本简明有用的入门著作。

39 N. Machiavelli, *The Prince*, ch. 18.

40 D. Wootton 的《君主论》英译本 *The Prince* (Indianapolis: Hackett, 1995) 是最好的。H. C. Mansfield, *Machiavelli's Virtue* (Chicago: University of Chicago Press, 1998) 是对他思想来源的重新评估，深刻而具有启发性。Q. Skinner, *Machiavelli* (Oxford: Oxford University Press, 1981) 是一本简短但细致的入门著作。

41 J. G. A. Pocock, *The Machiavellian Moment* (Princeton: Princeton University Press, 1975) 是不可或缺的著作。G. Q. Flynn, *Conscription and Democracy* (Westport: Greenwood, 2002) 是关于英国、法国和美国征兵历史的值得关注的研究。

42 De Bary et al., eds., *Sources of Chinese Tradition*, p. 7.

43 Ibid., pp. 66–7; T. De Bary, ed., *Sources of East Asian Tradition*, 2 vols. (New York: Columbia University Press, 2008), ii, pp. 19–21.

44 De Bary, ed., *Sources of East Asian Tradition* 收录了珍贵的原始文献。L. Chi-chao, *History of Chinese Political Thought* (Abingdon: Routledge, 2000) 是一部优秀的简史。F. Wakeman, *The Great Enterprise*, 2 vols. (Berkeley and Los Angeles, University of California Press, 1985) 是对中国那个历史时期最好的介绍。L. Struve, *Voices from*

the *Ming-Qing Cataclysm* (New Haven: Yale University Press, 1993) 用文本再现了那个时代。

45 J. T. C. Liu, *Reform in Sung China: Wang-an Shih and His New Policies* (Cambridge, MA: Harvard University Press, 1959), p. 54.

46 De Grazia, ed., *Masters of Chinese Political Thought* 提供了一些有用的内容。关于我们认为的中世纪中国的天下观对中国对外关系的影响，J. Tao, *Two Sons of Heaven* (Tucson: University of Arizona Press, 1988) 一书非常值得关注。W. I. Cohen, *East Asia at the Center* (New York: Columbia University Press, 2001) 以中国自视为世界中心为背景，对该地区的历史进行了有益的综述。关于地图的政治内涵，我主要参考 J. Black, *Maps and Politics* (Chicago: University of Chicago Press, 1998)。

47 H. Cortazzi, *Isles of Gold: Antique Maps of Japan* (New York: Weatherhill, 1992), pp. 6–38.

48 E. L. Dreyer, *Early Ming China: A Political History, 1355–1435* (Stanford: Stanford University Press, 1982), p. 120.

49 W. T. De Bary et al., eds., *Sources of Japanese Tradition*, 2 vols. (New York: Columbia University Press, 2001–5), I, p. 467; M. Berry, *Hideyoshi* (Cambridge, MA: Harvard University Press, 1982), pp. 206–16.

50 I. Hirobumi, *Commentaries on the Constitution* (Tokyo: Central University, 1906). R. Benedict, *The Chrysanthemum and the Sword* (Boston: Houghton Mifflin, 1946) 是西方对日本价值观的经典解释。Cortazzi, *Isles of Gold* 是对日本地图学的出色简介。J. Whitney Hall, ed., *The Cambridge History of Japan*, 6 vols. (Cambridge: Cambridge University Press, 1989–93) 是非常卓越的作品。G. B. Sansom, *A Short Cultural History of Japan* (Stanford: Stanford University Press, 1978) 是有益的单卷研究著作。

51 K. M. Doak, *A History of Nationalism in Modern Japan* (Leiden: Brill, 2007), pp. 120–4; J. and J. Brown, *China, Japan, Korea: Culture and Customs* (Charleston: Booksurge, 2006), p. 90.

52 O'Donovan and O'Donovan, eds., *From Irenaeus to Grotius*, p. 728.

53 C. Carr, *The Lessons of Terror: A History of Warfare against Civilians* (New York: Random House, 2003), pp. 78–9.

54 H. Bull et al., *Hugo Grotius and International Relations* (Oxford: Clarendon Press, 1990) 是非常有价值的文集。J. Laurence and A. Pagden, eds., *Vitoria: Political Writings* (Cambridge: Cambridge University Press, 1991) 是维多利亚所著的政治文

献的英语译本选集。

55 C. Maier, *Once Within Borders* (Cambridge, MA: Harvard University Press, 2016), pp. 33–9.
56 L. Hanke, *The Spanish Struggle for Justice in the Conquest of America* (Philadelphia: University of Pennsylvania Press, 1949), p. 125.
57 C. Lévi-Strauss, *The Elementary Structures of Kinship* (Boston: Beacon, 1969), p. 46.
58 R. Wokler, 'Apes and races in the Scottish Enlightenment', in P. Jones, ed., *Philosophy and Politics in the Scottish Enlightenment* (Edinburgh: Donald, 1986), pp. 145–68. T. L. Peacock, *Melincourt* 是英语文学中最有幽默性的杰作之一，从侧面讽刺了蒙博多勋爵的理论。
59 N. Barlow, ed., *The Works of Charles Darwin, vol. 1: Diary of the Voyage of the HMS Beagle* (New York: New York University Press, 1987), p. 109.

第七章　全球的启蒙：联合世界中的思想联合

1 引文出处和关于莫佩尔蒂的其他材料，见 Fernández-Armesto, *Truth: A History*, pp. 152–8。
2 P. L. Maupertuis, *The Figure of the Earth, Determined from Observations Made by Order of the French King at the Polar Circle* (London: Cox, 1738), pp. 38–72.
3 J. C. Boudri, *What Was Mechanical about Mechanics: The Concept of Force between Metaphysics and Mechanics from Newton to Lagrange* (Dordrecht: Springer, 2002), p. 145 n. 37.
4 G. Tonelli, 'Maupertuis et la critique de la métaphysique', *Actes de la journée Maupertuis* (Paris: Vrin, 1975), pp. 79–90.
5 Parker, *Global Crisis*.
6 F. Fernández-Armesto, *The World: A History* (Upper Saddle River: Pearson, 2014).
7 L. Blussé, 'Chinese century: the eighteenth century in the China Sea region', *Archipel*, 58 (1999), pp. 107–29.
8 Leibniz, *Novissima Sinica*, preface; D. J. Cook and H. Rosemont, eds., *Writings on China* (Chicago and La Salle, IL: Open Court, 1994).
9 I. Morris, in F. Fernández-Armesto, ed., *The Oxford Illustrated History of the World* (Oxford: Oxford University Press, 2019), ch. 7.
10 E. Gibbon, *The History of the Decline and Fall of the Roman Empire*, ch. 1.

11 Strabo, *Geography*, 3.1.
12 Gibbon, *Decline and Fall*, ch. 38.
13 P. Langford et al., eds., *The Writings and Speeches of Edmund Burke* (Oxford: Clarendon Press, 1981–), ix, p. 248.
14 D. Hay, *Europe: The Emergence of an Idea* (Edinburgh: Edinburgh University Press, 1957) 对 "欧洲" 这一概念的历史进行了精彩的梳理。长期历史和短期历史可分别参见 N. Davies, *Europe: A History* (London: Bodley Head, 2014), and F. Fernández-Armesto, *The Times Illustrated History of Europe* (London: Times Books, 1995)。
15 D. Diderot, 'L'Art,' in *L'Encyclopédie* (1751), i, pp. 713–17.
16 D. Diderot, *Les Eleuthéromanes ou les furieux de la liberté*, in *Œuvres complètes* (Paris: Claye, 1875), ix, p. 16; E. A. Setjen, *Diderot et le défi esthétique* (Paris: Vrin, 1999), p. 78.
17 G. Avenel, ed., *Oeuvres complètes* (Paris: Le Siècle, 1879), vii, p. 184.
18 P. A. Dykema and H. A. Oberman, eds., *Anticlericalism in Late Medieval and Early Modern Europe* (Leiden: Brill, 1993) 是重要的论文集。S. J. Barnett, *Idol Temples and Crafty Priests* (New York: St Martin's, 1999) 以全新的方式探讨了启蒙运动反犹主义的起源。P. Gay, *The Enlightenment*, 2 vols. (New York: W. W. Norton, 1996) 是一部杰作,重点关注启蒙思想家的世俗思想,现在可以与之媲美的(至少在政治思想方面)集大成著作为 J. Israel, *The Radical Enlightenment* (Oxford: Oxford University' Press, 2002)。S. J. Barnett, *The Enlightenment and Religion* (Manchester: Manchester University Press, 2004) 挑战了启蒙运动中世俗主义的首要地位,最近的著作 U. Lehner, *The Catholic Enlightenment: The Forgotten History of a Global Movement* (Oxford: Oxford University Press, 2016) 也是如此。
19 J. A. N. de Caritat, Marquis de Condorcet, *Sketch for an Historical Picture of the Progress of the Human Mind*, trans. J. Barraclough (London: Weidenfeld, 1955), p. 201.
20 J. B. Bury, *The Idea of Progress* (London: Macmillan, 1920) 是一部无与伦比的经典作品,可以与其媲美的 R. Nisbet, *History of the Idea of Progress* (New Brunswick and London: Transaction, 1980) 试图将这个想法追溯到基督教的天意传统。
21 G. W. Leibniz, *Theodicy* (1710; new edn, London: Routledge, 1951) 是经典的论述。G. M. Ross, *Leibniz* (Oxford: Oxford University Press, 1984) 是对其哲学思想最简单明了的概述。
22 M. Grice-Hutchinson, *The School of Salamanca* (Oxford: Oxford University Press, 1952), p. 96.

23 T. de Mercado, *Summa de tratos* (Book IV: 'De la antigüedad y origen de los cambios', fo. 3v) (Seville: H. Díaz, 1575).

24 K. Kwarteng, *War and Gold* (London: Bloomsbury, 2014).

25 L. Magnusson, *Mercantilism: The Shaping of an Economic Language* (London: Routledge, 1994)是优秀的入门著作，其大幅修订过的版本 *The Political Economy of Mercantilism* (London: Routledge, 2015)我还没有看过。I. Wallerstein, *The Modern World-System*, vol. 2 (Berkeley: University of California Press, 1980) 对于了解历史背景至关重要，F. Braudel, *Civilization and Capitalism*, 3 vols. (London: Collins, 1983) 也是如此。

26 Grice-Hutchinson, *The School of Salamanca*, p. 95.

27 Ibid., p. 94.

28 Ibid., p. 112. 其他早期资料收录于 A. E. Murphy, *Monetary Theory, 1601–1758* (London and New York: Routledge, 1997)。D. Fischer, *The Great Wave* (Oxford: Oxford University Press, 1999) 是一部有争议但也很有启发性的通货膨胀史。

29 A. Smith, *The Wealth of Nations*, bk 4, ch. 5. The standard edition is that edited by R. H. Campbell, A. S. Skinner, and W. B. Todd (Oxford: Oxford University Press, 1976).

30 A. Smith, *Wealth of Nations*, bk 5, ch. 2.

31 A. Smith, *Theory of Moral Sentiments* (London: Millar, 1790), 4.1, 10; *Selected Philosophical Writings*, ed. J. R. Otteson (Exeter: Academic, 2004), p. 74.

32 T. Piketty, *Capital in the Twenty-first Century* (Cambridge, MA: Harvard University Press, 2014).

33 F. W. Hirst, *Adam Smith* (New York: Macmillan, 1904), p. 236.

34 D. Friedman, *The Machinery of Freedom* (La Salle: Open Court, 1989) 将斯密的著作置于现代自由主义经济学的背景下。D. D. Raphael, *Adam Smith* (New York: Oxford University Press, 1985) 是优秀的简介。P. H. Werhane, *Adam Smith and His Legacy for Modern Capitalism* (New York: Oxford University Press, 1991) 追溯了其影响。

35 O. Höffe, *Thomas Hobbes* (Munich: Beck, 2010) 是最卓越的著作。对霍布斯思想最有力的分析，可参见 C. Schmitt, ed., *The Leviathan in the State Theory of Thomas Hobbes: Meaning and Failure of a Political Symbol* (Chicago: University of Chicago Press, 2008)。A. Rapaczynski, *Nature and Politics* (Ithaca: Cornell University Press, 1987) 以洛克和卢梭为背景分析霍布斯。N. Malcolm, *Aspects of Hobbes* (Oxford: Clarendon Press, 2002) 是一本极具启发性而且非常全面的论文集。亚里士多德的引文来自 *Politics*, I. 2。

36 S. Song, *Voltaire et la Chine* (Paris: Presses Universitaire de France, 1989).
37 D. F. Lach, *Asia in the Making of Europe*, vol. 3 (Chicago: University of Chicago Press, 1993) 是十分重要的著作。同样重要的著作还有 J. Ching and W.G.Oxtoby, *Discovering China* (Rochester, NY: University of Rochester Press, 1992); W. W. Davis, 'China, the Confucian ideal, and the European Age of Enlightenment', *Journal of the History of Ideas*, xliv (1983), pp. 523–48; T. H. C. Lee, ed., *China and Europe: Images and Influences in Sixteenth to Eighteenth Centuries* (Hong Kong: Chinese University Press, 1991)。孟德斯鸠的引文来自 *L'Esprit des lois*, XVII. 3。
38 N. Russell, 'The influence of China on the Spanish Enlightenment', Tufts University Ph.D. dissertation (2017).
39 G. T. F. Raynal, *Histoire philosophique*, i, p. 124; quoted in Israel, *The Radical Enlightenment*, p. 112.
40 Fernández-Armesto, *Millennium*, pp. 458–9; *The Americas* (London: Phoenix, 2004), pp. 64–5.
41 P. Fara, *Sex, Botany and Empire* (Cambridge: Icon, 2004), pp. 96–126.
42 M. Newton, *Savage Girls and Wild Boys: A History of Feral Children* (London: Faber, 2002), pp. 22, 32; H. Lane, *The Wild Boy of Aveyron* (Cambridge, MA: Harvard University Press, 1975).
43 T. Ellingson, *The Myth of the Noble Savage* (Berkeley: University of California Press, 2001) 是有用的入门著作。H. Fairchild, *The Noble Savage* (New York: Columbia University Press, 1928) 以优美的文笔描述了该概念的历史。M. Hodgen, *Early Anthropology* (Philadelphia: University of Pennsylvania Press, 1964), and Pagden, *The Fall of Natural Man* 对近代早期民族志引发的思想进行了宝贵的研究。
44 Rousseau, *Discourse on the Origin of Inequality*, quoted in C. Jones, *The Great Nation* (London: Penguin, 2002), p. 29; M. Cranston, *Jean-Jacques: The Early Life and Work* (Chicago: University of Chicago Press, 1991), pp. 292–3; Z. M. Trachtenberg, *Making Citizens: Rousseau's Political Theory of Culture* (London: Routledge, 1993), p. 79.
45 Israel, *The Radical Enlightenment*, pp. 130–1, 700.
46 R. Wokler, *Rousseau, the Age of Enlightenment, and Their Legacies* (Princeton: Princeton University Press, 2012), pp. 1–28.
47 Rousseau, *Du contrat social*, bk 1, ch. 6. T. O'Hagan, *Rousseau* (London: Routledge, 1999) 尤其擅长阐释卢梭此说。Rousseau, *Discourse on the Origin of Inequality* (1754) 是非常重要的文献。A. Widavsky, *The Rise of Radical Egalitarianism* (Washington,

DC: American University Press, 1991) 提供了精彩的概述。D. Gordon, *Citizens without Sovereignty* (Princeton: Princeton University Press, 1994) 探究了 18 世纪法国思想中的这个概念。R. W. Fogel, *The Fourth Great Awakening* (Chicago: University of Chicago Press, 2000) 是一部具有启发性的作品，它将激进的美国平均主义与基督教传统联系在一起，并认为未来会实现平等。A. Sen, *Inequality Reexamined* (Cambridge, MA; Harvard University Press, 1992) 是一本引人入胜的专著，结合当下进行论述，并对未来提出挑战。关于公共意志，A. Levine, *The General Will* (Cambridge: Cambridge University Press, 1993) 追溯了其发展脉络，从卢梭直到现代共产主义。P. Riley, *The General Will before Rousseau* (Princeton: Princeton University Press, 1986) 这本佳作探讨了其起源。

48 Rousseau, *Du contrat social*, bk 1, ch. 3.

49 J. Keane, *Tom Paine* (London: Bloomsbury, 1995) 是一部优秀的传记。E. Foner, *Tom Paine and Revolutionary America* (New York: Oxford University Press, 1976) 是一部经典研究著作。卢梭在该领域最有影响力的作品是《论人类不平等的起源和基础》以及《爱弥儿》。

50 O. de Gouges, *Déclaration des droits de la femme et de la citoyenne*, article X; 还有一个更常见的版本 (Paris: République des Lettres, 2012)。德古热在她的小说 *Maria or the Wrongs of Woman* 中特别阐明了自己的观点。C. L. Johnson, ed., *The Cambridge Companion to Mary Wollstonecraft* (Cambridge: Cambridge University Press, 2002) 范围广泛而有所帮助。

51 C. Francis and F. Gontier, eds., *Les écrits de Simone de Beauvoir: la vie-l'écriture* (Paris: Gallimard, 1979), pp. 245–81.

52 D. Diderot, *Encyclopédie méthodique*, ii (Paris: Pantoucke, 1783), p. 222.

53 J. C. D. Clark, *The Language of Liberty* (Cambridge: Cambridge University Press, 1994).

54 F. J. Turner, *The Frontier in American History* (New York: Dover, 1996); E.J. Turner, *Does the Frontier Experience Make America Exceptional?*, readings selected and introduced by R. W. Etulain (Boston, Bedford, 1999).

55 M. Cranston, *The Noble Savage: Jean-Jacques Rousseau, 1754–62* (Chicago: University of Chicago Press, 1991), p. 308.

56 E. Burke, *Reflections on the Revolutions in France*, ed. F. M. Turner (New Haven: Yale University Press, 2003), p. 80.

57 A. de Tocqueville, *Democracy in America*, introduction and vol. 1, ch.17. 更新的版本来自 H. C. Mansfield and D. Winthrop (Chicago: University of Chicago Press, 2000)。J. T.

Schneider, ed., *The Chicago Companion to Tocqueville's Democracy in America* (Chicago: University of Chicago Press, 2012) 非常全面。

58 C. Williamson, *American Suffrage from Property to Democracy* (Princeton: Princeton University Press, 1960) 追溯了美国选举权的历史。颇具影响力的 J. Bryce, *The American Commonwealth* (London: Macmillan, 1888) 对美国民主思想在欧洲的接受情况进行了引人入胜的解读。

59 Locke, *An Essay Concerning Human Understanding*, bk 2, ch. 1.

60 A. J. Ayer, *Language, Truth and Logic* (London: Gollancz, 1936) 是逻辑实证主义最直白的论著。关于批评的声音，参见 Putnam, *Reason, Truth and History*。另见本书第十章"思想的避难所：从存在主义到后现代主义"。

61 R. Spangenburg and D. Moser, *The History of Science in the Eighteenth Century* (New York: Facts on File, 1993) 提供了简短而通俗的介绍。A. Donovan, *Antoine Lavoisier* (Oxford: Blackwell, 1993) 是一本极佳的传记，对传主所处的科学背景进行了清晰的刻画。R.E. Schofield, *The Enlightenment of Joseph Priestley*, and *The Enlightened Joseph Priestley* (University Park: Pennsylvania State University Press, 1998, 2004) 是同样令人印象深刻的关于拉瓦锡的对手的传记。

62 L. Pasteur, *The Germ Theory and Its Applications to Medicine and Surgery* (1909).

63 R. W. Reid, *Microbes and Men* (Boston: E. P. Dutton, 1975) 是一部可读性较高的细菌理论史。A. Karlen, *Man and Microbes* (New York: Simon and Schuster, 1995) 全面讲述了微生物造成的瘟疫的历史，充满争议，提到许多惨痛的厄运。L. Garrett, *The Coming Plague* (New York: Farrar, Straus and Giroux, 1994) 是关于世界微生物进化现状的一部精彩的警示著作。

64 *Papers and Proceedings of the Connecticut Valley Historical Society* (1876), i, p. 56. M. J. McClymond and G. R. McDermott, *The Theology of Jonathan Edwards* (Oxford: Oxford University Press, 2012) 提供了最完整的研究。

65 *George Whitefield's Journals* (Lafayette: Sovereign Grace, 2000).

66 *Œuvres complètes de Voltaire*, ed. L. Moland (Paris: Garnier, 1877–85), x, p. 403.

67 T. Blanning, *The Triumph of Music* (Cambridge, MA: Harvard University Press, 2008).

68 Baron d'Holbach, *System of Nature*, quoted in Jones, *The Great Nation*, pp. 204–5.

69 Fernández-Armesto, *Millennium*, pp. 379–83.

70 I. Berlin, *The Roots of Romanticism* (Princeton: Princeton University Press, 2001) 是一本引人思考的演讲集。W. Vaughan, *Romanticism and Art* (London: Thames and Hudson, 1994) 是一部充满热情的综述。D. Wu, *Companion to Romanticism* (Oxford: Blackwell, 1999) 旨在帮助研究英国浪漫文学，但也有更广泛的用途。最后的

引用来自 1886 年 6 月 28 日格莱斯顿在利物浦的演讲。P. Clarke, *A Question of Leadership* (London: Hamilton, 1991), pp. 34–5.

第八章　进步的转变：19 世纪的确定性

1　I. Kant, *Critique of Pure Reason*, ed. P. Guyer and A. W. Wood (Cambridge: Cambridge University Press, 1998).

2　*The Collected Works of William Hazlitt*, ed. A. R. Waller and A. Glover (London: Dent, 1904), 10:87.

3　T. R. Malthus, *Population: The First Essay* (Ann Arbor: University of Michigan Press, 1959), p. 5.

4　W. Hazlitt, *The Spirit of the Age* (London: Templeman, 1858), p. 93.

5　A. Pyle, ed., *Population: Contemporary Responses to Thomas Malthus* (Bristol: Thoemmes Press, 1994) 是早期批评文献的精彩汇编。S. Hollander, *The Economics of Thomas Robert Malthus* (Toronto: University of Toronto Press, 1997) 是一项详尽而权威的研究。M. L. Bacci, *A Concise History of World Population* (Oxford: Blackwell, 2001) 是对人口统计历史的有用介绍。A. Bashford, *Global Population: History, Geopolitics, and Life on Earth* (New York: Columbia University Press, 2014) 客观地审视了人口焦虑。

6　Langford et al., eds., *Writings and Speeches of Edmund Burke*, 9, p. 466.

7　Burke, *Reflections on the Revolution in France* 是保守主义传统的奠基之作。他创立的保守主义在 T.L. Peockok 1830 年的小说 *The Misfortunes of Elphin* 中被巧妙地讽刺了一番，尽管可能有所歪曲。M. Oakeshott, *Rationalism in Politics* (London: Methuen, 1962), and R. Scruton, *The Meaning of Conservatism* (London: Macmillan, 1980) 是杰出的现代论著。R. Bourke, *Empire and Nation: The Political Life of Edmund Burke* (Princeton: Princeton University Press, 2015) 展现了高超的写作技巧，而且十分生动。

8　D. Newsome, *Godliness and Good Learning* (London: Cassell, 1988), p. 1.

9　E. Halévy, *The Growth of Philosophic Radicalism* (London: Faber, 1952) 依旧无与伦比。J. R. Dinwiddy, *Bentham* (Stanford: Stanford University Press, 2003) 对边沁进行了简要的介绍，G. J. Postema, *Jeremy Bentham: Moral, Political, and Legal Philosophy*, 2 vols. (Aldershot: Dartmouth, 2002) 则收集了有关该主题的重要文章。

10　*The Collected Letters of Thomas and Jane Welsh Carlyle* (Durham, NC: Duke

University Press, 1970–in progress), 35:84–5.

11 A. Bain, *James Mill* (Cambridge: Cambridge University Press, 2011),p. 266; cf. J. S. Mill, *Utilitarianism* (London: Parker, 1863), pp. 9–10.

12 G. W. Smith, ed., *John Stuart Mill's Social and Political Thought*, 2 vols. (London: Routledge, 1998), 2, p. 128.

13 H. H. Asquith, *Studies and Sketches* (London: Hutchinson and Co., 1924), p. 20.

14 J. S. Mill, *On Liberty* (London: Longman, 1867), p. 44. L. Siedentop, *Inventing the Individual: The Origins of Western Liberalism* (Cambridge, MA: Harvard University Press, 2017) 从长远视角考察了自由主义的起源及其基督教根源。

15 A. Ryan, *The Philosophy of John Stuart Mill* (London: Macmillan, 1987) 是出色的入门著作。J. Skorupski, *John Stuart Mill* (London: Routledge, 1991) 简明实用。M. Cowling, *Mill and Liberalism* (Cambridge: Cambridge University Press, 1990) 是一项出色而令人信服的研究。

16 E. O. Hellerstein, *Victorian Women* (Stanford: Stanford University Press, 1981) 提供了有价值的证据集合。C. Heywood, *Childhood in Nineteenth-Century France* (Cambridge: Cambridge University Press, 1988) 是对劳动法问题的精辟研究。L. de Mause, ed., *The History of Childhood* (New York: Harper, 1974) 是一本开创性的论文集。

17 W. Irvine, *Apes, Angels and Victorians* (New York: McGraw-Hill, 1955).

18 S. Fraquelli, *Radical Light: Italy's Divisionist Painters, 1891–1910* (London: National Gallery, 2008), p. 158.

19 J.-C. Petitfils, *Les socialismes utopiques* (Paris: Presses Universitaires de France, 1977). A. E. Bestor, *Backwoods Utopias, the Sectarian and Owenite Phases of Communitarian Socialism in America, 1663–1829* (Philadelphia: University of Pennsylvania Press, 1950) 对美国社会主义实践的分析至今依然成立。

20 E. Norman, *The Victorian Christian Socialists* (Cambridge: Cambridge University Press, 1987), p. 141.

21 L. Kolakowski and S. Hampshire, eds., *The Socialist Idea* (London: Quartet, 1974) 是至关重要的出色入门著作。C. J. Guarneri, *The Utopian Alternative* (Ithaca: Cornell University Press, 1991) 是对美国边远地区社会主义的杰出研究。

22 D. Ricardo, *On the Principles of Political Economy and Taxation* [1817] (London: Dent, 1911) 是基础文献。G. A. Caravale, ed., *The Legacy of Ricardo* (Oxford: Blackwell, 1985) 收集了有关其影响力的论文。S. Hollander, *The Economics of David Ricardo* (London: Heinemann, 1979) 提供了非常详尽的研究。作者的另一本论文集,在某

些方面有些更新，见 *Ricardo: The New View*, vol. 1 (Abingdon: Routledge, 1995)。

23 *The Works and Correspondence of David Ricardo*, ed. P. Saffra (Cambridge, Cambridge University Press), 9, p. 29.

24 Ricardo, *On the Principles of Political Economy and Taxation*, chs. 1, 5,p. 61; *The Works of David Ricardo, Esq.*, MP (London: Murray, 1846), p. 23.

25 后一种观点得到 Piketty, *Capital in the Twenty-First Century* 的有力支持。

26 K. Marx and F. Engels, *The Manifesto of the Communist Party* (New York: International, 1948), p. 9.

27 Popper, *The Open Society and Its Enemies*, vol. 2 是相关的杰出研究。D. McLellan, *Marx: Selected Writings* (Oxford: Oxford University Press, 2000) 是马克思主义的入门介绍著作。F. Wheen, *Karl Marx* (New York: Norton, 2001) 是一部生动而有见地的传记。

28 贝克莱的理论参见 *The Dialogues between Hylas and Philonous* (1713)。F. H. Bradley, *Appearance and Reality* (London: Swan Sonnenschein and Co., 1893) 是对唯心主义一种极端形式的经典表述。G. Vesey, ed., *Idealism: Past and Present* (Cambridge: Cambridge University Press, 1982) 从历史的角度审视了这个主题。

29 G. W. F. Hegel, *The Encyclopedia Logic*, ed. T. F. Geraets et al. (Indianapolis: Hackett, 1991); cf. *Grundlinien der Philosophie des Rechts oder Naturrecht und Staatswissenschaft im Grundrisse* (Berlin, 1833), p. 35; G. A. Magee, *The Hegel Dictionary* (London: Continuum, 2010), pp. 111 ff. 让黑格尔的概念更容易被人理解。

30 G. W. F. Hegel, *Lectures on the Philosophy of History*, trans. J. Sibree (London: Bell, 1914), p. 41.

31 S. Avineri, *Hegel's Theory of the Modern State* (Cambridge: Cambridge University Press, 1974) 是对关键概念的清晰介绍。E. Weil, *Hegel and the State* (Baltimore: Johns Hopkins University Press, 1998) 对黑格尔开创的某些政治思想的谱系给出了赞同的解读和值得关注的讨论。R. Bendix, *Kings or People* (Berkeley and Los Angeles: University of California Press, 1978) 是对人民主权崛起的重要比较研究。

32 *Thomas Carlyle's Collected Works*, i (London: Chapman, 1869), pp. 3, 14–15.

33 J. Burckhardt, *Reflections on History* [1868] (Indianapolis: Library Classics, 1943), pp. 270–96; 以及其他许多版本。

34 T. Carlyle, *On Heroes, Hero-worship and the Heroic in History* [1840] (London: Chapman, n.d. [1857]), p. 2.

35 T. Carlyle, *Past and Present* (New York: Scribner, 1918), p. 249.

36 H. Spencer, *The Study of Sociology* (New York: Appleton, 1896), p. 34.
37 O. Chadwick, *The Secularization of the European Mind in the Nineteenth Century* (Cambridge: Cambridge University Press, 1975) 是对其背景的杰出研究。
38 Carlyle, *On Heroes* 是代表性著作。F. Nietzsche, *Thus Spake Zarasthustra* [1883], ed. G. Parkes (Oxford: Oxford University Press, 2005) 包含了作者对这个问题的思考。
39 Nietzsche, *Thus Spake Zarathustra*, Prologue, part 3, p. 11.
40 L. Lampert, *Nietzsche's Task: An Interpretation of Beyond Good and Evil* (New Haven: Yale University Press, 2001); F. Nietzsche, *Beyond Good and Evil*, ed. W. Kaufmann (New York: Random House, 1966), pp. 101–2, 198.
41 B. Russell, *History of Western Philosophy*, p. 690.
42 S. May, *Nietzsche's Ethics and His War on 'Morality'* (Oxford: Oxford University Press, 1999).优秀的英语版本是由 K. Ansell编辑，C. Diethe 翻译，尼采所著的 *On the Genealogy of Morality* (Cambridge: Cambridge University Press, 1994)。有用的论文集可参见 R. Schacht, ed., *Nietzsche, Genealogy, Morality* (Berkeley: University of California Press, 1994)。
43 F. Nietzsche, *The Will to Power* (New York: Vintage, 1968), p. 550.
44 A. Schopenhauer, *The World as Will and Idea* (1818), and Nietzsche, *The Will to Power* 是基础文本。B. Magee, *The Philosophy of Schopenhauer* (Oxford: Oxford University Press, 1983) 是最优秀的介绍著作。J. E. Atwell, *Schopenhauer on the Character of the World* (Berkeley: University of California Press, 1995) 着重论述了意志学说。D. B. Hinton, *The Films of Leni Riefenstahl* (Lanham: Scarecrow, 1991) 是对里芬施塔尔作品的直白介绍。
45 Quoted in W. Laqueur, *Guerrilla: A Historical and Critical Study* (New York: Little Brown, 1976), p. 135.
46 See F. Trautmann, *The Voice of Terror: A Biography of Johann Most* (Westport: Greenwood, 1980).
47 该口号已经成为传说。据我所知，它首次以英文出现是来自 H. Brailsford, *Macedonia: Its Races and Their Future* (London: Methuen, 1906), p. 116。See M. MacDermott, *Freedom or Death: The Life of Gotsé Delchev* (London: Journeyman, 1978), p. 348; W. Laqueur, *Terrorism: A Study of National and International Political Violence* (Boston: Little, Brown, 1977), p. 13. K. Brown, *Loyal unto Death: Trust and Terror in Revolutionary Macedonia* (Bloomington: Indiana University Press, 2013) 很好地介绍了格鲁耶夫的背景。

48 W. Laqueur, *The Age of Terrorism* (Boston: Little, Brown, 1987) 是优秀的介绍著作。W. Laqueur, ed., *The Guerrilla Reader* (London: Wildwood House, 1978), and *The Terrorism Reader* (London: Wildwood House, 1979) 是有用的选集。P. Wilkinson, *Political Terrorism* (London: Macmillan, 1974) 是一份务实的综述。J. Conrad, *The Secret Agent* (London: Methuen, 1907), and G. Greene, *The Honorary Consul* (New York: Simon and Schuster, 1973) 属于对恐怖主义最具洞察力的作品。

49 P. Kropotkin, *Anarchism: A Collection of Revolutionary Writings*, ed. R. Baldwin (Mineola: Dover, 2002), p. 123.

50 C. Cahm, *Kropotkin and the Rise of Revolutionary Anarchism* (New York: Cambridge University Press, 1989). 克鲁泡特金的回忆录有英译本 *Memoirs of a Revolutionist* (New York: Dover, 1988)。A. Kelly, *Mikhail Bakunin* (New Haven, Yale University Press, 1987) 可能是关于巴枯宁的最优秀的著作。D. Morland, *Demanding the Impossible* (London and Washington DC: Cassell, 1997) 从心理学角度研究19世纪的无政府主义。

51 H. D. Thoreau, 'On the duty of civil disobedience', in D. Malone-France, ed., *Political Dissent: A Global Reader* (Lanham: Lexington Books, 2012), p. 37.

52 J. Rawls, *A Theory of Justice* (Cambridge, MA: Harvard University Press, 1971), pp. 364–88. See R. Bleiker, *Popular Dissent, Human Agency and Global Politics* (Cambridge: Cambridge University Press, 2000); J. M. Brown, *Gandhi and Civil Disobedience* (New York: Cambridge University Press, 1977).

53 E. E. Y. Hales, *The Catholic Church and the Modern World* (London: Eyre and Spottiswoode, 1958)提供了一个很好的起点。B. Duncan, *The Church's Social Teaching* (Melbourne: Collins Dove, 1991)是对19世纪末和20世纪初的有用描述。D. O'Brien and T. Shannon, eds., *Catholic Social Thought: Encyclicals and Documents from Pope Leo to Pope Francis* (Maryknoll: Orbis, 2016) 是一本有用的论文集。J. S. Boswell et al., *Catholic Social Thought: Twilight or Renaissance?* (Leuven: Leuven University Press, 2001) 是一本全面涵盖该领域的论文集。

54 A. R. Vidler, *A Century of Social Catholicism* (London: SPCK, 1964) 是最重要的著作，其次是 P. Misner, *Social Catholicism in Europe* (New York: Crossroad, 1991)。L. P. Wallace, *Leo XIII and the Rise of Socialism* (Durham: Duke University Press, 1966) 提供了重要的研究背景。A. Wilkinson, *Christian Socialism* (London: SCM, 1998) 追溯了基督教对英国劳工政治的影响。W. D. Miller, *Dorothy Day* (San Francisco: Harper and Row, 1982) 是关于一位现代天主教社会活动家的传记。

55 引自 M. Hirst, *States, Countries, Provinces* (London: Kensal, 1986), p. 153。

56 N. Leask, 'Wandering through Eblis: absorption and containment in romantic exoticism', in T. Fulford and P. J. Kitson, eds., *Romanticism and Colonialism: Writing and Empire, 1730–1830* (Cambridge: Cambridge University Press, 1998), pp. 165– 83; A. and N. Jardine, eds., *Romanticism and the Sciences* (Cambridge: Cambridge University Press, 1990), pp. 169– 85.

57 E. Gellner, *Nations and Nationalism* (Ithaca: Cornell University Press, 2008), p. 47.

58 E. Gellner, *Nationalism* (London: Phoenix, 1998) 是杰出的入门著作。B. Anderson, *Imagined Communities* (New York: Verso, 1991) 是关于民族主义和身份认同的开创性研究。E. Hobsbawm and T. Ranger, eds., *The Invention of Tradition* (Cambridge: Cambridge University Press, 1983) 是一本关于民族自我改造的引人入胜的论文集。R. Pearson, ed., *The Longman Companion to European Nationalism, 1789–1920* (London: Longman, 1994) 是有用的参考书。D. Simpson, *Romanticism, Nationalism and the Revolt against Theory* (Chicago: University of Chicago Press, 1993) 是优秀而简短的概论。L. Hagendoorn et al., *European Nations and Nationalism* (Aldershot: Ashgate, 2000) 是重要的论文集。

59 引自 Popper, *The Open Society and Its Enemies*, i, p. 300。

60 Davies, *Europe: A History*, p. 733.

61 J. G. Fichte, *Reden an deutsche Nation* (1808) 是基础文献。A. J. P. Taylor, *The Course of German History* (London: Routledge, 2001) 是引起论战的精彩作品。A. J. LaVopa, *Fichte, the Self and the Calling of Philosophy* (Cambridge: Cambridge University Press, 2001) 使费希特的思想在背景中变得易懂。

62 T. B. Macaulay, *Critical and Historical Essays*, 3 vols. (London, 1886), ii, pp. 226–7.

63 T. B. Macaulay, *The History of England*, 2 vols. (London: Longman, 1849), ii, p. 665.

64 Macaulay, *The History of England* 是 19 世纪英国神话的始作俑者；D. Gilmour, *Rudyard Kipling* (London: Pimlico, 2003) 是英国优越性最坚定的鼓吹者吉卜林的最佳传记。罗得斯的话引自 p. 137. N. Davies, *The Isles* (London: Macmillan, 2000)，这是最优秀也最有争议的单卷英国史作品。

65 In Act 1 of I. Zangwill's 1908 play, *The Melting Pot*.

66 R. Horsman, *Race and Manifest Destiny* (Cambridge, MA: Harvard University Press, 1990) 是生动而有争议的探究。W. Cronon, ed., *Under an Open Sky* (New York: W. W. Norton, 1994) 是关于西部殖民及其生态效应的极好研究。W. Cronon, *Nature's Metropolis* (New York: W. W. Norton, 1992) 是关于芝加哥发展的引人入胜的研究。

67 F. Fernández-Armesto, 'America can still save the world', *Spectator*, 8 January 2000.

68 J. Farina, ed., *Hecker Studies: Essays on the Thought of Isaac Hecker* (New York:

1983) 是优秀的介绍著作。W. L. Portier, *Isaac Hecker and the Vatican Council* (Lewiston: Edwin Mellen, 1985) 提供了内容充实的研究。J. Dolan, *The American Catholic Experience* (Indianapolis: University of Notre Dame Press, 1985), and P. Gleason, *Keeping Faith* (Indianapolis: University of Notre Dame Press, 1987) 是优秀的美国天主教史。

69　Z. Sardar and M. Wynn Davies, *Why Do People Hate America* (London: Icon, 2005) 提供了一个精彩的总结。J. S. Nye, *The Paradox of American Power* (New York: Oxford University Press, 2002) 是一项探索性的、令人信服的研究。

70　I. Jack, ed., *Granta 77: What We Think of America* (London: Granta, 2002), p. 9.

71　Han-yin Chen Shen, 'Tseng Kuo-fan in Peking, 1840–52: his ideas on statecraft and reform', *Journal of Asian Studies*, xxvi (1967), pp. 61–80 at p. 71.

72　I. Hsu, *The Rise of Modern China* (New York: Oxford University Press, 1999) 是最好的相关时期的中国史。S. A. Leibo, *Transferring Technology to China* (Berkeley: University of California Press, 1985) 是关于洋务运动中的一个方面的优秀研究。R. B. Wong, *China Transformed* (Ithaca: Cornell University Press, 2000) 是极其重要的作品。

73　引自 C. Holcombe, *A History of East Asia* (Cambridge: Cambridge University Press, 2017), p. 245。

74　F. Yukichi, *Autobiography* (New York: Columbia University Press, 1966) 是日本西学领袖福泽谕吉的精彩回忆录。另外可见第六章中列出的作品。

75　'The man who was' (1889), in R. Kipling, *Life's Handicap* (New York: Doubleday, 1936), p. 91.

76　A. F. Salahuddin Ahmed, *Social Ideas and Social Change in Bengal, 1818–35* (Leiden: Brill, 1965), p. 37.

77　S. Chaudhuri, *Renaissance and Renaissances: Europe and Bengal* (University of Cambridge Centre for South Asian Studies Occasional Papers, no. 1, 2004), p. 4.

78　D. Kopf, *The Brahmo Samaj and the Shaping of the Modern Indian Mind* (Princeton: Princeton University Press, 1979) 是一部有深刻见解的作品。G. Haldar, *Vidyasagar: A Reassessment* (New York: People's Publishing House, 1972) 对维迪耶萨伽尔进行了出色的刻画。M. K. Haldar 以富有洞见且引人深思的生动文字介绍了 Bankinmchandra Chattopadhaya 写给自己人的 *Renaissance and Reaction in Nineteenth-Century Bengal* (Calcutta: Minerva, 1977)。M. Rajaretnam, ed., *José Rizal and the Asian Renaissance* (Kuala Lumpur: Institut Kajian Dasar, 1996) 包含了一些有启发性的文章。

79　N. Keddie, *Sayyid Jamal al-Din al-Afghani* (Berkeley: University of California Press,

1972). A. Hourani, *Arabic Thought in the Liberal Age* (Cambridge: Cambridge University Press, 1983) 是重要作品。Ziauddin Sardar, *Desperately Seeking Paradise: Journeys of a Sceptical Muslim* (London: Granta, 2005) 的作者是伊斯兰传统在当代的化身,受到西方的青睐。

80 I. Duncan, 'Darwin and the savages', *Yale Journal of Criticism*, iv (1991), pp. 13–45.
81 C. Darwin, *On the Origin of Species* (London: Murray, 1859), p. 490.
82 *On the Origin of Species* (1859) and *The Descent of Man* (1872) 提出了进化论并将人类也置于其中。N. Eldredge, *Time Frames* (New York: Simon & Schuster, 1985) 是最好的现代评论。A. Desmond and J. Moore, *Darwin* (New York: W. W. Norton, 1994) 是最好的达尔文传记,激动人心且发人深省,更详尽、更沉稳的达尔文传是两卷本的 J. Browne, *Charles Darwin* (New York: Knopf, 1995)。
83 R. C. Bannister, *Social Darwinism: Science and Myth in Anglo-American Social Thought* (Philadelphia: Temple University Press, 1989), p. 40.
84 H. Spencer, *An Autobiography*, 2 vols. (London: Murray, 1902), 1, p. 502; 2, p. 50.
85 M. Hawkins, *Social Darwinism in European and American Thought* (Cambridge: Cambridge University Press, 1997), pp. 81–6.
86 K. Taizo and T. Hoquet, 'Translating "Natural Selection" in Japanese', *Bionima*, vi (2013), pp. 26–48.
87 D. Pick, *Faces of Degeneration: A European Disorder, c. 1848–1918* (Cambridge: Cambridge University Press, 1993).
88 N. Stepan, *Picturing Tropical Nature* (Ithaca: Cornell University Press, 2001).
89 H. Krausnick et al., *Anatomy of the SS State* (New York: Walker, 1968), p. 13; Fernández-Armesto, *A Foot in the River*, p. 63.
90 Browne, *Charles Darwin*, 1, p. 399.
91 G. Best, *Humanity in Warfare* (New York: Columbia University Press, 1980), pp. 44–5, 108–9.
92 G. W. F. Hegel, *Elements of the Philosophy of Right*, ed. A. Wood (Cambridge: Cambridge University Press, 1991), p. 361.
93 P. Bobbitt, *The Shield of Achilles* (New York: Knopf, 2002) 是一部探讨国际关系当中的战争的惊人鹰派历史作品。B. Heuser, *Reading Clausewitz* (London: Random House, 2002) 阐释了克劳塞维茨的思想并概述了其影响。M. Howard, *Clausewitz* (Oxford: Oxford University Press, 2002) 以令人满意的精妙方式介绍了克劳塞维茨。
94 C. von Clausewitz, *On War*, trans. J. J. Graham, 3 vols. (London: Routledge, 1968), 1,

pp. 2, 11, 24.

95 G. Ritter, *The Sword and the Scepter*, 2 vols. (Miami: University of Miami Press, 1969) 是关于德国军国主义的经典研究。V. R. Berghahn, *Militarism* (Leamington Spa: Berg, 1981), and N. Stargardt, *The German Idea of Militarism* (Cambridge: Cambridge University Press, 1994) 有助于了解19世纪60年代以后的军国主义。S. Finer, *The Man on Horseback* (New York: Praeger, 1965) 是对军队的社会作用和政治作用的杰出探究。

96 H. Pross, ed., *Die Zerstörung der deutschen Politik: Dokumente 1871–1933* (Frankfurt: Fischer, 1959), pp. 29–31.

97 A. Bowler, 'Politics as art: Italian futurism and fascism', *Theory and Society*, xx (1991), pp. 763–94.

98 B. Mussolini, *Doctrine of Fascism*, para. 3; C. Cohen, ed., *Communism, Fascism and Democracy: The Theoretical Foundations* (New York: Random House, 1972), pp. 328–39.

99 B. V. A. Rolling, 'The sin of silence', *Bulletin of the Atomic Scientists*, xxxvi (1980), no. 9, pp. 10–13.

100 K. Fant, *Alfred Nobel* (New York: Arcade, 1993) 是唯一真正有用的关于他的研究。L. S. Wittner, *The Struggle against the Bomb*, 2 vols. (Stanford: Stanford University Press, 1995–7) 是对核裁军运动的全面研究。斯坦利·库布里克1964年的电影《奇爱博士》是一部关于冷战的黑色喜剧讽刺片。

101 F. Galton, 'Hereditary talent and character', *Macmillan's Magazine,* xii (1865), pp. 157–66, 318–27; F. Galton, 'Eugenics: its definition, scope, and aims', *American Journal of Sociology*, x (1904), no. 1, pp. 1–25.

102 F. Galton, *Essays in Eugenics* [1909] (New York: Garland, 1985). M. S. Quine, *Population Politics in Twentieth-Century Europe* (London: Routledge, 1996) 精彩地阐述了时代背景。M. B. Adams, ed., *The Well-Born Science* (New York: Oxford University Press, 1990) 是一本重要的论文集。M. Kohn, *The Race Gallery* (London: Jonathan Cape, 1995) 研究了种族科学的兴起。C. Clay and M. Leapman, *Master Race* (London: Hodder and Stoughton, 1995) 对纳粹优生学项目进行了令人毛骨悚然的描述。Bashford, *Global Population* 是不可或缺的著作。

103 Bethencourt, *Racisms*.

104 A. Thomson, *Bodies of Thought: Science, Religion, and the Soul in the Early Enlightenment* (Oxford: Oxford University Press, 2008), p. 240.

105 A. de Gobineau, *The Inequality of Human Races* (New York: Howard Fertig, 1999)

是研究的起点。C. Bolt, *Victorian Attitudes to Race* (London: Routledge, 1971), and L. Kuper, ed., *Race, Science and Society* (Paris: UNESCO, 1975) 均为优秀的当代研究。

106 Nietzsche, *Beyond Good and Evil*, p. 118.

107 D. Cohn-Sherbok, *Anti-Semitism* (Stroud: Sutton, 2002) 是一部平衡而严谨的历史。N. Cohn, *Europe's Inner Demons* (Chicago: University of Chicago Press, 2001) 是关于反犹主义传统的经典且有争议的研究。H. Walser Smith, *The Butcher's Tale* (New York: W. W. Norton, 2003) 是值得关注的案例研究。P. Pulzer, *The Rise of Political Anti-Semitism in Germany and Austria* (Cambridge, MA: Harvard University Press, 1988) 有理有据，令人信服。S. Almog, *Nationalism and Antisemitism in Modern Europe* (Oxford: Pergamon Press, 1990) 提供了简短的概述。

108 F. Adler, *The Religion of Duty* (New York: McClure, 1909), p. 108.

109 M. Knight, ed., *Humanist Anthology* (London: Barrie and Rockliff, 1961) 是有用的论文集。Chadwick, *The Secularization of the European Mind* 很好地说明了19世纪的"信仰危机"，A. N. Wilson, *God's Funeral* (New York: W. W. Norton, 1999) 也是这个主题。

110 Kristeller, *Renaissance Thought and Its Sources* 是对早期的不相关传统的精妙摘要，P. Burke, *Tradition and Innovation in Renaissance Italy* (London: Fontana, 1974) 对其进行了有力补充。

111 参见 K. Armstrong, *The Battle for God: Fundamentalism in Judaism, Christianity and Islam* (New York: HarperCollins, 2000)。

第九章 混乱的报复：给确定性拆线

1 J. Chevalier, *Henri Bergson* (Paris: Plon, 1926), p. 40. L. Kolakowski, *Bergson* (Oxford: Oxford University Press, 1985) 是有关柏格森的最佳入门著作。A. R. Lacey, *Bergson* (London: Routledge, 1989), and J. Mullarkey, *Bergson and Philosophy* (Indianapolis: University of Notre Dame Press, 1999) 描写了更多细节，略欠简明。

2 Chevalier, *Henri Bergson*, p. 62.

3 H. Bergson, *Creative Evolution* (Boston, MA: University Press of America, 1983), p. 161.

4 H. Bergson, *Données immédiates de la conscience* [1889] in *Oeuvres* (Paris, 1959), p. 67; Chevalier, *Henri Bergson*, p. 53.

5 H. Bergson, *La perception du changement* (Oxford: Oxford University Press, 1911),

pp. 18–37.
6 Ibid., pp. 12–17.
7 M. and R. Humphrey, *Stream of Consciousness in the Modern Novel* (Berkeley: University of California Press, 1954).
8 T. Dantzig, *Henri Poincaré, Critic of Crisis* (New York: Scribner, 1954), p. 11.
9 H. Poincaré, *The Foundations of Science* (Lancaster, PA: Science Press, 1946), p. 42.
10 Ibid., pp. 208, 321.
11 C. P. Snow, 'Einstein' [1968], in M. Goldsmith et al., eds., *Einstein: The First Hundred Years* (Oxford: Pergamon, 1980), p. 111.
12 J. A. Coleman, *Relativity for the Layman* (New York: William-Frederick, 1954) 是引人入胜的介绍著作。R. W. Clark, *Einstein* (New York: Abrams, 1984), and W. Isaacson, *Einstein's Universe* (New York: Simon and Schuster, 2007) 是不可或缺的传记作品。J. R. Lucas and P. E. Hodgson, *Spacetime and Electromagnetism* (Oxford: Oxford University Press, 1990) 阐明了所涉及的物理学和哲学。D. Bodanis, *Einstein's Greatest Mistake* (Boston: Houghton, 2015), and M. Wazeck, *Einstein's Opponents* (Cambridge: Cambridge University Press, 2014) 解释了其影响力下降的原因。
13 W. James, *Pragmatism* (New York: Longman, 1907), p. 51.
14 R. B. Perry, *The Thought and Character of William James*, 2 vols. (London: Oxford University Press, 1935), ii, p. 621.
15 James, *Pragmatism*, p. 115.
16 C. S. Peirce, *Collected Papers* (Cambridge, MA: Harvard University Press, 1965), 以及 James, *Pragmatism* 均为基础著作。G. Wilson Allen, *William James* (New York: Viking, 1967) 是最佳传记。J. P. Murphy, *Pragmatism from Peirce to Davidson* (Boulder: Westview, 1990) 是最佳综述。
17 重要的参考是 C. Saunders, ed., *The Cambridge Companion to Saussure* (Cambridge: Cambridge University Press, 2004)。
18 J. Diamond, *Guns, Germs, and Steel* (New York: Norton, 1998), p. 2.
19 F. Boas, *The Mind of Primitive Man* (New York: Macmillan, 1911), pp. 113, 208–9.
20 B. Kapferer and D. Theodossopoulos, eds., *Against Exoticism: Toward the Transcendence of Relativism and Universalism in Anthropology* (New York: Berghahn, 2016). Boas, *The Mind of Primitive Man* 是基础著作。G. W. Stocking, *A Franz Boas Reader* (Chicago: University of Chicago Press, 1974) 是有用的文集。J. Hendry, *An Introduction to Social Anthropology* (London: Macmillan, 1999) 提供了良好的基本介绍。

21　F. Crews, *Freud: The Making of an Illusion* (New York: Metropolitan, 2017).

22　S. Freud, *Totem and Taboo* (London: Routledge, 2001), p. 171.

23　H. F. Ellenberger, *The Discovery of the Unconscious* (New York: Basic, 1981). P. Gay, *Freud: A Life for Our Time* (New York: Norton, 2006) 应该与 J. M. Masson, *The Assault on Truth* (New York: Harper, 1992), F. Forrester, *Dispatches from the Freud Wars* (Cambridge, MA: Harvard University Press, 1997) 以及 Crews, *Freud* 对照来看。

24　E. Key, *The Century of the Child* (New York: Putnam, 1909).

25　J. Piaget, *The Child's Conception of Physical Causality* (New York: Harcourt, 1930) 是基础著作。M. Boden, *Piaget* (New York: Fontana, 1994) 是优秀的入门简介。P. Bryant, *Perception and Understanding in Young Children* (New York: Basic, 1984), and L. S. Siegel and C. J. Brainerd, *Alternatives to Piaget* (New York: Academic Press, 1978) 是杰出的改良作品。P. Ariès and G. Duby, *A History of Private Life* (Cambridge, MA: Harvard University Press, 1987–91) 对家庭关系史的背景进行了具有挑战性的全面而长期的探索。De Mause, ed., *The History of Childhood* 是一本开创性的论文集。

26　P. Conrad, *Modern Times, Modern Places* (New York: Knopf, 1999), p. 83.

27　M. Foot, *Aneurin Bevan: A Biography, vol. 1: 1897–1945* (London: Faber, 1963), p. 319.

28　E. Nolte, *Der europäische Burgerkrieg* (Munich: Herbig, 1997) 是一部精彩的现代意识形态冲突史。M. Blinkhorn, *Fascism and the Far Right in Europe* (London: Unwin, 2000) 提供了优秀的简介。S.J. Woolf, ed., *Fascism in Europe* (London: Methuen, 1981) 是有用的概要。C. Hibbert, *Benito Mussolini* (New York: Palgrave, 2008) 仍然是最生动的传记，但 D. Mack Smith, *Mussolini* (New York: Knopf, 1982) 也引人入胜而权威。

第十章　不确定的时代：20 世纪的踌躇

1　M. J. Connelly, *Fatal Misconception: The Struggle to control the World's Population* (Cambridge, MA: Harvard University Press, 2008); I. Dowbiggin, *The Sterilization Movement and Global Fertility in the Twentieth Century* (Oxford: Oxford University Press, 2008).

2　现在有了一本关于消费爆炸的优秀历史作品：F. Trentmann, *Empire of Things* (London: Penguin, 2015)。

3   这一术语创造自 Alvin Toffler, *Future Shock* (New York: Random House, 1970)。
4   Fernández-Armesto, *A Foot in the River*, p. 197.
5   H. von Hofmannsthal, *Ausgewählte Werke, ii: Erzählungen und Aufsätze* (Frankfurt: Fischer, 1905), p. 445.
6   R. L. Carneiro, *Evolutionism in Cultural Anthropology: A Critical History* (Boulder: Westview, 2003), pp. 169–70.
7   'Prof. Charles Lane Poor of Columbia explains Prof. Albert Einstein's astronomical theories', *New York Times*, 19 November 1919.
8   D. R. Hofstadter, *Gödel, Escher, Bach* (New York: Basic, 1979).
9   G. Boolos, 'Gödel's Second Incompleteness Theorem explained in words of one syllable', *Mind*, ciii (1994), pp. 1–3. 我从奎因与卢克·沃伊塔里克（Luke Wojtalik）先生的对话中获益匪浅。
10 Plato, *Republic*, X, 603.
11 R. Goldstein, *Incompleteness: The Belief and Paradox of Kurt Gödel* (New York: Norton, 2005), p. 76；还可参见 L. Gamwell, *Mathematics and Art* (Princeton: Princeton University Press, 2015), p. 93。侯世达的《哥德尔、艾舍尔、巴赫》对哥德尔有精彩的论述，尽管是为了支持人工智能的论点而服务的。M. Baaz et al., eds., *Kurt Gödel and the Foundations of Mathematics: Horizons of Truth* (Cambridge: Cambridge University Press, 2011) 是当今的重要著作。
12 P. Levi, *Survival in Auschwitz and the Reawakening* (New York: Summit, 1986), p. 11.
13 A. Kimball Smith, *A Peril and a Hope: The Scientists' Movement in America* (Cambridge, MA: MIT Press, 1971), pp. 49–50.
14 J. P. Sartre, *Existentialism and Human Emotions* (New York: Philosophical Library, 1957), pp. 21–3.
15 C. Howells, ed., *The Cambridge Companion to Sartre* (Cambridge: Cambridge University Press, 1992), and S. Crowell, ed., *The Cambridge Companion to Existentialism* (Cambridge: Cambridge University Press, 2012) 考察了存在主义的起源和影响。N. Mailer, *An American Dream* (New York: Dial, 1965) 讲述了一个存在主义的反正统角色的恐怖，他对除自己之外的每一个接触过的生命都造成了破坏。
16 L. E. Hahn and P. A. Schlipp, eds., *The Philosophy of W. V. Quine* (Peru, IL: Open Court, 1986), pp. 427–31.
17 A. Orenstein, *W. V. Quine* (Princeton: Princeton University Press, 2002) 是最优秀

的介绍著作。R. Gibson, ed., *The Cambridge Companion to W. Quine* (Cambridge: Cambridge University Press, 2004) 使考察所有影响和效果成为可能。H. Putnam, *Mind, Reality and Language* (Cambridge: Cambridge University Press, 1983), pp. 33–69 提供了有力的评论。

18 B. Russell, *Autobiography*, 3 vols. (London: Methuen, 1967), i.

19 L. Wittgenstein, *Philosophical Investigations*, trans. G. Anscombe et al. (Oxford: Blackwell, 2010) 是最佳版本。A. C. Grayling, *Wittgenstein: A Very Short Introduction* (Oxford: Oxford University Press, 2001) 简明而引人入胜, 持怀疑态度。

20 F. de Saussure, *Premier cours de linguistique générale (1907), d'après les cahiers d'Albert Riedlinger*, ed. and trans. E. Komatsu and G. Wolf (Oxford: Pergamon, 1996)是研究的起点。*Of Grammatology* (Baltimore: Johns Hopkins University Press, 2016) 也许是关于通常晦涩难懂的德里达的最清晰论述；优秀的选集可参见 *Basic Writings* (New York: Routledge, 2007)。

21 本段和下两段改写自 F. Fernández-Armesto, 'Pillars and post: the foundations and future of post-modernism', in C. Jencks, ed., *The Post-Modern Reader* (Chichester: Wiley, 2011), pp. 125–37.

22 J. Jacobs, *The Death and Life of Great American Cities* (New York: Random House, 1961).

23 I. Hassan, *The Postmodern Turn* (Columbus: Ohio State University Press, 1987), p. 211.

24 H. Foster, *The Return of the Real: The Avant-Garde at the End of the Century* (Cambridge, MA, and London: MIT Press, 1996), pp. 205–6.

25 J. Monod, *Chance and Necessity* (New York: Vintage, 1972), pp. 169–70.

26 J. V. Mallow, *Science Anxiety* (Clearwater, FL: H&H, 1986).

27 D. R. Griffin, *The Reenchantment of Science: Postmodern Proposals* (Albany: SUNY Press, 1988).

28 J. Prest, *The Garden of Eden: The Botanic Garden and the Re-Creation of Paradise* (New Haven: Yale University Press, 1981); R. Grove, *Green Imperialism: Colonial Expansion, Tropical Island Edens and the Origins of Environmentalism, 1600–1860* (Cambridge: Cambridge University Press, 1995).

29 J. McNeill, *Something New under the Sun* (New York: Norton, 2001).

30 A. Bramwell, *Blood and Soil: Richard Walther Darré and Hitler's 'Green Party'* (London: Kensal Press, 1985).

31 D. Worster, *Nature's Economy* (San Francisco: Sierra Club, 1977) 是一部杰出的环保

主义思想史，*Ecology in the Twentieth Century* (New Haven: Yale University Press, 1989) 则是一个补充。McNeill, *Something New under the Sun* 以精彩的方式讲述了 20 世纪环境管理不善的令人担忧的历史。

32. T. Kuhn, *The Structure of Scientific Revolutions* [1962] (Chicago: University of Chicago Press, 1996) 是基础文献。A. Pais, *Niels Bohr's Times* (Oxford: Oxford University Press, 1991) 是一部杰出的传记。Zukav, *The Dancing Wu-Li Masters* 是一个有争议但有启发性的尝试，用东方哲学来表达现代物理学。

33. P. W. Anderson, *More and Different: Notes from a Thoughtful Curmudgeon* (Singapore: World Scientific, 2011). J. Gleick, *Chaos: Making a New Science* (New York: Viking, 1987) 是对混沌理论的杰出经典论述。J. Horgan, *The End of Science* (New York: Basic, 1996) 根据对科学家的访谈，巧妙地将科学的成功描述为其局限性的证据。

34. B. Hoff, *The Tao of Pooh* (London: Penguin, 1983).

35. 'Songs of the Great Depression', http://csivc.csi.cuny.edu/history/files/lavender/cherries.html, accessed 25 November 2017.

36. F. Allen, *The Lords of Creation* (New York: Harper, 1935), pp. 350–1.

37. R. Skidelsky, *John Maynard Keynes* (New York: Penguin, 2005) 是一部伟大的传记。R. Lechakman, *The Age of Keynes* (New York: Random House, 1966), and J. K. Galbraith, *The Age of Uncertainty* (Boston, Houghton, 1977) 是凯恩斯影响力的标志。J. Schumpeter, *Capitalism, Socialism and Democracy* (New York: Harper, 1942) 是值得关注而且有影响力的对凯恩斯的早期回应。

38. W. Beveridge, *Social Insurance and Allied Services* (London: HMSO, 1942), para. 458.

39. J. Harris, *William Beveridge* (Oxford: Oxford University Press, 1997) 是一部优秀的传记。D. Fraser, *The Evolution of the British Welfare State* (New York: Palgrave, 2009) 追溯了现代社会思想和政治思想中的相关传统。F. G. Castles and C. Pirson, eds., *The Welfare State: A Reader* (Cambridge: Polity, 2009) 是一本有用的选集。J. C. Scott, *Seeing Like a State* (New Haven: Yale University Press, 1999) 对广义上的国家管控进行了带有党派立场的出色抨击。

40. J. M. Keynes, *The End of Laissez-Faire* (London: Wolf, 1926), p. 6.

41. E. Burke, *Reflections on the Revolution in France*, para. 403 (London: Dent, 1910), p. 242.

42. J. Gray, *Hayek on Liberty* (London: Routledge, 1998), p. 69.

43. Ibid., p. 59.

44. C. Kukathas, *Hayek and Modern Liberalism* (Oxford: Oxford University Press, 1989), and R. Kley, *Hayek's Social and Political Thought* (Oxford: Oxford University Press, 1994) 很有帮助。Gray, *Hayek on Liberty* 出色而有见地。G. R. Steele, *The Economics of Friedrich Hayek* (New York: Palgrave, 2007) 在其领域里非常出色。关于芝加哥学派, 可参见有用的论文集 R. Emmett, ed., *The Elgar Companion to the Chicago School of Economics* (Northampton, MA: Elgar, 2010)。J. van Overfeldt, *The Chicago School: How the University of Chicago Assembled the Thinkers Who Revolutionized Economics and Business* (Evanston, IL: Agate, 2008) 对该学派的形成进行了值得关注的描述。

45. A. M. Turing, 'Computing machinery and intelligence', *Mind*, lix (1950), pp. 433–60.

46. Hofstadter, *Gödel, Escher, Bach* 是为人工智能做出过的最杰出的辩护（尽管最终无法令人信服）。K. Hafner, *Where Wizards Stay Up Late* (New York: Simon and Schuster, 1996) 是关于互联网起源的生动历史。J. M. Dubbey, *The Mathematical Work of Charles Babbage* (Cambridge: Cambridge University Press, 2004) 可能是关于巴贝奇的最优秀的著作。

47. F. Crick, *The Astonishing Hypothesis: The Scientific Search for the Soul* (New York: Scribner, 1994), pp. 6–7.

48. J. D. Watson, *The Double Helix* (New York: Atheneum, 1968) 是 DNA 的发现者之一开诚布公的自述；应结合 B. Maddox, *Rosalind Franklin* (New York: HarperCollins, 2002) 一起阅读, 该书讲述了克里克和沃森的竞争者的精彩故事。E. Cabot, *As the Future Catches You* (New York: Three Rivers, 2001) 对"基因组学"和"基因技术"的论述很出色。

49. 援引自拙著 *A Foot in the River*。

50. E. O. Wilson, *Sociobiology* (Cambridge, MA: Harvard University Press, 1975), p. 547.

51. Ibid., p. 548.

52. Wilson, *Sociobiology* 是经典著作。R. Hernstein and C. Murray, *The Bell Curve* (New York: Free Press, 1994) 用冷酷的简化逻辑引发了争议。C. Jencks, *Inequality* (New York: Basic Books, 1972) 对传统的自由主义立场进行了很好的总结。

53. N. Chomsky, *Knowledge of Language* (Westport: Praeger, 1986), p. 55.

54. Ibid., p. 272.

55. Ibid., p. 273.

56. Armstrong, *The Battle for God*, pp. 135–98.

57. M. E. Marty and R. S. Appleby, eds., *Fundamentalisms Observed* (Chicago:

University of Chicago Press, 1991),和 G. M. Marsden, *Fundamentalism and American Culture* (New York: Oxford University Press, 1980) 均为充满新思的研究。

58 R. Rolland, *The Life of Vivekananda and the Universal Gospel* (Calcutta: Advaita Ashrama, 1953) 是对维韦卡南达带有共鸣的介绍。

59 E. Hillman, *The Wider Ecumenism* (New York: Herder and Herder, 1968) 讨论了跨信仰的普遍主义。M. Braybrooke, *Interfaith Organizations* (New York: Edwin Mellen, 1980) 是有益的历史作品。

60 G. Davis, *Aimé Césaire* (Cambridge: Cambridge University Press, 1997) 研究了这位诗人的思想。L. W. Levine, *Black Culture and Black Consciousness* (New York: Oxford University Press, 1978) 是一部值得关注的美国社会运动史。A. Haley, *Roots* (New York: Doubleday, 1976) 在当时是一个美国黑人颇有影响力的"派系"朝圣之旅,将非洲身份和美国梦融合在了一起。

61 I. Berlin, in *New York Review of Books*, xlv, no. 8 (1998); H. Hardy, ed., *The Power of Ideas* (Princeton: Princeton University Press, 2013), pp. 1–23.

62 A. Lijphart, *Democracy in Plural Societies* (New Haven: Yale University Press, 1977) 对种种问题进行了深思熟虑的研究,有说服力,并且能给人希望。J. Gray, *Isaiah Berlin* (Glasgow: HarperCollins, 1995) 研究了伯林这位现代多元主义的伟大辩护者,充满新思且极具洞见。R. Takaki, *A Different Mirror* (New York: Little, Brown, 1993) 是关于多元文化美国的历史作品,语言犀利而引人入胜。

展望　观念的终结?

1 M. Kaku, *The Future of Humanity: Terraforming Mars, Interstellar Travel, Immortality, and Our Destiny Beyond* (London: Allen Lane, 2018).

2 S. Greenfield, *Tomorrow's People: How 21st-Century Technology Is Changing the Way We Think and Feel* (London: Allen Lane, 2003).